"苏州学"研究丛书
SUZHOUXUE YANJIU CONGSHU

吴侬软语

苏州方言与非物质文化遗产

肖 瑜　李少兵 ◎编

人民出版社

吴侬软语：苏州方言与非物质文化遗产

CONTENTS

目录

第一章　概　　况

一、苏州概况与苏州非物质文化遗产简介

（一）苏州概况

苏州位于长江三角洲中部、江苏省东南部，地处东经119°55′—121°20′，北纬30°47′—32°02′之间，东傍上海，南接浙江，西抱太湖，北依长江，总面积8657.32平方公里。全市地势低平，境内河流纵横，湖泊众多，太湖水面绝大部分在苏州境内，河流、湖泊、滩涂面积占全市土地面积的36.6%，是著名的江南水乡。

苏州城始建于公元前514年，距今已有2500多年历史，目前仍坐落在春秋时代的位置上，基本保持着“水陆并行、河街相邻”的双棋盘格局，以“小桥流水、粉墙黛瓦、史迹名园”为独特风貌，是全国首批24个历史文化名城之一。全市现有文物保护单位831处，其中国家级59处、省级112处。

苏州是全国重点旅游城市。平江、山塘历史街区分别被评为中国历史文化名街和中国最受欢迎的旅游历史文化名街。现有保存完好的苏州园林60余个。拙政园、留园、网师园、环秀山庄、沧浪亭、狮子林、艺圃、耦园、退思园等9个古典园林被联合国列入《世界文化遗产名录》。虎丘、盘门、灵岩山、天平山、虞山等都是著名的风景名胜。太湖绝大部分景点、景区分布在苏州境内。

苏州自有文字记载以来，已有4000多年历史。公元前11世纪，西周泰伯、仲雍南来，号勾吴。春秋时，寿梦于公元前585年称王，建吴国，吴王阖闾于公元前514年始建苏州城，为吴国都城。战国时先后属越、楚，秦代建置吴县，为会稽郡治所。汉代设吴郡。三国时属孙权吴国。南朝时属梁，设吴郡。隋开皇九年（589）始称苏州。宋为平江府。元改平江路为治所。1356年张士诚改称隆平府。明洪武二年（1369）称苏州府。清代续为苏州府。民国元年（1912）撤苏州府，设吴县。1928年建苏州市，1930年撤销，复称吴县。新中国成立后，苏州分为苏州市和苏州专区两个行政区。1953年1月之前和1958年7月至1962年6月，苏州市曾两次划归苏州专区。1953年至1957年，无锡、江阴、宜兴和武进4县先后划归苏州专区。1956年初，宜兴划归镇江专区。1958年初，苏州专区与松江专区合并。是年7月，武进县划归镇江专区，11月，原松江专区所属各县划归上海市。1961年，从常熟、江阴划出部分公社，成立沙洲县。1983年初，江阴、无锡两县划归无锡市。苏州实行市管县体制，下辖1市（常熟）5县（沙洲、太仓、昆山、吴县、吴江）和平江、沧浪、金阊、郊区4个区。之后，5个县先后撤县建市，其中沙洲县更名为张家港市。1992年和1994年先后从吴县及郊区划出部分乡镇，分别设立苏州高新区和苏州工业园区。1993年被国务院批准为“较大的市”。2000年9月郊区更名为虎丘区。2001年初，吴县市撤销，并入苏州市区，设立吴中、相城两区。2002年，苏州高新区与虎丘区合并。2012年9月，撤销沧浪区、平江区、金阊区，以原沧浪区、平江区、金阊区行政区域设立为姑苏区，撤销县级吴江市，设立苏州市吴江区。2018年末，全市共有52个镇、40个街道、1180个居委会、1025个村委会。①

① http://www.suzhou.gov.cn/,2019-08-15.

据苏州市统计局2019年6月发布的《2018年苏州经济和社会发展概况》① 显示，苏州市2018年底人口总量保持稳定。年末全市常住人口1072.17万人，其中城镇人口815.39万人。全市户籍人口703.55万人。

本书所指的苏州范围包括大苏州市的各区：姑苏区、高新区、工业园区、吴中区、相城区、吴江区以及常熟、张家港、太仓、昆山4个县级市。

（二）苏州非物质文化遗产概况

2003年10月，联合国教科文组织第32届大会通过《保护非物质文化遗产公约》（下称《公约》）。《公约》中所界定的“非物质文化遗产”，又称口头或无形遗产，是相对于有形遗产即可传承的物质遗产而言的。根据联合国教科文组织的定义，它是指“来自某一文化社区的全部创作，这些创作以传统为根据，由某一群体或一些个体所表达，并被认为是符合社区期望的作为其文化和社会特性的表达形式，其准则和价值通过模仿或其他方式口头相传，包括各种类型的民族传统和民间知识，各种语言，口头文学，风俗习惯，民族民间的音乐、舞蹈、礼仪、手工艺、传统医学、建筑术以及其他艺术”。

《公约》中所指“非物质文化遗产”，包括以下五个方面：

一、口头传统和表现形式，包括作为非物质文化遗产媒介的语言；二、表演艺术；三、社会实践、仪式、节庆活动；四、有关自然界和宇宙的知识和实践；五、传统手工艺。②

中华人民共和国第十一届全国人民代表大会常务委员会第十九次会议通过并于2011年2月25日公布，自2011年6月1日起施行《中华人民

---

① http://www.suzhou.gov.cn/xxgk/gmjjhshfztjxx/ndgmjjhshfztjsjfb/201906/P020190618386964064992.pdf,2019-08-15.

② https://baike.baidu.com/item/保护非物质文化遗产公约/5149800? fr = aladdin,2019-08-15。

共和国非物质文化遗产法》。该法律是为了继承和弘扬中华民族优秀传统文化，促进社会主义精神文明建设，加强非物质文化遗产保护、保存工作而制定。

《中华人民共和国非物质文化遗产法》所指“非物质文化遗产”，是指各族人民世代相传并视为其文化遗产组成部分的各种传统文化表现形式，以及与传统文化表现形式相关的实物和场所。包括：

一、传统口头文学以及作为其载体的语言；二、传统美术、书法、音乐、舞蹈、戏剧、曲艺和杂技；三、传统技艺、医药和历法；四、传统礼仪、节庆等民俗；五、传统体育和游艺；六、其他非物质文化遗产。①

苏州市是国家历史文化名城，文化积淀深厚，历史源远流长。苏州市的非物质文化遗产数量众多，内涵丰富，品种多样。根据苏州非物质文化遗产信息网②的统计，苏州非物质文化遗产被收录进世界级、国家级、省级、市级和县级五级目录。

1. 世界级非物质文化遗产

苏州一共有 6 个非物质文化遗产项目列入联合国《人类非物质文化遗产代表作名录》，具体如表 1-1 所示。

表 1-1　联合国《人类非物质文化遗产代表作名录》中的苏州项目

类别	项目名称
2001 年 5 月　第一批	
表演艺术	昆曲
2003 年 11 月　第二批	
传统音乐	古琴
2009 年 9 月　第四批（共 3 个，涉及 4 个项目）	

① https://baike.baidu.com/item/中华人民共和国非物质文化遗产法/6624044? fr=aladdin, 2019-08-15。

② http://www.szfwzwh.gov.cn/gjml/c58,2019-08-15.

续表

类别	项目名称
礼仪与节庆活动	苏州端午习俗（打包入选中国端午节）
传统知识技艺	苏州宋锦（打包入选中国蚕桑丝织技艺）
传统知识技艺	苏州缂丝（打包入选中国蚕桑丝织技艺）
传统知识技艺	苏州香山帮传统建筑营造技艺（打包入选传统木结构营造技艺）

2. 国家级非物质文化遗产

根据苏州非物质文化遗产网公布的数据，截止到 2014 年，苏州一共有 33 个非物质文化遗产项目列入国家级非物质文化遗产代表作名录，具体如表 1–2 所示。

表 1–2 国家级非物质文化遗产代表作名录中的苏州项目

项目名称	类别	编号
碧螺春制作技艺	传统技艺	Ⅷ—148
装裱修复技艺	传统技艺	Ⅷ—136
盆景技艺	传统美术	Ⅶ—94
国画颜料制作技艺（姜思序堂国画颜料制作技艺）	传统技艺	Ⅷ—198
滑稽戏	传统戏剧	Ⅳ—156
中医传统制剂方法（雷允上六神丸制作技艺）［国一批扩展名录］	传统医药	Ⅸ—4
灯彩（苏州灯彩）［国一批扩展名录］	传统美术	Ⅶ—50
泥塑（苏州泥塑）［国一批扩展名录］	传统美术	Ⅶ—47
古琴艺术（虞山琴派）［国一批扩展名录］	民间音乐	Ⅱ—34
民族乐器制作技艺（苏州民族乐器制作技艺）	传统技艺	Ⅷ—124
核雕（光福核雕）	传统美术	Ⅶ—59
玉雕（苏州玉雕）	传统美术	Ⅶ—57
端午节（苏州端午习俗）	民俗	Ⅸ—3
苏州御窑金砖制作技艺	传统手工技艺	Ⅷ—32
苏州香山帮传统建筑营造技艺	传统手工技艺	Ⅷ—27
古琴艺术	民间音乐	Ⅱ—34

续表

项目名称	类别	编号
玄妙观道教音乐	民间音乐	Ⅱ—68
剧装戏具制作技艺	传统手工技艺	Ⅷ—82
吴歌	民间文学	Ⅰ—22
苏绣	民间美术	Ⅶ—18
制扇技艺	传统手工技艺	Ⅷ—81
苏剧	传统戏剧	Ⅳ—55
宋锦织造技艺	传统手工技艺	Ⅷ—14
苏州甪直水乡妇女服饰	民俗	Ⅸ—63
苏州评弹	曲艺	Ⅴ—1
桃花坞木版年画	民间美术	Ⅶ—3
明式家具制作技艺	传统手工技艺	Ⅷ—45
昆曲	传统戏剧	Ⅳ—1
苏州缂丝织造技艺	传统手工技艺	Ⅷ—15
江南丝竹	民间音乐	Ⅱ—40
宝卷（吴地宝卷）	民间文学	Ⅰ—13
庙会（苏州“轧神仙”庙会）	民俗	Ⅹ—84
庙会（金村庙会）	民俗	Ⅹ—84

3. 省级非物质文化遗产

根据苏州非物质文化遗产网公布的数据，截止到 2016 年，苏州一共有四批 114 个非物质文化遗产项目列入江苏省非物质文化遗产代表作名录，具体如表 1-3、表 1-4、表 1-5、表 1-6 所示。

表 1-3　江苏省非物质文化遗产代表作名录中的苏州项目（第一批，2007 年 3 月）

类别	项目名称（编号）	
民间舞蹈	滚灯	
民间美术	苏州石雕	金山石雕
		藏书澄泥石雕

续表

类别	项目名称（编号）
传统手工技艺	苏州碑刻技艺
	常熟花边制作技艺
民间文学	吴歌（Ⅰ—22）
民间音乐	古琴艺术（Ⅱ—34）
	江南丝竹（Ⅱ—40）
	苏州玄妙观道教音乐（Ⅱ—68）
传统戏剧	昆曲（Ⅳ—1）
	苏剧（Ⅳ—55）
曲艺	苏州评弹（苏州弹词、苏州评话）（Ⅴ—1）
民间美术	桃花坞木版年画（Ⅶ—3）
	苏绣（Ⅶ—18）
传统手工技艺	宋锦织造技艺（Ⅷ—14）
	苏州缂丝织造技艺（Ⅷ—15）
	苏州香山帮传统建筑营造技艺（Ⅷ—27）
	苏州御窑金砖制作技艺（Ⅷ—32）
	明式家具制作技艺（Ⅷ—45）
	制扇技艺（Ⅷ—81）
	剧装戏具制作技艺（Ⅷ—82）
民俗	端午节（Ⅸ—3）
	苏州甪直水乡妇女服饰（Ⅸ—63）
传统美术	光福核雕
	苏州玉雕
	苏州泥塑
传统技艺	苏州灯彩
	苏州民族乐器制作技艺
传统医药	中医传统制剂方法（雷允上六神丸制作技艺）

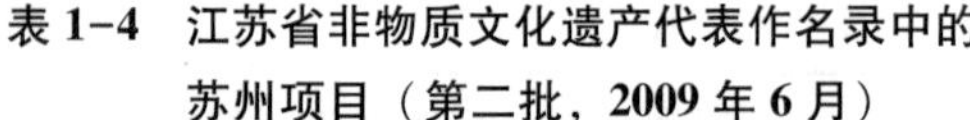

表 1-4 江苏省非物质文化遗产代表作名录中的苏州项目（第二批，2009 年 6 月）

类别	项目名称
民间文学	寒山拾得传说
	谜语（海虞谜语）
传统舞蹈	千灯跳板茶
传统戏剧	滑稽戏（苏州滑稽戏）
传统美术	虞山派篆刻艺术
传统技艺	姜思序堂国画颜料制作技艺
	装裱技艺（苏州装裱技艺）
	陆慕蟋蟀盆制作技艺
	绿茶制作技艺（苏州洞庭碧螺春制作技艺）
	糕团制作技艺（黄天源苏式糕团制作技艺）
	糕点制作技艺（稻香村苏式月饼制作技艺、叶受和苏式糕点制作技艺）
	采芝斋苏式糖果制作技艺
	陆稿荐苏式卤菜制作技艺
	豆制品制作技艺（苏式卤汁豆腐制作技艺）
	常熟叫化鸡制作技艺
	汤面制作技艺（昆山奥灶面制作技艺）
民俗	七夕节（太仓七夕习俗）
民间文学	吴歌（河阳山歌、白茆山歌、芦墟山歌、双凤山歌、胜浦山歌）
	宝卷（同里宣卷、锦溪宣卷、河阳宝卷、胜浦宣卷）
传统音乐	十番音乐（辛庄十番音乐）
传统舞蹈	花鼓（浒浦花鼓）
传统技艺	风筝制作技艺（沙洲风筝）
	盆景造型技艺（苏派盆景）
民俗	灯会（古胥门元宵灯会）
	庙会（苏州“轧神仙”庙会、东山庙会）
	水乡妇女服饰（胜浦水乡妇女服饰）

表 1-5　江苏省非物质文化遗产代表作名录中的苏州项目（第三批，2011 年 9 月）

类别	项目名称
传统美术	砖雕
传统技艺	太仓糟油制作技艺
	太仓肉松制作技艺
	木渎石家鲃肺汤制作技艺
	苏州织造官府菜制作技艺
传统医药	闵氏伤科
	郑氏妇科
民俗	苏南水乡婚俗
	湖甸龙舟会
传统戏剧	锡剧
传统美术	竹编（后塍竹编）
传统技艺	苏州彰缎织造技艺
	苏派酿酒技艺
	乾生元枣泥麻饼制作技艺
民俗	金村庙会

表 1-6　江苏省非物质文化遗产代表作名录中的苏州项目（第四批，2016 年 1 月）

类别	项目名称
民间文学	吴歌（白洋湾山歌）
	吴歌（阳澄渔歌）
	吴歌（昆北民歌）
	吴歌（石湾山歌）
	宝卷（吴地宝卷）
	谜语（平望灯谜）
传统音乐	吟诵调（苏州吟诵）
	江南丝竹
	十番音乐（木渎十番）

续表

类别	项目名称
传统舞蹈	龙舞（陆家段龙舞）
	莲湘（甪直连厢）
	灯舞（常熟滚灯）
传统戏剧	木偶戏（七都提线木偶）
	锡剧
传统美术	盆景技艺（苏派盆景）
	苏绣（苏州发绣）
	玉雕（苏州玉雕）
	木雕（苏州红木雕刻）
	木雕（佛像雕刻）
传统技艺	吴罗织造技艺（四经绞罗织造技艺）
	吴罗织造技艺（纱罗织造技艺）
	传统鸟笼制作技艺（苏派鸟笼制作技艺）
	青铜失蜡铸造技艺
	苏帮菜烹制技艺
	羊肉烹制技艺（藏书羊肉制作技艺）
	缂丝织造技艺（苏州缂丝织造技艺）
	传统建筑营造技艺（苏州香山帮传统建筑营造技艺）
	传统砖瓦制作技艺
	家具制作技艺（明式家具制作技艺）
	苏州漆器制作技艺
	传统木船制作技艺（七桅古船制作技艺）
	传统木船制作技艺（古船制作技艺）
	传统棉纺织技艺（雷沟大布制作技艺）
	酱菜制作技艺（甪直萝卜制作技艺）
传统医药	吴氏疔科
	针灸（宋氏耳针）
	传统中医膏方制作技艺（雷允上膏方制作技艺）
	儿科（塘桥陆氏中医儿科）

续表

类别	项目名称
传统体育、游艺与杂技	江南船拳
民俗	虞山三月三报娘恩
	邓尉探梅
	上鹞灯
	庙会（妈祖祭）
	庙会（圣堂庙会）

4. 市级非物质文化遗产和县级非物质文化遗产

自2005年开始，苏州市开始公布经过认定的市级非物质文化遗产名录，因项目较多，这里只列举各批次及数量：2005年第一批14项，2006年第二批25项，2007年第三批28项，2009年第四批43项，2011年第五批41项，2013年第六批60项，共计211项。

自2006年开始，苏州市下辖区、市及县开始公布经过认定的县级非物质文化遗产名录，因项目太多，这里只列举各地的批次及数量：张家港：2批共30项；常熟：2批共36项；太仓：3批共27项；昆山：2批共16项；吴江2批共19项；吴中2批共31项；相城1批共10项；平江2批共12项；沧浪2批共11项；金阊1批共5项；高新2批共8项；共205项，另有工业园区3项已公示未公布项目，共计208项。

二、苏州方言及其研究概况

（一）现代苏州方言声韵调简介

苏州方言，本书指明清以来苏州地区的方言，其系属为吴方言。学术界一般把苏州方言归入北部吴语，属太湖片苏嘉湖小片。苏州方言向来被学术界视为吴方言的代表之一。张家茂、石汝杰认为：“到明代，现代苏州话的基本面貌业已形成。冯梦龙辑录的山歌和小说、沈宠绥的《度曲须知》中所反映的方言现象，已很接近今日苏州话。……”①

现代苏州方言受各种因素影响，整个语言系统演变的速度很快。张家茂和石汝杰合作撰写的《苏州市方言志》，以城区中老年人为代表，对苏州方言进行了全面的介绍。

考虑到音系可能受到学者个人记音习惯或为求统一而制定的某些记音标准和规范的局限，我们没有采用汪平的《苏州方言研究》② 和《江苏语言资源资料汇编·苏州卷》（第 5 册）③ 中的音系。而《苏州市志》中的音系与《江苏省志·方言志》④ 中记录的苏州音系相差甚微。故本书仍然采用《苏州市志》的音系。这里我们摘录其语音部分的声韵调内容，对苏州方言进行简介。⑤

苏州方言的声母，共 28 个，最重要的特点是塞音、擦音和塞擦音三分，有较为系统的全浊声母，平、翘舌不分，如表 1-7 所示。

表 1-7　苏州方言声母表

p 半边	pʰ 批判	b 陪伴	m 麦苗	f 方法	v 万物
t 得当	tʰ 脱胎	d 大道	n 恼怒	—	l 玲珑
ʦ 战争	ʦʰ 青草	—	—	s 思想	z 实词
ʨ 计较	ʨʰ 欠缺	ʥ 强健	ȵ 泥泞	ɕ 欣喜	j 扬言
k 公告	kʰ 宽阔	g 共狂	ŋ 额外	h 黑海	ɦ 豪华
Ø 安乌衣迂矮翁	—	—	—	—	—

① 苏州市地方志编纂委员会编著：《苏州市志》第 1 卷，江苏人民出版社 1995 年版，第 317 页。

② 汪平：《苏州方言研究》，中华书局 2011 年版。

③ 《江苏语言资源资料汇编》编委会编：《江苏语言资源资料汇编·苏州卷》（第 5 册），凤凰出版社 2015 年版。

④ 江苏省地方志编纂委员会编著：《江苏省志·方言志》第 89 卷，南京大学出版社 1998 年版。

⑤ 苏州市地方志编纂委员会编著：《苏州市志》第 1 卷，江苏人民出版社 1995 年版，第 317—319 页。

苏州方言的韵母，共49个，如表1-8所示。

表1-8 苏州方言韵母表

ɿ 自私	ɥ 书橱	—	—
	i 西医	u 破布	y 雨区
ɑ 奶排	iɑ 谢爹	uɑ 快坏	—
o 茶花	io 霞靴	—	—
æ 包好	iæ 苗条	—	—
—	iɪ 盐田	—	—
ᴇ 灿烂	—	uᴇ 关怀	—
ø 暗算	iø 渊源	uø 玩碗	—
ʏ 欧洲	iʏ 九牛	—	—
əu 姑苏	—	—	—
ã 打仗	iã 良将	uã 横光~火	—
ɑ̃ 帮忙	iɑ̃ 江旺	uɑ̃ 狂慌	—
ən 奔腾	in 民兵	uən 困昏	yn 军训
oŋ 蓬松	ioŋ 穷凶	—	—
əl 儿尔而二	m̩ 姆呒亩	n̩ 唔~笃	ŋ̍ 鱼吴五
aʔ 杀鸭	iaʔ 甲侠	uaʔ 刮挖	yaʔ 曰
ɑʔ 百客	iɑʔ 约略	—	—
əʔ 特色	iəʔ 铁笔	uəʔ 忽活	yəʔ 月缺
oʔ 龌龊	ioʔ 曲轴	—	—

苏州方言的声调共7个，按照声母清浊分为阴、阳两类。其中浊上并入阳去，没有独立的阳上调。阳平调是低平调，调尾略上扬，实际调值为223，标作23。阳去调是短升调，实际调值为231，标作31。如表1-9所示。

表1-9 苏州方言声调表

调类	阴平	阳平	上声	阴去	阳去	阴入	阳入
调值	44	23	52	412	31	55	23
例字	刚多每安	陈陪平人	古美草水	对唱怕算	倍慢女饭	接七笔匹	拔佛迭局

（二）苏州方言研究概况

1. 苏州方言文献概况

明清以前的苏州地区方言的情况，在少数笔记和当地的民歌中，仅能略窥一二。明清以来出现大量用苏州话写成的民歌、弹词、昆曲、小说等文献，显示了以苏州话为代表的苏州地区方言的强大生命力。参考《明清吴语词典》所附《吴语文献资料书目》，苏州话文献大致可以分为以下几类。

民歌。冯梦龙的《山歌》、《挂枝儿》是其中最突出的代表。之后，当地诞生了大量用苏州地区方言创作的民歌作品，学术界一般称之为“吴歌”。集中收录的代表有《明清民歌时调集》①、顾颉刚等人辑录的《吴歌》②、苏州市文学艺术界联合会辑录的《吴歌新集》③、《吴歌》④、《中国歌谣集成·江苏卷》⑤、《中国·白茆山歌集》⑥、《中国·芦墟山歌集》⑦、《中国·河阳山歌集》⑧、《吴歌遗产集粹》⑨、《五姑娘》⑩、《赵圣关》⑪ 等长篇吴歌作品。

---

① （明）冯梦龙：《明清民歌时调集》（全二册），上海古籍出版社 1987 年版。

② 顾颉刚等辑，王煦华整理：《吴歌·吴歌小史》，江苏古籍出版社 1999 年版。

③ 苏州市文学艺术界联合会编：《吴歌新集》，内部出版物。

④ 苏州市文学艺术界联合会、江苏省民间视觉工作者协会苏州市分会编：《吴歌》，中国民间文艺出版社 1984 年版。

⑤ 中国民间文学集成全国编辑委员会、中国民间文学集成江苏卷编辑委员会：《中国歌谣集成·江苏卷》，中国 ISBN 中心 1998 年版。

⑥ 江苏省常熟市文化局、江苏省常熟市文化馆、白茆镇人民政府编：《中国·白茆山歌集》，上海文艺出版社 2002 年版。

⑦ 中共吴江市委宣传部、吴江市芦墟镇人民政府、吴江市文学艺术界联合会、吴江市文化广播电视管理局编著：《中国·芦墟山歌集》，上海文艺出版社 2004 年版。

⑧ 张家港市文联编：《中国·河阳山歌集》，华东师范大学出版社 2006 年版。

⑨ 高福民、金煦等编：《吴歌遗产集粹》，上海文艺出版社 2003 年版。

⑩ 陆阿妹等口述，张舫澜、马汉民、卢群搜集整理：《五姑娘》，江苏人民出版社 1984 年版。

⑪ 钱杏珍记录：《赵圣关》，中国民间文艺出版社 1986 年版。

评弹。明清以来的评弹作品中，有大量苏州地区方言成分。如长篇评话《隋唐》、《包公》、《英烈传》等，长篇弹词《芙蓉洞》、《落金扇》、《玉夔龙》、《珍珠塔》、《麒麟豹》、《描金凤》、《三笑》、《十五贯》、《九美图》、《六美图》、《双语杯》、《大双蝴蝶》等。

昆曲。以梁辰鱼为代表的大量昆曲作品，也蕴含了大量的苏州地区方言成分。重要的代表成果有华广生编的《白雪遗音》①、怡庵主人张芬编辑的《昆曲大全》②、王季烈、刘富梁编订的《集成曲谱》③ 等。

小说、传奇、笔记等。小说如《豆棚闲话》、欧阳巨源《负曝闲谈》、俞达《青楼梦》、《新苏州》、吕熊《女仙外史》、韩邦庆《海上花列传》、张春帆《九尾龟》、梦花馆主《九尾狐》等。传奇主要以冯梦龙的《墨憨斋定本传奇》为代表。笔记有龚炜《巢林笔记》、陆粲《庚巳集》、褚人获《坚瓠集》、顾禄《清嘉录》、叶盛《水东日记》等。

方言字书及其他。如胡文英《吴下方言考》、陆懋修《乡音字类》，以及部分外国人的苏州方言著作和用苏州话翻译的外国作品。

石汝杰《关于苏州方言历史文献的研究》④，从总体上介绍了各历史时期的苏州方言相关文献及种类，如民歌、戏剧、弹词、小说、字书、地方志和有关风俗著作、笔记以及外国人记录八类。这些文献反映了苏州方言的语音、词汇和语法的真实面貌，值得深入挖掘、整理和分析，勾勒出苏州方言的历史面貌，为撰写明清以来苏州方言发展史积累材料。

2. 苏州方言研究概况

谢自立《二十年来苏州方言研究综述》⑤ 曾对 20 世纪 80 年代以来的

① （清）华广生编：《白雪遗音》，中华书局 1959 年版。

② 张怡庵辑：《绘图精选昆曲大全》，上海世界书局 1925 年版。

③ 王季烈、刘富梁编订：《集成曲谱》，商务印书馆 1925 年版。

④ 石汝杰：《关于苏州方言历史文献的研究》，陈忠敏、陆道平主编：《吴语研究——第九届国际吴方言学术研讨会论文集》第 9 辑，上海教育出版社 2018 年版，第 349—354 页。

⑤ 谢自立：《二十年来苏州方言研究综述》，《方言》2001 年第 4 期。

苏州方言研究进行了综述。本小节在参考谢文的基础上，对苏州方言研究成果作一简单综述。

（1）现代苏州方言总体研究

对苏州方言进行真正语言学意义上的研究始于20世纪20年代。1925年和1926年，钱玄同和赵元任两位语言学家先后分别发表了《苏州注音字母草案》① 和《北京、苏州、常州语助词的研究》②，揭开了对苏州话研究的序幕。

赵元任于1927年对吴语展开了大范围调查，随后于1928年出版了《现代吴语的研究》③，其中对苏州方言的调查，奠定了苏州方言研究的基础。此后，1960年，江苏省和上海市方言调查指导组编的《江苏省和上海市方言概况》④ 出版，该书的苏州部分比赵书内容上有较大的扩展。由袁家骅等著的《汉语方言概要》⑤ 中“吴方言”一章有关苏州话的内容占据了相当的篇幅。

20世纪80年代以来，陆续出版了叶祥苓的《苏州方言志》⑥、钱乃荣的《当代吴语研究》⑦、苏州市地方志编纂委员会办公室内部发行的《苏州市方言志》⑧。

叶祥苓的《苏州方言志》是反映苏州话全貌的第一部专著，有首创之功。全书按照丁声树、李荣先生《昌黎方言志》的体例规范，分导言、

① 钱玄同：《苏州注音字母草案》，《国语周刊》1925年第28期。

② 赵元任：《北京、苏州、常州语助词的研究》，《清华学报》1926年第2期。

③ 赵元任：《现代吴语的研究》，科学出版社1956年版。

④ 江苏省和上海市方言调查指导组编：《江苏省和上海市方言概况》，江苏人民出版社1960年版。

⑤ 袁家骅等：《汉语方言概要》，文字改革出版社1960年版；袁家骅等：《汉语方言概要》（第2版），语文出版社2001年版。

⑥ 叶祥苓：《苏州方言志》，江苏教育出版社1988年版。

⑦ 钱乃荣：《当代吴语研究》，上海教育出版社1992年版。

⑧ 苏州市地方志编纂委员会办公室：《苏州市方言志》，苏州市地方志编纂委员会办公室1987年版。

苏州方言的内部差别、苏州方言的特点、苏州音的分析、苏州同音字表、苏州音和《广韵》的比较、苏州音和北京音的比较、苏州话标音举例、分类词表九章。方言同音字超过3000字，分类词条接近8000条，还收录了9大类话语材料，特别值得称道的是还有50幅涉及市区和郊区260多点的方言地图。

钱乃荣的《当代吴语研究》全书170万字，很大程度上反映了《现代吴语的研究》中的方言点在20世纪八九十年代吴语的全貌。如把其中的苏州部分抽出来，几乎可构成一部相当完整、全面的苏州方言志。其中除了对语音系统及其变迁的详细描写，还有近2000个常用字的同音字汇、980个常用方言词、50多条重要的语法例句；而且还用新理论对各种类型的连读变调进行了全面描述。全书站在整个吴语的视角下描写苏州方言，可以令读者得到更多的启发。

苏州地方志编纂委员会办公室编纂的《苏州市方言志》于1987年出版。本志由张家茂、石汝杰合作撰写，是另一种更为简洁的苏州市方言志，其内容包括概述、语音、同音字表、方言词语、语法简述等五部分并附一份语料，较全面而又简明地反映了苏州方言的总体面貌。

另外，江苏省地方志编纂委员会于1998年出版《江苏省志·方言志》。其中由翁寿元、石汝杰撰写的第二章“吴方言区”中，也包含苏州方言的内容，同钱书一样，如把其中的苏州部分抽出来，完全可构成一部相当完整、全面的苏州方言志。

进入21世纪以来，汪平在多年苏州方言研究的基础上，于2011年出版了《苏州方言研究》① 一书。该书系《江苏方言研究丛书》之一，在统一的内容和体例下（音系基础字1000个、规定词表1910个、语法例句100个、规定话题3个）之外，增加了作者多年研究苏州方言的积累和心

① 汪平：《苏州方言研究》，中华书局2011年版。

得，体现了作者的学术专长。该书的语法研究部分，是全书的亮点。

2008 年 7 月，江苏承担的中国语言资源有声数据库建设工程试点工作在苏州启动，2013 年底基本完成调查和建库工作。2015 年出版了《江苏语言资源资料汇编·苏州卷》（第 5 册）①，按照中国语言资源有声数据库调查的规定内容，对苏州城区、吴江、张家港、常熟、太仓、昆山的语音系统、1000 个单字音、1200 个词汇和 50 个语法例句进行了全面调查和描写，展示了最新最全的苏州各地方言面貌。

林齐倩《苏州郊区方言研究》②，记录了唯亭、胜浦、斜塘、娄葑、角直、车坊、郭巷、越溪、横泾、浦庄、渡村、东山镇、东山杨湾村、西山、太湖、光湖、藏书、香山渔帆村、香山梅舍村、木渎、镇湖、东渚、通安、浒关、枫桥、陆慕、蠡口、黄桥、渭塘、北桥、东桥、望亭、太平、湘泾等 34 个郊区点的声韵调系统，大大拓展了苏州方言研究的空间。

此外，还有汪平《吴江市方言志》③，全面描写了吴江方言的面貌。车玉茜的硕士学位论文《昆山方言研究》④、吴林娟的学位论文《昆山方言研究》⑤ 全面描写了昆山方言的面貌。

（2）现代苏州方言语音研究

苏州方言语音系统的描写，在前述的几种著作中已有，这里略过。集中对苏州方言语音进行系统研究的专著，有汪平的《苏州方言语音研究》⑥ 一书。汪书共分五章：第一章为语音系统，描写了苏州方言的声

① 《江苏语言资源资料汇编》编委会：《江苏语言资源资料汇编·苏州卷》（第 5 册），凤凰出版社 2015 年版。
② 林齐倩：《苏州郊区方言研究》，苏州大学出版社 2016 年版。
③ 汪平：《吴江市方言志》，上海社会科学院出版社 2010 年版。
④ 车玉茜：《昆山方言研究》，苏州大学 2005 年硕士学位论文。
⑤ 吴林娟：《昆山方言研究》，西北师范大学 2006 年硕士学位论文。
⑥ 汪平：《苏州方言语音研究》，华中理工大学出版社 1996 年版。

母、韵母、声调和音韵结构；第二章从声母、韵母和声调三个方面，将苏州方言与中古音进行了全面比较；第三章集中描写了苏州方言的文白异读和读音特殊的字；第四章讨论了声调的若干问题，如连读变调的层次、记调法、连调规律、连调对单字调的影响、松式变调、声调判别式以及书面字音的问题；第五章为字音表，详细记录了苏州方言的字音情况。

其他苏州方言语音的研究成果，主要集中在连读变调和实验语音学分析两方面，分别简述如下：

苏州方言连读变调的研究，是苏州方言语音研究中的一个热点问题。1979 年，《方言》创刊号发表叶祥苓《苏州方言的连读变调》①，从而引发了一场长达数年的讨论。这场讨论的主题就是苏州方言连读变调，其余波一直到现在也还没有消失。

张家茂发表《苏州方言上声和阴去的连读变调》②，跟叶氏商榷两字组里作为前字的上声和阴去在变调以后的调值问题。谢自立又发表《苏州方言两字组的连读变调》③，跟叶氏商榷并指出苏州方言连读变调在六方面的特点，并描写了 11 种连调式的调值。钱乃荣、石汝杰联名发表《苏州方言连读变调讨论之二关于苏州方言连读变调的意见》④，区分两种连调模式为“广用式”和“窄用式”，并指出这两种连调模式可以在一定的语言环境、语速和停顿条件下互相转化。汪平的《苏州方言两字组的连调格式》⑤ 一文发现苏州话两字组在连读后出现的调型恰好跟单字的七个声调相同。1986 年，汪平、钱乃荣、石汝杰、石锋、廖荣容共同署名

---

① 叶祥苓：《苏州方言的连读变调》，《方言》1979 年第 1 期。

② 张家茂：《苏州方言上声和阴去的连读变调》，《方言》1979 年第 4 期。

③ 谢自立：《苏州方言两字组的连读变调》，《方言》1982 年第 4 期。

④ 钱乃荣、石汝杰：《苏州方言连读变调讨论之二关于苏州方言连读变调的意见》，《方言》1983 年第 4 期。

⑤ 汪平：《苏州方言两字组的连调格式》，《方言》1983 年第 4 期。

“五臺”发表《关于“连读变调”的再认识》①，该文受苏州话连读变调的启发提出了“语音词”的概念，并认为“在语流中，每两个停顿之间的语言片段就是一个语音词”，“每个语音词都有一个独立的声调”。这种语音词跟语法词没有直接关系，可以一致，也可以不一致。

李小凡的两篇文章《苏州方言的字调转移及其成因》②、《离散性连调和聚合性连调——再论苏州方言的连读变调》③ 讨论了苏州话的连读变调。后一篇论文的理论意义较大，重点讨论了为什么会存在跨式和漂移现象。跨式是指一个具体的字组既能读这种连调式，又能读那种连调式；漂移是指前字原本属于某个调类的字组按常规应读某种连调式，现在却会逐渐漂向另一种连调式。李小凡认为根本原因是苏州话里两类不同的连读变调其性质完全不同，松散结合字组的连读变调属离散性，紧密结合字组的连读变调属聚合性，分属不同的历史层次。聚合是由离散逐渐演变而来的，一方面是因为由离散性演变成聚合性以后走的道路会完全不同；另一方面是离散向聚合的演变在各种声调组合中发展并不平衡，还没有全部完成，目前出现的跨式和漂移现象正是它们共同作用的结果。

2010年以来，凌锋对苏州话连读变调进行了多角度的探索。凌文《苏州话连读变调与句法结构的关系初探》④ 指出苏州话中不同句法结构和连调域组块之间的关系。其研究表明，实词可以作为连调域的框架，通常作为连调域的核心。虚词如果出现在一个连调域的右侧，则常常充当韵

① 五臺：《关于“连读变调”的再认识》，《语言研究》1986年第1期。

② 李小凡：《苏州方言的字调转移及其成因》，严家炎、袁行霈主编：《缀玉集——北京大学中文系研究生论文选编》，北京大学出版社1990年版，第479—493页。

③ 李小凡：《离散性连调和聚合性连调——再论苏州方言的连读变调》，见《庆祝李荣先生八十华诞论文集》（未刊稿）。

④ 凌锋：《苏州话连读变调与句法结构的关系初探》，刘丹青主编：《汉语方言语法研究的新视角——第五届汉语方言语法国际学术研讨会论文集》，上海教育出版社2013年版，第181页。

律附属成分。不过，词性不是最重要的直接影响韵律结构的因素。重音与轻化可能才是直接原因。连调域的长度也是影响韵律组块的因素。一个比较长的实词串很难组成一个单独的连调域，而往往会分裂成若干个连调域。该文还发现，韵律结构跟句法结构并不总是同构的，有的时候韵律组块会跨越句法分界线，但是也并不是所有句法界限都是能够跨越的。凌锋《语流中苏州话连调的声学模式》① 一文利用声学实验的方法，调查了苏州话连调在语流中的声学模式。结果显示，在语流中，苏州话连调随着音节数的增加并没有如前人描写的那样汇聚到一个低调的位置，而是在一个音高偏中间的位置。凌锋认为这个位置其实是苏州话连调中弱化音节本身的内在音高目标，而单念时连调汇聚到低调位置其实是陈述句语调音高下倾的结果。

此外，翁寿元《老派常熟方言两字组的连读变调》②，全面挖掘了老派常熟方言的连读变调形式。蔡佞《苏州方言连调的变化发展》③，一方面描写了当代苏州话连调的发展变化，总结出变化规律；另一方面从规律入手，结合当代苏州近郊方言连调现状，推测城区连调的历时演变过程。车玉茜《昆山方言连读变调的处理及与上海、苏州的比较》④，对昆山方言连读变调进行了研究和对比。

苏州方言语音的声学实验分析，是苏州方言语音研究的另一热点。石锋《苏州话浊塞音的声学特征》⑤，廖荣容《苏州话单字调、双字调的实

① 凌锋：《语流中苏州话连调的声学模式》，《语言研究集刊》2014 年第 1 期。

② 翁寿元：《老派常熟方言两字组的连读变调》，复旦大学中国语言研究所吴语研究室编：《吴语论丛》，上海教育出版社 1988 年版，第 65—70 页。

③ 蔡佞：《苏州方言连调的变化发展》，陈忠敏主编：《吴语研究——第八届国际吴方言学术研讨会论文集》第 8 辑，上海教育出版社 2016 年版，第 2—7 页。

④ 车玉茜：《昆山方言连读变调的处理及与上海、苏州的比较》，《内江师范学院学报》2008 年第 9 期。

⑤ 石锋：《苏州话浊塞音的声学特征》，《语言研究》1983 年第 1 期。

验研究》① 是20世纪80年代的实验语音学研究成果，具有开创价值。石锋《苏州话的元音格局》②，利用声学实验分析，绘制了苏州方言的单元音、二级元音、三级元音和四级元音的声学分布图，得出有价值的结论。侯精一1996年出版的《苏州话音档》③，真实保存了苏州方言的音档。

平悦铃等著《吴语声调的实验研究》④ 第三章“苏州方言声调实验研究”由孙锐欣撰写，对苏州方言的声调进行了实验语音学研究。

凌锋从2005年开始，对苏州方言语音特别是元音展开了系列研究，值得关注。如《苏州话高元音分析及其成因初探》⑤、《“最大对立”还是“充足对立”——苏州话与宁波话、北京话和英语元音系统的比较》⑥、《三种元音规整方法在苏州话元音研究中的应用与比较》⑦、《苏州话单元音的实验分析》⑧、《吴江盛泽方言次清调类的实验分析》⑨、《共时系统语

① 廖荣容：《苏州话单字调、双字调的实验研究》，《语言研究》1983年第2期。

② 石锋：《苏州话的元音格局》，上海市语文学会、香港中国语文学会编：《吴语研究——第二届国际吴方言学术研讨会论文集》，上海教育出版社2003年版，第111—116页。

③ 侯精一主编：《苏州话音档》，上海教育出版社1996年版。

④ 平悦铃等：《吴语声调的实验研究》，复旦大学出版社2001年版。

⑤ 凌锋：《苏州话高元音分析及其成因初探》，全国汉语方言学会：《全国汉语方言学会第十三届年会暨汉语方言国际学术研讨会论文集》，2005年，第8页。

⑥ 凌锋：《“最大对立”还是“充足对立”——苏州话与宁波话、北京话和英语元音系统的比较》，中国语言学会语音学分会、中国声学学会语言、音乐和听觉专业委员会、中国中文信息学会语音信息专业委员会：《第九届中国语音学学术会议论文集》，2010年，第6页。

⑦ 凌锋：《三种元音规整方法在苏州话元音研究中的应用与比较》，中国社会科学院语言所：《第八届中国语音学学术会议暨庆贺吴宗济先生百岁华诞语音科学前沿问题国际研讨会论文集》，2008年，第5页。

⑧ 凌锋：《苏州话单元音的实验分析》，游汝杰等主编：《吴语研究——第六届国际吴方言学术研讨会论文集》，上海教育出版社2014年版，第163—166页。

⑨ 凌锋、徐燕红：《吴江盛泽方言次清调类的实验分析》，游汝杰主编：《吴语研究——第七届国际吴方言学术研讨会论文集》，上海教育出版社2014年版，第126—133页。

音实验中的历时音变——以苏州话元音系统为例》①。

此外，胡方 2007 年发表了《论宁波方言和苏州方言前高元音的区别特征——兼谈高元音继续高化现象》②，该文利用发音生理和声学语音材料讨论了吴语宁波方言和苏州方言的前高元音的区别特征，结合语音学分析和历时演变脉络，胡方认为两地高元音之间的强标记性的音位对立格局的形成来源于高元音继续高化这一历时音变。

其他关于苏州方言语音的研究，包括对苏州方言语音演变、苏州方言声母、韵母和声调、文白异读等方面的研究，这些成果散见于各类专著和期刊，限于篇幅，这里从略。

（3）现代苏州方言词汇研究

苏州方言词汇的调查和研究，伴随着苏州方言的全面调查工作，其成果大都包含于各种苏州方言的调查成果中。独立展示苏州方言词汇全貌的，是叶祥苓编纂的《苏州方言词典》③。该书是李荣主编《现代汉语方言大词典》中的一种分地词典，系第一本比较全面记录和注释苏州话词语的词典。该词典按照《现代汉语方言大词典》编写的统一规格，书前有引论，书后有义类和笔画索引，正文以韵为序收录了大约 7000 多条词语。词目之后先标音，再释义，有不同义项的分列义项，有的还附有用例。所收词条中不少确实是当地方言词，并且还包括了当地的一部分熟语、歇后语和谚语。《苏州方言词典》出版之后，很多学者发表了评介性的文章对其优点和不足之处进行了深入的评价。

值得注意的是，吴宗锡主编的《评弹文化词典》④，集中收录并解释

① 凌锋：《共时系统语音实验中的历时音变——以苏州话元音系统为例》，《东方语言学》2014 年第 1 期。

② 胡方：《论宁波方言和苏州方言前高元音的区别特征——兼谈高元音继续高化现象》，《中国语文》2007 年第 5 期。

③ 叶祥苓编纂：《苏州方言词典》，江苏教育出版社 1993 年版。

④ 吴宗锡主编：《评弹文化词典》，汉语大词典出版社 1996 年版。

了一大批苏州评弹中的苏州方言词语，极有参考价值。如吴连生等编著《吴方言词典》①、吴连生《吴方言词考》②、闵家骥等编《简明吴方言词典》③，也收录了许多苏州方言词汇，富有参考价值。

此外，还有一些关于苏州方言词汇的研究成果，这里仅列举一些有代表性的。

谢自立《苏州方言的五个合音字》④，讨论了苏州方言中的五个合音字"嫑"、"嬒"、"覅"、"naŋ˨"、"zaŋ˨"。汪平《苏州方言的特殊词汇》⑤ 一文收录了一大批较有特色的表示动作、心理状态的词及虚词，这些词外地人或者其他吴语区的人不易听懂、当地三十岁以下的年轻人也已经不说了。梅祖麟《苏州话的"唔笃"（你们）和汉代的"若属"》⑥，证明了苏州话"唔笃"（你们）的词源是"汝属"，同时还讨论了现代方言中的复数词尾的来源问题。邵慧君《"侬"字称代演变轨迹探论》⑦ 从闽、吴比较的角度，对"侬"字的来源、功能和演变作了新探索。刘瑞明《吴语谐音趣难词初探——以苏州话为中心》⑧ 一文对吴语苏州话中的谐音趣难词进行了研究，这些谐音趣难词，词的用字与词义风马牛不相及，字面是虚假的谐音字，理据本字被故意隐藏起来。汪平《苏州话俗语》⑨

① 吴连生等编著：《吴方言词典》，汉语大词典出版社 1995 年版。
② 吴连生：《吴方言词考》，汉语大词典出版社 1998 年版。
③ 闵家骥等编：《简明吴方言词典》，上海辞书出版社 1986 年版。
④ 谢自立：《苏州方言的五个合音字》，《方言》1980 年第 4 期。
⑤ 汪平：《苏州方言的特殊词汇》，《方言》1987 年第 1 期。
⑥ 梅祖麟：《苏州话的"唔笃"（你们）和汉代的"若属"》，《方言》2004 年第 3 期。
⑦ 邵慧君：《"侬"字称代演变轨迹探论》，上海市语文学会、香港中国语文学会合编：《吴语研究——第三届国际吴方言学术研讨会论文集》，上海教育出版社 2005 年版，第 214—220 页。
⑧ 刘瑞明：《吴语谐音趣难词初探——以苏州话为中心》，《常熟理工学院学报》2007 年第 11 期。
⑨ 汪平：《苏州话俗语》，陈忠敏、陆道平主编：《吴语研究——第九届国际吴方言学术研讨会论文集》第 9 辑，上海教育出版社 2018 年版，第 378—380 页。

一文是作者关于苏州话俗语专著的摘录。原书稿共收录了四千多条苏州话口语中的俗语，绝大部分是现在苏州人口中说的。

（4）现代苏州方言语法研究

苏州方言语法的研究，是吴方言语法研究中的热门领域。许多著名的学者，都对苏州方言语法进行了深入的研究。谢自立、钱乃荣、石汝杰、刘丹青、汪平、李小凡、袁毓林、陈忠敏等，都对苏州方言语法进行了全方位的研究。

对苏州语法作全面研究的有李小凡《苏州方言语法研究》[1]。作者在多年苏州方言研究的基础之上，对苏州方言的构词法、指代词、语气词、疑问句、体貌系统进行了深入研究，并在书后附录了新派苏州方言的语音系统。

下面分词法和句法两方面，对苏州语法研究的成果作一简述。

第一，词法方面。苏州方言词法方面的研究，主要集中在重叠式、“勒X”和各种词类研究等方面。

关于重叠式的研究。刘丹青《苏州方言重叠式研究》[2] 通过研究苏州方言中丰富多样的重叠式，指出苏州方言重叠式的特点主要有：（1）重叠的适合面极广，运用于代词以外的所有实词词类；（2）重叠的形式多种多样；（3）表达的意义类型相当丰富；（4）经常造成语法功能的改变；（5）不仅有构词性重叠，还有不少构形性重叠，其中有些非常能产。苏州方言重叠式不能用形态以外的现象（如句法）来解释。苏州话重叠形态由于在构成形式（与音节的关系）、表义作用（与主观感受的关系，风格色彩）和语法功能（不表示句法关系）上的特点，使用的普遍性受到多方面的限制，往往是任意性大于必要性。刘文通过对苏州话重叠式的描

① 李小凡：《苏州方言语法研究》，北京大学出版社1998年版。

② 刘丹青：《苏州方言重叠式研究》，《语言研究》1986年第1期。

写和研究充分说明，重叠不仅应该是汉语形态学研究的重点内容，而且可以上升为联结汉藏语系、南亚语系、南岛语系的重要纽带之一。

汪平《苏州方言的重叠式》① 在刘丹青文和李小凡《苏州方言语法研究》“第一章构词法 1.4 重叠法”内容的基础上，补充了一些苏州方言重叠式的其他用法。

李小凡《重叠构词法：语序规则、音韵规则、响度规则——以苏州话为例》②，通过分析苏州方言语素重叠及其语序规则、音节重叠及其音韵规则、象声词重叠及其响度规则，提出苏州方言的重叠构词法是一种比复合法、附加法规则性更强、手段也更丰富的构词法。其重叠规则具有层级性。语序规则处于语法层面，制约各类重叠式，可以决定重叠式的语法性质。音韵规则处于音系层面，决定不了重叠式的语法性质，但可以决定词型。响度规则处于语音层面，只是变形重叠得以成词的必要条件。李文最后认为，重叠构词是汉语的一种规则复杂、变化多样、贯通语法、音系、语音等多个层面的重要语言现象，还具有某种类型学意义。

关于“勒 X”的研究。关于苏州话“勒 X”的研究，是苏州话词法研究中的一个热点问题。巢宗祺《苏州方言中“勒笃”等的构成》③、汪平《苏州方言的“辣”、“勒海”和“勒浪”等》④、刘丹青《苏州话“勒 X”复合词》⑤，专门讨论了苏州方言中“勒笃”及“勒 X”的内部结构、

---

① 汪平：《苏州方言的重叠式》，《汉语学报》2001 年第 2 期。

② 李小凡：《重叠构词法：语序规则、音韵规则、响度规则——以苏州话为例》，邵敬敏主编：《21 世纪汉语方言语法新探索——第三届汉语方言语法国际研讨会论文集》，暨南大学出版社 2008 年版，第 314—325 页。

③ 巢宗祺：《苏州方言中“勒笃”等的构成》，《方言》1986 年第 4 期。

④ 汪平：《苏州方言的“辣”、“勒海”和“勒浪”等》，李如龙、张双庆主编：《介词》，暨南大学出版社 2000 年版，第 23—31 页。

⑤ 刘丹青：《苏州话“勒 X”复合词》，上海市语文学会、香港中国语文学会编：《吴语研究——第二届国际吴方言学术研讨会论文集》，上海教育出版社 2003 年版，第 80—86 页。

意义分工等问题。其他一些学者在文章的讨论中也涉及苏州方言的“勒笃”及“勒X”，如吕叔湘《释〈景德传灯录〉中在、著二助词》①，石汝杰《苏州方言的体》②、《苏州方言的介词体系》③，平悦铃《上海话中“辣～”格式的语法功能》④，徐烈炯、邵敬敏《上海方言“辣、辣辣、辣海”的比较研究》⑤ 等。

巢宗祺《苏州方言中“勒笃”等的构成》，重点分析了苏州话中“勒笃”的情况，并认为“笃”跟苏州话里第三人称复数代词“俚笃”有关。“笃”在有的情况下表示人的某种集合，有的时候成为表处所的助词，“勒笃”就是“勒”（在）跟这个“笃”结合成词的。

汪平《苏州方言的“辣”、“勒海”和“勒浪”等》，从时代层次、语音特征、语义、语法讨论、方言比较等方面，深入讨论了苏州方言中的“辣”、“勒海”、“勒浪”、“辣搭”、“辣里”、“辣笃”等词语。

刘丹青《苏州话“勒X”复合词》在前人的基础上，对“勒X”的内部结构及意义分工的来源及理据进行了深入的研究。其初步结论：“勒X”不宜看作动宾结构或介宾结构，而是动词和后置词（即后置介词）的直接组合或前置词和后置词的直接组合，这种组合来源于后置词之前的名词性成分的省略；“勒里”和“勒哚”的远近对立与“里”和“哚”本身的词义没有直接关系，而来之于苏州话人称代词复数形式的不对称：“里”用于第一人称、“哚”用于第二、第三人称，由第一人称和第二、第三人称的对立导致近指和远指之对立。

① 吕叔湘：《释〈景德传灯录〉中在、著二助词》，《汉语语法论文集》，商务印书馆1984年版，第58页。

② 石汝杰：《苏州方言的体》，张双庆主编：《动词的体》，香港中文大学中国文化研究所吴多泰中国语文研究中心1996年版，第349—375页。

③ 石汝杰：《苏州方言的介词体系》，李如龙、张双庆主编：《介词》，暨南大学出版社2000年版，第1—22页。

④ 平悦铃：《上海话中“辣～”格式的语法功能》，《语文研究》1997年第3期。

⑤ 徐烈炯、邵敬敏：《上海方言“辣、辣辣、辣海”的比较研究》，《方言》1997年第2期。

袁丹《常熟话“勒X”结构及其功能分析》① 对常熟话中的“勒X”结构（包括“勒笃”、“勒俚”、“勒浪”、“勒海”）的句法功能和意义进行了详尽的描写，并且从历时演变和共时分布的角度对相关现象作出一定的解释。

关于各种词类的研究。苏州方言各种词类的研究成果非常多，如对形容词②、量词③、语气助词④、代词、介词、词缀⑤及某些特定的虚词或结构式⑥进行研究。这里仅对讨论非常广泛的苏州方言代词研究成果略作简述。

小川环树《苏州方言的指示代词》⑦ 将苏州方言的指示代词三分，联系湖北、山东等地方言和南亚一些语言进行了推测：远古的汉语指示代词很可能本来是三分法，后代一些非汉族语言、极少数汉语方言指示代词保留三分，可能都是同出一源。

李小凡《苏州话的指示代词》⑧ 在全面描写苏州话指示代词之后，揭

---

① 袁丹：《常熟话“勒X”结构及其功能分析》，王福堂主编：《吴语研究——第四届国际吴方言学术研讨会论文集》，上海教育出版社2008年版，第155—161页。

② 叶祥苓：《苏州方言形容词的“级”》，《方言》1982年第3期；谢自立、刘丹青《苏州方言变形形容词研究》，《中国语言学报》1995年第5期。

③ 石汝杰、刘丹青：《苏州方言量词的定指用法及其变调》，《语言研究》1985年第1期。

④ 汪平：《苏州方言的语气词》，全国汉语方言学会、华中师范大学语言和语言教育研究中心、黑龙江大学文学院：《汉语方言语法研究和探索——首届国际汉语方言语法学术研讨会论文集》，2002年，第6页；钱乃荣：《苏州方言的语气助词》，上海市语文学会、香港中国语文学会编：《吴语研究——第二届国际吴方言学术研讨会论文集》，上海教育出版社2003年版，第101—110页。

⑤ 谢自立、刘丹青、石汝杰、汪平、张家茂：《苏州方言里的语缀（一）》，《方言》1989年第2期；谢自立、刘丹青、石汝杰、汪平、张家茂：《苏州方言里的语缀（二）》，《方言》1989年第3期。

⑥ 汪平：《苏州方言的“仔、哉、勒”》，《语言研究》1984年第2期；张家茂：《苏州方言中的“V快哉”》，《语言研究》1985年第2期；汪平：《苏州方言的“得”》，《语言研究》2001年第2期；闻婷：《苏州方言“XX叫”研究——兼论类型学视野下的汉语方言“XXY”式状态词》，上海师范大学2010年硕士学位论文；郑伟：《吴语虚词及其语法化研究》，上海教育出版社2017年版。

⑦ ［日］小川环树：《苏州方言的指示代词》，《方言》1981年第4期。

⑧ 李小凡：《苏州话的指示代词》，《语言学论丛》第13辑，商务印书馆1984年版，第99—111页。

示出苏州话“掰＊”、“该＊”、“归＊”三个系列的内部关系并非平行的并列关系，而是一种交叉的重叠关系。“该＊”系列表示近指，“归＊”系列表示远指，而“掰＊”系列则是兼指，兼有近指和远指的功能。

谢自立《苏州方言的代词》① 按照传统的代词分类法，简要介绍并讨论苏州城区方言的人称代词、指示代词、疑问代词的各种形式及其用法。

游汝杰《吴语里的人称代词》② 调查和搜集了一百多个吴语点的人称代词，文中列出了54个地点的七种人称代词。

李如龙、张双庆主编的《代词》③ 一书，收录了多篇关于苏州方言代词的研究论文，分别有陈忠敏、潘悟云《论吴语的人称代词》④、钱乃荣《北部吴语的代词系统》⑤、石汝杰《苏州方言的代词系统》⑥、刘丹青《吴江方言的代词系统及内部差异》⑦。

陈忠敏、潘悟云《论吴语的人称代词》从复杂的吴语人称代词层次性、音变不规则性等方面，通过方言比较，历史文献材料的印证，讨论了吴语人称代词的演变过程。其讨论内容涉及苏州方言人称代词。

钱乃荣《北部吴语的代词系统》一文的讨论内容非常丰富，讨论了北部吴语的人称代词的单数形式、复数形式及其演变路径，还探讨了北部

① 谢自立：《苏州方言的代词》，复旦大学中国语言文学研究所吴语研究所编：《吴语论丛》，上海教育出版社1988年版，第84—90页。

② 游汝杰：《吴语里的人称代词》，梅祖麟等著：《吴语和闽语的比较研究》第1辑，上海教育出版社1995年版，第32—49页。

③ 李如龙、张双庆主编：《代词》，暨南大学出版社1999年版。

④ 陈忠敏、潘悟云：《论吴语的人称代词》，李如龙、张双庆主编：《代词》，暨南大学出版社1999年版，第1—24页。

⑤ 钱乃荣：《北部吴语的代词系统》，李如龙、张双庆主编：《代词》，暨南大学出版社1999年版，第68—84页。

⑥ 石汝杰：《苏州方言的代词系统》，李如龙、张双庆主编：《代词》，暨南大学出版社1999年版，第85—101页。

⑦ 刘丹青：《吴江方言的代词系统及内部差异》，李如龙、张双庆主编：《代词》，暨南大学出版社1999年版，第102—125页。

吴语指示代词词尾、表地点的指示语素及指示词的来历。其内容涉及苏州方言代词。

石汝杰《苏州方言的代词系统》一文按代词的作用分类，描写了苏州方言的人称代词、指示代词和疑问代词的各种功能。

刘丹青《吴江方言的代词系统及内部差异》，首先描写同里话的代词系统，然后以此为基础列举吴江各大镇的代词系统，反映出其内部差异。

陈忠敏《论苏州话人称代词的语源》[①] 一文分析了苏州话以及整个北部吴语人称代词（单数）的语源。陈忠敏认为早期苏州话三身代词的语源是：侬，尔，渠。之后北方官话的“我”进入苏州话，跟原来的“侬”产生竞争，从而产生了一个叠架形式：“我侬”。受“我侬”的类比感染，第二、第三人称随之也产生了“尔侬”、“渠侬”。今天苏州话的人称代词是几个层次的杂糅。以第一人称为例，“侬/我侬/我”分别代表土语层、叠架层和北方官话层。其他北部吴语大多也跟苏州话一样，人称代词有相同的“三侬”及层次杂糅的情形。在方法论层面，陈文提出要梳理苏州话及北部吴语的人称的历史发展，除了要应用历史语言学中的比较法、内部拟测法外，还要补充以历时层次分析法，即通过参考历史文献，比较邻近方言，首先把苏州话代词系统中的历时层次分开，然后应用比较法、内部拟测法逐层追溯各层次的早期形式。

袁毓林《苏州话人称代词构拟中的时间差——读陈忠敏〈论苏州话人称代词的语源〉献疑》[②] 认为陈忠敏对苏州话人称代词语源的拟测存在时间差，具体有两种表现，由此提出了关于“三侬”语源的另一种构拟方案。该文还讨论了第二人称演变为第三人称、人称代词的演变和吴语的

① 陈忠敏：《论苏州话人称代词的语源》，黄正德主编：《中国语言学论丛》第 2 辑，北京语言文化大学出版社 1999 年版，第 101—119 页。

② 袁毓林：《苏州话人称代词构拟中的时间差——读陈忠敏〈论苏州话人称代词的语源〉献疑》，上海市语文学会、香港中国语文学会编：《吴语研究——第二届国际吴方言学术研讨会论文集》，上海教育出版社 2003 年版，第 87—100 页。

历时层次，以及吴语第一人称的“吾”和“吾侬”等问题。

陈忠敏《苏州话代词系统的构拟——内部拟测法、历史比较法、层次分析法的演绎》① 一文运用历史比较法、内部拟测法和层次分析法来分析苏州话的代词的语源和演变，并通过这一实例的分析来说明三种方法如何有机结合、互相补充。

其他关于苏州方言代词的论文还有林齐倩《苏州郊区（原吴县）的三身人称代词》②、史濛辉《苏州方言第一人称代词复数“伲”［ȵi^{31}］的来源及演变》③、《从“伲$_{\text{我们}}$”［ȵi^{31}］到“像伲$_{\text{像我们}}$”［ʑiã^{31}ȵi^{21}］——苏州方言第一人称代词复数的一种新变化》④ 等。这里不再一一赘述。

第二，句法方面。苏州方言句法方面的研究，主要集中在体貌和语法化研究两个方面。

关于体貌研究。石汝杰《苏州方言体和貌的表达方式》⑤ 一文用“体”指动作或事件在事件进程中的情状结构；用“貌”指动作或事件的具体表现方式。石文将苏州方言的体划分为完成、进行、持续、经验、已然、起始和继续；将貌划分为短时、尝试、转变、随意。基于这个理论框架，石汝杰对苏州方言的体和貌的表达方式进行了研究。

---

① 陈忠敏：《苏州话代词系统的构拟——内部拟测法、历史比较法、层次分析法的演绎》，陈忠敏主编：《吴语研究——第八届国际吴方言学术研讨会论文集》第 8 辑，上海教育出版社 2016 年版，第 130—140 页。

② 林齐倩：《苏州郊区（原吴县）的三身人称代词》，《语言研究》2014 年第 3 期。

③ 史濛辉：《苏州方言第一人称代词复数“伲”［ȵi^{31}］的来源及演变》，《语言学论丛》2015 年第 2 期。

④ 史濛辉：《从“伲$_{\text{我们}}$”［ȵi^{31}］到“像伲$_{\text{像我们}}$”［ʑiã^{31}ȵi^{21}］——苏州方言第一人称代词复数的一种新变化》，《汉语史学报》2016 年第 18 辑。

⑤ 石汝杰：《苏州方言体和貌的表达方式》，《明清吴语和现代方言研究》，上海辞书出版社 2006 年版，第 90—108 页。该文原题为《苏州方言的体》，载于《动词的体》（中国东南部方言比较研究丛书第 2 辑，张双庆主编，香港中文大学中国文化研究所吴多泰中国语文研究中心 1996 年版，第 349—375 页）。后来做了较大篇幅的修改补充，并为例句加上普通话翻译，作为《吴语读本》的附录（日本好文出版社 1996 年版，第 145—157 页）。

李小凡在《苏州方言中的持续貌》① 一文中曾将持续体分为完成持续体、静态持续体、动态持续体三种。其另一篇文章《苏州方言的体貌系统》② 则将苏州方言的体貌类型分为动态和事态两大类。动态是观察动作的发展变化的过程所区分的体貌类型，分为完成体、持续体、进行体、经历体、继续体、反复体、短时体、尝试体等。事态是观察事件的发生、存在、变化与否所区分的体貌类型，分为已然态、未然态、将然态、仍然态、定然态等。动态的语法标记主要是动态助词和副词，附加在谓词前后。事态的语法标记主要是事态语气词，附加在句末。动态和事态都可以独立地表达体貌，也可以合在一起共同表达体貌。基于这个理论框架，李小凡对苏州方言的体貌系统进行了研究。

关于语法化研究。主要有钱乃荣、李小凡、王健等学者的成果。钱乃荣《苏州方言中动词“勒浪”的语法化》③、李小凡《苏州话“勒海”和绍兴话“来东”的语法化问题》④。

钱乃荣《苏州方言中动词“勒浪”的语法化》认为苏州话“勒浪”是“在上”二字语音演变而来的。“在”和“上”的声母发生流音化，由原读［z］变为［l］。在以前的书面印本上，有时写作“在上”，有时写作“来浪”。随着“来浪”语法化为虚词，语音继续轻声化和中性化，“来”读作促声的“勒”或介于“来”、“勒”中间的读音。于是“在上”便写作“勒浪”。其虚化路线为：动词—介词结构—介词—进行体、存续体助词—语气助词。

李小凡《苏州话“勒海”和绍兴话“来东”的语法化问题》一文不

① 李小凡：《苏州方言中的持续貌》，北京大学中文系《语言学论丛》编委会编：《语言学论丛》第19辑，商务印书馆1997年版，第164—178页。

② 李小凡：《苏州方言的体貌系统》，《方言》1998年第3期。

③ 钱乃荣：《苏州方言中动词“勒浪”的语法化》，《中国语言学报》2003年第11期。

④ 李小凡：《苏州话“勒海”和绍兴话“来东”的语法化问题》，游汝杰主编：《吴语研究——第七届国际吴方言学术研讨会论文集》，上海教育出版社2014年版，第301—306页。

同意钱乃荣的观点。该文立足于苏州话“勒海”、绍兴话“来东”的语法化表现，并与共同的持续体标记“着”、湖北话的体标记“在”相比较，提出体标记按其语法化母体的性质分为实词型和结构型两种语法化类型，结构型语法化在去结构化阶段又按简缩对象的差异而有两条路径。源自附着义动词的体标记属于实词型语法化，源自存在义动词的体标记属于结构型语法化。苏州话“勒海”和绍兴话“来东”都是结构型语法化，但在去结构化时走了两条不同路径。

其他关于语法化的研究成果，还有王健《苏州方言“叫啥”的词汇化和语法化》①、袁丹《常熟方言中“V 开”的语法化——兼论汉语方言中“V 开”的演变类型》② 等。

关于其他语法方面的研究，还有刘丹青《苏州方言定中关系的表示方式》③，汪平《苏州方言的话题结构》④、《苏州方言语法引论》⑤，石汝杰《从苏州方言看语音和语法结构的关系》⑥，袁毓林、张琳莉《苏州话反事实条件句的句法形式》⑦ 和袁丹《从方式程度指示词到话题标记——吴语常熟方言“介”的功能及其演变》⑧ 等，这里不再一一简述其内容。

---

① 王健：《苏州方言“叫啥”的词汇化和语法化》，《“语言的描写与解释”国际学术研讨会论文集》，复旦大学中文系编，2014 年，第 1 页。

② 袁丹：《常熟方言中“V 开”的语法化——兼论汉语方言中“V 开”的演变类型》，游汝杰等主编：《吴语研究——第六届国际吴方言学术研讨会论文集》，上海教育出版社 2011 年版，第 201—208 页。

③ 刘丹青：《苏州方言定中关系的表示方式》，《苏州大学学报》1986 年第 2 期。

④ 汪平：《苏州方言的话题结构》，《语言研究》2004 年第 4 期。

⑤ 汪平：《苏州方言语法引论》，《语言研究》1997 年第 1 期。

⑥ 石汝杰：《从苏州方言看语音和语法结构的关系》，刘丹青主编：《汉语方言语法研究的新视角——第五届汉语方言语法国际学术研讨会论文集》，上海教育出版社 2013 年版，第 171—180 页。

⑦ 袁毓林、张琳莉：《苏州话反事实条件句的句法形式》，《常熟理工学院学报》2018 年第 3 期。

⑧ 袁丹：《从方式程度指示词到话题标记——吴语常熟方言“介”的功能及其演变》，《语言科学》2018 年第 3 期。

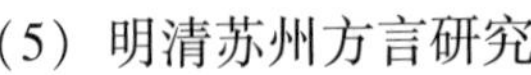

（5）明清苏州方言研究

第一，总体研究。对明清时期苏州方言的总体研究，最集中反映在石汝杰、宫田一郎主编的断代方言词典《明清吴语词典》[①]。该词典主要收录了明、清两代和民国初年的吴语方言词汇，以当时的北部吴语（苏南、上海和浙北）的词语为主，从几百种明清吴语文献中摘录了17000多条词条，主要以收词为主，兼收了少量流行于吴语地区的成语、惯用语、歇后语、谚语以及黑话和行话。该词典前言对明清时期吴语作了全面的概说，词典中引证的文献丰富可靠，收词宏富，手段先进，便于使用。该词典最大的特点是详细辨析了同一词条中不同的许多有细微差别的意义，并标注其词性，为深入研究吴语实词和虚词的词义演变提供了极大的帮助。这部词典的面世，为明清吴语文献语言研究提供了一部可靠的工具书，也填补了吴方言历史词汇研究的空白，同时为当代吴语词汇研究提供了依据。张惠英[②]、周志锋[③]、陈莉、汪维辉[④]、许宝华[⑤]、崔山佳[⑥]、李申[⑦]、刘

① 石汝杰、［日］宫田一郎主编：《明清吴语词典》，上海辞书出版社2005年版。

② 张惠英：《读〈明清吴语词典〉》，《辞书研究》2006年第3期。

③ 周志锋：《明清吴语词汇的全景展示——评〈明清吴语词典〉》，《辞书研究》2006年第3期；周志锋：《〈明清吴语词典〉释义探讨》，《中国训诂学报》编辑部编：《中国训诂学报》2013年第2辑；周志锋：《〈明清吴语词典〉商酌》，《训诂探索与应用》，浙江大学出版社2014年版，第88—96页。

④ 陈莉、汪维辉：《〈明清吴语词典〉评介》，王福堂主编：《吴语研究——第四届国际吴方言学术研讨会论文集》，上海教育出版社2008年版，第265—271页。

⑤ 许宝华：《〈明清吴语词典〉读后》，王福堂主编：《吴语研究——第四届国际吴方言学术研讨会论文集》，上海教育出版社2008年版，第272—278页。

⑥ 崔山佳：《试说〈明清吴语词典〉的成就》，游汝杰等主编：《吴语研究——第六届国际吴方言学术研讨会论文集》，上海教育出版社2011年版，第301—310页；崔山佳：《试说〈明清吴语词典〉的不足》，游汝杰等主编：《吴语研究——第七届国际吴方言学术研讨会论文集》，上海教育出版社2014年版，第243—251页。

⑦ 李申：《〈明清吴语词典〉商补》，游汝杰等主编：《吴语研究——第六届国际吴方言学术研讨会论文集》，上海教育出版社2011年版，第311—315页。

瑞明①、赵日新②等人都就《明清吴语词典》写过评论文章或商榷文章，可以参看。

丁邦新的《一百年前的苏州话》根据董同龢先生转交的赵元任、赵新那手抄的陆基《注音符号·苏州同音常用字汇》整理出一百年前苏州话的声韵调系统及声韵配合、文白异读等情况，研究了陆基书中所记录词汇的构词法、词类和复合词的情况，并按照义类，重新编排了陆基书中的词汇表。丁书指出，一百年前的苏州话声母具有以下三个特点：（1）有整套的卷舌声母，这是代表苏州的旧派读音，赵元任《现代吴语的研究》已有记载。（2）一百年前的苏州话有介音声母 j、w、y，和元音的 i、u、ü 有系统的区别。（3）苏州方言分尖团。韵母共有 52 个，声调共有 7 个。

第二，明清时期苏州方言音韵研究。明清时期，苏州出现了各种字书和方音韵书，学者在挖掘出此类资料的同时，也对资料中包含的明清时期苏州方言音韵研究进行了研究。如胡明扬《三百五十年前苏州一带吴语一斑——〈山歌〉和〈挂枝儿〉所见的吴语》③ 从韵部和词汇两方面考察和归纳了一些明代中后期苏州方言的特点。其他如石汝杰《明末苏州方言音系资料研究》④，丁邦新《〈苏州同音常用字汇〉之文白异读》⑤，

① 刘瑞明：《词义研究失误的类型与识别——以〈明清吴语词典〉为例》，刘瑞明：《刘瑞明文史述林》（上），甘肃人民出版社 2012 年版，第 1200—1204 页；刘瑞明：《方言词语谐音理据研究——以〈明清吴语词典〉为例》，北京师范大学文学院主办：《励耘语言学刊》总第 21 辑，学苑出版社 2015 年版，第 161—182 页。

② 赵日新：《断代方言辞书的里程碑——读〈明清吴语词典〉》，陈忠敏、陆道平主编：《吴语研究——第九届国际吴方言学术研讨会论文集》第 9 辑，上海教育出版社 2018 年版，第 370—377 页。

③ 胡明扬：《三百五十年前苏州一带吴语一斑——〈山歌〉和〈挂枝儿〉所见的吴语》，《语文研究》1981 年第 2 期。

④ 石汝杰：《明末苏州方言音系资料研究》，《铁道师范学院学报》1991 年第 3 期。

⑤ 丁邦新：《〈苏州同音常用字汇〉之文白异读》，《中国语文》2002 年第 5 期。

游汝杰《古文献所见吴语的鼻音韵尾和塞音韵尾》①，利用《山歌》的资料考察了吴语的鼻音韵尾和塞音韵尾的消失和变异情况。李军《苏州方言字书〈乡音字类〉简介及同音字汇》②，石汝杰《〈笑府〉中的明末吴语》③，李军《〈乡音字类〉所反映的十九世纪中叶苏州话读书音》④，蔡佞《十九世纪末的苏州话》⑤，古屋昭弘《〈度曲须知〉所见的明末吴方言》⑥，谢荣娥、郑东珍《〈射声小谱〉反映的清代常熟方言声母特点》⑦，谢荣娥《〈射声小谱〉反映的清代常熟方言韵母特点》⑧，郑伟《〈吴音奇字〉与明代常熟方音》⑨，刘泽民《沈宠绥曲论中反映的明代吴方言》⑩ 等。

学术界还有一些学者利用明清戏曲、弹词等韵文材料，对明清时期苏州音韵面貌进行研究，可见的有彭静《梁辰鱼〈浣纱记〉用韵考》⑪、

---

① 游汝杰：《古文献所见吴语的鼻音韵尾和塞音韵尾》，复旦大学中文系编：《卿云集——复旦大学中文系七十五周年纪念论文集》，上海古籍出版社 2002 年版，第 995—1019 页。

② 李军：《苏州方言字书〈乡音字类〉简介及同音字汇》，《语言学论丛》第 34 辑，商务印书馆 2006 年版，第 300—328 页。

③ 石汝杰：《明清吴语和现代方言研究》，上海辞书出版社 2006 年版，第 182—188 页。

④ 李军：《〈乡音字类〉所反映的十九世纪中叶苏州话读书音》，《方言》2008 年第 1 期。

⑤ 蔡佞：《十九世纪末的苏州话》，上海市语文学会编：《吴语研究——第五届国际吴方言学术讨论会论文集》，上海教育出版社 2010 年版，第 117—126 页。

⑥ 古屋昭弘：《〈度曲须知〉所见的明末吴方言》，游汝杰等主编：《吴语研究——第七届国际吴方言学术研讨会论文集》，上海教育出版社 2014 年版，第 24—35 页。

⑦ 谢荣娥、郑东珍：《〈射声小谱〉反映的清代常熟方言声母特点》，《西南民族大学学报（人文社会科学版）》2014 年第 3 期。

⑧ 谢荣娥：《〈射声小谱〉反映的清代常熟方言韵母特点》，《广西民族大学学报（哲学社会科学版）》2015 年第 5 期。

⑨ 郑伟：《〈吴音奇字〉与明代常熟方音》，《常熟理工学院学报》2018 年第 3 期。

⑩ 刘泽民：《沈宠绥曲论中反映的明代吴方言》，陈忠敏、陆道平主编：《吴语研究——第九届国际吴方言学术研讨会论文集》第 9 辑，上海教育出版社 2018 年版，第 73—77 页。

⑪ 彭静：《梁辰鱼〈浣纱记〉用韵考》，《北京师范大学学报（社会科学版）》2007 年第 5 期。

《张凤翼戏曲用韵考》[①]、《张凤翼戏曲用韵反映出的四百年前的苏州话语音特点》[②]，林吟《清代吴语弹词用韵研究》[③]，邓隽、邓岩欣《从昆曲字腔看明代中州韵四声的调型》[④] 等。

第三，明清时期苏州方言词汇研究。明清时期苏州方言词汇研究，最杰出的成果就是前面介绍过的《明清吴语词典》。这里再补充一些其他重要的成果，如张家茂《〈三言〉中苏州方言词语汇释》[⑤]、章一鸣《〈山歌〉所见若干吴语语汇试释》[⑥]、翁寿元《〈山歌〉方言词语汇释》[⑦]、石汝杰《明清时代吴语形容词选释》[⑧]、章一鸣《从〈山歌〉所见明代吴语指代词》[⑨]、吴林娟《〈山歌〉吴语词汇试释》[⑩]、王文静《〈明清民歌时调集〉方俗词语研究》[⑪]、龙珑《〈明清民歌时调集〉词汇研究》[⑫] 等。

第四，明清时期苏州方言语法研究。明清时期苏州方言语法的研究成果比较分散，大都集中于对各种文献中的苏州方言词法和句法现象进行挖

① 彭静：《张凤翼戏曲用韵考》，《社会科学论坛（学术研究卷）》2007 年第 10 期。

② 彭静：《张凤翼戏曲用韵反映出的四百年前的苏州话语音特点》，《语言科学》2011 年第 2 期。

③ 林吟：《清代吴语弹词用韵研究》，福建师范大学 2009 年硕士学位论文。

④ 邓隽、邓岩欣：《从昆曲字腔看明代中州韵四声的调型》，陈忠敏、陆道光编：《吴语研究——第九届国际吴方言学术研讨会论文集》第 9 辑，上海教育出版社 2018 年版，第 21—30 页。

⑤ 张家茂：《〈三言〉中苏州方言词语汇释》，《方言》1981 年第 3 期。

⑥ 章一鸣：《〈山歌〉所见若干吴语语汇试释》，《语文研究》1986 年第 2 期。

⑦ 翁寿元：《〈山歌〉方言词语汇释》，上海市语文学会、香港中国语文学会编：《吴语研究——第二届国际吴方言学术研讨会论文集》，上海教育出版社 2003 年版，第 129—134 页。

⑧ 石汝杰：《明清时代吴语形容词选释》，上海市语文学会、香港中国语文学会合编：《吴语研究——第三届国际吴方言学术研讨会论文集》，上海教育出版社 2005 年版，第 205—213 页。

⑨ 章一鸣：《从〈山歌〉所见明代吴语指代词》，《广播电视大学学报（哲学社会科学版）》2005 年第 1 期。

⑩ 吴林娟：《〈山歌〉吴语词汇试释》，《安康师专学报》2005 年第 5 期。

⑪ 王文静：《〈明清民歌时调集〉方俗词语研究》，南京师范大学 2010 年硕士学位论文。

⑫ 龙珑：《〈明清民歌时调集〉词汇研究》，华东师范大学 2016 年硕士学位论文。

掘。主要成果有石汝杰《〈山歌〉的语音和语法问题》①，徐宇红《〈明清民歌时调集·山歌〉中“捉”字句法特点》②，蔡晓臻《苏州评弹中的语气词“个”》③、《清代传本苏州弹词方言助词研究》④、《苏州弹词文献中的方言语气助词“哉”》⑤、《清代传本苏州弹词的方言语气助词与叹词的使用特点——以“吓”、“哙（噲）”为例》⑥，蔡佞《苏州土白〈马可福音书〉中的介词》⑦，黄明明《冯梦龙〈山歌〉中的吴语代词和副词》⑧ 等。

此外，陈源源《汉语史视角下的明清吴语方言字研究》⑨、石汝杰《吴语字和词的研究》⑩ 对吴语词的字形关系进行了深入探讨，非常有学术参考价值。

通过梳理苏州非物质文化遗产和回顾现当代苏州方言研究，本书梳理了历代苏州方志中苏州方言词语的记录，将其集中辑录校点，同时展示每种方志所涉及方言词语内容的图版，展示苏州方言在历代方志中的详细全

---

① 石汝杰：《明清吴语和现代方言研究》，上海辞书出版社2006年版。

② 徐宇红：《〈明清民歌时调集·山歌〉中“捉”字句法特点》，《阜阳师范学院学报（社会科学版）》2007年第6期。

③ 蔡晓臻：《苏州评弹中的语气词“个”》，《黑龙江社会科学》2013年第1期。

④ 蔡晓臻：《清代传本苏州弹词方言助词研究》，苏州大学2014年博士学位论文。

⑤ 蔡晓臻：《苏州弹词文献中的方言语气助词“哉”》，陈忠敏、陆道光编：《吴语研究——第九届国际吴方言学术研讨会论文集》第9辑，上海教育出版社2018年版，第199—205页。

⑥ 蔡晓臻：《清代传本苏州弹词的方言语气助词与叹词的使用特点——以“吓”、“哙（噲）”为例》，《语言研究》2018年第2期。

⑦ 蔡佞：《苏州土白〈马可福音书〉中的介词》，陈忠敏、陆道光编：《吴语研究——第九届国际吴方言学术研讨会论文集》第9辑，上海教育出版社2018年版，第192—198页。

⑧ 黄明明：《冯梦龙〈山歌〉中的吴语代词和副词》，陈忠敏、陆道光编：《吴语研究——第九届国际吴方言学术研讨会论文集》第9辑，上海教育出版社2018年版，第217—226页。

⑨ 陈源源：《汉语史视角下的明清吴语方言字研究》，浙江大学出版社2017年版。

⑩ 石汝杰：《吴语字和词的研究》，上海教育出版社2018年版。

貌，并纠正部分当代苏州方志出版物中的讹误；选择吴歌、评弹和昆曲三种语言类非物质文化遗产，对其进行简要介绍，并从不同角度，对吴歌和评弹这两语言类非物质文化遗产中的词汇进行收集、整理或研究，选取经典昆曲曲目中的苏白进行注释。

第二章　历代苏州方志所录方言

本章所涉及历代苏州方志，时间上起宋代，下讫1949年，以波多野太郎《中国方志所录方言汇编》（第6编）[①]（以下简称“波书”）所收录的历代苏州方志25种为主体，同时补充波氏未收方志。

由于笔者所见资料不广，仅新增8种未见于波书者，分别是同治本《苏州府志》、弘治本《吴江志》、乾隆本《长洲县志》、嘉靖本《吴江县志》、道光本《昆新两县志》、光绪本《昆新两县续修合志》、民国本《昆新两县续补合志》、清《垂虹识小录》。

33种方志，今分府志、县志、镇志及其他四类，其中府志6种，县志18种，镇志7种，其他2种。

本章特转录历代苏州方志所收方言内容，后附图版以供读者对照。部分转录文字，在参考已出版的各种方志整理文本的基础上，纠正了少数标点问题，并一一注出。

一、历代苏州方志的范围

下表所列，即本章所涉及的历代苏州方志，列出书名、朝代、成书年代、修纂人、全书卷数、版本等信息，备注说明系波书原收抑或笔者新补。

① ［日］波多野太郎编：《中国方志所录方言汇编》第6编，日本横滨市立大学纪要1968年版。

书名	朝代	成书年代	修纂人	全书卷数	版本	备注
吴郡志	南宋	绍定刻元修	范成大纂修，汪泰亨等增订	五十卷	宋刊本	波书
姑苏志	明朝	正德年间（1506—1521）	王鏊等纂	六十卷	序刊本	波书
苏州府志	明朝	洪武十二年（1379）	卢熊纂修	五十卷，图一卷	序刊本	波书
苏州府志	清朝	乾隆十二年（1747）	雅尔哈善等修，习寯等纂	八十卷，首一卷	序刊本	波书
苏州府志	清朝	道光四年（1824）	宋如林等修，石韫玉纂	一百五十卷，首十卷	序刊本	波书
苏州府志	清朝	同治年间	李铭皖等修，冯桂芬等纂	一百五十卷，首三卷	序刊本	笔者补
吴县志	清朝	乾隆十年（1745）	姜顺蛟、叶长扬修，施谦纂	一百一十二卷，首一卷	序刊本	波书
吴县志	民国	民国二十二年（1933）	曹允源、李根源纂	八十卷	排印本	波书
长洲县志	清朝	乾隆十八年（1753）	李光祚修，顾诒禄纂	三十四卷，首一卷	序刊本	笔者补
元和县志	清朝	乾隆二十六年（1761）	许治修，沈德潜、顾诒禄纂	三十六卷，首一卷	序刊本	波书
常熟私志	明朝	据万历戊午刊本钞	姚宗仪纂	二十八卷	钞本	波书
常熟县志	清朝	康熙二十六年（1687）	高士鸃、杨振藻修，钱陆灿纂	二十六卷，末一卷	序刊本	波书
常昭合志	清朝	光绪二十四年（1898）	王锦、杨继熊修，言如泗纂	十二卷，首一卷	重刊本	波书
常昭合志稿	清朝	光绪三十年（1904）	郑钟祥、张瀛修，庞鸿文纂	四十八卷，首一卷，末一卷	排印本	波书
重修常昭合志	民国	民国三十八年（1949）	张镜寰修，丁祖荫、徐兆玮纂	二十二卷，首一卷，叙录一卷	排印本	波书
吴江志	明朝	弘治元年（1488）	莫旦纂修	二十二卷	刻本	笔者补
吴江县志	明朝	嘉靖四十年（1561）	曹一麟修，徐师曾等纂	二十八卷，首一卷	刊本	笔者补
吴江县志	清朝	乾隆十二年（1747）	陈莫纕、丁元正修，倪师孟、沈彤纂	五十八卷，首一卷	序刊本	波书
震泽县志	清朝	乾隆十一年（1746）	陈和志修，倪师孟、沈彤纂	三十八卷，首一卷	序刊本	波书

续表

书名	朝代	成书年代	修纂人	全书卷数	版本	备注
太仓州志	民国	民国八年（1919）	王祖畬纂修	二十八卷，首一卷，末一卷	排印本	波书
昆山新阳合志	清朝	乾隆十五年（1750）	张予介修，顾登纂	三十八卷，首一卷，末一卷	序刊本	波书
昆新两县志	清朝	道光六年（1826）	张鸿、来汝缘修，王学浩纂	四十卷，首一卷，末一卷	序刊本	笔者补
昆新两县续修合志	清朝	光绪六年（1880）	金吴澜主修	五十二卷，末一卷	刊本	笔者补
昆新两县续补合志	民国	民国十二年（1923）	连德英主修	二十四卷	刊本	笔者补
周庄镇志	清朝	光绪六年（1880）	陶煦纂修	六卷，首一卷	刊本	波书
杨舍堡城志稿	清朝	光绪八年（1882）	叶长龄纂修	十四卷，首一卷	序刊本	波书
盛湖志	清朝	光绪二十二年（1896）	仲廷机纂修	十四卷，首一卷，末一卷	排印本	波书
黎里续志	清朝	光绪二十五年（1899）	蔡丙圻纂修	十六卷，首一卷	排印本	波书
盛湖志补	清朝	光绪二十六年（1900）	仲虎腾续纂修	四卷	排印本	波书
相城小志	民国	民国十九年（1930）	陶惟坻修，施兆麟纂	六卷	刊本	波书
璜泾志稿	民国	不详（1940年排印）	施若霖纂修	八卷	排印本	波书
吴门补乘	清朝	乾隆三十八年（1773）	钱思元辑，钱士琦补辑	十卷，首一卷	序刊本	波书
垂虹识小录	清朝	年代不详	费善庆纂修	九卷	抄本	笔者补

二、历代苏州府志所录方言

历代苏州府志，波书收录了五种，失收冯桂芬等纂的光绪本《苏州府志》，本节特增补齐全。下面按照《吴郡志》、《姑苏志》、《苏州府志》的顺序转录。又四种《苏州府志》，按时间先后顺序排列。

（一）绍定《吴郡志》

南宋范成大纂修《吴郡志》，卷二言及吴语，内容摘录如下：

> 吴语谓“来”为“釐”，本于陆德明“贻我来牟”“弃甲复来”皆音釐。德明吴人，岂遂以乡音释注？或自古本有“釐”音耶？吴谓“罢”必缀一“休”字曰“罢休”。《史记》吴王语孙武曰：“将军罢休。”盖亦古有此语。

燃高炬名照田蠶歲節祭饗用除夜祭畢則
復爆竹焚蒼朮叉辟瘟丹家人酌酒名分歲
食物有膠牙餳守歲盤夜分祭瘟神易門神
桃符之屬夜向明則持杖擊灰積有祝詞謂
之打灰堆蓋彭蠡廟中如願故事吳中獨傳
此一歲風俗之大畧也
吳語謂來為釐本於陸德明貽我來牟弃甲復
來皆音釐德明吳人豈遂以鄉音釋注或自
古本有釐音 吳謂罷必綴一休字曰罷休
史記吳王語孫武曰將軍罷休蓋亦古有此
語
慶曆九老會郡官員外郎徐祐輿少卿葉參俱
以著德告老而歸約為九老會晏元獻公杜
正獻公皆寄詩贊之晏詩首句云買得梧宮
數畝秋便追黃綺作朋儔杜詩卒章云如何
九老人猶少應許東歸伴醉吟時會者纔五
人故杜詩云爾
九老會後更名耆英又名真率元豐間章岵守

注：《吴郡志》图版采自中华再造善本据国家图书馆藏宋绍定刻元修本。

（二）正德《姑苏志》

明正德年间（1506—1521），王鏊等纂《姑苏志》卷第十三，语及方言和方音，内容摘录如下：

有方言有方音，大氐语必有义，最为近古。如相谓曰“侬”。《湘山野录》记钱王歌云：“你辈见侬的欢喜，在我侬心子里。”《平江记事》云：“吴有渠侬等称，故嘉定号三侬之地。谓隔户问人曰谁侬，应曰我侬，视之乃识曰却是你侬。”谓中州人曰“伧”。周玘曰：“害我者诸伧子也。”陆玩曰：“几作伧鬼。”顾辟疆曰：“不足齿之伧。”宋孝武目王玄谟为老伧。谓不慧曰“呆”。范成大诗：“千贯卖汝痴，万贯卖汝呆。”又《卖痴呆词》：“除夕更阑人不睡，厌禳滞钝迎新岁。小儿呼叫走长街，街有痴呆召人买。二物于人谁独无？就中吴侬仍有余。巷南巷北卖不得，相逢大笑相揶揄。栎翁块坐重帘下，独要买添令问价。儿云翁买不须钱，奉赊痴呆千百年。”又《白獭髓》① 记石湖戏答同参诗云：“我是苏州监本呆”。问为何如曰“宁馨”。见《晋书》《世说》等，不备载。谓虹曰“鲎”。谓“罢”必缀一“休”字。《史记》吴王语孙武曰：“将军罢休。”又如曰“事际”，谓举事之际。《南史》：王晏专权，“帝虽以事际须晏而心恶之”②。“蔑面”，谓素昧平生者，盖即《左传》鬷、明③所言“蔑心”“蔑面”之遗。“佽飞”，谓恶少趫捷者，盖即汉佽飞④。佽音如侧。“受记”，欲责人而姑警谕，以伺其悛之词。《夷坚志》亦记。“薄相”，谓嬉劣无益儿童作戏。薄音如教。“哉”，凡谓已然将然皆曰哉，犹北人之曰了。又如吴江之曰“蹇”，每语绝必缀“蹇”字。按《楚辞》以“蹇”为发语声。吴楚接壤，恐即此。常熟之曰“且”，音若嗟，即诗中句尾助音。曰“遐个”，犹言何人。按《诗》：“遐不作人”。注：遐，何也。此方言也。灰韵入支，“来”音如“釐”之类，陆德明至用以释经。支韵入齐，“儿”若“倪”，古曰“耄倪”，亦然。庚韵入阳，“羹”音若“冈”之类。宥韵入寘，“又”音若“异”之类。虞韵入麻又入东呼“小儿”为“孥儿”。孥，子孙也。常熟以“吴塔”为“红塔”。此方音也。

① （宋）张仲文：《白獭髓》，该书主要以搜集当时社会奇闻趣事为主。

② 《南史》卷二十四作“心相疑斥”。

③ 鬷指春秋时期郑国大夫鬷蔑，明指春秋时期郑国大夫然明。

④ 佽飞，汉武官名。少府属下左弋，自汉武帝太初元年名为“佽飞”，掌弋射。

帝以與四裔大鼎自富春綠手錯出羅邦齊聽宮遷蘇若春林花壓城戍有士吳邑最爲多八歲以上足修四姓實名宗文德熙淳懿武功作山河禮讓何濟濟流化自滂沱淑美難窮紀商榷爲此歌

吳音至後代漸訛唐初歌者多失其清婉議者求吳人習之還得其本音貞觀中有趙師者稱吳音清遠若長江廣流綿綿徐逝有國士之風亦有白紵舞拂舞白符舞白鳧鳩舞紵本吳中物用以制衣故有巾袍之言俳歌所謂皎皎白紵是也 白紵歌 吳宮夜長宮漏短簾幕四垂燈焰暖西施自舞王自管雲紵翩翩鶴翎散促節牽繁舞腰嬾慢嬾王罷飲盞覆西施風花錦身作馬排臂爲枕朝酣縱縱王宴寢醒來閶門報無事子胥死後言爲諱近臣之臣諂王意其笑哉王寢悑悑夜夜抱冰寒不寐 又有子夜歌子夜四時歌晉人賦之最衆以女子名子夜故作此詞調與白紵同其拂舞白符舞皆有歌蓋爲時政所激多怨詞如鳧鳩亦江鄉水國之物吳人每見之形於詞其餘若江南曲黃竹子歌江南弄採蓮曲採菱曲皆樂府所定接諸曲之音可以驗風氣之清嘉矣大凡五音惟商最清故子夜江南皆入商調餘可類推

有方言有方音大氐語必有義最爲近古如相謂曰儂 湘山野錄記錢王歌云你輩見儂的歡喜在心儂心子裏平江記事云吳有渠儂等稱故嘉定號三儂之地謂隔戶問人曰誰儂應曰我儂視之乃識曰都是你儂 謂中州人曰傖 周記曰書我者諸傖子也陸玩曰幾作傖鬼顧辟彊曰不足齒之傖宋孝武目王玄謨爲老傖 謂不慧曰獃 范成大賣癡獃詞 千貫賣汝癡萬貫賣汝獃 除夕更闌人不睡厭禳鈍滯迫新歲小兒呼叫走長街云有癡獃召人買二物於人誰獨無就中吳儂仍有餘巷南巷北賣不得相逢大笑相揶揄櫟翁塊坐重簾下獨要買添令問價兒云翁買不須錢奉賒癡獃千百年又白樂天詩記石湖載吞同參詩云我是蘇州監本獃不備載 問爲何如曰寧馨 見晉書世說等書 謂紅曰殷 謂罷必綴一休字 史記吳王語孫武曰將軍罷休 又如曰事際 謂奉事之際南史王晏舉帝雖以事際須舉而心惡之 羞面 羞平生者羞即左傳驕羞即明所言羞心羞面之遺 佽飛 漢佽飛韻恶火搖捷者如佽飛音如 受記 欲責人而姑警論以同其後之詞竟墅志亦記 薄相 謂嬉劣無益兒童作戲薄人者如 哉 凡語已然將然皆曰哉 哉猶北人之曰了 又如吳江之曰寒 音若嗟 謂如發聲 常熟之曰且 音若嗟 詩中句也 助語辭吳楚接壤即此 曰遐箇 猶言何人按詩遐不作人注遐何也 此方言也 灰韻入士來音如釐之類 陸德明至用以釋經 支韻入齊 兒若倪 曰庚韻 陽韻之類 音若 宥韻入寘 又音若吳之類 虞韻入麻 又入東 兒爲孥兒孥子孫也常熟以吳塔爲紅塔 此方音也

姑蘇志卷第十三

注：图版为明正德刊本，采自吴相湘主编：《中国史学丛书·姑苏志》（二册），台北学生书局1986年版，第198页。

（三）《苏州府志》

《苏州府志》，波书收录洪武、乾隆、道光三种，今补充同治冯桂芬纂修一种。

1. 洪武《苏州府志》

明洪武十二年（1379），卢熊纂修《苏州府志》卷二，语及方言，内容承《吴郡志》和《姑苏志》而又有增删，今摘录如下：

> 风土不同，语言亦异。吴人以“来”为“氂”，盖有所本。范蠡曰：“得时无怠，时不再来。”吴氏《补韵》① 云：“‘怠’读作‘怡’，‘来’读作‘氂’。”又本于陆德明“贻我来牟”“弃甲复来”皆音氂。德明吴人，岂遂以乡音释注？或自古本有“氂”音邪？谓“罢”必缀一“休”字曰：“罢休”。《史记》吴王孙武②曰：“将军罢休。”盖古有此语。又多用“宁馨”二字为问，犹言“若何”也。谓中州人曰“伧”。晋周玘以忧愤谓子勰曰：“害我者伧子也。”陆玩食酪得疾，与王道笺云：“仆虽吴人，几作伧鬼。”盖轻易之词。又自称“我”为“侬”。按《湘山野录》钱王歌：“你辈见侬的欢喜，永在我侬心子里。”又谓人为“呆子”。宋淳祐中吴樵任平江节度推官，尝谓人曰：“樵居官久，深知吴风。吴人尚奢争胜，所事不切，广置田宅，计较微利。殊不知异时反贻子孙不肖之害。”故人以“呆”目之。盖以此也。

2. 乾隆《苏州府志》

清乾隆十二年（1747），雅尔哈善等修，习寯等纂《苏州府志》，卷

① 按：吴氏，指吴棫。《补韵》，系《韵补》之讹。
② 按：吴王后脱一“语”字。

風土不同語言亦異吳人以來爲釐吾有所本范蠡曰得
時無怠時不再來吳氏補韻云怠[illegible]作釐又本
於陸德明貽我來牟棄甲復來皆音釐德明吳人豈遂以
鄉音釋注或自古本有釐音邪謂罷必綴一休字曰罷休
史記吳王謂孫武曰將軍罷休蓋古有此語以多用寧馨二
字爲問猶言若何也謂中州人曰傖晉周玘以憂憤謂子
勰曰害我者傖子也陸玩食酪得疾與王導牋云僕雖吳
人幾作傖鬼蓋輕易之詞又自稱我爲儂按湘山野録錢
王歌你輩見儂的懽喜永在我儂心子裏又謂人爲獃子
宋淳祐中吳樵任平江節度推官嘗謂人曰樵居官久深
知吳風吳人尚氣節勝所事不切廣置田宅計較微利殊
不知異時反貽子孫不肖之害故人以獃目之蓋以此也

注：图版采自［日］波多野太郎编：《中国方志所录方言》第 6 编，日本横滨市立大学纪要 1968 年版，第 1 页。

二在《吴郡志》、《姑苏志》所录方言的基础上，新增了一批苏州当地的方言词语，全文摘录如下：

吴谓“善伊”谓“稻缓”。《春秋谷梁传》。谓“来”为“釐”。《吴郡志》本陆德明“贻我来牟”“弃甲复来”皆音釐。德明吴人，岂遂以乡音释注？或自古本有“釐”音邪？谓“罢”必缀一“休”字曰“罢休”。《史记》吴王谓孙武曰：“将军罢休。”相谓曰“侬”。自称“我侬”，称人“你侬”“渠侬”，隔户问人云“谁侬”。《湘山野录》记钱武肃王歌云：“你辈见侬的欢喜，在我侬心子里。”谓中州人曰“伧”。《晋书·周玘传》：“害我者诸伧子也。”谓不慧曰“呆”。《唐韵》：“小呆大痴，不解事者”。谓虹

“鲎”。鲎，详候切。谓嬉劣曰“薄相”。薄音教。谓不任事曰“缩朒”。《汉书·五行志》：“王侯缩朒。”骂佣工曰“客作”。《汉书·匡衡传》：“衡乃与客作而不求价。”谓贪纵曰“放手”。《后汉书》：“残吏放手。”谓钱之美者曰“黄撰”。撰与选同。《史记·平准书》：“白金三品：其一曰重八两，圜之，其文龙，名曰‘白选’。”钱乃铜造，故云黄撰。谓绦帨之垂曰“苏头”。晋挚虞云：“流苏者，缉鸟尾，垂之若流然，以其蕊下垂，故曰苏。”谓葺理整齐曰“修娖”。娖音捉。《唐书》：“修娖部伍”。谓当筵犒赏曰“喝赐”。唐时倡妓有缠头喝赐。谓责人而姑警之曰“受记”。责人曰“数说”。如汉高之数项羽。谓语不明曰“含胡”。《唐书·颜杲卿传》：“含胡而绝。”谓机巧曰“儇利”。乡音讹“还赖”。谓指镮曰“手记”。《诗》郑笺：“后妃群妾以礼御于君所，女史书其日月，授之以镮，当御者著于左手，既御者著于右手。”今俗亦称戒指。谓煖酒曰“急须”。《菽园杂记》：“急须，饮器也。赵襄子杀智伯漆其头为饮器。（注：饮，于禁切，溺器也。）今人误以煖酒为急须，盖饮字误之耳。”俗又讹为滴苏。谓以鹾腌物曰“盐”。去声。《内则》：“屑姜与桂以洒诸上而盐之。”谓般运曰“摙”。力展切，《南史》：“何远为武昌太守，以钱买井水，不受钱者，摙水还之。”谓不倜傥为“眠娗”。《列子》：“眠娗諈诿。”注：眠，莫典切；娗，徒典切。瑟缩不正之貌。谓凑合无罅隙曰“脗缝”。脗，美韵切，合唇也。缝，去声，唇合无间。谓甓曰“瓴砖”。《尔雅》：“瓴甋谓之甓。”注：瓴砖也。谓苇席曰“芦蓆”。宋琅邪王敬彻遗命以一芦蓆藉下。谓众多曰“多许”。许字音若黑可切，谓所在亦曰场许。语尾每曰“那”。那，乃贺切。《后汉书》：“公是韩伯休那？”谓有事曰“事际”。《南史》：王晏专权，“帝虽以事际须晏而心恶之”。谓死曰“过世”。《晋书·秦苻登传》：“陛下虽过世为神。”嘲笑人曰“阿詹詹”。亦招呼声。谓冷热适中曰“温暾”。唐王建诗：“新晴草色煖温暾”。谓发黏曰“脂”。脂音织。《周礼·考工记·弓人》注：“樴，脂膏脂败之脂。脂亦黏也。”疏：“若今人头发有脂膏者，则谓之脂。”谓物之不齐曰“参差”。参音如仓含切，差音如仓何切，亦云“七参八差”。谓恶少趫捷曰“佽飞”。佽音侧，《汉书》谓“佽飞”，即此。事已了、将了皆曰“哉”。常熟曰“且”，音若嗟，即诗中句尾助字。吴江曰“蹇”，疑即楚辞之发语声。谓走曰“奔”。昆山曰“跌”，常熟曰“跑”，吴江曰“跳”。谓睡声曰“惛涂”。北人曰“打呼”，惛涂疑即呼字反切。孔曰“窟笼”。团曰“突栾”。侦视曰“张”。看曰“望”。羞曰“钝”。扶曰“当”去声。按曰“钦”去声。转曰“跋”。浮曰“吞”上声。流曰“倘”。盖曰“匽”。捧曰“掇”。藏避曰“伴”。藏物曰“囥”。稠密曰“猛”。积物曰“顿”。布帛薄者曰“浇”。门之关曰“闩”。美恶兼曰“暖”。见陵于人曰“欺负”。非常事曰“诧异”。喜事曰“利市”。忧事曰“钝事”。下酒具曰“添按”。物完全曰“囫囵”。揖曰“唱喏”。阶级曰“僵礤”。所居曰“窠坐”。托盘曰“反供”。此处曰“间边”。彼处曰“个边”。作事无据曰“没雕当”入声①。谓人不能曰“无张主”。不便利曰“笨”，亦曰“不即溜”。自夸大者曰“卖弄”。事之相值曰“偶凑”。六畜总曰“众作平声生”。数钱五文曰“一花”。觅利曰“赚钱”。锄地曰“倒地”。首饰曰“头面”。鞋袜曰“脚手”。器用曰“家生”，亦曰“家伙”。常熟谓何人曰“遐个”。《诗》：“遐不作人”。注：遐，何也。灰韵入支，即“来”为“釐”之类。支韵入齐，“儿”为“倪”之类。庚韵入阳，“羹”为“冈”之类。虞韵入麻又入东。“小儿”为“拏儿”之类，常熟以“吴塔”为“红塔”。

① 按：“入声”系“去声”之讹。

蘇州府志 卷二

室其冠服樸尚時制之巾雖樵汲耕種巾不去首世俗所戴
髮幘紗羅綺麗之衣不用近世雖有用者亦少其婚喪儉而
少文凡治喪事親戚鄰友祭儀不事虛文必以貲助喪家故
喪家賴以給用凡嫁女娶婦皆近村比境如古朱陳之類
每歲暮春時治蠶初收以衣衾覆之晝夜程其寒暖不使過
過則傷是爲護種初生則以桃葉火炙之散其上候其蠕蠕
而動溅溅而食然後以鵝羽拂之是爲摲烏既能食乃熾炭
於筐下并四圍剉桑葉如縷者而謹食之又上下抽番晝夜
巡視火不可烈葉不可缺火烈而葉缺則蠶飢而傷火又不
可太緩緩則有浸漶不齊之患蠶經曰蠶室用以圍火恐其

氣之散也束秸曰葉墩用以承刀惡其聲之著也是爲看火
食三四日而眠眠則擡眠一二日而起則餧是爲初眠自初
而之二自二而之三其法盡同而用力益勞爲務益廣是爲
出火蠶自蠶出火而葉不資於刀矣又四五日爲大起大起
則簇簇則分箔簇早則傷足而絲不光瑩簇遲則氣蒸而蠶
多濕疾又六七日爲熱巧爲登簇巧以葉蓋曰貼巧驗其猶
食者也簇以藁覆曰冒山濟其不及者也風雨而寒貯火其
下曰炙山晴暖則否三日而關戸曰亮三五日而去藉曰除
托七日而採繭爲落山矣
吳謂善伊謂稻緩春秋穀梁傳謂來爲釐吳郡志本陸德明貽我來牟棄甲復來皆音釐德明

蘇州府志 卷二風俗

吳人豈遂以鄉音釋注或自古本有釐音邪謂罷必綴一休字曰罷休史記吳王謂孫武曰將軍
罷休相謂曰儂自稱我儂稱人你儂渠儂隔戸問人云誰儂湘山野錄記錢武肅王歌云你輩見儂的歡
喜在我儂心子裏謂中州人曰傖晉書周玘傳呼我者諸傖子也謂不慧曰獃唐小貸
大癡不解事者謂虹曰鱟鱟詳候切謂婚劣曰薄相薄音牧謂不任事曰縮朒
漢書五行志王侯縮朒罵傭工曰客作漢書匡衡傳衡乃與客作而不求價謂貪縱曰放
手後漢書殘吏放手謂錢之美者曰黃撰撰與選同史記平準書白金三品其一曰重八兩圜
之其文龍名曰白選錢乃鐫造故云黃撰謂絲帨之垂曰蘇頭晉書摯虞云流蘇者緝鳥尾垂之若流
然以其茂下垂故曰蘇謂葺理整齊曰修娖娖音捉唐書修娖部伍謂當筵犒賞
曰喝賜唐府倡妓有纏頭喝賜謂責人而姑辭之曰受記責人曰數說
如漢高之數項羽謂語不明曰含胡唐書顏杲卿傳含胡而絕謂機巧曰儇利鄉音

詭還頻謂指鐶曰手記詩鄭箋后妃羣妾以禮御於君所女史書其日月授之以鐶當御者著於左手
既御者著於右手今俗亦稱戒指謂暖酒曰急須菽園雜記急須飲器也趙襄子殺智伯漆其頭爲飲
器注飲於其中切溺器也今人誤以燙酒爲急須蓋飲字誤之耳俗又寫爲滴蘇謂以鹺醃物曰鹽去聲
內則屑薑與桂以灑諸上而鹽之謂般運曰搬力展切南史何遠爲武昌太守以錢買井水不受錢者搬
水還之謂不倜儻爲眠娗列子眠娗諈諉注眠莫典切娗徒典切忍緬不正之貌謂湊合
無縫隙曰脗縫脗武粉切合脣也縫去聲脣合無間謂饑曰甗甗爾雅甗甗謂之甗注甗甗
也謂葦席曰蘆蓆宋琅邪王徽遺命以一蘆蓆藉下謂衆多曰多許許字音若黑可
切謂所在亦曰塢許語尾每曰那那乃賀切後漢書公是韓伯休那謂有事曰事際南史
王晏專權帝雖以事際須晏而心惡之謂死曰過世晉書苻登傳陛下雖過世爲神嘲笑人
曰呵膾亦作呼聲謂冷熱適中曰溫暾唐王建詩新晴草色暖溫暾謂髮粘

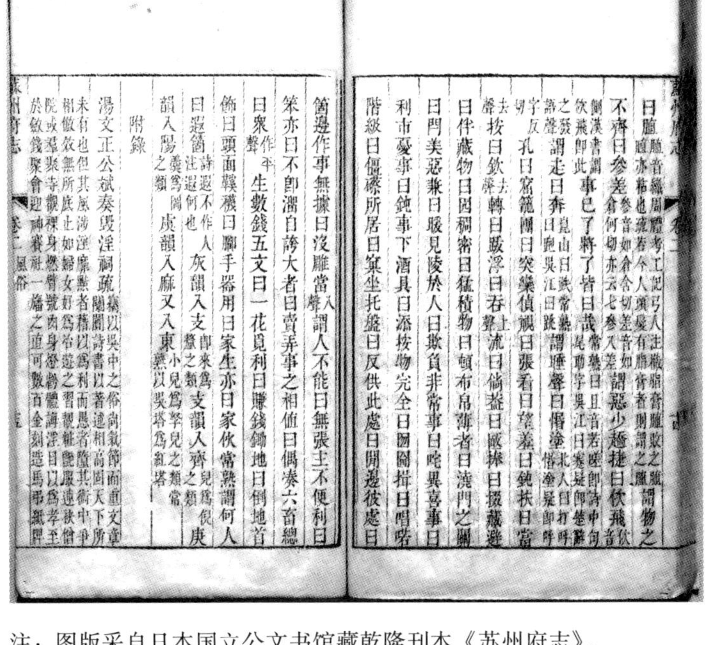
曰膻膻音纖周禮考工記弓人注膱脂膏膻敗之膻膻亦黏也蘇若今人頭髮有脂膏者則謂之膻謂物之
不齊曰參差參音如倉含切差音如倉何切亦云七參八差謂惡少趨捷曰飲飛飲音佽
佽漢書謂佽飛即此事已了將了皆曰哉常熟曰且音若嗟郎詩中句尾助字吳江曰寮疑郎楚辭
之發語聲謂走曰奔崑山曰跌常熟曰跑吳江曰跳謂唾聲曰偺塗北人曰打呼偺塗疑即呼
字切反孔曰窟籠團曰突欒偵視曰張看曰望羞曰鈍杕曰當
去聲按曰欽去聲轉曰豉浮曰吞上聲流曰淌盜曰敲捧曰搬藏避
曰伴藏物曰囥稠密曰猛積物曰頓布帛薄者曰澆門之關
曰門美惡兼曰暖見陵於人曰欺負非常事曰咤異喜事曰
利市憂事曰鈍事下酒具曰添按物完全曰囫圇揖曰唱喏
階級曰僵礤所居曰窠坐托盤曰反供此處曰開邊彼處曰
箇邊作事無據曰沒雕當入聲謂人不能曰無張主不便利曰
笨亦曰不郎溜自誇大者曰賣弄事之相值曰偶湊六畜總
曰衆聲作平生數錢五文曰一花覓利曰賺錢鏟地曰倒地首
飾曰頭面襪襪曰腳手器用曰家生亦曰家伙常熟謂何人
曰遐箇詩遐不作人注遐何也灰韻入支郎來爲支韻入齊兒爲倪庚
韻入陽羹爲岡之類虞韻入麻又入東小兒爲孥兒之類常熟以吳塔爲紅塔
附錄
湯文正公斌奏毀淫祠疏蘇以吳中之俗尚氣節而重文章闡詩書以著遠相高固天下所
未有也但其風涉淫靡熱者藉以爲利而愚者墮其術中爭
相傲效無所底止如婦女好爲冶遊之習觀龍舟壓達秋僧
院或羣聚寺觀裸身然臂號肉身燈體膜淫日以爲孝至
於斂錢聚會迎神賽社一擔之直可數百金刻造馬弔紙牌
蘇州府志　卷二　風俗

注：图版采自日本国立公文书馆藏乾隆刊本《苏州府志》。

3. 道光《苏州府志》

清道光四年（1824），宋如林等修，石韫玉纂《苏州府志》，该志卷二在全文转录乾隆本《苏州府志》所录方言的基础上，又增补了一批苏州当地的方言词语，最后还补充了少数《吴门补乘》里的一些方言词语。谨录其文如下：

吴谓“善伊”谓“稲缓”。《春秋谷梁传》。谓“来”为“釐”。《吴郡志》本陆德明“贻我来牟”“弃甲复来”皆音釐。德明吴郡，岂遂以乡音释注？或自古本有“釐”音耶？谓“罢”必缀一“休”字曰“罢休”。《史记》吴王谓孙武曰：“将军罢休。”相谓曰“侬”。自称“我侬”，称人“你侬”“渠侬”，隔户问人云“谁侬”。《湘山野录》记钱武肃王歌云：“你辈见侬的欢喜，在我侬心子里。”谓中州人曰“伧”。《晋书·周玘传》：“害我者诸伧子也。”谓不慧曰“呆”。《唐韵》小呆大痴，不解事者。谓虹曰“鲎”。鲎，详候切。谓嬉劣曰“薄相”。薄音教。谓不任事曰“缩朒”。《汉书·五行志》：“王侯缩朒。”骂佣工曰“客作”。《汉书·匡衡传》：“衡乃与客作而不求价。”谓贪纵曰“放手”。《后汉书》：“残吏放手。”谓钱之美者曰“黄撰”。撰与选同。《史记·平准书》：“白金三品：其一曰重八两，圜之，其文龙，名曰‘白选’。”钱乃铜造，故云黄撰。谓绦帨之垂曰“苏头”。晋挚虞云：“流苏者，缉鸟尾，垂之若流然，以其蕊下垂，故曰苏。”谓葺理整齐曰“修娖”。娖音捉。《唐书》：“修娖部伍”。谓当筵犒赏曰“喝赐”。唐时倡妓有缠头喝赐。谓责人而姑警之曰“受记”。责人曰“数说”。如汉高之数项羽。谓语不明曰“含胡”。《唐书·颜杲卿传》：“含胡而绝。”谓机巧曰“儇利”。乡音讹“还赖”。谓指镮曰“手记”。《诗》郑笺：“后妃群妾以礼御于君所，女史书其日月，授之以镮。当御者著于左手，既御者著于右手。”今俗亦称戒指。谓煖酒曰“急须”。《菽园杂记》：“急须，饮器也。赵襄子杀智伯漆其头为饮器。（注：饮，于禁切，溺器也。）今人误以煖酒为急须，盖饮字误之耳。”俗又讹为滴苏。谓以齹腌物曰“盐”。去声。《内则》：“屑姜与桂以洒诸上而盐之。”谓搬运曰“摙”。力展切，《南史》：“何远为武昌太守，以钱买井水，不受钱者，摙水还之。”谓不倜傥为“眠娗”。《列子》：“眠娗诿诿。”注：眠，莫典切；娗，徒典切。瑟缩不正之貌。谓凑合无罅隙曰“脗缝”。脗，美韵切，合唇也。缝，去声，唇合无间。谓甓曰“甗砖”。《尔雅》：“瓴甋谓之甓。”注：甗砖也。谓苇席曰“芦蕟”。宋琅邪王敬彻遗命以一芦蕟藉下。谓众多曰“多许”。许字音若黑可切，谓所在亦曰场许。语尾每曰“那”。那，乃贺切。《后汉书》：“公是韩伯休那？”谓有事曰“事际”。《南史》：王晏专权，“帝虽以事际须晏而心恶之”。谓死曰“过世”。《晋书·秦苻登传》：“陛下虽过世为神。”嘲笑人曰“阿儈儈”。亦招呼声。谓冷热适中曰“温暾”。唐王建诗：“新晴草色暖温暾。”谓发黏曰“膱”。膱音织。《周礼·考工记·弓人》注：“樴，脂膏膱败之膱。

腫亦黏也。”疏：“若今人头发有脂膏者，则谓之腫。”谓物之不齐曰“参差”。参音如仓含切，差音如仓何切，亦云“七参八差”。谓恶少趫捷曰“佽飞”。佽音侧，《汉书》谓“佽飞”，即此。事已了、将了皆曰“哉”。常熟曰“且”，音若嗟，即诗中句尾助字。吴江曰“蹇”，疑即楚辞之发语声。谓走曰“奔”。昆山曰“趺”，常熟曰“跑”，吴江曰“跳”。谓睡声曰“惛涂”。北人曰打呼，惛涂疑即呼字反切。孔曰“窟笼”。团曰“突栾”。侦视曰“张”。看曰“望”。羞曰“钝”。扶曰“当”去声。按曰“钦”去声。转曰“跋”。浮曰“吞”上声。流曰“倘”。盖曰“匽”。捧曰“掇”。藏避曰“伴”。藏物曰“园”。稠密曰“猛”。积物曰“顿”。布帛薄者曰“浇”。门之关曰“闩”。美恶兼曰“暖”。见陵于人曰“欺负”。非常事曰“诧异”。喜事曰“利市”。忧事曰“钝事”。下酒具曰“添按”。物完全曰“囫囵”。揖曰“唱喏”。阶级曰“僵礤”。① 所居曰“窠坐”。托盘曰“反供”。此处曰“间边”。彼处曰“个边”。作事无据曰“没雕当”去声。谓人不能曰“无张主”。不便利曰“笨”，亦曰“不即溜”。自夸大者曰“卖弄”。事之相值曰“偶凑”。六畜总曰“众作平声生”。数钱五文曰“一花”。觅利曰“赚钱”。锄地曰“倒地”。首饰曰“头面”。鞋袜曰“脚手”。器用曰“家生”，亦曰“家伙”。常熟谓何人曰“遐个”。《诗》：“遐不作人”。注：遐，何也。灰韵入支，即“来”为“釐”之类。支韵入齐，“儿”为“倪”之类。庚韵入阳，“羹”为“冈”之类。虞韵入麻又入东。“小儿”为“拏儿”之类，常熟以“吴塔”为“红塔”。以上《旧志》。

吴下方言已详旧志。然尚有当记者。如呼妇人曰“女客”。《高唐赋》：“妾巫山之女也，为高唐之客。”打亦谓之“敲”。《左传》：“执其戈以敲之。”刺亦谓之“擉”。《庄子》：“冬则擉鳖于江湖”。相连曰“连牵”，

① 乾隆《苏州府志》作“僵礤”。

亦曰“牵连”。《晋书·五行志》：“苻坚初，童谣曰：‘阿坚连牵三十年。’”《淮南子》：“以摸苏牵连物之微妙。”折花曰“拗花”。元微之诗：“今朝谁是拗花人。”言人逞独见而多忤者曰“㑊奊”。音如列的。《汉书》：“㑊奊而无志节”。言人无所可否而多笑貌者曰“墨屎”。音如迷痴。《俗呼小录》作“眉西”，出《列子·力命篇》。言人胸次耿耿曰“佁儗”。音如炽腻。司马相如赋：“仡以佁儗”。言人无用曰“不中用”。《史记·秦始皇本纪》：“始皇怒曰：‘吾前收天下书不中用者，尽去之。’”言人聆言不省曰“耳边风”。杜荀鹤诗：“百岁有涯头上雪，万般无染耳边风。”人有病曰“不耐烦”。刘宋《庾炳之传》①：“为人强急而不耐烦。”谓人之愚者曰“不知蕭董”。《尔雅》“藬”注：“似蒲而细”。不知蕭董者，即不辨菽麦意。习气曰“毛病”。黄山谷《刀笔》云：“此荆南人毛病。”物不洁曰“鏖糟”。《前汉书·霍去病传》注：“尽杀人为鏖糟”。盖血肉狼藉意。言戏扰不已曰“嬲”。音如嫋去声。嵇叔夜书：“嬲之不置。”小食曰“点心”。《能改斋漫录》：“唐郑傪夫人云：‘我未及餐，尔且可点心。’”憎人而不与接曰“不睬”。《北齐书》：“后不睬轻霄。”以网兜物曰“揞兜”。揞，呼孩切，音海平声。见《类聚音韵》。诱人为恶曰“擀平声掇”。见《韵会小补》。疾速曰飞风。唐制：凡杂马送上乘局者，以“风”字印印右髆。以“飞”字印印左髆。胡说曰“扯淡”。宋时梨园市语。问何人曰“陆顾”。吴中陆、顾两姓最多，故以为问。言人举止仓皇曰“麞麠马鹿”。盖四物善骇，见人则跳跃自窜，故以为喻。《俗呼小录》载：忍谓之“熬”，足谓之“彀”，移谓之“捅”。按《集韵》：“捅，他总切，进前也，引也。”热物谓之“顿”，热酒谓之“锡”，泻酒谓之“筛”。遥相授受曰“肓”，干求请托谓之“钻”。断港谓之“浜”。鸟兽交感，鸡鹅曰“撩水”，余鸟曰“打雄”，蚕蛾曰“对”，狗曰“练”，蛇曰“交”。穷谓之

---

① 庾，原讹作“瘦”，今正。

“洞”。槩谓之“荡”。通称“一顿”。《世说》：“欲乞一顿食。”《汉书》：“一顿而成”。《唐书》：“打汝一顿。”语物事曰“牢曹”。疟疾曰“愣子”。俗牵连之辞，如指某人至某人，某物及其物，皆曰“打”。按：张晋公诗：“赤洪崖打白洪崖”，俗作入声，读如笪。事在两难曰“尴尬”。

广中俗字最多，如“奀稳”，“奣矮”，“奀亦音矮”，“奀勒”之类，见范石湖《桂海虞衡志》。吾苏亦有之，如谓积秽物曰“垃圾”，音腊闸；谓人能干曰“啤亦作喩嗻”，上音如库平声，下音遮。垃字、啤字不载字书；“圾”，《集韵》同岌，“危也”；“嗻”，《类篇》“多言”也。其解不同。又物残缺不齐曰“齾齼”，上颜入声，下残入声。又“齾”、“齼”二字，俱五辖切，上字齿缺也，下字器皿缺也。四字见《俗呼小录》。以上《吴门补乘》。

除托七日而採繭爲落山矣舊志

吳謂善伊謂稻緩春秋穀梁傳謂來爲釐吳郡志本陸德明貽我來牟棄甲復來皆音釐德明吳郡豈遂以鄉音釋注或自古本有釐音耶謂罷必緩一休字曰罷休史記吳王謂孫武曰將軍罷休相謂曰儂自稱我儂稱人你儂渠儂隔戶問人云誰儂湘山野錄記錢武肅王歌云你輩見儂的歡喜在我儂心子裏謂中州人曰傖晉書周玘傳害我者諸傖子也謂不慧曰獃唐韻小獃大癡不解事者謂虹曰鱟鱟候切謂孏劣曰薄相薄音謂不任事曰縮朒漢書五行志王侯縮朒謂傭工曰客作漢書匡衡傳衡乃與客作而不求價謂貪縱曰放手後漢書殘吏放手謂錢之美者曰黃撰撰與選同史記平準書白金三品其一曰重八兩圜之其文龍名曰白選錢乃銅造故云黃撰謂綠帨之垂曰蘇頭晉摯虞云流蘇者緙鳥尾垂之若流然以其蕊下垂故曰蘇謂葺理整齊曰修娖娖音捉唐書修娖部伍謂當筵犒賞曰喝賜唐時俳優有纏頭喝賜謂責人而姑警之曰受記責人曰數說如漢高之數項羽謂語不明曰含胡唐書顏杲卿傳含胡而絕謂機巧曰儇利鄉音訛還賴謂指鐶曰手記詩鄭箋后妃羣妾以禮御於君所女史書其日月授之以鐶當御者著於左手既御者著於右手今俗亦稱戒指謂煖酒曰急須禮記急須飲器也趙襄子殺智伯漆其頭爲飲器注飲於禁切今人謂之湯酒爲急須盎飲字漢之耳俗又爲蘇謂以鹽醃物曰醃去聲內則桃諸梅諸注上爲之謂般運曰擡力切南史何遠爲武昌以讓廉太守以錢買井水不受錢謂瞷眼望曰眺眼瞷列子眼瞷典切遷謂不正之貌者謂不傷爲眠娗娗徒典切誑謂不正之貌還之水謂擡羅切謂湊合無隙曰照縫照去聲翻切縫去聲合無間也謂鬃日瓶甂謂之瓿甂爾雅注謂葺席曰蘆蔭宋王欽若令以一幣遵下謂衆多曰多許許音若許字戲也謂語尾每曰那公乃弊切後漢書韓伯休那罵可謂所在亦曰場許謂有事曰事際

相連曰連牽亦曰牽連晉書五行志符堅初童謠曰阿堅連牽三十年淮南子以掇蘇牽連物之微妙折花曰掏花元微之詩今朝誰是掏花人言人逞獨見而多忤者曰奭奭音如列的漢書奭奭而無志節言人無所可否而多笑貌者曰壘屎音如迷癡俗呼小錄作眉西出列子力命篇言人胸次耿耿曰怡嶷音如熾賦司馬相如賦佗以怡擬言人無用曰不中用史記秦始皇本紀始皇怒曰吾前收天下書不中用者盡去之言人聆言不省曰耳邊風杜荀鶴詩百歲有涯頭上雪萬般無染耳邊風人有病曰不耐煩劉宋瘦病之傳爲人强急而不耐煩謂人之愚者曰不知蕭董爾雅蘋註似蒲而細不知蕭董者卽不辨菽麥意習氣曰毛病黃山谷刀筆云此荊南人毛病物不潔曰鏖糟前漢書霍去病傳註盡殺人爲鏖糟盡血肉狼藉意言戲擾不已曰嬲音如嫋去聲嵇叔夜書嬲之不置小食曰點心能改齋漫錄唐鄭傪夫人云我未及餐爾且可點心憎人而不與接曰不保北齊書后不保輕霄以網兜物曰撻兜撻呼孩切音海平聲見類聚音韻誘人爲惡曰攛平聲掇見韻會小補疾速曰飛風唐制凡雜馬送上乘局者以風字印印右髆以飛字印印左髆胡說曰扯談宋時梨園市語問何人曰陸顧吳中陸顧兩姓最多故以爲問言人舉止倉皇曰麕麏馬鹿蓋四物善驚見人則跳躍自竄故以爲喻俗呼小錄載忍謂之熬足謂之彀移謂之捅按集韻捅他總切進前也引也熱物謂之頓熱酒謂之錫鴻酒謂之篩遙相投受曰冑千求請託謂之鑽斷港謂之浜鳥獸交感雞鶩曰撩水餘鳥曰打雄蠶蠓曰對狗曰練蛇曰交竅謂之洞槊謂之蹨通稱一頓世說欲乞一頓食漢書一頓而成唐書打汝一頓語物事曰牢曹煿疾曰愣子俗牽連之辭如指某人至某人某物及某物皆曰打按張晉公詩亦洪崖打白洪崖俗作入聲讀如首事在

南史王曼穎卒帝甄[illegible]事察須曼內心惡之謂死曰過世晉書苻登傳[illegible]下殯過世爲神嘲笑人曰阿倚倚亦招呼聲謂冷熱適中曰溫暾唐王建詩新晴草色暖溫暾謂髮黏曰膩膩音織周禮考工記弓人注膩脂膏膩敗之膩膩亦黏也釋名[illegible]人頭髮有膏者則謂之膩謂物之不齊曰參差參音[illegible]倉何切亦云[illegible]謂戀少趨捷曰佽飛佽音[illegible]漢書謂佽飛師古[illegible]事已了將了皆曰[illegible]且音若嗟郎詩中[illegible]助字也江曰蹇疑郎謂走曰奔見山海經[illegible]謂應聲曰[illegible]呼北人曰打[illegible]塗凝孔曰窟窿閙曰突欒傾覷曰張看[illegible]曰鈍扶曰當[illegible]撥曰欽[illegible]轉曰蹺浮曰吞上聲流曰倘蕩曰撇捧曰掇藏避曰伴藏物曰囤閣窗曰猛積物曰頓布帛薄者曰澆門之闔曰門[illegible]曰[illegible]見賤於人曰欺負非常事曰咤異奇事曰利市憂事曰鈍事下酒具曰添按物完全曰囫圇拼曰唱喏階級曰僵礤所居曰窠坐托盤曰反供此處曰個邊彼處曰箇邊作事無據曰沒雕當去聲謂人不能曰無張主不便利曰笨亦曰不卽溜自誇大者曰賣弄事之相值曰偶湊六畜總曰衆生作平聲數錢五文曰一花覓利曰賺錢鋤地曰倒地首飾曰頭面襏襫曰腳手器用曰家生亦曰家伙常熟謂何人曰遐箇詩遐不作人注遐何也灰韻入支卽來爲釐之類支韻入齊兒爲倪之類庚韻入陽羹爲岡之類虞韻入麻又入東小兒爲孥兒之類以吳塔爲紅塔常熟舊志吳下方言已詳舊志然尚有當記者如呼婦人曰女客高唐賦妾巫山之女也爲高唐之客打亦謂之敲左傳執其戈以敲之刺亦謂之擉莊子冬則擉鼈於江湖

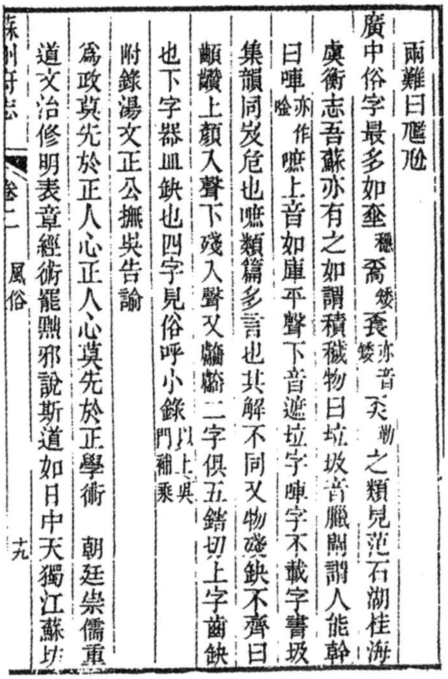

爾雅曰尷尬

廣中俗字最多如奀穩𡚸矮𡘙矮亦音奀勒之類見范石湖桂海

虞衡志吾蘇亦有之如謂積穢物曰垃圾音臘颯謂人能幹

曰嗶亦作嗱嗻上音如庫平聲下音遮垃字嗶字不載字書圾

集韻同岌危也嗻類篇多言也其解不同又物殘缺不齊曰

齾齹上顏入聲下殘入聲又齺齤二字俱五鍇切上字齒缺

也下字器皿缺也四字見俗呼小錄以上吳門補乘

附錄湯文正公撫吳告諭

爲政莫先於正人心正人心莫先於正學術　朝廷崇儒重

道文治修明表章經術罷黜邪說斯道如日中天獨江蘇坊

蘇州府志　卷二　風俗　十九

注：图版采自［日］波多野太郎编：《中国方志所录方言》第 6 编，日本横滨市立大学纪要 1968 年版，第 13—19 页。

4. 同治《苏州府志》

清同治时期，李铭皖、冯桂芬等开始重新修纂《苏州府志》，于光绪九年刊印。该志卷三在全文转录道光本《苏州府志》所录方言的基础上，又增补了一批苏州当地的方言词语。谨录其文如下：

吴谓"善伊"谓"稻缓"。《春秋谷梁传》。谓"来"为"釐"。《吴郡志》本陆德明"贻我来牟""弃甲复来"皆音釐。德明吴人，岂遂以乡音释注？或自古本有"釐"音耶？谓"罢"必缀一"休"字曰"罢休"。《史记》：吴王谓孙武曰："将军罢休。"相谓曰"侬"。自称"我侬"，称人"你侬""渠侬"，隔户问人曰"谁侬"。《湘山野录》记钱武肃王歌云："你辈见侬的欢喜，在我侬心子里。"谓中州人曰"伧"。《晋书·周玘传》："害我者诸伧子也。”谓不慧曰“呆”。《唐韵》小呆大痴，不解事者。谓虹曰“鲎”。鲎，许候切。谓嬉劣曰“薄相”。薄音教。谓不任事曰“缩肉”①。《汉书·五行志》：“王侯缩朒。”骂佣工曰“客作”。《汉书·匡衡传》：“衡乃与客作而不求价。”谓贪纵曰“放手”。《后汉书》：“残吏放手。”谓钱之美者曰“黄撰”。撰与选同。《史记·平准书》：“白金三品：其一曰重八两，圜之，其文龙，名曰‘白选’。”钱乃铜造，故云黄撰。谓绦帨之垂曰“苏头”。晋挚虞云：“流苏者，缉鸟尾，垂之若流然，以其蕊下垂，故曰苏。”谓葺理整齐曰“修娖”。娖音捉。《唐书》：“修娖部伍。”谓当筵犒赏曰“喝赐”。唐时倡妓有缠头喝赐。谓责人而姑警之曰“受记”。责人曰“数说”。如汉高之数项羽。谓语不明曰“含胡”。《唐书·颜杲卿传》：“含胡而绝。”谓机巧曰“儇利”。乡音讹“还赖”。谓指镮曰“手记”。《诗》郑笺：“后妃群妾以礼御于君所，女史书其日月，授之以镮。当御者著于左手，既御者著于右手。”今俗亦称戒指。谓煖酒曰“急须”。《菽园杂记》：“急须，饮器也。赵襄子杀智伯漆其头为饮器。（注：饮，于禁切，溺器也。）今人误以煖酒为急须，盖饮字误之耳。”俗又讹为滴苏。谓以鹾腌物曰“盐”。去声。《内则》：“屑姜与桂以洒诸上而盐之。”谓搬运曰“摙”。力展切，《南史》：“何远为武昌太守，以钱买井水，不受钱者，摙水还之。”谓不倜傥为“眠娗”。《列子》：“眠娗諈诿。”注：眠，莫典切；娗，徒典切。瑟缩不正之貌。谓凑合无罅隙曰“脗缝”。脗，美韵切，合唇也。缝，去声，唇合无间。谓甓曰“甗砖”。《尔雅》：“瓴甗谓之甓。”注：甗砖也。谓芦席曰“芦蕟”。宋琅邪王敬彻遗命以一芦蕟藉下。谓众多曰“多许”。许字音若黑可切，谓所在亦曰场许。语尾每曰“那”。那，乃贺切。《后汉书》：“公是韩伯休那？”谓有事曰“事际”。《南史》：王晏专权，“帝虽以事际须晏而心恶之”。谓死曰“过世”。《晋书·秦苻登传》：“陛下虽过世为神。”嘲笑人

① 乾隆本、道光本《苏州府志》“缩朒”，光绪本讹为“缩肉”。

曰“阿㑶㑶”。亦招呼声。谓冷热适中曰“温暾”。唐王建诗：“新晴草色暖温暾。”谓发黏曰“脏”。脏音织。《周礼·考工记·弓人》注：“樴，脂膏脏败之脏。脏亦黏也。”疏：“若今人头发有脂膏者，则为之脏。”谓物之不齐曰“参差”。参音如仓含切，差音如仓何切，亦云“七参八差”。谓恶少趫捷曰“佽飞”。佽音侧，《汉书》谓“佽飞”，即此。事已了、将了皆曰“哉”。常熟曰“且”，音若嗟，即诗中句尾助字。吴江曰“蹇”，疑即楚辞之发语声。谓走曰“奔”。昆山曰“跌”，常熟曰“跑”，吴江曰“跳”。语睡声曰“憨涂”。北人曰“打呼”，憨涂疑即呼字反切。孔曰“窟笼”。团曰“突栾”。侦视曰“张”。看曰“望”。羞曰“钝”。扶曰“当”去声。按曰“钦”去声。转曰“跋”。浮曰“吞”上声。流曰“倘”。盖曰“匧”。捧曰“掇”。藏避曰“伴”。藏物曰“园”。稠密曰“猛”。积物曰“顿”。布帛薄者曰“浇”。门之关曰“闩”。美恶兼曰“暖”。见陵于人曰“欺负”。非常事曰“诧异”。喜事曰“利市”。忧事曰“钝事”。下酒具曰“添按”。物完全曰“囫囵”。揖曰“唱喏”。阶级曰“僵礤”。所居曰“窠坐”。托盘曰“反供”。此处曰“间边”。彼处曰“个边”。作事无据曰“没雕当”去声。谓人不能曰“无主张”。不便利曰“笨”，亦曰“不即溜”。自夸大者曰“卖弄”。事之相值曰“偶凑”。六畜总曰“众作平声生”。数钱五文曰“一花”。觅利曰“赚钱”。锄地曰“倒地”。首饰曰“头面”。鞋袜曰“脚手”。器用曰“家生”，亦曰“家伙”。常熟谓何人曰“遐个”。《诗》：“遐不作人”。注：遐，何也。灰韵入支，即“米”谓“釐”之类。支韵入齐，“儿”谓“倪”之类。庚韵入阳，“羹”谓“冈”之类。虞韵入麻又入东。“小儿”为“孥儿”之类，常熟以“吴塔”为“红塔”。以上《乾隆志》。

吴下方言已详旧志。然尚有当记者。如呼妇人曰“女客”。《高唐赋》：“妾巫山之女也，为高唐之客。”打亦谓之“敲”。《左传》：“执其戈以敲之”。刺亦谓之“擉”。《庄子》：“冬则擉鳖于江湖。”相连曰“连牵”，亦曰“牵连”。《晋书·五行志》：“苻坚初，童谣曰：‘阿坚连牵三十年。’”《淮南子》：“以摸苏牵连物之微妙。”折花曰“拗花”。元微之诗：“今朝谁是拗花人。”言人逞独见而多忤者曰“㹛㹳”。音如列的。《汉书》：“㹛㹳而无志节。”言人无所可否而多笑貌者曰“墨杘”。音如迷痴。《俗呼小录》作“眉西”，出《列子·力命篇》。言人胸次耿耿曰“佁儗”。音如炽腻。司马相如赋：“仡以佁儗”。言人无用曰“不中用”。《史记·秦始皇本纪》：“始皇怒曰：‘吾前收天下书不中用者，尽去之。’”言人聆言不省曰“耳边风”。杜荀鹤诗：“百岁有涯头上雪，万般无染耳边风。”人有病曰“不耐烦”。刘宋《庾炳之传》：“为人强急而不耐烦。”谓人之愚者曰“不知蒿董”。《尔雅》“藏蒿董”注：“似蒲而细”。不知蒿董者，即不辨菽麦意。习气曰“毛病”。黄山谷《刀笔》云：“此荆南人毛病。”物不洁曰“鏖糟”。《前汉书·霍去病传》注“杀人为鏖糟”。盖血肉狼藉意。言戏扰不已曰“嬲”。音如嫋去声。嵇叔夜书“嬲之不置”。小食曰“点心”。《能改斋漫录》：“唐郑傪夫人云：‘我未及餐，尔且可点心。’”憎人而不与接曰“不睬”。《北齐书》：“后不睬轻霄”。以网兜物曰“揩兜”。揩，呼孩切，音海平声。见《类聚音韵》。诱人为恶曰“撺平声掇”。见《韵会小补》。疾速曰“飞风”。唐制：凡杂马送上乘局者，以“风”字印印右髆，以“飞”字印印左髆。胡说曰“扯淡”。宋时梨园市语。问何人曰“陆顾”。吴中陆、顾两姓最多，故以为问。言人举止仓皇曰“麞麋马鹿”。盖四物善骇，见人则跳跃自窜，故以为喻。《俗呼小录》载：忍谓之“熬”，足谓之“彀”，移谓之“捅”。案：《集韵》：“捅，他总切，进前也，引也。”热物谓之“顿”，热酒谓之“锡”，泻酒谓之“筛”。遥相授受曰“胄”，干求请托谓之“钻”。断港谓之“浜”。鸟兽交感，鸡鹅曰“撩水”，余鸟曰“打雄”，蚕蛾曰“对”，狗曰“练”，蛇曰“交”。窍谓之“洞”。槊谓之“荡”。通称“一顿”。《世说》：“欲乞一顿食。”《汉书》：“一顿而成”。《唐书》：“打汝一顿”。谓物事曰“牢曹”。疟疾曰“愣子”。俗牵连之辞，如指某人至某人，某物至其物，皆曰“打”。案：张晋公诗“赤洪崖打白洪崖”，俗作入声，读如笪。事在两难曰“尴尬”。广中俗字最多，如“奀稳”，“矞矮”，“丞亦音矮”，“奀勒”之类，见范石湖《桂海虞衡志》。吾苏亦有之，如谓积秽物曰“垃圾”，音腊闸；谓人能干曰“啤”亦作唫嗻，上音如库平声，下音遮。“垃”字、“啤”字不载字书；“圾”，《集韵》同岌，“危也”；“嗻”，《类篇》“多言”也。其解不同。又物残缺不齐曰“齾齺”，上颜入声，下残入声。又“齾”、“䀹”二字，俱五辖切，上字齿缺也，下字器皿缺也。四字见《俗呼小录》。《吴门补乘》。

他如电曰“霍闪”。顾云诗。滴水曰“渧”。《广韵》。饭粒曰“米糁”。《庄子》：“藜羹不糁”。吃食曰“嗓”。《礼记》。附近曰“左近”。《梁书·扶南传》：“左近人剥取树皮织布。”婢曰“丫头”。刘禹锡诗：“花面丫头十三四。”共事曰“火”。《唐书·兵志》：“十人为火。”呼痛曰“安伟”。《北史·儒林传》：“道晖徐呼：‘安伟，安伟。’”馈人曰“作人情”。杜诗：“粔籹作人情。”问辞曰“能亨”。《癸辛杂识》。事烦无条理曰“磊㙇”。《说文长笺》。谓事曰“正经”。桓谭《新论》篇目。谓物曰“物事”。《隋书·张衡传》：“我为人作何物事。”浣衣曰“汏”。《说文》。几下函谓之“替”。宋武帝为殷淑仪作通替棺。谓诈骗曰“黄六”。黄巢行六而多诈，故诈骗人者曰黄六。见《艺林汇考》。扶持曰“抬举”。白居易诗：“亭亭自抬举。”物之阔者曰“扁”。刘禹锡诗“压扁佳人缠臂金”。有所倚曰“靠”。范致明《岳阳风土记》：“虽无风涛之患而常靠阁。”料事曰“打算”。《元史·刘秉忠传》。畏惧曰“寒毛卓卓竖”。《晋书·夏统传》：“不觉寒毛尽戴。”负而不偿、许而不予皆曰“赖”。《晋语》：“已赖其地而又爱其宝。”计簿曰“账目”。《宋史·孙何传》。擘橙橘之属曰“朳”。《广雅》。匠斫木而复平之曰“铇”。元微之诗“方椽郢匠铇”。石声曰“𨇤𩭿”。《通志·六书略》。人物作闹声曰“击毂”。《国策》：“车击声。”此虽俚俗无稽，征诸古籍，往往适合，又不独如《补乘》所称引矣。又案《渌水亭杂识》：姑苏台，台因山名，合作胥，今作苏者，盖吴音声重，凡“胥”、“须”字皆转而为苏，故直曰姑苏。

吳謂善伊爲稻緩春秋穀梁傳謂來爲釐吳郡志本陸德明貽我來牟棄甲復來皆音釐德明吳人豈遂以鄉音釋注或自古本有釐音耶謂罷必緩一休字曰罷休史記吳王謂孫武曰將軍罷休相謂曰儂自稱我儂稱人你儂渠儂隔戶問人曰誰儂湘山野錄記錢武肅王歌云你輩見儂的歡喜在我儂心子裏謂中州人曰傖晉書周玘傳害我者諸傖子也謂不慧曰獃唐韻小獃大凝不解事者謂虹曰鱟鱟許候切謂嬉劣曰薄相薄音敎謂不任事曰縮

蘇州府志　卷三　風俗　卅

肉漢書五行志王侯縮朒罵傭工曰客作漢書匡衡傳衡乃與客作而不求償謂貪縱曰放手後漢書殘吏放手謂錢之美者曰黃撰撰與選同史記平準書白金三品其一曰重八兩圜之其文龍名曰白選錢乃銅造故云黃撰謂縧帨之垂曰蘇頭晉摯虞云流蘇者緝鳥尾垂之若流然以其下垂故曰蘇謂葺理整齊曰修娖娖音捉唐書修娖部伍謂當筵犒賞曰喝賜唐時娼妓有纏頭喝賜謂責人而姑督之曰受記責人曰數說如漢高之數項羽謂語不明曰含胡唐書顏杲卿傳含胡而絕謂機巧曰儇利鄉音訛還頰謂指鐶曰手記詩鄭箋后妃羣妾以禮御於君所女史書其日月授之以鐶當御者著於左手既御者著於右手今俗亦稱戒指謂煖酒曰急須致園雜記急須飲器也趙襄子殺智伯漆其頭爲飲器注飲於禁切飲器也今人誤以煖酒爲急須蓋飲字誤之耳俗又訛爲滴蘇謂以鹺醃物曰鹽去聲內則屑薑與桂以灑之上而鹽之謂般運曰摙力展切南史何遠爲武昌太守以錢買井水不受錢

者摙水還之謂不倜儻爲眠娗列子眠娗注眠莫典切娗徒典切[illegible]不正之貌謂湊合無罅隙曰脗縫脗美韻切合脣也縫去聲脣合無間謂甓曰瓴甋爾雅瓴甋謂之甓注瓴甋也謂蘆席曰蘆蓆宋瑯琊王敬徽遺命以一蘆蓆藉下謂眾多曰多許許字音若黑可切謂所在亦曰揚許語尾每曰那那乃賀切後漢書公是韓伯休那謂有事曰事際南史王晏專權帝嫌事際須晏而心惡之以謂死曰過世晉書秦苻登傳陛下雖過世爲神嘲笑人曰阿癐亦招呼聲謂冷熱適中曰溫暾唐王建詩新晴草色暖溫暾謂鬓黏曰膩膩音織周禮考工記弓人注樴脂膏膩敗之膩膩亦黏也疏若今人頭髮有脂膏者則爲之膩謂物之不齊曰參差參音如倉含切差音如倉何切亦云七參八差謂惡少趫捷曰伙飛伙音倜漢書謂伙飛郎此事已了將了皆曰哉常熟曰且音若嗟郎許中句尾助字吳江曰蹇凝郎楚辭之發語聲謂走曰奔崑山曰跳常熟曰跑吳江曰跳語睡聲曰惛塗北人曰打呼惛塗字疑

蘇州府志　卷三　風俗　卅

郎呼字反切孔曰窟籠圜曰突欒偵覘曰張看曰望羞曰鈍扶曰當去聲按曰欽去聲轉曰跋浮曰吞上聲流曰倘蓋曰甌捧曰掇藏避曰伴藏物曰囥稠密曰猛積物曰頓布帛薄者曰澆門之闢曰閂美惡兼曰𥉠見陵於人曰欺負非常事曰咤異喜事曰利市憂事曰鈍事下酒具曰添按物完全曰囫圇揖曰唱喏階級曰僵礤所居曰窠坐託盤曰反供此處曰間邊彼處曰箇邊作事無據曰沒雕當去聲謂人不能曰無主張不便利曰笨亦曰不郎溜自誇大者曰賣弄事之相值曰偶湊六畜總曰眾牲作平聲生數錢五文曰一花覓利曰賺錢鋤地曰倒地首飾曰頭面鞋襪曰腳手器用曰家生亦曰家伙常熟謂何

人曰遐箇詩遐不作人注遐何也㕽韻入支郎來謂儓之類支韻入齊兒謂倪之類庚韻入陽羹謂岡之類虞韻入麻又入東小兒爲孥兒之類常熟以吳塔爲紅塔以上乾隆志

吳下方言已詳舊志然尚有當記者如呼婦人曰女客高唐賦妾巫山之女也爲高唐之客打亦謂之敲左傳執其戈以敲之刺亦謂之擉莊子冬則擉鼈於江湖相連曰連牽亦曰牽連晉書五行志苻堅初童謠曰阿堅連牽三十年淮南子以摸蘇牽連物之微妙折花曰拗花元微之詩今朝誰是拗花人言人逞獨見而多忤者曰奊奊音如列的漢書奊奊而無志節言人無所可否而多笑貌者曰墨屎音如迷癡俗呼小錄作眉西出列子力命篇言人胸次耿耿曰佁儗音如癡司馬相如賦仡以佁儗言人無用曰不中用史記秦始皇本紀始皇怒曰吾前收天下書不中用者盡去之言人聆

言不省曰耳邊風杜荀鶴詩百歲有涯頭上雪萬般無染耳邊風人有病曰不耐煩劉宋庾炳之傳爲人強急而不耐煩謂人之愚者曰不知鼎董爾雅藾蕭董注似蒲而細不知鼎董者郎不辨菽麥意習氣曰毛病黃山谷刀筆云此判南人毛病物不潔曰鏖糟前漢書霍去病傳註殺人爲鏖糟蓋血肉狼藉意言戲擾不已曰嬲音如嫋去聲嵇叔夜書嬲之不置小食曰點心能改齋漫錄唐鄭傪夫人云我未及餐爾且可點心憎人而不與接曰不倸北齊書后不倸輕薄以網兜物曰撈兜撈呼孩切音海平聲見類聚音韻誘人爲惡曰攛掇平聲見韻會小補疾速曰飛風唐制凡雜驛遣上乘局者以風字印印右膊以飛字印印左髀胡說曰扯談宋時梨園市語問何人曰陸顧吳中陸顧兩姓最多故以爲問言人舉止倉皇曰麞麂馬鹿蓋四物善駭見人則跳躍自竄故以爲喻俗呼小錄載忍謂之熬足謂之㲉移謂之捅案集韻捅他總切進前也引也熱物謂之頓熱

酒謂之錫瀉酒謂之篩遞相授受曰曹干求請託謂之鑽斷港謂之浜鳥獸交感雞鶩曰撩水餘鳥曰打雄蠶蛾曰對狗曰練蛇曰交窠謂之洞槃謂之盪通稱一頓世說欲乞一頓食漢書一頓而成唐書打汝一頓謂物事曰牢曹瘧疾曰㑊子俗牽連之辭如指某人至某人某物至某物皆曰打案張晉公詩赤洪崖打白洪崖俗作入聲讀如笪事在兩難曰尷尬廣中俗字最多如奀穩喬矮奀矮亦音奀勤之類見范石湖桂海虞衡志吾蘇亦有之如謂積糊物曰垃圾音臘颯謂人能幹曰唓亦作唫嗻上音庫平聲下音遮垃字堊字不載字書圾集韻同岌危也嗻類篇多言也其解不同又物殘缺不齊曰齾齾上齾入聲下殘入聲又齾齾二字俱五

鍇切上字齒缺也下字器皿缺也四字見俗呼小錄吳門補乘他如電曰霍閃顧雲詩滴水曰渧廣韻飯粒曰米糝莊子藜羹不糝喫食曰嚃禮記附近曰左近梁書扶南傳左近人剝取樹皮織布婢曰丫頭劉禹錫詩花面丫頭十三四共事曰火唐書兵志十人爲火呼痛曰安偉北史儒林傳道暉徐呼安偉安偉餽人曰作人情杜詩粔籹作人情問辭曰能亨癸辛雜識事煩無條理曰磊遵說文長箋謂事曰正經桓譚新論篇目謂物曰物事隋書張衡傳我爲人作何物事浣衣曰汏說文几下函謂之替宋武帝爲殷淑儀作通替棺謂詐騙曰黃六黃巢行六而多詐故詐騙人者曰黃六見藝林彙考扶持曰擡舉白居易詩亭亭自擡舉物之闊者曰扁劉禹錫詩壓匾生人纓臂金有所倚曰靠范致明岳陽風土記雖無風濤之患而常靠闊料事曰打算元史劉秉忠傳畏懼曰寒毛卓卓豎晉書夏統傳覺寒毛盡戴不負而不

償許而不予皆曰賴晉語已賴其地而又愛其實詩籌曰帳目宋史孫何傳擘
橙橘之屬曰杁廣雅匠斲木而復平之曰鉋元微之詩椽郢匠鉋方石聲
曰蹮躚通志書略六人物作鬧聲曰擊轂國策車擊聲此雖俚俗無稽
徵諸古籍往往適合又不獨如補乘所稱引矣又案滌水亭雜識姑蘇臺
臺因山名合作胥今作蘇者蓋吳音聲重凡胥賢字皆轉而爲蘇故直曰姑蘇

注：图版采自《中国地方志集成·江苏府县志辑 7》，江苏古籍出版社 1991 年版，第 140—142 页。

三、历代苏州各县志所录方言

历代苏州下辖各县地方志，共有 18 种收录了方言的内容，其中，波书收录 12 种。笔者新增补 6 种，分别是弘治本《吴江志》、乾隆本《长洲县志》、嘉靖本《吴江县志》、道光本《昆新两县志》、光绪本《昆新两县续修合志》、民国本《昆新两县续补合志》。

书名	朝代	成书年代	修纂人	全书卷数	版本	备注
吴县志	清朝	乾隆十年（1745）	姜顺蛟、叶长扬修，施谦纂	一百一十二卷，首一卷	序刊本	波书
吴县志	民国	民国二十二年（1933）	曹允源、李根源纂	八十卷	排印本	波书

续表

书名	朝代	成书年代	修纂人	全书卷数	版本	备注
长洲县志	清朝	乾隆十八年（1753）	李光祚修，顾诒禄纂	三十四卷，首一卷	序刊本	笔者补
元和县志	清朝	乾隆二十六年（1761）	许治修，沈德潜、顾诒禄纂	三十六卷，首一卷	序刊本	波书
常熟私志	明朝	据万历戊午刊本钞	姚宗仪纂	二十八卷	钞本	波书
常熟县志	清朝	康熙二十六年（1687）	高士鸃、杨振藻修，钱陆灿纂	二十六卷，末一卷	序刊本	波书
常昭合志	清朝	光绪二十四年（1898）	王锦、杨继熊修，言如泗纂	十二卷，首一卷	重刊本	波书
常昭合志稿	清朝	光绪三十年（1904）	郑钟祥、张瀛修，庞鸿文纂	四十八卷，首一卷，末一卷	排印本	波书
重修常昭合志	民国	民国三十八年（1949）	张镜寰修，丁祖荫、徐兆玮纂	二十二卷，首一卷，叙录一卷	排印本	波书
吴江志	明朝	弘治元年（1488）	莫旦纂修	二十二卷	刻本	笔者补
吴江县志	明朝	嘉靖四十年（1561）	曹一麟修，徐师曾等纂	二十八卷，首一卷	刊本	笔者补
吴江县志	清朝	乾隆十二年（1747）	陈莫纕、丁元正修，倪师孟、沈彤纂	五十八卷，首一卷	序刊本	波书
震泽县志	清朝	乾隆十一年（1746）	陈和志修，倪师孟、沈彤纂	三十八卷，首一卷	序刊本	波书
太仓州志	民国	民国八年（1919）	王祖畬纂修	二十八卷，首一卷，末一卷	排印本	波书
昆山新阳合志	清朝	乾隆十五年（1750）	张予介修，顾登纂	三十八卷，首一卷，末一卷	序刊本	波书
昆新两县志	清朝	道光六年（1826）	张鸿、来汝缘修，王学浩纂	四十卷，首一卷，末一卷	序刊本	笔者补
昆新两县续修合志	清朝	光绪六年（1880）	金吴澜主修	五十二卷，末一卷	刊本	笔者补
昆新两县续补合志	民国	民国十二年（1923）	连德英主修	二十四卷	刊本	笔者补

（一）吴县地方志

吴县自秦始皇建立秦朝即设立，其所辖范围在历史上发生了多次变迁。1995年，经国务院批准，撤销吴县，设立吴县市，以原吴县行政区域为吴县市区域，市人民政府驻长桥镇。2000年，经国务院批准，撤销县级吴县市，改为苏州市吴中区、相城区。

《吴县志》，波书收录2种，分别是乾隆时期和民国时期的两种《吴县志》。分录如下。

1. 乾隆《吴县志》

乾隆《吴县志》为乾隆十年（1745）姜顺蛟、叶长扬修，施谦纂。方言内容见于卷二十四《风俗》。其内容如下：

> 有方言土语，其词似俗而出处甚典者，如不慧者谓之“呆子”。范成大有《卖痴呆诗》。怕见人谓之“缩朒”。《汉·五行志》：“王侯缩朒。”骂佣工曰“客作”。《汉·匡衡传》：“乃与客作而不求价。”谓贪纵为“放手”。《后汉书》：“残夫放手。”绦帨之蕊为“苏头”。即流苏之意。谓葺理整齐曰“修”音收娖音捉”。《唐书》：“中和二年，修娖部伍。”不冷不热曰“温暾”。唐王建诗：“新晴草色暖温暾。”发久不梳而不通曰“膱”。音织。见《考工记·弓①人》注。

2. 民国《吴县志》

民国二十二年（1933），曹允源、李根源纂《吴县志》，卷五十二下风俗二收录大量冯桂芬《苏州府志》所录方言之外的内容，现全文转录如下：

① “弓”，原讹作“工”，今正。

意也近日縉紳恪守澹臺之義經歲足迹不履公庭余
陵彭尚書維新日縉紳先生之高無有踰于吳中者孝
秀告宋修自好小民各務本業惟吏胥之蠹未盡除耳
文登徐中丞士林前為觀察臨去歎曰吾來此閱冀此
閭賢士大夫有以教我乃至望見顔色而不可得留詩
五首而去後以開府來乃邀請縉紳于滄浪亭曰此公
所有地方利弊可昌言也亦使百姓共見之中丞之賢
縉紳之高兩得之矣
有方言土語其詞似俗而出處甚典者如不慧者謂之獃
子范成大有賣癡獃詩 怕見人謂之縮朒漢五行志王侯縮朒 罵傭工曰客
作漢匡衡傳乃與客作而不求價 謂貪縱為放手後漢書大放手 [illegible]之蓋
為蘇頭即蕭蘇之意 謂葺理整齊曰修收音娖音捉唐書中和二年修娖部伍
不冷不熱曰溫暾王建詩新晴草色暖溫暾 髮久不梳而不通曰䯺音織見考工記工人註
富貴之家多收藏古玩名曰骨董或畫或字或器皿尺幅
寸縑貴踰拱璧一瓶一椀珍若連城非必真能識辨也
而門下之人或賤買而貴售或飾僞[illegible]與此是彼非
往往以之射利此亦富家大族之[illegible]
吳中富厚之家多樂于為善者冬則[illegible]施被夏則施帳
施扇死而不能殮者施棺病而無醫者施藥歲荒則施

注：图版采自［日］波多野太郎编：《中国方志所录方言》第6编，日本横滨市立大学纪要1968年版，第3—7页。

吴谓“善伊”谓“稻缓”。《春秋谷梁传·襄五年》文。谓“来”为“釐”。《吴郡志》本陆德明“贻我来牟”“弃甲复来”皆音釐。德明吴人，岂遂以乡音释注？或自古本有“釐”音耶？案：《诗》“贻我来牟”，《汉书·刘向传》作“贻我釐趍”。《匡衡传》：“无说《诗》，匡鼎来。”“来”注亦音釐。谓“罢”必缀一“休”字曰“罢休”。《史记》吴王阖闾谓孙武曰：“将军罢休。”相谓曰“侬”。自称“我侬”，称人“你侬”“渠侬”，隔户问人曰“谁侬”。《湘山野录》记钱武肃王歌云：“你辈见侬的欢喜，在我侬心子里。”谓中州人曰“伧”。《晋书·周玘传》：“害我者诸伧子也。”案：陆玩曰：“几作伧鬼。”顾辟疆曰：“不足齿之伧。”宋孝武目王元谟为老伧。谓不慧曰“呆”。音如佁。《唐韵》：“小呆、大痴，不解事者。”案：范成大有《卖痴呆词》。谓虹曰“鲎”。鲎，许候切。案：《说文》：“虹，螮蝀也。”朱骏声《说文通训定声》：“苏俗有东吼日头西吼雨”之谚。谓嬉戏曰“薄相”。薄音敎。案：赵闲闲《游华山寄元裕之诗》：“此神戏人亦薄相。”苏轼诗：“天公戏人亦薄相。”黄庭坚《与范长老书》：“韩十逐日上邻？学，且护其薄相耳。”谓不任事曰“缩朒”。《汉书·五行志》：“王侯缩朒不任事”。注：服音忸怩之忸。不任事之貌也。谓佣工曰“客作”。案：《三国志》：“焦光①饥则出为人客作。”谓贪纵曰“放手”。《后汉书·明帝纪》：“残吏放手”。注谓“贪纵为非也”。谓钱之美者曰“黄撰”。撰与选同。《史记·平准书》：“白金三品：其一曰重八两，圜之，其文龙，名曰‘白选’。”直三千钱，乃铜造，故云黄撰。谓绦帨之蕊曰“苏头”。晋挚虞《决凝要录》曰：“流苏者，缉鸟尾，垂之若流然，以其蕊下垂，故曰苏。”按吴昔苏、胥同呼，姑苏一作姑胥。谓葺理整齐曰“修娖”。娖音捉。《唐书》：“修娖部伍。”谓当筵犒赏曰“喝赐”。唐时倡妓有缠头喝赐。谓责人而姑警之曰“受记”。见《夷坚志》。责人曰“数说”。《左传》：“乃执子南而数之。”《史记》：汉王之数项羽。谓语不明曰“含胡”。《唐书·颜杲卿传》：“含胡而绝。”谓机巧曰“儇利”。乡音讹“还赖”。谓指镮曰“手记”。《诗》郑笺：“后妃群妾以礼御于君所，女史书其日月，授之以镮。当御者著于左手，既御者著于右手。”今俗亦称戒指。谓以鹾腌物曰“盐”。去声。《礼·内则》：“屑姜与桂以洒诸上而盐之。”谓搬运曰“撵”。力展切，《南史》：“何远为武昌太守，以钱买井水，不受钱者，撵水还之。”谓不倜傥为“眠娗”。《列子》：“眠娗諈诿”。注：眠，莫典切；娗，徒典切。瑟缩不正之貌。谓凑合无罅隙曰“脗缝”。脗，美韵切，合唇也。缝，去声，唇合无间。谓芦席曰“芦蓙”。宋琅邪王敬彻遗命以一芦蓙藉下。谓众多曰“多许”。许字音若黑可切，谓所在亦曰场许。语尾每曰“那”。那，乃贺切。《后汉书》：“公是韩伯休那?”注：那，语余声。嘲笑人曰“阿㑳㑳”。按：“阿㑳㑳”声三义：一嘲笑声。《朝野佥载》：“南皮县丞郭胜静因奸民妇被鞭，羞讳其事曰：‘胜静不被打，阿㑳㑳。’是也”。一军士呐喊声。《辍耕录》：“淮人寇江南，临阵之际，齐声大喊‘阿㑳

① 按：光，原讹作先，今据《三国志》改。

膾’以助军威。”是也。一呼痛声。其字或作侑。《仓颉篇》侑字，《训诂》云：痛而謼也，音羽罪反。今北人痛则呼之。《声类》音于耒①反，今南人痛或呼之。谓冷热适中曰“温暾”。案：《辍耕录》：“南人方言曰温暾者，言怀煖也。”唐王建《宫词》：“新晴草色煖温暾。”白居易诗：“池水煖温暾。”谓发黏曰“脏”。脏音织。《周礼·考工记·弓人》注：“樴，脂膏脏败之脏。脏亦黏也。”疏云：“若今人头发有脂膏者，则谓之脏。”谓睡声曰“惛涂”。北人曰打呼，惛涂疑即呼字反切。孔曰“窟笼”。案《宋景文笔记》：“孔曰窟笼，语本反切。《集韵》别有窡字，训云：孔窡，穴也。”团曰“突栾”。案《宋景文笔记》：“孙炎本俚俗所作反切，谓团曰突栾。”侦视曰“张”。案：今人《新方言》引扬子“《方言》‘凡相窃视谓之睩’，或谓之貼。……今音转如张。”看曰“望”。案：望，视也。《广雅·释诂》：“望，远视也。”羞曰“钝”。案：刀锈曰钝。锈与羞音相类，假借以为用，故以羞为钝。扶曰“当”去声。案：埠头之扶栏今曰当木。按曰“钦”去声。案：一作搇。《集韵》：“搇，邱禁切。按物也。”又作揿，见《南史》。转曰“跋”。案扬雄《羽猎赋》：“跋犀犛”，《汉书》师古注：跋，反戾也。转即反戾之意。浮曰“吞”。案：吞亦作氽上声，水推物也。《桂海虞衡志》载粤中俗字有氽，云人在水上也。今俗云水氽。《允都山水志》有水氽塔。又人浮水面亦曰氽。流曰“倘”。水貌。见《淮南子·本经训》。盖曰“匲”。案：匲本作匴，音感。扬子《方言》“箱类”，《增韵》“器盖”，《广韵》又作篕，箧类。藏物曰“园”。案《广韵》：“园，藏也”。积物曰“顿”。案：《字汇补》：“趸，敦上声，俗字，零趸也。”布帛薄者曰“浇”。案：《说文》浇，薄也。② 言鲭浇薄者，酒不杂为淳，以水浇之则味漓。门之关者曰“闩”。案：《字汇补》：数还切，音橯，门横关也。见陵于人曰“欺负”。案：《史记·高祖本纪》：“乃绐为谒”。索隐：

① 按：耒，原讹作来，今据《颜氏家训·风操篇》改。

② 按：此义《说文》未收，见于宋本《玉篇》。

“刘氏云：绐，欺负也。”喜事曰“利市”。案：《易·说卦传》：“利市三倍。”① 又《戒庵漫笔》：“唐子畏有一巨册，自录所作杂文，簿面题曰：利市。”忧事曰“钝事”。案：《广韵》：“钝，不利也。”吴人藉以为不利市也。物完全曰“囫囵”。案：《朱子语录》：“道是个有条理底，不是囫囵一物。”字亦作鹘囵。《朱子文集·答杨至之》曰：“圣人之言自有条理，非如今人鹘囵儱侗无分别也。”揖曰“唱喏”。按：《宋书·恩幸传》：“前废帝言奚显度刻虐，比当除之。左右因唱喏，即日宣制杀焉。”喏，本古诺字。唱喏，似即唱诺也。阶级曰“僵礤”。案：《谈徵》：“寺院阶级曰僵礤。”所居曰“窠坐”。案：窠，当作薖。《诗》：“硕人之薖”。《广雅》、《集韵》并苦禾切，读若科。《俗呼小录》“俗谓所居曰科坐”，实当作薖坐也。作事无据曰“没雕当”。当去声。案：朱彧《可谈》：“都下市井谓作事无据曰没雕当。”不知名义所起。方以智《通雅》：“今语不的当即此声也。汉有雕捍之语，唐以来有勾当之语，故合之。”《玉篇》有“倜儻”二字，总训“不常”。《集韵》平、上、去三声皆收训，义略同。则“雕当”应作“倜儻”，朱氏不得其字，故滋惑也。谓人不便利曰“笨”。音朋去声。案：《宋书·王微传》：“王乐小儿时，尤粗笨。”自夸大曰“卖弄”。案：《后汉书·朱浮传》：“浮代窦融为大司空，坐卖弄国恩免。”事之相值曰“偶凑”。案：本作豆凑。田汝成《游览志》：“余杭人以事相邂逅曰豆凑。”盖斗凑之讹也。数钱五文曰“一花”。案：《俗呼小录》“数钱以五文为一花。”《通俗编》：“凡花五出者为多。故谚云尔。”觅利曰“赚钱”。案：《吴谚》云：“摸摸春牛脚，赚钱赚得着。”首饰曰“头面”。案：《乾淳起居注》：“太上太后幸聚景园，皇后先到宫中起居，入幕次，换头面。”《通俗编》：“俗呼妇人首饰曰头面。”据此则宋已然矣。鞋袜曰“脚手”。按：《笔谈》“乐府双行缠盖，妇人衬袜中者，今俗谓裹脚也。”器用曰“家生”，亦曰“家伙”。案：《梦粱录》载：“家生动事如卓、凳、凉床、交

① 按：《易·说卦传》原作“为近利，市三倍”。

椅、兀子之类。”乾隆《府志》

吴下方言已详旧志。然尚有当记者如下。打谓之“敲”。《左传》：“执其戈以敲之。”刺谓之“擉”。案：擉，古作籍。《通俗篇》：“《周礼·天官》：‘以时籍鱼鳖龟蜃。’”《庄子·则阳篇》：“冬则擉鳖于江湖。”《集韵》籍、擉二字俱敕角切，刺取也。折花曰“拗花”。案：《说文》：“拗，手拉也。”《增韵》“拗，折也。”《尉缭子》：“拗矢折矛”，此拗之始见于载籍也。其用于拗花者，《辍耕录》：“南方谓折花曰拗花。”元微之诗：“今朝谁是拗花人”。言人逞独见而多忤者曰“㓗奊”。音如列的。《汉书·贾谊传》注：“㓗奊而无志节。”言人无所可否而多笑貌者曰“墨杘”。今音如迷痴。《列子·力命篇》：“墨杘、单至。”张湛注：“墨音眉；杘音眉，敕夷反。”案：扬雄《方言》：“江淮间凡小儿多诈而狯，或谓之墨杘。”丁度《集韵》：“墨杘，黠诈貌。”① 皮日休《反招魂》：“上暧昧而下墨杘。”言人胸次耿耿曰“佁儗”。音如炽腻。《汉书》司马相如《大人赋》：“仡以佁儗。”言人无用曰“不中用”。《史记·秦本纪》：“始皇怒曰：‘吾前收天下书不中用者，尽去之。’”言人聆言不省曰“耳边风”。杜荀鹤《唐风集》：“百岁有涯头上雪，万般无染耳边风。”人有病曰“不耐烦”。《宋书·庾登之传》：“弟炳之为人强急而不耐烦。”谓人之愚者曰“不知鼒董”。《尔疋·释草》“蘱鼒董”。不知鼒董，即不辨菽麦意。习气曰“毛病”。黄山谷《刀笔》云：“此荆南人毛病。”物不洁曰“鏖糟”。《汉书·霍去病传》：“合短兵，鏖兰皋”。下晋灼注“世俗以尽杀人为鏖糟”。案：《辍耕录》：“今以不洁为鏖糟。”《通俗编》：“谓如晋灼所云，固血肉狼藉矣，于不洁净义亦略相通云。”言戏扰不巳曰“嬲”。音如嬲去声。嵇康《与山巨源书》：“足下若嬲之不置。”小食曰“点心”。案：《唐书》：“郑傪为江淮留后，家人备夫人晨馔，夫人顾其弟曰：‘治妆未毕，我未及餐，尔且可点心。’”憎人而不与接曰“不睬”。《北齐书》：“后主皇后穆氏母名轻霄，本穆子伦婢也。后既立，以陆大姑为母，更不睬轻

① 述古堂影宋钞本《集韵·平声一》“杘”下作：“《博雅》：嚜杘，欺也。”

胥。”以网兜物曰“揞兜”。揞，呼孩切，音海。见《类聚音韵》。诱人为恶曰“擁平声掇”。《韵会小补》“诱人为恶曰窜。俗曰窜掇”。疾速曰“飞风”。《唐六典》：“凡马入尚乘局，左右闲，印以三花，其余杂马，以风字印右膊，以飞字印左膊。”案：今言速为飞风，本此。问何人曰“陆顾”。吴中陆、顾两姓最多，故以为问。言人举止仓皇曰“麞麞马鹿”。盖四物善骇，见人则跳跃自窜，故以为喻。见《游览志余》。忍谓之“熬”。案：扬子《方言》：“熬、聚、煎、僬、巩，火干也。”今人于事之忍耐不下曰火冒实逼处。此曰动火工。与以忍为熬之意相印证。足谓之“彀”。案：彀当作彀，弓满也。孟子曰：“变其彀率。”《汉书·匈奴传》：“平城之下亦诚苦，七日不食，不能彀弩。”凡不胜任、不满意，俱借此以为辞。故俗以满足为彀，未足为不彀。《云间志·方言》作“不够”。移谓之“捅”。案：《集韵》：“捅，他总切，进前也，引也。”热物谓之“顿”。案：顿当作享。《新方言》引：“《说文》‘享，孰也。’读如纯，孰亦从享。凡孰曰享孰之。亦曰享。今人谓以火温肉使极孰为享。音如顿。”热酒谓之“钖”。按：钖当作炀，《新方言》引：“扬子《方言》‘炀，暴也。’又云‘炀，炽也。’今俗①以火炽物为炀，读他浪切。”泻酒谓之“筛”。此为出物意，非节酒之义也。考其字义，当作醨。《诗·小雅》：“醨酒有衍”。干求请托谓之“钻”。案：班固《答宾戏》：“商鞅挟三术以钻孝公”。注：“钻，取必入之义。”《宋史》：“王安石秉政，邓绾、李定之徒俱以趣媚擢用。士论有十钻之目。”《古杭维记》：“史弥远用事，士夫多以钻刺得官。”断港谓之“浜”。案：《集韵》：“沟纳舟者谓之浜。”谓物事曰“牢曹”。案：牢曹当作勑螬。《集韵》：“勑螬，物不精也。”疟疾曰“愕子”。指某人至某人，某物至其物，皆曰“打”。俗作入声，读如笪。张晋公诗：“赤洪崖打白洪崖。”事在两难曰“尴尬”。案：《说文》“尴尬，行不正也。”此字段氏补一行注，云：“尴尬，双声字也。今吴俗谓事乖剌者曰尴尬。”谓积秽物曰“垃圾”，音腊闸。案《梦粱录》：“诸河有载垃圾粪土之船”，

① 俗，《章氏丛书》本《新方言》卷六作“谓”。

又“每日扫街搬垃圾者支钱犒之”。《道光府志》电曰“霍闪”。顾云诗“金蛇飞状霍闪过。”滴水曰“渧”。《广韵》渧音帝，“瀌漉也”。《集韵》：“一曰滴水。”饭粒曰“米糁”。《庄子》：“藜羹不糁。”吃食曰“嘫”。《曲礼》“毋嘫羹”，他答反，疏云：“含而歠吞之也。”附近曰“左近”。《南史·夷貊传》：“自燃州有树，生火中。左近人剥树皮绩布，即火浣布。”婢曰“丫头”。刘禹锡《寄小樊诗》：“花①面丫头十三四”。共事曰“火”。案：元魏时军人同食者，称火伴。呼痛曰“安伟”。《北史·儒林传》：“宗道晖好著高翅帽，大展。州将初临，辄服以谒。后齐任城王谐鞭之。道晖徐呼：‘安伟，安伟。’”馈人曰“作人情。”杜甫诗：“粔敉作人情”。问辞曰“能亨”。周密《癸辛杂识》：“天台徐渊子词云：‘他年青史总无名，你也能亨，我也能亨。’自注：能亨，乡音也。”事烦无条理曰“磊竮”。《说文长笺》：“今吴中方言，凡事物烦积而无条理，曰磊竮。”案：《通雅》：“今方言皆作累堆”。累字平声。谓事曰“正经”。桓谭《新论》篇目。谓物曰“物事”。《隋书·张衡传》：“我为人作何物事。”浣衣曰“汏”。《说文》：汏，徒盖切，淅瀌也。《玉篇》：汏，洗也。几下函谓之“替”。《南史·殷淑仪传》：“既薨，孝武帝思见之，遂为通替棺，欲见辄引替睹尸。”谓诈骗曰“黄六”。案：李氏《疑耀》：“京师勾栏中诨语，以绐人者曰黄六。盖黄巢兄弟六人，巢为第六而多诈骗，故以为詈也。”扶持曰“抬举”。白居易诗：“亭亭自抬举。”物之阔者曰“扁”。刘禹锡诗“压扁佳人缠臂金”。有所倚曰“靠”。案：唐曹松诗：“靠月坐看山”。宋范致明《岳阳风土记》：“虽无风涛之患而常靠阁。”《朱子文集·答吴伯起札》：“不可只靠一言半句便以为足。”料事曰“打算”。案：《钱唐遗事》：“贾似道忌害一时任事阃臣，行打算法以污之。”畏惧曰“寒毛卓卓竖”。《晋书·夏统传》：“闻君之言，不觉寒毛尽戴。”又案：《唐书·郑从谠传》：“捕反贼，诛其首恶，皆寒毛惕伏。”负而不偿、许而不予皆曰“赖”。案：《左传》：“令郑人贪赖其田而不我与。”又《外传·晋语》：“已赖其地而犹爱

① 民国本原讹作“化”，今径改为“花”。

其宝。”计簿曰“帐目”。案：《周礼·遗人》疏：“当年所税多少，总送帐于上。”《后汉书·光武纪》注：“郡国计，若今之诸州计帐也。”《北史·高恭之传》：“秘书闻籍，多致零落。谓令道穆总集帐目。”擘橙橘之属曰“扒”。《广雅》：“扒，擘也。”匠斫木而复平之曰“铇”。案：《玉篇》：“铇，平木器。”唐元稹诗：“方椽郢匠铇”。石声曰“蹍踱”。《通志·六书略》：“踱，蒲孟切。”蹍踱，踏地声。人物作闹声曰“击毂”。《国策》：“车击声。”同治《府志》

吴下方言，自冯修《府志》外，续得如干条，汇录如下：

雾曰“迷路”。吴谚曰：“三朝迷路发西风。”《清嘉录》案：陶毂《清异录》：“谓雾曰‘迷空步障’。《表异录》作‘迷天步障’。吾乡以雾为迷路，谓雾重迷，不辨路径也。”疾风曰“风暴”。读若报。《尔雅》：“日出而风为暴。”《诗·邶风》：“终风且暴”毛传：“暴，疾也。”当时曰“登时”。《魏志·管辂传》注：“注易之急，急于水火。水火之难，登时之验。”清晨曰“侵早”。《传灯录》：“行者曰：五更侵早起，更有夜行人。”杜甫诗：“天子朝侵早。”《通俗编》：“侵早即凌晨之谓，作清早者非。”午后曰“下昼”。《新方言》：“《玉篇》‘餔，日加申时食也。’字变作晡。按俗又称下晚、头晚，读迈，即晡字之音转。”十五日曰“月半”。顾炎武《日知录》：“今人谓十五为月半，古经已有之。《仪礼》：‘月半不设奠’，《礼·祭义》：‘朔日月半，君巡牲’……而亦有以上下弦为月半者。《释名》云：‘弦，月半之名也。……望，月满之名也。弦曰半，以月体言之；望曰半，以日数言之。’”事隔已久曰“长远”。《晋书·明帝纪》：“若如今言晋祚，复安得长远？”物之旧者曰“古老”。《书·无逸》传：“小人之子轻侮其父母曰：‘古老之人，无所闻知。’”土阜曰“高敦”。《新方言》：“《说文》：‘阜，小阜也。’此即今堆字。《大雅》‘敦彼行苇’传：‘敦，聚貌。’《广雅》：‘敦，聚也。’古敦、屯皆可读自。《尔疋》郭注：‘今江东呼地高者为敦。’是敦借为堆也。”按：晋有谢公墩。敦加土为墩，后起字也。今俗谓之高墩。墩当作敦。田陌曰“畈岸”。杭世骏《续方言》：“《说文》：赵魏谓陌为畈。”《新方言》：“《说文》：‘畈，一曰陌也。古郎切。’今人谓田上陌曰田畈。音古杏切，亦作埂。”村居曰“庄子”。《尔疋》:“六达谓之庄。”郭璞引《左传》曰：“得庆氏之木百车于庄。”今人通名田家村落谓之庄。山居园囿亦谓之庄。河埠曰“马头”。《通鉴》:“史宪诚据魏博于黎阳，筑马头，为渡河之势。”注云：“附岸筑土植木隔之，以便兵马入船，谓之马头。”《晋书·地理志》:“武昌郡鄂县有新兴马头。”灰尘曰“蓬尘”。《汉书·贾山传》:“蓬颗蔽冢。”晋灼曰：“东北人名土块为蓬颗。”今浙西谓尘为蓬尘，与墣坋坌皆声之转，蓬又作埲，《广韵》:“塕埲，尘起。”蒲蠓切。吴俗谓尘垢飞起为埲起。物之真实者曰“道地”。《汉书·田延年传》:“霍将军召见延年，欲为道地。”师古曰：“为之开通道路，使之有安全之地。”事之困难者曰“盩厔”。《汉书·地理志》:“右扶风有盩厔县。”《太平寰宇记》:“山曲曰盩，水曲曰厔。”按：二字音若輖质。今以事费曲折者曰盩厔。入冬河胶曰“连底冻”。《厚德录》:“仲氏元礼加以骏肃，人号曰连底冻。”庭心曰“天井”。《通俗编》:“《孙子·行军篇》‘凡地有天井、天牢’，按今江以南人多称庭墀际曰天井。或云即本《孙子》。以其四周檐宇高而此独下也。”灶突曰“烟囱”。读作匆。《广雅》:“寤谓之灶。其窗谓之堗。”《说文通训》:“今苏俗谓之烟囱。”苇篱曰“抢篱”。《新方言》:“《说文》:‘抢，拒也。’①《汉书·扬雄传》:‘木雍枪櫐，以为储胥’。注：‘雍作擁’。今浙西谓篱为抢篱。”碎瓦曰“瓦瓪”。《说文》:“瓪，败瓦也。”段注：“今俗所谓瓦瓪，是此字也。今人语如办之平声耳。”私蓄财物曰“私房”。《北史·崔昂传》:“孝芬兄弟，孝义慈厚，一钱尺帛，不入私房。”言人失意谓之“倒灶”。《通俗编》:“《太元经》:‘灶灭其火，惟家之祸。’此即俗语所本。”语女曰“媛婼”。扬子《方言》:“吴人谓女曰婼。”《集韵》:“牛居切，音鱼。”谓女婿曰“补代”。《猗觉寮杂记》:“谓之补代，人家有女无子，恐世代自此而绝，不肯出嫁，招婿以补其世代耳。”言人应得罪愆曰“自作自受”。《五灯会元》:“僧问金山颖：‘一百二十斤铁枷教阿谁担?’颖曰：‘自作

① “抢，拒也”的注释见于《广韵·阳韵》，未见于《说文》。

自受。'”言人不务正业曰“流宕”。《蜀志·许靖传》：“荀彧言：许文休自流宕以来，与群士相随。”① 《乐府·艳歌行》：“兄弟两三人，流宕在他县。”当面羞人曰“剥面皮”。《裴氏语林》：“贾充谓孙皓曰：‘何以剥人面皮?’皓曰：‘憎其颜之厚也。’”事已误而不服输曰“错到底”。《周礼·大史》疏：“恐事有失错”。按：此错字转去声，音如挫。《老学庵笔记》：“宣和间，妇人鞋底尖，以二色帛合而成之，名错到底。”此错字读入声。今俗有错到底之语则以事言之，错音亦如挫。高自位置曰“作声价”。《后汉书·袁绍传》：“赵忠曰：‘袁本初坐作声价，好养死士。’”言人不明是非曰“无皂白”。《毛诗·桑柔》笺：“贤者见此事之是非，非不能分别皂白言之于王也。”又《三国志·钟繇传》注：“李膺谓钟觐曰：‘弟于人何太无皂白耶?’”事之劳苦者曰“散力”。《邵子击坏集》：“未吃力时，犹有说。”《通俗编》按：《广韵》：散音同喫，勤苦用力曰散。② 事之妥适者曰“妥聑”。《说文》：“帖，帛书署也。”段注：今人所谓签也，引申为帖服，为帖妥。”俗作贴。王逸《楚辞注》：“事不妥怗。”《通俗编》：“怗字从心，不当从巾从占。”又《说文》：“聑，安也。”段注：“凡妥聑，当作此字。帖，其假字也。”做事敏捷曰“僻脱”。《文选·景福殿赋》：“僻脱承便，盖象戎兵”。注云：“蹴鞠之徒，便僻轻脱。”规避曰“躲闪”。《元典章》：“出使人员，每将站官人等非理拷打，站官人等避怕躲闪，转致违误。”絮烦曰“唠叨”。《通俗编》：“《说文》：唠呶，讙也。按：俚俗有云唠叨，即此。”元曲云絮絮叨叨，叨字从刀，故吴俗读唠叨若劳刀，以一人多言为唠叨。”诟谇声曰“畜糟”。《集韵》：“哜嘈，音剂曹。”按：今俗读若祭遭，当作畜糟。沈周《客座新闻》③ 载顾成章俚语诗云：“姑姑嫂嫂会畜糟”。《通俗编》：“喻琐屑也。”庞杂声曰“嘈囋”。《抱朴子》：“管弦嘈杂”。《新方言》：“吴语④谓多声为嘈囋。音才曷反。”然其

① 据《三国志》，此是袁徽寄寓交州与荀彧书，非荀彧所言。

② 按：《集韵》：“勤苦用力曰散。”

③ 沈周《客座新闻》，原误倒为《座客新闻》，今正。

④ 按：“吴语”，《新方言》实作“通语”。

言、不然其言皆曰“欸”。按：此字之音有二：一音哀，一音袄。声低而和柔者，然其言而应之也。声高而厉者，不然其言而斥之也。仰首张口而声长者，叹恨之声也。《唐韵》：“欸，乌开切，音哀。”按：吴俗言欸亦作袄音。凡发语之辞曰“阿”。《吴志·吕蒙传》注：“鲁肃抚蒙背曰：‘非复吴下阿蒙。’”《世说》注：“阮籍谓王浑曰：‘与卿语不如与阿戎语。’”谓事物果实之类，其助字曰“子”，《通俗编》：“俗呼服、器之类，以子字为助词。《旧唐书》裴冕自创巾子，其状新奇。”《中华古今注》：“始皇元年，诏近侍官人，皆服衫子。三妃九嫔，当暑戴芙蓉冠子，手把云母扇子，宫人戴蝉冠子，手把五色罗扇子。又有钗子、帽子、鞋子等称。”果之称子，如梅子、杏子、桃子、松子、瓜子等是。或曰“头”。《通俗编》：“世言里头、外头之属，如李白诗‘素面倚阑钩，娇声出外头’、项斯诗‘愿随仙女董双成，王母前头作伴行’、曹松诗‘下头应有茯苓神’，头亦助辞也。即人体言，眉曰眉头，骆宾王诗‘眉头画月新’；鼻曰鼻头，白居易诗‘聚作鼻头辛’；舌曰舌头，杜荀鹤诗‘唤客舌头犹未稳’；指曰指头，薛涛诗‘言语殷勤一指头’。器用之属，如钵头见张祐诗，杷头见苏轼诗，至江头、渡头、田头、市头、桥头、步头，用之尤多。”谓甚么曰“舍”。俗作啥，本佘字也。《说文》：“佘，语之舒也。”从八，舍省声。通假作舍。《孟子·滕文公篇》：“舍，皆取诸其宫中而用之。”犹言何物皆取诸其宫中而用之也。今通言曰甚么，舍之切音也。待曰“等”。《说文》：“待，竢也。”今人易其语曰等。太曰“忒”。《月令》注：“不贷，不得过差也。”贷本作忒，今人谓过曰忒，如过长曰忒长，过短曰忒短。鄉曰“享”。鄉，所也。《左传》：“毁于西鄉。”《匡谬正俗》曰：“俗呼某人处曰某享，……是鄉音之转。”今吴俗方言谓内曰里享，音如向，本鄉字也。思曰“仑”。《说文》：“仑，思也。力屯切。”《字通》作论，《大雅》“于论鼓钟”。毛传：“论，思也。”今吴俗，令人自反省曰肚里仑一仑，即此意。汝曰“耐”。《大雅》“予岂不知而作”。笺云：“而，犹汝也。”音转为乃。今吴俗谓汝为而，音如耐，本此。盖耐从而声，而古音耐。增益曰“饶”。《说文》：“饶，益也。”市间买物，欲其增益曰饶。捧物曰“掇”。物变色曰“蔫”。《广韵》：“蔫，物不鲜也。”压酒曰“醡”。

《广雅疏证》："醡，压酒具也。"淅米曰"洮"。一作淘。以肩举物曰"揵"。《正韵》："揵，以肩举物也。"以手去汁曰"箄"。《通俗编》："箄音笔。《博雅》训滗。《集韵》训去滓。"以指取物曰"寽"。《说文》："寽，五指寽也。"段注："《说文》：'捋，取易也。''寽，五指寽也。'凡今俗用五指持物引取之曰寽。《诗·芣苢》'薄言捋之'……当作寽。"以身度物曰"偃"。《新方言》："《尔疋》'隐，占也。'《广雅》'隐，度也。'以身及手比絜物之高下长短为偃。偃隐古通。"一十五之一读若束。扬子《方言》："一，蜀也。"《广雅》："蜀，弌也。"《管子·形势》曰："抱蜀不言"，谓抱一也。蜀音市玉切，音小变则如束。今吴下一十之名，皆无更改，独谓十五为蜀五，音亦如束。二十并写之廿，读为念。《说文》："廿，二十并也。人汁切。"徐铉①曰："自古以来，二十字从省并为廿字。"《金石文字记》："《开业碑阴》多宋人题名，有曰元祐辛未阳月念五日题。以廿为念始此。"杨慎谓："廿字韵皆音入，惟市井商贾音念，而学士大夫亦从其误者也。"此皆吴俗方言，三县旧志所未载者也。

節尤爲獨擅其唱法則高揭其音而以悠緩收之濟而不靡其聲近商不失清商本調其
體皆贈答之辭或自問自答不失相和本調其詞多男女燕私離別之事不失房中本義
其旁引曲喻假物借聲之法淳樸纖巧無所不全不失古樂府之本體實能令聽者移情
惜無采風者爲之摭拾而整理其詞布之管絃以備樂官散曲之一格也
吳歈吳人歌也樂府所傳白紵舞辭拂舞辭白符舞辭白鳧鳩舞辭有舞必有辭辭以節舞
晉鞞迂緩而諷勸存焉案白紵舞辭有巾袍之言紵本吳地所出宜是吳舞晉俳歌曰皎
皎白緒節節爲雙吳音呼緒爲紵疑白緒即白紵又案舞志曰江左初有拂舞吳舞檢其
歌非吳辭楊泓拂舞序曰自到江南見白符舞白鳧鳩舞云有此已數十年察其詞旨乃
吳人患孫皓虐政思屬晉他如江南弄江南曲采蓮采菱等曲皆得吳歈之遺自魏良輔
創爲新聲竹肉相間一字幾度一刻娓娓欲絕將絕復縈淫哇並起而古意亡矣此聲音
之微具有古今升降之感
吳謂善伊爲稻綴 謂來爲薹 謂罷必綴一休字曰罷休 相謂

吳縣志 卷五十二下 風俗二 二

曰儂 謂中州人曰傖
謂不慧曰獃 謂虹曰
鱟 謂嬉戲曰薄相
謂不任事曰縮朒
謂傭工曰客作 謂貪縱曰放手 謂錢之美
者曰黃撰 謂[illegible]帨之惡曰蘇頭
謂葺理整齊曰修娖 謂當
鑪犒賞曰喝賜 謂賞人而姑警之曰受記 賞人曰數說
謂語不明曰含胡 謂機巧曰儇利 謂指鐶曰手記
謂以醃醃物曰鹽 謂
般運曰擡 謂不倜儻爲眠娗
謂湊合無罅隙曰脗縫 謂蘆席曰蘆廢 謂柴多曰
多許 語尾每曰那 嘲笑人曰阿㕭

① 按：徐铉当作徐锴。

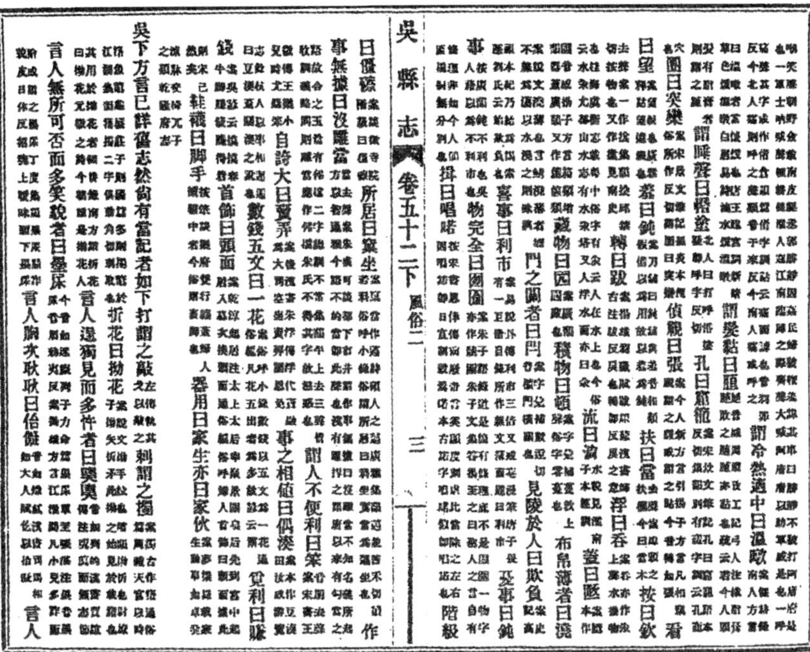

吳縣志　卷五十二下　風俗二　三

謂冷熱適中曰溫暾

謂[illegible]黏曰[illegible]

孔曰窟窿

謂呼聲曰喈[illegible]

圈曰突欒　偵視曰張　看

曰望　[illegible]曰鈍　扶曰當　按曰欽

轉曰𧿒　流曰瀉　浮曰吞　蓋曰[illegible]

藏物曰囥　積物曰頓　布帛薄者曰澆

門之闔者曰[illegible]　見陵於人曰欺負

喜事曰利市　[illegible]事曰鈍

事　物完全曰囫圇

揖曰唱喏　階級

曰僵[illegible]　所居曰窠坐　作

事無據曰沒雕當　謂人不便利曰笨

自誇大曰賣弄　事之相值曰偶湊　覓利曰賺

數錢五文曰一花

錢　首飾曰頭面

鞋襪曰脚手　器用曰家生亦曰家伙

吳下方言已詳舊志然尚有當記者如下打謂之敲　剌謂之擉

折花曰㧊花

言人遇獨見而多忤者曰[illegible]

言人無所可否而多笑貌者曰[illegible]

言人胸次耿耿曰佁儗　言人

吳縣志　卷五十二下　風俗二　四

無用曰不中用　言人聆言不省曰耳邊風

謂人有病曰不耐煩　謂人之愚者曰不知[illegible]

習氣曰毛病　物不潔曰[illegible]　言戲擾不已曰[illegible]

小食曰點心　恰人而不與接曰不[illegible]

以網兜物曰[illegible]兜　誘人爲惡曰

[illegible]　疾速曰飛風

問何人曰[illegible]　言人舉止倉皇曰[illegible]馬鹿

忍謂之熬　足謂之[illegible]

謂之[illegible]　熱物謂之頓　移

熱酒謂之[illegible]　瀉酒謂之篩

干求請託謂之鑽

斷港謂之浜　謂物事曰牢曹

瘠疾曰[illegible]子　指某人至某人某物至某物皆曰打　事

在兩難曰尷尬　謂積穢物曰垃圾[illegible]

電曰霍閃　滴水曰渧

飯粒曰米糝　嗅食曰[illegible]　附近曰左近

婢曰丫頭　共事曰火　呼痛曰[illegible]

餽人曰作人情　問辭曰[illegible]

事煩無條理曰[illegible]

謂事曰正經　謂物曰物事　浣衣曰汏

凡下函謂之沓　謂詐騙曰黃六

扶持曰[illegible]　物之闔者曰[illegible]

人有所倚曰[illegible]

料事曰打算　畏懼曰寒毛卓[illegible]

吳縣志 卷五十二下 風俗二 五

[illegible] 負而不償許而不予皆曰賴 [illegible]

計飾曰帳目 [illegible]

舉杖擊之聲曰扒 [illegible] 匠斲木而復平之曰鉋 [illegible] 石聲曰[illegible] [illegible]

[illegible] 人物作閙聲曰[illegible] [illegible]

吳下方言自馮修府志外續得如干條彙錄如下霧曰迷路 [illegible]

[illegible] 疾風曰風暴 [illegible] 當時曰登

時 [illegible] 清晨曰侵早 [illegible]

[illegible] 午後曰下晝 [illegible] 十五日曰月半 [illegible]

[illegible] 事隔已久曰長遠 [illegible] 物之舊者曰古老 [illegible]

土阜曰高墩 [illegible]

[illegible] 田陌曰[illegible]岸 [illegible]

[illegible] 村居曰莊子 [illegible] 河埠曰馬

頭 [illegible] 灰塵曰蓬塵 [illegible]

[illegible] 物之真實者

曰道地 [illegible] 事之困難者曰[illegible] [illegible]

[illegible] 入冬河膠曰連底凍 [illegible] 庭心

曰天井 [illegible]

[illegible] 竹籬曰[illegible]籬 [illegible] 窗突曰烟囪 [illegible] 碎

瓦曰瓦[illegible] [illegible] 私畜財物曰私房 [illegible]

[illegible] 言人失意謂之倒[illegible] [illegible] 語女曰[illegible] [illegible]

謂女壻曰補代 [illegible] 言人應得罪愆曰自作自受

[illegible] 當面羞人曰剝面皮 [illegible] 言人不務正業曰流宕 [illegible] 事已誤而不服輸曰

錯到底 [illegible] 高自位置曰作[illegible]假 [illegible] 言人不明是非曰無皂白 [illegible]

吳縣志 卷五十二下 風俗二 六

[illegible] 事之勞苦者曰[illegible]力 [illegible]

[illegible] 事之安適者曰安耽 [illegible]

[illegible] 作事敏捷曰[illegible]脫 [illegible]

[illegible] 規避曰躲閃 [illegible] 絮煩曰[illegible]叨 [illegible]

[illegible] 詬誶聲曰[illegible] [illegible]

[illegible] 嘈雜聲曰嘈[illegible] [illegible] 然其言不然

其言皆曰欸 [illegible]

[illegible] 凡發語之辭曰阿 [illegible] 謂事物

果實之類其助字曰子 [illegible]

[illegible] 或曰頭 [illegible]

[illegible] 謂甚麼曰舍 [illegible]

[illegible] 待曰等 [illegible] 太曰忒 [illegible]

鄉曰享 [illegible] 汝曰[illegible] [illegible] 恩曰[illegible] [illegible]

[illegible] 增益曰[illegible] [illegible] 捧物曰[illegible] [illegible] 醉酒曰[illegible]

[illegible] 淅米曰洮 [illegible] 以肩舉物曰扛 [illegible] 以手去汁曰[illegible] [illegible]

以指取物曰[illegible] [illegible] 以身度物曰[illegible]

[illegible] 一十五之一謂若束 [illegible] 二十并寫之廿讀爲念 [illegible]

[illegible] 此皆吳俗方言三縣舊志所未載者也 [illegible]

湯文正公撫吳告諭曰爲政莫先於正人心正人心莫先於正學術朝廷崇儒重道文治修

明表章經術罷黜邪說斯道如日中天獨江蘇坊賈惟知射利專結一種無品無學希圖

苟得之徒編纂小說傳奇宣淫誨詐備極褻汚人耳目繡像鏤板極巧窮工游佚無行

注：图版采自《中国地方志集成·江苏府县志辑 11》，江苏古籍出版社 1991 年版，第 856—858 页。

（二）乾隆《长洲县志》

长洲县是历史上苏州地区的一个县。武周万岁通天元年（696），武则天析吴县东部分置长洲县，两县同城而治，同属于苏州管辖。清宣统三年（1911），民国临时政府裁苏州府及长洲、元和、吴县三县。

乾隆十八年（1753），李光祚修，顾诒禄纂《长洲县志》，卷十一录少量方言内容，大体系在乾隆本《苏州府志》所录方言内容的基础上删减而成。全文转录如下：

五方音各不同，里语方言，绝然各异。《世说》："刘真常见王丞相……既出，人问：'见王公云何。'答曰：'未见他异，惟闻作吴语耳。'"然著书作文，古人亦有用土音者。《公羊》多齐言，《淮南》多楚语。今录吴下方言，备审音者察焉。如相谓曰"侬"。自称"我侬"，称人"你侬""渠侬"，隔户问人云"谁侬"。《湘山野录》记钱武肃王歌云："你辈见侬的欢喜，在我侬心子里。"谓不慧曰"呆"。音如佁。《唐韵》小呆大痴，不解事者。谓嬉戏曰"薄相"。薄音勃。谓不任事曰"缩朒"。《汉书·五行志》："王侯缩朒。"谓佣工曰"客作"。《汉书·匡衡传》："乃与客作而不求价。"谓贪纵曰"放手"。《后汉书》："残吏放手。"谓绣帨之蕊曰"苏头"。晋挚虞云："流苏者，缉鸟尾，垂之若流然，以其蕊下垂，故曰苏。"谓葺理整齐曰"修妮"①。妮音捉。《唐书》："修妮部伍。"谓责人而姑警之曰"受记"。警谕以俟其悛改也。责人曰"数说"。如汉高之数项羽。谓语不明曰"含胡"。《唐书·颜杲卿传》："含胡而绝"。谓指镮曰"手记"。《诗》郑笺："后妃群妾以礼御于君所，女史书其日月，授之以镮。当御者著于左手，既御者著于右手。"今俗亦称戒指。谓以鹾腌物曰"盐"。去声。《内则》："屑姜与桂以洒诸上而盐之。"谓搬运曰"掜"。力屑切，《南

① 各志均为"妮"。

史》："何远为武昌太守，以钱买井水，不受钱者，摙水还之。"谓虹曰"鲎"。鲎，许候切。谓不倜傥为"眠娗"。《列子》："眠娗諈诿。"注：眠，莫典切；娗，徒典切。瑟缩不正之貌。谓凑合无罅隙曰"脗缝"。脗，美韵切，合唇也。缝，去声，唇合无间。谓甓曰"瓴砖"。《尔雅》："瓴甋谓之甓"。注：瓴砖也。谓苇席曰"芦蓆"。宋琅邪王敬彻遗命以一芦蓆藉下。谓众多曰"多许"。许字音若黑可切，谓所在亦曰场许。语尾每曰"那"。那，乃贺切。《后汉书》："公是韩伯休那?"谓死曰"过世"。《晋书·秦苻登传》："陛下虽过世为神。"嘲笑人曰"阿儋儋"。亦招呼声。《辍耕录》："大家齐唱阿儋儋"。窥曰"张"。看曰"望"。不齐曰"参差"。参音搀，差音义。七参八差是也。事已了、将了皆曰"哉"。《左传》："诺哉""与君王哉"。走曰"奔"。睡声曰"惛涂"。北人曰打呼，惛涂疑即呼字反切。孔曰"窟笼"。团曰"突栾"。谓冷热适中曰"温暾"。唐王建诗："新晴草色煖温暾。"发黏曰"膱"。音织。《考工记·弓人》疏。羞曰"钝"。扶曰"当"去声。按曰"钦"去声。转曰"跛"。浮曰"氽"。流曰"倘"。盖曰"匽"。捧曰"掇"。藏避曰"伴"。藏物曰"园"。稠密曰①"猛"。布帛薄者曰"浇"。门之关曰"闩"。美恶兼曰"暖"。见陵于人曰"欺负"。非常事曰"诧异"。喜事曰"利市"。忧事曰"钝事"。物完全曰"囫囵"。揖曰"唱喏"。阶级曰"僵礤"。所居曰"窠坐"。托盘曰"反供"。此处曰"间边"。彼处曰"个边"。谓人不能曰"无张主"。不便利曰"笨"，亦曰"不即溜"。自夸大曰"卖弄"。事之相值曰"偶凑"。六畜总曰"众作平声生"。数钱五文曰"一花"。觅利曰"赚钱"。锄地曰"倒地"。首饰曰"头面"。鞋袜曰"脚手"。器用曰"家生"，亦曰"家伙"。

① "曰"后衍一"曰"字，今删。

月覯儺於市初一日扮男女竈王向人家跳舞乞錢至二十四日止八日以菜果入米
爲粥曰臘八粥二十四日拂屋塵祀竈是夕爆竹范志記引范成大爆
竹行直是火燒竹耳今之所謂爆竹者非是物也以硝黃等類火藥數層用紙數十層名曰炮狀極小如豆極大至尺許
有一聲雙聲至數十聲者聲多者名霸王鞭又名子孫炮狀迎娶者用之各燃火爐於門外焰高
者喜謂之粆盆今謂之松盆田家燒長炬名照田蠶除夜復
爆竹焚蒼朮及辟瘟丹飲守歲酒夜分祀瘟今祀井祀門有之祀瘟則無
易門神更春帖接新歲竈神封井泉插松柏芝麻秸於簷端
畫石灰於道象弓矢以射祟今亦有畫米圖飛錢之類於室中一歲風俗大
抵如此
五方音各不同里語方言絶然各異世說劉眞常見王丞相既

長洲縣志　卷之十一　風俗　九

出人問見王公云何荅曰未見他異惟聞作吳語耳然著書
作文古人亦有用土音者公羊多齊言淮南多楚語今錄吳
下方言備審音者察焉如相謂曰儂自稱我儂稱人你儂渠儂稱戶問人云誰儂湘
山野錄記錢武肅王歌云你輩見儂的歡喜在我儂心子裏謂不慧曰獃唐韻小獃大謂癡不解事者
嬉戲曰薄相薄音勃謂不任事曰縮朒漢書五行志王侯縮朒罵傭丁曰
客作漢書匡衡傳乃與客作而不求價謂貪縱曰放手後漢書殘吏放手謂繡帨之
蕊曰蘇頭晉摯虞云流蘇者緝鳥尾垂之若流然以其蕊下垂故曰蘇謂葺理整齊曰修
娖娖音捉唐書修娖部伍謂責人而姑警之曰受記警諭以俟其後改也責人曰
數說如漢高之數項羽謂語不明曰含胡唐書顏杲卿傳含胡而絶謂指鐶曰手
記詩鄭箋后妃羣妾以禮御於君所女史書其日月授之以環當御者著於左手既御者著於右手今俗亦稱戒指

謂以鹺醃物曰鹽去聲內則屑桂與薑以酒諸上而鹽之謂搬運曰揵力屑切南史何
遠爲武昌太守以錢買井水不受錢者擲水還之謂虹曰鱟許候切謂不倜儻爲眠娗
列子眠娗諈諉注眠莫典切娗徒典切瑟縮不正之貌謂湊合無罅隙曰膠縫膠美韻切合脣
也縫去聲脟合無間謂甈曰甗甗爾雅甗謂之甈注甗甗也謂葦席曰蘆蓆宋瑯琊王
敬微遺命以一蘆蓆藉下謂衆多曰多許許字音若黒可切謂所在亦曰場許語尾每曰那
那乃賀切後漢書公是韓伯休那謂死曰過世晉書蔡荇登傳陛下離過世爲神嘲笑人曰
阿𠯗𠯗招呼聲輟耕錄大家齊唱阿𠯗𠯗窺曰張看曰望不齊曰參差參音攙差
音义七參八差是也事已了將了皆曰哉左傳諾哉與君王哉走曰奔睡聲曰惛
塗北人曰打呼惛塗疑卽呼字反切孔曰窟籠團曰突欒冷暖適中曰溫暾
唐王建詩新晴草色暖溫暾髮粘曰䵒音織考工記弓人䵒差曰鈍扶曰當去聲按曰

長洲縣志　卷之十一　風俗　十

欽去聲轉曰跋浮曰氽流曰倘藏曰匧捺曰掇藏避曰伴藏物
曰囥稠密曰猛布帛薄者曰澆門之關曰閂美惡雜曰暖
見陵於人曰欺負非常事曰咤異喜事曰利市憂事曰鈍事
物完全曰囫圇揖曰唱喏階級曰㾓𥕢所居曰窠坐托盤曰
反供此處曰間邊彼處曰箇邊謂人不能曰無張主不便利
曰笨亦曰不卽溜自誇大曰賣弄事之相值曰偶湊六畜總
曰衆平聲生數錢五文曰一花兒利曰賺錢鋤地曰倒地首飾
曰頭面鞋襪曰腳手器用曰家生亦曰家伙
按風俗志志其槩耳古今時勢異風俗亦不異而自異昔之
言吳俗者云習尚奢華吉凶儀典多彌文又曰其民多勁悍

注：图版采自《中国地方志集成·江苏府县志辑 13》，江苏古籍出版社 1991 年版，第 97 页。

（三）乾隆《元和县志》

清雍正二年（1724）分长洲县南境置元和县，与吴县、长洲县同治苏州府城内（今苏州市旧城区）。民国元年（1912）并入吴县。

乾隆二十六年（1761），许治修，沈德潜、顾诒禄纂《元和县志》，采乾隆本《苏州府志》，合者存之，不合者去之。今录其卷十所收方言全文如下：

> 郡志有方言一段，其中有不合于今者去之，合者存之。如相谓曰“侬”。如你侬、我侬也。谓不慧曰“呆”。范成大有《卖痴呆诗》。问为何如曰“宁馨”。晋山涛谓王衍：“何物老妪生此宁馨儿!”谓嬉戏曰“薄相”。薄音勃。谓不任事曰“缩朒①”。《汉书·五行志》：“王侯缩朒。”骂佣工曰“客作”。《汉书·匡衡传》：“衡乃与客作而不求价。”谓绦脱②之蕊为“苏头”。挚虞云：“流苏者，缉鸟尾，重③之若流然，以其蕊下垂，故曰苏。”谓葺理整齐曰“修娖”。音捉。唐中和二年，修娖步④伍。谓责人而姑警之曰“受记”。警谕以俟其悛改也。责人曰“数说”。如汉高之数项羽，范雎之数须贾。数其罪而责之。指镮曰“手记”。郑康成《诗笺》云：“后妃群妾以礼御于君所，女史书其日月，授之以镮，当御者著于左手，既御者著于右手。”谓虹曰“鲎”。许候切。嘲笑人曰“阿噡噡”。谓冷煖适中曰“温暾”。王建诗：“新晴草色暖温暾。”发黏曰“脂”。音织。《考工记》“凡昵之类”注。物之不齐曰“参差”。参音搀，差音义⑤。七参八差是也。谓多聚曰“多许”。许字音若黑可切。语后每曰“那”。《后汉书》：“公是韩伯休那?”亦曰“哉”。《左传》：“诺哉”“与君王哉”。

① “朒”字误，正作“朒”。下同。
② “脱”字误，正作“帨”。
③ “重”字误，正作“垂”。
④ “步”字误，正作“部”。
⑤ “义”字疑为“叉”字之讹。

飲黃花酒作駱駝蹄食之（今以糕代名重陽糕）十月朔下元
再謁墓冬至尊長處賀節入臘舂一歲粮藏之蘗
囤呼為冬舂米（今人多用倉廒其米之竹多而好者曰四糙次米冬舂則有七日即
黃者此為下品）十二月觀儺於市（初一日扮男女灶王向人家跳舞乞錢至二十
四日止）八日以菜果入米為粥曰臘八粥二十四日
拂屋塵祀竈是夕爆竹（舊志註引范成大爆竹行直是火燒竹耳今之所謂
炮竹者非是物也以硝黃等類火藥數種一用紙數十層名曰炮杖極小如豆極大至尺許有一聲雙
聲至數十聲者聲多者名霸王鞭又名子孫炮杖迎娶者用之）各燃火爐於門外
焰高者喜謂之粈盆今謂之松盆田家燒長炬名

元和縣志　卷十　風俗　十四

照田蠶除夜復炮竹焚蒼朮及辟瘟丹飲守歲酒
夜分祀瘟（今祀井祀門之祀瘟則無）有易門神更春帖接新歲
灶神封井泉插松柏芝麻稭於簷端画石灰於道
象弓矢以射祟（今亦有画米囤錢之類於室中）飛一歲風俗大抵
如此
郡志有方言一段其中有不合於今者去之合者存
之如相謂曰儂（如你儂我儂也）謂不慧曰獃（范成大有問賣癡獃詩）
為何如曰寧馨（晉山濤謂王衍何物老嫗生此寧馨兒）謂嬉戲曰薄
相（薄音勃）謂不任事曰縮胸（漢五行志王侯縮胸）罵傭工曰客

作（漢匡衡傳衡乃與客作而不求價）謂綠脫之葉為蘇頭（摯虞云流蘇者
緝鳥尾垂之若流然以其藥下垂故曰蘇）謂葺理整齊之曰修娖（唐中和二
年修娖步伍）謂責人而姑警之曰受記（警諭以俟其後改也）責人
曰數說（如漢高之數項羽范雎之數須賈數其罪而責之）指鐶曰手記（鄭康
成詩箋云后妃群妾以禮御於君所女史書其日月授之以銀鐶當御者著於左手既御者著於右手）
謂虹曰鱟（許候切）嘲笑人曰阿癐癐　謂冷煖適中
曰温暾（王建詩新晴草色煖温暾）髮粘曰膩（音暱考工記凡暱之類）謂物之
不齊曰參差（參音攙差音叉七參八差是也）謂多聚曰多許（許字音若
黑可切）語後每曰那（後漢書公是韓伯休那）亦曰泚（左傳諾哉與君王哉）

元和縣志　卷十　風俗　十五

元和縣志卷之十

注：图版采自《中国地方志集成·江苏府县志辑 14》，江苏古籍出版社 1991 年版，第 113—114 页。

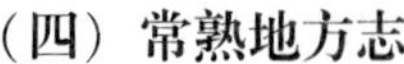

（四）常熟地方志

本小节暂收两种常熟地方志，分别系据万历戊午刊本钞姚宗仪纂《常熟私志》的钞本和康熙二十六年高士鸃、杨振藻修，钱陆灿纂的《常熟县志》刊本。

1.《常熟私志》钞本

万历戊午（1618）刊本钞姚宗仪纂《常熟私志》所录方言内容简单，全文转录如下：

相谓曰“侬”，如隔户问人曰“谁侬”，应曰“我侬”，开户识之曰“却是你侬”。谓不慧曰“呆”。俗作呆。谓虹曰“鲎”。谓嬉戏曰“薄相”。薄音勃。助语词曰“子”、曰“哉”、曰“嗟且”。音嗟。问何人曰“遐个”。遐，何也。呼道袍曰“海青”。呼章为“臧”。呼吴为“红”。呼季为“踞”。呼弹为“团”。呼伞为“筭”。呼王为“巷”平声。则方音也。

而矮不能一寸袜[illegible]欲其濶今欲其狹如一[illegible]然衫襖[illegible]
齊腰今覆足大襟長袖而更敞不減男裝此真變態之極者
竟何所底止矣
方言
相謂曰儂如隔戶問人曰誰儂應曰我儂開戶識之曰却是你
儂謂不慧曰獃俗作呆謂虹曰鱟謂嬉戲曰薄相薄音勃助語詞
曰子曰哉曰嗟且嗟音問何人曰遐箇遐何也呼道袍曰海青呼章為
臧呼吳為紅呼季為踞呼彈為團呼傘為筭呼王為巷平聲
則方音也

注：图版采自［日］波多野太郎编：《中国方志所录方言》第6编，日本横滨市立大学纪要1968年版，第359页。

2. 康熙《常熟县志》

康熙二十六年（1687），高士鸃、杨振藻修，钱陆灿纂《常熟县志》，卷九收录少量方言内容，多来自前代府志和《常熟私志》。

人之囿于方言，非特五方也。同一吴语而郡邑异之，乡城异之，界于他邑之边鄙者，又异之。大抵口与耳相因，则或袭古义，或讹土音，其所由来久矣。如相谓曰侬，谓不慧曰“呆”。俗作呆。谓不任事曰“缩朒”。《汉五行志》：“王侯缩朒。”谓嬉戏曰“薄相”。薄音勃。谓机巧曰“儇利”。乡音讹为“还赖”。谓睡声曰“嗜涂”。北人谓之打呼，吴人则曰打嗜。“嗜涂”二字疑即呼字之反切。谓葺理整齐曰“修娖”。娖音捉。唐中和二年，修娖部伍。谓搬运曰“揰”。力展切，《南史》：“何远为武昌太守，以钱买井①，不受钱者，揰水还之。”今吴语搬汤揰水。谓以鹾腌物曰“盐”。去声。《内则》：“屑姜与桂以洒②诸上而盐之。”谓指镮曰“手记”。郑康成《诗笺》云：“后妃群妾以礼御于君所，女史书其日月，授之以镮。当御者著左，既御者著右。”今俗亦呼曰戒指。谓绦帨之蕊曰“苏头”。晋挚虞云：“流苏者，缉鸟尾，垂之若流然，以其蕊下垂，故曰苏。”谓苇席曰“芦蕟”。谓虹曰“鲎”。鲎，许③候切。嘲笑人曰“阿㕭㕭”。亦招呼也。助语词曰“子”、曰“哉”、曰“且”音嗟、曰“那”。若声之转而为讹者，呼儿曰“倪”、呼章曰“臧”、呼吴曰“红”、呼季曰“踞”、呼归曰“居”、呼王曰“巷”平声、呼弹曰“团”，皆虞邑之方音也。

① “井”后脱一“水”字。
② “洒”，原讹为“酒”，今正。
③ “许”，原讹为“讦”，今正。

方言

人之囿於方言非特五方也同一吳語而郡邑異之鄉城異之界於他邑之邊鄙者又異之大抵口與耳相因則或襲古義或譌土音其所由來久矣如相謂曰儂 謂不慧曰獃（俗作呆） 謂不任事曰縮朒（漢五行志王侯縮朒） 謂嬉戲曰薄相（薄音勃） 謂機巧曰儇利（鄉音譌為還頓） 謂睡聲曰唔塗（北人謂之打呼吳人則曰打唔 唔塗二字疑即呼字之反切） 謂葬理整齊曰

常熟縣志 卷之九 風俗

修娖（娖音捉唐中和二年修娖部伍） 謂搬運曰揵（力展切南史何遠為武昌太守以錢買井不受錢者揵水還之今吳語搬湯揵水） 謂以醝䤁物曰鹽（去聲內則屑薑與桂以酒諸上而鹽之） 謂指鐶曰手記（鄭康成詩箋云后妃羣妾以禮御于君所女史書其日月授之以鐶當御者著左既御者著右今俗亦呼曰戒指） 為繸帨之䌺曰蘇頭（華廣云流蘇者緝鳥尾垂之若流然以其彙下垂故曰蘇） 謂䗖蝀曰鱟 謂虹曰鱟（音許候切） 嘲笑人曰阿噲噲（亦招呼也） 助語詞曰子曰哉曰且（音嗟） 曰那若聲之轉而為訛者呼兒曰倪呼章曰臧呼吳曰紅呼季曰踞呼歸曰居呼王曰巷（平聲）呼彈曰團皆虞邑之方音也

注：图版采自《中国地方志集成 · 江苏府县志辑 21》，江苏古籍出版社 1991 年版，第 170 页。

（五）常昭两县合志

清雍正二年（1724），由于苏州府常熟县人口、赋税繁多，分出其东部设立昭文县，两县共用一个县城（江苏常熟市虞山镇）。民国元年（1912）撤废昭文县，并入常熟县。

波多野太郎编《中国方志所录方言》（第 6 编）收录三种常熟、昭文县合志。今全文转录之。

1. 光绪《常昭合志》

光绪二十四年（1898），由王锦、杨继熊修，言如泗纂的《常昭合志》刊刻，其卷一方言部分内容，全文转录自康熙本《常熟县志》。

人之囿于方言，非特五方也。同一吴语而郡邑异之，乡城异之，界于他邑之边鄙者，又异之。大抵口与耳相因则，或袭古义，或讹土音，其所由来久矣。如相谓曰“侬”。谓不慧曰“呆”。俗作呆。谓不任事曰“缩朒”。《汉书·五行志》：“王侯缩朒。”谓嬉戏曰“薄相”。薄音勃。谓机巧曰“儇利”。乡音讹为还赖。谓睡声曰“嚰涂”。北人谓之打呼，吴人则曰打嚰。“嚰涂”二字，疑即呼字反切。谓葺理整齐曰“修娖”。娖音捉。《唐书》：“中和二年，修娖部伍。”谓搬运曰“摙”。力展切。《南史》：“何远为武昌太守，以钱买井①，不受钱者摙水还之。”今吴语搬汤摙水。谓以鹾腌物曰“盐”。去声。《内则》：“屑姜与桂以洒诸上而盐之。”谓指镮曰“手记”。郑康成《诗笺》云：“后妃群妾以礼御于君所，女史书其日月，授之以镮，当御者著左，既御者著右。”今俗亦呼曰戒指。为绦帨之蕊曰“苏头”。挚虞云：“流苏者，缉鸟尾，垂之若流然，以其蕊下垂，故曰苏。”谓苇席曰“芦蔽”。谓虹曰“鲎”。音许候切。嘲笑人曰“阿儋儋”。亦招呼也。助语词曰“子”、曰“哉”、曰“且”音嗟、曰“那”。若声之转而为讹者，呼儿曰“倪”、呼章曰“臧”、呼吴曰“红”、呼季曰“踞”、呼归曰“居”、呼王曰“巷”平声、呼弹曰“团”，皆虞邑之方音也。

2. 光绪《常昭合志稿》卷六

郑钟祥、张瀛修，庞鸿文纂的《常昭合志稿》是清代所修最后一部县志。该志于光绪三十年（1904）木活字排印出版。该志相较《常昭合志》，卷六所收方言内容大幅增加。今转录全文如下：

邑方言多用古义而转其音。如谓游嬉曰“婆娑”，《诗》：“市也婆娑。”呼为“白相”。与媻姗、勃窣诸音同，为婆娑之转音。白相与勃窣音尤相近。《晋书》：张凭勃窣理窟。谓不解事曰“笼东”，《北史》：“笼东军

① “井”后脱一“水”字。

除夕焚神祭家祠貼桃符更春帖畫灰象弓矢射祟象囷囤祈
年焚辟瘟丹飲守歲酒爆竹聲徹曉不絕
方言 附
人之囿於方言非特五方也同一吳語而郡邑異之鄉城異之
界於他邑之邊鄙者又異之大抵口與耳相因則或變古義
或譌土音其所由來久矣如相謂曰儂謂不慧曰獃呆俗作謂
不任事曰縮朒漢五行志王狹縮朒謂嬉戲曰薄相薄音勃謂機巧曰僆
利[illegible]謂睡聲曰[illegible][illegible]謂
[illegible]曰修娖[illegible]謂搬運曰[illegible]
[illegible]謂[illegible]物曰[illegible]
[illegible]之謂指鐶曰手記鄭康成詩箋云后妃羣妾以禮御於君所女史書其日月授之以環當御者著左既御者著右
今俗亦呼曰戒指爲[illegible]之[illegible]曰蘇頭摯虞云流蘇者緝鳥尾垂之若流然
以其垂下故曰蘇謂[illegible]曰[illegible]謂虹曰鱟音許候切嘲笑人曰阿嗋嗋
亦招呼也助語詞曰子曰哉曰耳音壁曰那若聲之轉而爲訛者呼
兒曰倪呼章曰滅呼吳曰紅呼季曰踞呼歸曰居呼王曰巷
本聲呼彌曰圜皆虞邑之方音也

注：图版采自［日］波多野太郎编：《中国方志所录方言》第6编，日本横滨市立大学纪要1968年版，第39—40页。

士”。呼为“落沰”。沰，《集韵》当各切。谓心中不了了曰“糊涂”，《宋史》：“吕端小事糊涂。”呼为“惑突”。诸如此类，皆双声转也。又“宁馨”二字为六朝人常语，吾邑转“宁”为“能”，狞奴，谩骂。宁、奴为双声，奴、能亦双声，可证宁、能亦双声之转也。转馨为梗。叠韵转也。如“何物老妪生①宁馨儿？”土语若云“啥等样婆娘养能梗个倪子”是也。“冷如鬼手馨”，土语若云“像鬼手梗冷”是也。馨亦或转呼如哼。那哼即那馨也。又“许”字，亦南朝常语，乡音则读同“浒”，音近虾字之上声。

有二字合为一字音者，如“弗曾”音如分、“弗要”弗要切音，无此字，皆并二字为一音。又传授为“冑”，什么为“啥”音近奢，奈何为“那”音近奶之类，皆是也。又有一字分为二字者，如谓孔为

① “老妪生”，原误倒为“老生妪”，今正。

"窟笼"，窟笼即孔字切音。团为"突栾"突栾，即团字切音。之类，皆是也。又二字合为一音，轻重呼之仍为二字者，如谓蛮横音如"牤盲"，蛮横切哆口呼之音如牤、敛口呼之音如盲之类，是也。

邑人言语，多按字义，不相混淆，兹就手部之字考之。谓舁物曰"扛"。《说文》："横关对举也。"高举物曰"掀"。音轩。《左传》："乃掀公以出于淖。"或亦呼如欣、如亨。拘执人物曰"捉"。杜甫诗："村吏夜捉人。"邑人取染物亦曰捉。牵引人曰"拉"。本庐合切，今读平声。《正韵》："谚言：邀人同行曰拉。"以箕帚扫物曰"扱"。《礼记》："以箕自向而扱之。"本读如吸，邑人则读如。《唐韵》："音楚洽切，云扱拉圾。"去尘曰"拂"。《礼记》："进几杖者拂之。"以巾拭物曰"揩"。梅尧臣诗："尘埃镜已揩。"重揩曰"擦"。《字汇》："摩之急也。"擦卧席曰"抳"。《集韵》："研也。"使物向外曰"推"，向里曰"扳"。《孟子》："推而纳之沟中。"《公羊传》："扳隐而立之。"方言推、扳二字相对，如行船者云推艄、扳艄是也；亦为活动之词，如购物论价曰"要推扳些"。以肩承物曰"揵"。《通雅》："《汉书》'矫虔吏'，即挢揵。赵氏曰：'吴言以身肩物曰揵，借相讦告亦曰揵。'《集韵》：渠言切，音健平声。今俗别造为掮字。以手握物为"搦"。《广韵》："捉搦也。"提物曰"拎"。《玉篇》："手悬捻物也。"转物曰"捩"。王安石诗："东西捩舵万舟回。"散物曰"撒"。《集韵》："散之也。"历取物曰"捋"。《诗》："薄言捋之。"两手揉物曰"搓"。苏轼诗："手香新喜绿橙搓。"以手称物轻重曰"掂"。即战敠之战俗字。指择物曰"拣"。《三国志·袁绍传》："九所拣择。"指挤物曰"捘"。《左传》："涉佗捘卫侯之手。"两指轻取物曰"拈"。周邦彦词："针线慵拈午梦长。"重取曰"捻"。《青琐高议》："牡丹名一捻红。"三指取物曰"撮"。《礼记》："一撮土之多。"俗谓买药为撮药。摘花曰"采"。陶潜诗："采菊东篱下。"折花曰"拗"。《增韵》："折也。"举碗曰"摙"。力展切。《南史·何远传》："摙水还之。"两手举器曰"掇"。凡可掇之器即名为掇，如锡掇、瓷掇之类是也。或转为平声，则音近端。傅粉曰“搽”。即涂抹之涂俗字，邑人直读如“茶”。强取曰“抢”。《韵会》：“争取也。”强与曰“挜”。《字汇》：“强以物与人也。”以掌索物曰“摸”。《集韵》：“摸，索也，扪也。”宛转抚之曰“摩”。《易》：“刚柔相摩。”重摩之曰“挼”。奴禾切。如沐谓之挼头。向下抚之曰“按”。《史记》：“按剑历阶而上。”注：“抚也。”重按之曰“揿”。《集韵》：按也，钦去声。掌击物曰“拍”。郭璞诗：“右拍淇厓肩。”手捉物曰“搲”。《类篇》：“吴俗谓手持物曰搲”。音蛙。指甲取物曰“掐”。《玉篇》：“爪按曰掐。”爬物曰“搔”。《礼记》：“敬抑搔之。”以指勾物曰“挖”。音如《孟子》“揠苗”之揠。以器挖物曰“掘”。《孟子》：“掘井。”以器掘物曰“撬”。牵幺切。水中取物曰“捞”。去草曰“拔”。《易》：“拔茅茹。”拔毛曰“挦”。《集韵》：徐廉切。言各有当，未易悉举。惟北人恒言，如扔、挏、拴、捽诸字，则罕闻其音。又如目部字，北人用瞧、看二字，吾邑不用瞧字，而于寻人觅物别曰“睃”音“梭”；看视产妇别曰“瞟”；若五月十三日雨，俗谓曰“龙瞟娘”，亦此义也。

凡于事物用形容之词，皆以双声辗转分别之，其源盖出于秦汉间词赋家。譬如“零星”二字，其义为琐碎，而方言谓毛羽之散者曰“襤褷”，布帛之敝者曰“络索”，米谷之碎者曰“粒屑”，尘土之杂者曰“垃圾”，风之尖者曰“料峭”，雨之细者曰“廉纤”，言语之烦者曰“噜嗦”，意兴之散者曰“阑珊”，丝线之垂须者曰“流苏”，亦曰苏头。帷幕之重叠者曰“罦罳”，竹笼之细密者曰“笭箵”。虽取意各殊，其为义则一，皆“零星”二字双声之转也。诸如此类，别用二字，双声转相形容之语，不可胜数。

凡语意当加“甚”字者，率用“蛮”字或“奇”字。如谓甚好为“蛮好”或“奇好”，犹苏州人谓之“怪好”，常州人谓之“恶好”也。谓走曰“跑”，犹苏州人曰“奔”，昆山人曰“跌”，吴江人曰“跳”也。

谓日曰“太阳”，亦曰“日头”；月曰“亮月”；谓露曰“露水”；呼虹曰“鲎”，呼候切。亦曰“蜂”；音绛。雹曰“冰牌”；谓电曰“霍闪”。音如显。

邑人读书，于平声、入声字均极准确，惟上声字间有因曳长其音，与去声相类者。至俗语字音，亦或偶与北人相似，如蛋黄之黄呼如荒，滴水之滴呼如帝之类是也。又钟几记，记字实亦击字之北音。近人每谓几句钟，因嘉兴人读句如记，故借用之耳。

吾邑乡音，非特与郡城异，即东西乡亦多不同。如船、传等字，东乡人读之似与支韵之追、随等音相叶，西乡人读之，似与元韵之圜、垣等音相叶。此类不能遍举。又五渠人读门如瞒，读魂如垣，与元韵之字多叶。至读渠如球、读拘如纠，则虞、尤韵本通，合于古音也。又邑人姓氏，称季作踞，是西乡人沿江阴土音；称吴为红，是南乡人沿苏州土音；苏人读吴音从鼻出。称王作芒平声，是东乡人沿太仓土音；城市中与彼乡人语，不得不改而从之。旧志谓是吾邑方言，非也。至呼归如居，呼龟如车鱼韵，呼鬼如举，呼物价贵贱之贵如踞，则诚土音耳。

有二字合爲一字音者如𠒷音音如分𠒷要𠒷要切音無此字皆并二字爲一音又傳授爲曹什麼爲啥音近奢奈何爲那音近奶之類皆是也又有一字分爲二字者如謂孔爲窟竉窟竉切孔字切音圈爲夾欒夾欒即圈字切音之類皆是也又二字合爲一音輕重呼之仍爲二字者如蘭蠻橫音如牤盲蠻橫切哆口呼之音如牤𣢾口呼之音如盲之類是也

邑人言語多按字義不相渾淆茲就手部之字考之謂舁物曰扛說文橫關對舉也兩舉物曰掀音軒左傳乃掀公以出於淖或亦呼軒如亨拘𢭏人物曰捉杜詩村吏夜捉人邑人取染物亦曰捉牽引人曰拉本盧合切今讀平聲正韻謂言邀人同行曰拉以箕帚埽物曰扱禮記以箕自向而扱之本讀如吸邑人則讀如楷音楚洽切云扱垃圾去

常昭合志稿 卷六 方言 廿

塵曰拂禮記進几杖者拂之以巾拭物曰揩梅堯臣詩塵埃鏡已揩重揩曰擦字彙塵之垂也搽卧席曰扼集韻研也使物向外曰推向裏曰扳孟子推而納之溝中公羊傳扳隱而立之方言推扳二字相對如行船者云推艄扳艄是也亦爲活動之詞如噂物論價曰要推扳些以肩承物曰𢭏舉今俗別造爲摃字以手握物曰搦廣韻捉搦也提物曰拎玉篇手懸𢭏物也曰振王安石詩東西振散物曰撒集韻散之也歷取物曰捋詩薄言捋之兩手揉物曰搓蘇軾詩手香新喜橘橙搓以手稱物輕重曰掂即掂字指撚物曰捒三國志注傳撚所捒撮捐撍物曰撿左傳衛侯撿之手兩指輕取物曰拈馬祖拈午夢長重取曰捻丹名一捻紅三指取物曰撮禮記一撮土之多摘花曰採陶潛詩採菊東籬下折花曰拗折也

舉碗曰捷附史何遠傳發水捷之兩手舉器曰掇凡可掇之器皆名爲掇如爆掇兼掇之類是也或稱爲平聲則音近端傳粉曰搽即塗抹之塗俗字邑人直讀如茶亦取曰搶韻會爭取也強與曰捝字彙强以物與人也以掌索物曰摸集韻摸索也捫也摩撫之曰撋易剛柔相摩重摩之曰捼奴禾切如沐潤之捼頭向下撫之曰按史記按劍而前上注過也重按之曰揿集韻持也欽去聲擊物曰拍詩拍拱類篇吳俗謂手匿物手捉物曰擦持物日搲音蛙指中取物曰掐玉篇爪掐日掐爬物曰搔說文撼也抑搔之以指勾物曰挖音如孟子揠苗之揠以器挖物曰掘孟子掘井以器撈物曰攪水中取物曰撈去草曰拔拔毛曰搏集韻徐切言各有當未易悉舉惟北人恒言如扔搁拴摔諸字則罕聞其音又如目部字北人用瞧看二字吾邑不用

常昭合志稿 卷六 方言 廿一

瞧字而於尋人覓物則曰睃音梭看視產婦則曰瞟若五月十三日雨俗謂曰龍曬暖亦此義也

凡於事物用形容之詞皆以雙聲疊韻分別之其源蓋出於秦漢間詞賦家如峥嵘二字其義爲瑣碎而方言則毛羽之散者曰毿毿布帛之敝者曰絡索米穀之碎者曰粒屑塵土之雜者曰垃圾風之尖者曰料峭雨之細者曰廉纖言語之煩者曰嚕囌意興之散者曰闌珊絲縷之垂纇者曰流蘇亦曰帷幔之重疊者曰聚簇竹籬之細密者曰答答雖取意各殊其發聲則一皆合二字雙聲之轉也諸如此類別用二字雙聲疊韻相形容之語不可勝數

凡語急當加甚字者率用𤈦字或𢈈字如謂甚好爲𤈦好或𢈈好猶蘇州人謂之恠好常州人謂之惡好也謂走曰跑猶蘇州人曰奔崑山人曰跌吳江人曰跳也謂日曰太陽亦曰日頭謂月曰亮月謂露曰露水呼虹曰鱟呼候切亦曰𧍧音絳呼雹曰冰牌謂電曰霍閃音如攝邑人讀書於平聲入聲字均極準惟上聲字間有因曳長其音與去聲相類者至俗語字音亦或偶與北人相似如蛋黃之黃呼如荒滴水之滴呼如帝之類是也又饑饉記記字實亦聲字之北音近人每謂讀句讀同音入讀句如讀借用之耳吾邑鄉音非特與郡城異即東西鄉亦多不同如船傳等字東

常昭合志稿　卷六　方言

鄉人讀之似與支韻之追隨等音相叶西鄉人讀之似與元韻之團圓等音相叶此類不能偏舉又五渠人讀門如瞞讀魂如團與元韻之字多叶至讀渠如毬讀拘如糾則虞尤韻本通合於古音也又邑人姓氏稱季作踞是西鄉人沿江陰土音稱吳作紅是南鄉人沿蘇州土音蘇人讀吳音從鼻出稱王作茫平聲是東鄉人沿太倉土音城市中與彼鄉人語不得不改而從之舊志謂是吾邑方言非也至呼蹄如居呼龜如車俱魚韻呼鬼如舉呼物價貴賤之貴如踞則純土音耳

注：图版采自《中国地方志集成·江苏府县志辑 22》，江苏古籍出版社 1991 年版，第 69—70 页。

3. 民国《重修常昭合志》

民国本《重修常昭合志》由张镜寰修，丁祖荫、徐兆玮纂，历时三十多年，于 1949 年修成。常熟市地方志编纂委员会办公室于 2002 年点校《重修常昭合志》，由上海社会科学院出版社出版。① 今据卷十四其书录其全文如下：

方言，郡邑有异、乡城有异、界于他邑边鄙又有异。或袭古义，或讹土音，其所由来久矣。如谓人不慧曰“呆”。《唐韵》：小呆大痴，不解事者。不任事曰“缩朒”。《汉书·五行志》：“王侯缩朒。”人无用曰“不中用”。《史记·秦始皇本纪》：“吾前收天下书，不中用者尽去之。”人愚

① 常熟市地方志编纂委员会办公室标校：《重修常昭合志》，上海社会科学院出版社 2002 年版，第 496—500 页。

昧曰“不知鼎董”。《尔雅》：“薡鼎董”。不便利曰“笨”，亦曰“不即溜”。不能干曰“无主张”。语不明了曰“含胡”。《唐书·颜杲卿传》：“含胡而绝。”自夸大曰“卖弄”。习气曰“毛病”。黄山谷《刀笔》云：“此荆南人毛病。”泼悍凶恶曰“泼赖”。《余冬序录》：“云南夷俗，牒言诬陷人曰毕赖之事。”今人犹有泼赖之语。缠扰不已曰“嬲”。音如袅去声。嵇叔夜书“嬲之不已”。戏弄曰“打顨”。吕氏《童蒙训》引《诗话总龟》：顨即诨，今打顨是也。《唐书·元结传》：“谐臣顨官，怡愉天颜。”称量人曰掇敠。《庄子·捶钩者》注：“玷，捶钩之轻重。”玷音点，捶音朵。澹园曰：以手称量物之轻重曰“掇敠”。焦音颠掇。憎人不交接曰“不睬”。《北齐书》：“后不睬轻霄。”问辞曰“能读若搽亨”。见《癸辛杂识》。《世说新语》：“真长见王导曰：‘何，乃淘。’”淘当作亨康切。吴人意以为何如则曰“那行”。行，亦音亨康切。乃淘犹云那行也。《老学庵笔记》曰：“阁门促人曰那行。”馈人曰“作”。读若做人情。杜甫诗：“粔妆作人情。”诱人为恶曰攛平声掇。见《韵会小补》。诈骗曰“黄六”。黄巢行六而多诈，故诈骗人者曰黄六。见《艺林汇考·疑耀》曰：“今京师勾栏中，诨以绐人者曰黄六。”欣羡曰“眼热”。鄙吝曰“小气”。礼貌曰“客气”。羞愧曰“摊充”。去声。忍耐曰“熬”。持重曰“把稳”。《晋书》载记：后秦诸将谓姚苌曰：不令苻登至，陛下将牢太过耳。将牢犹俗言把稳也。慎密曰“子细”。《北史·源思礼传》：“为政当举大纲，何必太子细也。”杜甫诗：“野桥分子细。”料事曰“打算”。暗中营求曰“钻”。约而不践曰“赖”。《晋语》：“已赖其地而又爱其宝。”闻言不省曰“耳边风”。杜荀鹤诗：“万般无染耳边风。”心厌动作曰“不耐烦”。《宋书·庾炳之传》：“为人强急而不耐烦。”争讼曰“打官司”。补不足曰“找”。更换财物曰“嬥音窕换”。正事曰“正经”。见《桓谭新论》篇目。事之繁杂累坠曰“磥堆”。《说文长笺》：“焞，磊焞，重聚也，丁罪切，今吴方言有之。凡事物烦积而无条理曰‘磊焞’。”今方语皆作累堆。事不恰好曰“尴尬”。《说文》：“尴尬，不正也。”

尴，古咸切；尬，古拜切。段注云：“苏州俗语谓事乖刺者曰尴尬。”非常事曰“诧异”。喜事曰“利市”。忧事曰“钝事”。事之相值曰“凑巧”。共事曰“火”。《唐书·兵志》：“十人为火。”铺设曰“铺排”。《方言》：“东齐曰铺颁，犹秦晋言抖薮也。”今谓治办、铺设亦有铺扮、铺排之语。纵逸曰“放手”。《后汉书》：“残吏放手。”扶持曰“抬举”。白居易诗：“亭亭自抬举”。藏避曰“畔”。侦视曰“张”，看曰“望”，亦曰“瞟”。寻觅曰“梭”。呼痛曰“安伟”。《北史·儒林传》：“道晖徐呼：‘安伟’‘安伟’。”睡声曰“唽涂”。北人曰打呼，唽涂，疑即呼字反切。懔惧曰“寒毛卓卓竖”。《晋书·夏统传》：“不觉寒毛尽戴。”物曰“物事”，《隋书·张衡传》：“我为人作何物事。”亦曰牢曹，又曰东西。《齐书·豫章王嶷传上》曰：“百年亦何可得，止得东西一百，于事亦济。”藏物曰“园”。稠密曰“猛”。阔者曰“扁”。刘禹锡诗：“压扁佳人缠臂金。”浮曰“吞”上声。流曰“淌”。盖曰“匽”。足曰“彀”。移曰“捅”。《集韵》：他总切，“进前也，引也。”溅水衣上曰“潸”。洗濯曰“汏”。《说文》：“淅澜也”，徒盖切。倚曰“靠”。范致明《岳阳风土记》：“虽无风涛之患而常靠阁。”打亦曰“敲”。《左传》：“执其戈以敲之。”刺亦曰“擉”。《庄子》：“冬则擉鳖于江湖。”热物曰“嫩”。去声。热酒曰“汤”。去声。斟酒曰“筛”。似酾之转音。去渣曰“滗”。音泌。以鹾腌物曰“盐”。去声。《内则》：“屑姜与桂以洒诸上而盐之。”葺理整齐曰“修娖”。音捉。《唐书》：“中和二年，修娖部伍。”相连曰“连牵”。《晋书·五行志》：“苻坚初童谣曰：‘阿坚连牵三十年。’”疾速曰飞风。唐制：凡杂马送上乘局者，以风字印右膊，以飞字印左膊。物完全者曰“囫囵”。《俗书刊误》：“物完曰囫囵，与浑仑同义。”浑统曰“儱侗”。直行曰𢕟侗，未成器曰儱侗，身不端正曰軉躹，衣宽曰襱裥。凑合无隙曰“脗缝”。脗，美韵切，合唇也；缝，去声，唇合无间。半暖曰“温暾”。王建诗：“新晴草色绿温暾。”《说文》：“㬉，读若水温𤎅，乃昆切。即温暾也。”物不洁曰“鏖糟”。《汉书·霍去病传》：“杀人为鏖糟”，盖血肉狼藉意。亦曰“媎赃”。匠斫木而复平之曰“刨”。元微之诗：“方椽郢匠刨。”撑屋使不欹斜曰“牮”。音箭。石声曰“礉磝”。见《通志·六书略》。人物闹声曰“击毂”。《国策》：车击声。阶级曰“疆礤”。所居曰“窠坐”。此处曰“俚边”。彼处曰“个边”。婢曰“丫头”。刘禹锡诗：“花面丫头十三四。”六畜总曰“众生”。器用曰“家生”，亦曰“家伙儿”。下函曰“替”。宋武帝为殷淑仪作通替棺。首饰曰“头面”。指镮曰“手记”。《诗》郑笺：“后妃群妾以礼御于君所，女史书其日月，授之以镮，当御者著左，既御者著右。”今俗亦呼曰戒指。绦帨之蕊曰“苏头”。晋挚虞云：“流苏者，缉鸟尾，垂之若流然，以其蕊下垂，故曰苏。”计簿曰“账目”。《宋史·孙何传》：“总知帐目。”饭粒曰“米糁”。《庄子》：“藜羹不糁。”小食曰“点心”。《能改斋漫录》：“唐郑傪夫人云：‘我未及餐，尔且可点心。’”助语词曰“子”、曰“哉”。若音之转而讹者，呼儿曰“倪”之类，皆方音也。钱《志》、《府志》，参《吴门补乘》及《通雅》。

邑方言多有所本。就《肯綮录》所引俚俗字义，属于身体者曰“鬔松”音蓬松，发乱也；曰“胮肛”音匩缸，肥大也；曰“痠”身体痛曰痩，音酸；头凹曰“顱”于交反；目深曰“窅”同上音；面不平曰“凹”同上音；声杂曰“唧嘈”音即糟，按今读若足；面色紫曰“糖”音唐；脚细曰“跉盯”音零丁；憃而不媚曰“侮傋”上武当切，下音讲；瘦曰“瘦瘖”音省；行不正曰“蹡踵”上良用切，下丑用切；不伸曰“趜趚”上居六反，下音缩。属于事物者曰“蒉斜”物之不正曰蒉斜。蒉音喎，按喎即夭字，俗作歪；举物曰“揵”音虔；以肩负物曰“䭾”音陀；铁臭曰“鉎”；鱼臭曰“鮏”音星；饭不中曰“馊”音搜；不洁曰“腌臜”庵匝，上声；汤中瀹肉曰“燅”音燖；不正曰“尴尬”间介；尘土曰“埲堨”上蒲蒙切，下乌孔切；物垂下曰“䃎䨲”，上音蕾，下都罪切；鱼败曰“鮾”音绥；圆曰“顐”音混；火烧物曰“燎”音了；物软而不断曰“韧”音刃；染蓝曰“䵢”，亦作“淀”音殿；米不佳曰“䊧”与糙同；蛇退皮曰“蜕”音唾；挑灯杖曰“㮇”添去声；支物不平曰“𥕛”音奠；农具曰“碌碡”音六轴；舟不稳曰“舠”音兀；去水曰“㪷”音豁。今时所通用，皆原本于陆法言《唐韵》也。

古今音义相同之字，其可考之载籍者，尚不胜枚举。其属于状貌者，热气曰“热烔烔”。《广韵》引《字林》：“热气烔烔。”冷静曰“冷清清”。《宋玉赋》：“清清冷冷。”李注：“清凉貌”。迟缓曰“慢哼哼”。《诗》：“大车哼哼”毛传：“重迟貌”。繁密曰“密斟斟”。《说文》：“斟斟，盛也。”物干曰“干鱐鱐”。《说文》：“干鱼，尾鱐鱐也。”体肥曰“壮牒牒”。《广雅》：“牒牒，肥也。”面白曰“白醭醭”。《玉篇》：“面白醭醭也。”微笑曰“笑唏唏”。《广雅》：“唏唏，笑也。”属于声音者，声之急曰“懯朴”。《方言》：“猝也。”擦米之声曰“糤粲”。《说文》：“散之也。”雨声断续曰“滴沰”。崔实《四民月令》：“上火不落，下火滴沰。”约举其例，与古悉相合也。

方言多用古义而转其音。如谓游嬉曰“婆娑”，《诗》：“市也婆娑。”呼为“勃相”。与嫳姗、勃窣诸音同，为婆娑之转音。白相与勃窣音尤近。《晋书》：“张凭勃窣理窟。”谓不解事曰“笼东”，《北史》：“笼东军士”。呼为“落沰”《集韵》当各切。谓心中不了了曰“糊涂”，《宋史》：“吕端小事糊涂”。呼为“惑突”。诸如此类，皆双声转也。又“宁馨”二字为六朝人常语，吾邑转“宁”为“能”，狞奴，谩骂。宁、奴为双声，奴、能亦双声，可证宁、能亦双声之转也。转馨为梗。叠韵转也。馨亦或转呼如哼，那哼即那馨也。又“许”字，亦南朝常语，乡音则读同“浒”，几许曰“几浒”，音近虾字之上声。

有二字合为一字音者，如“弗曾”音如分、“弗要”弗要切音，无此字，皆并二字为一音。又传授为“胄”，什么为“啥”音近奢，奈何为“那”音近奶之类，皆是也。又有一字分为二字者，如谓孔为

“窟笼”，窟笼即孔字切音。团为“突栾”突栾，即团字切音转为勃栾，为盘类。之类，皆是也。又二字合为一音，轻重呼之仍为二字者，如谓蛮横音如“牤盲”，蛮横切哆口呼之音如牤、敛口呼之音如盲之类，是也。①

邑人言语，多按字义，不相混淆，兹就手部之字考之。谓舁物曰“扛”。《说文》：“横关对举也。”高举物曰“掀”。音轩。《左传》：“乃掀公以出于淖。”或亦呼如欣、如亨。拘执人物曰“捉”。杜甫诗：“村吏夜捉人。”邑人取染物亦曰捉。牵引人曰“拉”。本庐合切，今读平声。《正韵》：“谚言：邀人同行曰拉。”以箕帚扫物曰“扱”。《礼记》：“以箕自向而扱之。”本读如吸，邑人则读如《唐韵》：音楚洽切，云扱拉圾。去尘曰“拂”。《礼记》：“进几杖者拂之。”以巾拭物曰“揩”。梅尧臣诗：“尘埃镜已揩。”重揩曰“擦”。《字汇》：“摩之急也。”擦卧席曰“抳”。《集韵》：音尼，研也。使物向外曰“推”，向里曰“扳”。《孟子》：“推而纳之沟中。”《公羊传》：“扳隐而立之。”方言推、扳二字相对，如行船者云推艄、扳艄是也；亦为活动之词，如购物论价曰“要推扳些”。以肩承物曰“掮”。《通雅》：“《汉书》‘矫虔吏’，应作挢掮。吴言以身肩物曰掮，借相讦告亦曰掮。”《集韵》：渠言切，音健平声。今俗字为掮。以手握物为“搦”。音踖，《广韵》：“捉搦也。”提物曰“拎”。音零。《玉篇》：“手悬捻物也。”邑人读如领之平声。转物曰“捩”。戾入声。王安石诗：“东西捩舵万舟回。”散物曰“撒”。《集韵》：音萨，散之也。邑人读如速。历取物曰“捋”。鸾入声。《诗》：“薄言捋之。”两手揉物曰“搓”。苏轼诗：“手香新喜绿橙搓。”以手称物轻重曰“掂”。即战敠之敁俗字。指择物曰“拣”。《三国志·袁绍传》：“无所拣择。”指挤物曰“捘”。尊去声。《左传》：“涉佗捘卫侯之手及

---

① “如谓蛮横音如“牤盲”，蛮横切哆口呼之音如牤、敛口呼之音如盲之类，是也。”点校本《重修常昭合志》误点为：“如谓蛮横音如牤、盲，蛮横切，哆口呼之音如牤、敛口呼之音如盲之类，是也。”今正之。

腕。”两指轻取物曰“拈”。周邦彦词：“针线慵拈午梦长。”重取曰“捻”。念入声。《青琐高议》：“牡丹名一捻红。”三指取物曰“撮”。《礼记》：“一撮土之多。”俗谓买药为撮药。以指按物曰“捺”。《集韵》：难入声，“手重按也”。摘花曰“采”。陶潜诗：“采菊东篱下。”折花曰“拗”。《增韵》：“折也。”元微之诗：“今朝谁是拗花人。”举碗曰“撻”。力展切。《南史·何远传》：“以钱买井水，不受钱者撻水还之。”两手举器曰“掇”。读若朵入声。凡可掇之器即名为掇，如锡掇、瓷掇、瓦掇之类。或转为平声，则音近端。傅粉曰“搽”。即涂抹之涂俗字，邑人直读如茶。强取曰“抢”。《韵会》：“争取也。”强与曰“挜”。音哑。《字汇》：“强以物与人也。”以掌索物曰“摸”。《集韵》、《韵会》并音莫，索也，扪也。宛转抚之曰“摩”。《易》：“刚柔相摩。”重摩之曰“挼”。奴禾切。《礼》：“共饭不泽手”注：“泽谓挼莎也”。今沐首谓之挼头。向下抚之曰“按”。《史记》：“按剑历阶而上。”注：“抚也。”重按之曰“揿”。《集韵》：“按也，钦去声。”掌击物曰“拍”。《释名》：“以手搏其上也。”手捉物曰“摣”。《类篇》：“吴俗谓手持物曰摣”。音蛙。指甲取物曰“掐”。音恰。《玉篇》：“爪按曰掐。”爬物曰“搔”。《礼记》：“敬抑搔之。”以指勾物曰“挖”。音如《孟子》“揠苗”之揠。以器挖物曰“掘”。《说文》：“搰也。”《孟子》：“譬若掘井。”以器掘物曰“撬”。《集韵》：牵幺切，音骹，举也。水中取物曰“捞”。《集韵》：音劳，“沉取曰捞”。去草曰“拔”。《易》：“拔茅茹。”拔毛曰“挦”。《集韵》：徐廉切，摘也。言各有当，举此可见一斑。以上三则参《志稿》。

凡于事物用形容之词，皆以双声辗转分别之，其源盖出于秦汉间词赋家。譬如“零星”二字，其义为琐碎，而方言谓毛羽之散者曰“襹褷”，布帛之敝者曰“络索”，米之碎者曰“粒屑”，尘土之杂者曰“垃圾”，风之尖者曰“料峭”，雨之细者曰“廉纤”，言语之烦者曰“噜苏”，意兴之散者曰“阑珊”，丝线之垂须者曰“流苏”，亦曰“苏头”。帷幕之重叠者曰“罳罻”，竹笼之细密者曰“笭箵”。虽取意各殊，其为义则一，皆“零星”二字双声之转也。诸如此类，别用二字，双声转相形容之语，不可胜数。

凡语意当加“甚”字者，率用“蛮”字或“奇”字。如谓甚好为“蛮好”或“奇好”，犹苏州人谓之“怪好”，常州人谓之“恶好”也。谓走曰“跑”，犹苏州人曰“奔”，昆山人曰“跌”，吴江人曰“跳”也。并《志稿》。

谓日曰“太阳”，亦曰“日头”；月曰“亮月”；露曰“露水”；虹曰“鲎”呼候切，亦曰“蜂”音绛。雹曰“冰牌”；电曰“霍闪”音如显，见顾云诗；雾曰“迷露”。《志稿》，参《府志》。

邑人读书，于平声、入声字均极准确，惟上声字间有因曳长其音，与去声相类者。至俗语字音，亦或偶与北人相似，如蛋黄之黄呼如荒，滴水之滴呼如帝之类是也。又敲钟之数曰“几记”，记字亦击字之北音。近人又讹记为句矣。

（六）吴江县地方志

吴江县地方志，波书收录乾隆本《吴江县志》一种，本书补充明弘治元年莫旦纂修《吴江志》和明嘉靖四十年曹一麟修，徐师曾等纂《吴江县志》两种。

1. 弘治《吴江志》

明弘治元年（1488），莫旦纂修二十二卷本《吴江志》，其卷六在范成大《吴郡志》所录方言条目基础上，另外增加 7 条而成。全文转录如下：

风土不同，语言亦异。古称吴为东夷，其言鴃舌。以今观之，则有未尽然者。大抵正音多而鴃音少。如谓吴人以“来”为“釐”，盖范蠡有“时不再来乎”。陆德明“弃甲复来”之“来”，皆音釐。今吴人于“来”字，直读作“来”，其音最正。意所谓釐音，或古诗叶韵如此，非吴音也。又谓称吴而加以句曰“句吴”，谓中州人曰“伧子”，皆非也。或古有而今无之耳。谓“罢”必缀一“休”字。吴王谓孙武曰：“将军罢休。”盖古有此语。又有三侬：自称曰“我侬”，称人曰“你侬”，指他人而称曰“渠侬”，亦有所本。《湘山野录》钱王歌有云：“你辈见侬底欢喜，永在我侬心子里。”其他以若何为“能亨”，以能事为“还赖”，以游戏为“孛相”，以痴呆为“戆管”。又凡语毕必带“蹇尼”二字，若尾声然，此其最异者也。

風土不同語言亦異古稱夷為東夷其言鴃舌以今觀之
則有未盡然者大抵正音多而鴃音少如謂吳人以來
為釐盖范蠡有時不再來乎陸德明棄甲復來之來皆
音釐今吳人於來字直讀作來其音最正意所謂釐音
或古詩叶韵如此非吳音也又謂稱吳而加以句曰句
吳謂中州人曰傖子皆非也或古有而今無之耳謂罷
必綴一休字吳王謂孫武曰將軍罷休盖古有此語又
有三儂自稱曰我儂稱人曰你儂指他人而稱曰渠儂
亦有所本湘山野錄錢王歌有云你輩見儂底歡喜永
在我儂心子裡其他以若何為能亨以能事為還賴以
遊戲為孛相以癡獃為戇管又凡語畢必帶蹇尼二字
若尾聲然此其最異者也

注：图版采自刘兆祐主编：《中国史学丛书三编·第四辑·弘治吴江志》，台北学生书局 1987 年版，第 235—236 页。

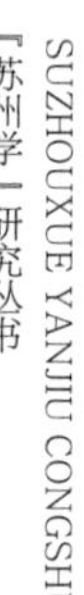

2. 嘉靖《吴江县志》

明嘉靖四十年（1561），曹一麟修，徐师曾等纂《吴江县志》二十八卷。2013年，沈卫新点校的《嘉靖吴江县志》[1] 由广陵书社出版。我们在转录嘉靖本《吴江县志》卷十三所收方言内容的全文时，参考了沈校本。

古称吴为东夷，其言鴃舌。由今观之，则有未尽然者。大抵语必有义，最为近古。如相谓曰侬。隔户问人曰“谁侬”，应曰“我侬”，视之乃识，曰“却是你侬”，指他人而称之曰“渠侬”。《湘山野录》记钱王歌云：“你辈见侬的欢喜，在我侬心子里。”谓中州人曰“伧”。周顗曰：“害我者诸伧子也。”陆玩曰：“几作伧鬼。”顾辟疆曰：“不足齿之伧！”宋孝武目王玄谟为老伧。言宁可曰“耐可”。音如能可。《汉书》：“杨越之人耐暑。”注：与能同。李太白诗：“耐可乘明月”，又“耐可乘流直上天”，皆读如能。言人胸次不坦夷，逞独见以近人者曰“㓥㓦”。音如列挈。《汉书》：“㓥㓦而无志节。”言人不慧曰“呆”。音如佁。范成大有《卖痴呆词》。言人犹与不前猛者曰“墨屎”。音如眉痴。皮日休《反招魂》：“上暧昧而下墨屎”。言人蕴藉不躁暴者曰“眠娗”。音如缅忝。出《列子》。言人进退不果曰“佁儗”。音如炽腻。司马相如赋：“仡以佁儗”，柳子厚《梦归赋》：“纷若倚而佁儗兮”。问为何如曰“宁馨”。音如宁《莫志》作“能”，非。亨。山涛见王衍曰：“何物老妪生宁馨儿!”骂人曰“老狗”。《汉武故事》：“上尝语栗姬，怒弗应，又骂上为老狗。”詈小儿桀猾不循理者曰“杂种”。《晋书·前燕载记》赞曰：“蠢兹杂种，奕世弥昌。”见人有不当意者曰“看嘴鼻”。《金史》：“宋破金泗州，守将毕资伦不肯降，系狱十四年。及盱眙守将纳合买住降，北望哭拜，谓

[1] 沈卫新点校：《嘉靖吴江县志》，广陵书社2013年版，第229—231页。

之辞故主。资伦见买住，骂曰：‘国家未尝负汝，何所求死不可，乃作如此嘴鼻也！’”言人聆言不省曰“耳边风”。杜荀鹤诗：“百岁有涯头上雪，万般无染耳边风。”物微暖曰“温暾”。唐王建《宫词》：“新晴草色暖温暾。”白乐天诗：“池水暖温暾。”人有病曰“不快”。《华佗传》：“体有不快，起作一禽之戏。”言人疏朗曰“不耐烦”。《庾炳之传》：“为人强急而不耐烦。”言不洁曰“鏖糟”。《霍去病》“鏖皋阑下”注云：“尽死杀人为鏖糟。”盖血污狼藉之意。诟人佣工曰“客作”。《三国志》：“焦光饥则为人客作，饱食而已！”呼女子之贱者曰“丫头”。刘宾客诗：“花面丫头十二三。”男女冠笄曰“上头”。花蕊夫人《宫词》：“新赐云鬟使上头。”草木穉而初萼者曰“始花”。音如试。《月令》：“桃始华，蝉始鸣。”注：皆去声。言人戏扰不已及作事不循理者曰“嬲”。音如袅。嵇叔夜书“嬲之不置”。鄙人营生曰“经纪”。唐太宗敕滕王、蒋王曰：“滕叔、蒋兄自能经纪，不须赐物。”鄙人之庸贱微薄者曰“小家子”。《霍光传》：“任宣谓霍禹曰：‘使乐成小家子得幸大将军。’”言日间小食曰“点心”。《唐史》：“郑傪夫人云：‘我未及餐，尔且可点心。’”言人作事无据者曰“没雕当”，又曰“没巴鼻”。苏长公诗云：“有甚意头求富贵，没些巴鼻使奸邪。”言人虚伪不检者曰“楼头”。盖宋时临安何家楼下多亡赖，以滥恶物欺人，其时有“何楼”之号。楼头者，何楼之恶魁也。谓事曰“事际”。《南史》：王晏专权，“帝虽以事际须晏，而心恶之”。谓罢曰“罢休”。《史记》：“吴王谓孙武曰：‘将军罢休！’”语毕助词曰“蹇”。《楚辞》以蹇为发语声，此则以为语助也。问何人曰“遐个”。《诗》云“遐不作人”，注云：“遐，何也。”恨人而姑警喻以伺之曰“受记”，见《夷坚志》。又如谓虹曰“鲎”。谓已然曰“哉”。谓嬉戏曰“薄《莫志》作‘孛’相”。又如以秀为“鲫溜”。以团为“突栾”。以精为“鲫令”。是以二字反切一字以成声也。此方言也。儿音若倪，则支韵入齐；羹音若冈，则庚韵入阳；又音若异，则宥韵入真；拏①音若拏，则虞韵入麻。呼小儿为拏儿。拏，子孙也。此方音也。《莫志》又以来音若釐，则灰韵入支，今不尽然，或古有之而今改耳。右语言②。

可類推今之竹枝雖鄙褻不足道然亦
有三緯之遺意焉有先以欸乃發聲而
後歌者有既歌而以欸乃爲餘音者其
聲清遠其意悽愴亦自率乎性情之真
今之樂猶古之樂殆謂是歟 右聲歌
右稱吳爲東夷其言鴃舌由今觀之則有
未盡然者大抵語必有義最爲近古如
相謂曰儂 隔戶問人曰誰儂應曰我儂視之乃識曰却是你儂指他
人而稱之曰渠儂 湘山野錄記錢王歌云你輩
見儂的歡喜在我儂心子裏謂中州人
曰傖周玘曰害我者諸傖子也陸玩曰
幾作傖鬼顧辟疆曰不足齒之傖宋孝
武目王玄謨爲老傖言寧可曰耐可音
如能可漢書楊越之人耐暑註與能同
李太白詩耐可乘明月又耐可乘流直
上天皆讀如能言人胷次不坦夷遲獨

見以汙人者曰吳㚖音如列挈漢書吳
㚖而無志節言人不慧曰獃音如偉范
成大有賣癡獃詞言人猶與不前猛者
曰壂屎音如眉癡皮日休反招魂土瞜
眯而下壂屎言人蘊藉不躁暴者曰眠
娗音如緬忝出列子言人進退不果曰
佁儗音如熾賦司馬相如賦仡以佁儗
栩子厚夢歸賦紛若倚而佁儗今問爲
何如曰寧馨音如甯莫志作能非 亨山濤見
王衍曰何物老嫗生寧馨兒罵人曰老
狗漢武故事上嘗語栗姬怒弗應又罵
上爲老狗嘗小兒桀猾不循理者曰雜
種晉書前燕載記贊曰蠢茲雜種奕世
彌昌見人有不當意者曰看嘴鼻金史
宋破金泗州守將畢資倫不肯降繫獄
十四年及盱眙守將納合買住降北望

① 拏，原作“拏”，据《乾隆吴江县志》改。

② 最后四字，吴江图书馆原图版阙，今据台北学生书局影印本补之。

哭拜謂之辭故主資倫見買彳罵曰國
家未嘗負汝何所求死不可乃仵如此
嘴鼻也言人聆言不省曰耳邊風杜荀
鶴詩百歲有涯頭上雪萬般無染耳邊
風物微暖曰溫暾王建宮詞新晴草色
暖溫暾白樂天詩池水暖溫暾人有病
曰不快華陀傳體有不快起作一禽之
戲言人疎朗曰不耐煩庾炳之傳爲人
強急而不耐煩不潔曰鏖糟霍去病
鏖皋蘭下註云盡死殺人爲鏖糟蓋血
汙狼籍之意詬人傭工曰客作三國志
焦光饑則爲人客作飽食而已呼女子
之賤者曰丫頭劉賓客詩花面丫頭十
二三男女冠笄曰上頭花蕊夫人宮詞
新賜雲鬟使上頭草木稱而初萼者曰
始花音如試月令桃始華蟬始鳴註皆

去聲言人戲擾不已及作事不循理者
曰嬲音如裊嵇叔夜書嬲之不置鄙人
營生曰經紀唐太宗勑滕王蔣王曰滕
叔蔣兄自能經紀不須賜物鄙人之庸
賤微薄者曰小家子霍光傳任宣謂霍
禹曰使樂成小家子得幸大將軍言日
間小食曰點心唐史鄭傪夫人云我未
及餐爾且可點心言人作事無據者曰
沒雕當又曰沒巴鼻蘇長公詩云有甚
意頭求富貴沒些巴鼻使奸邪言人虛
僞不檢者曰摟頭蓋宋時臨安何家樓
下多亡賴以濫惡物欺人其時有何樓
之號樓頭者何樓之惡甩也謂事曰事
際南史王晏專權帝雖以事際須晏而
心惡之謂罷曰罷休史記吳王謂孫武
曰將軍罷休語卑劭詞曰蹇楚辭以蹇

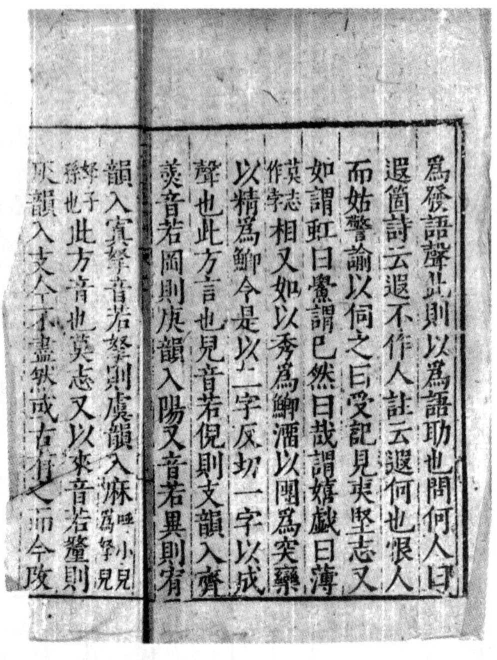
爲發語聲此則以爲語助也問何人曰
遐箇詩云遐不作人註云遐何也恨人
而姑警諭以伺之曰受記見夷堅志又
如謂䰍曰甕謂已然曰哉謂嬉戲曰薄
相莫志作孛又如以秀爲鯽溷以團爲突欒
以精爲鯽令是以二字反切一字以成
聲也此方言也皃音若倪則支韻入齊
羨音若罔則庚韻入陽又音若異則宥
韻入寘孥音若拏則虞韻入麻呼小兒爲孥兒
孥子孫也此方音也莫志又以來音若釐則
灰韻入支今不盡然或古有之而今改

注：图版采自吴江图书馆古籍库网站，http://www.wjlib.com:9000/AncientBook/book/detail? bookId=56［引用日期 2019-04-08］。

3. 乾隆《吴江县志》

乾隆十二年（1747），在嘉靖《吴江县志》基础上，陈莫纕、丁元正修，倪师孟、沈彤纂《吴江县志》刊刻，于卷三十九增加许多方言内容，今录全文如下：

《徐志》曰：

古称吴为东夷，其言鴃舌。由今观之，则有未尽然者。大抵语必有义，最为近古。如相谓曰侬。隔户问人曰“谁侬”，应曰“我侬”，视之乃识，曰“却是你侬”，指他人而称之曰“渠侬”。《湘山野录》记钱王歌云：“你辈见侬的欢喜，在我侬心子里。”谓中州人曰“伧”。周圮曰：“害我者诸伧子也。”陆玩曰：“几作伧鬼。”顾辟疆曰：“不足齿之伧！”宋孝武目王元谟为老伧。言宁可曰“耐可”。音如能可。《汉书》“扬越之人耐暑”注：与能同。李太白诗：“耐可乘明月”，又“耐可乘流直上天”，皆读如能。言人胸次不坦夷，逞独见以迕人者曰“隽奡”。音如列挈。《汉书》：“隽奡而无志节”。言人不慧曰“呆”。音如佁。范成大有《卖痴呆词》。言人犹与不前猛者曰“墨杘”。音如眉痴。皮日休《反招魂》：“上暧昧而下墨杘”。言人蕴藉不躁暴者曰“眠娗”。音如缅忝。出《列子》。言人进退不果曰“佁儗”。音如炽腻。司马相如赋“仡以佁儗”，柳子厚《梦归赋》：“纷若倚而佁儗兮”。问为何如曰“宁馨”。音如宁《莫志》作“能”，非。亨。山涛见王衍曰：“何物老妪生宁馨儿！”骂人曰“老狗”。《汉武故事》：“上尝语栗姬，怒弗应，又骂上为老狗。”詈小儿桀猾不循理曰“杂种”。《晋书·前燕载记》赞曰：“蠢兹杂种，奕世弥昌。”见人有不当意者曰“看嘴鼻”。《金史》：“宋破金泗州，守将毕资伦不肯降，系狱十四年。及盱眙守将纳合买住降，北望哭拜，谓之辞故主。资伦见买住，骂曰：‘国家未尝负汝，何所求死不可，乃作如此嘴鼻也！’”言人聆言不省曰“耳边风”。杜荀鹤诗：“百岁有涯头上雪，万般无染耳边风。”物微暖曰“温暾”。王建《宫词》：“新晴草色煖温暾。”白乐天诗：“池水暖温暾。”人有病曰“不快”。《华佗传》：“体有不快，起作一禽之戏。”言人疏朗曰“不耐烦”。《庾炳之传》：“为人强急而不耐烦”。言不洁曰“鏖糟”。《霍去病传》：“鏖皋阑下。”注云：“尽死杀人为鏖糟”。盖血污狼藉之意。诟人佣工曰“客作”。《三国志》：“焦光饥则为人客作，饱食而已！”呼女子之贱者曰“丫头”。刘宾客诗：“花面丫头十二三。”男女冠笄曰“上头”。花蕊夫人《宫词》：“新赐云鬟使上头。”草木穉而初萼者曰“始花”。音如试。《月令》：“桃始华，蝉始鸣。”注：皆去声。言人戏扰不已及作事不循理者曰“嬲”。音如袅。嵇叔夜书“嬲之不置”。鄙人营生曰“经纪”。唐太宗敕滕王、蒋王曰：“滕叔、蒋兄自能经纪，不须赐物。”鄙人之庸贱微薄者曰“小家子”。《霍光传》：“任宣谓霍禹曰：‘使乐成小家子得幸大将军。’”言日间小食曰“点心”。《唐史》：“郑傪夫人云：‘我未及餐，尔且可点心。’”言人作事无据者曰“没调①当”，又曰“没巴鼻”。苏长公诗云：“有甚意头求富贵，没些巴鼻使奸邪。”言人虚伪不检者曰“楼头”。盖宋时临安何家楼下多亡赖，以滥恶物欺人，其时有“何楼”之号。楼头者，何楼之恶魁也。谓事曰“事际”。《南史》：王晏专权，“帝虽以事际须晏，而心恶之”。谓罢曰“罢休”。《史记》：“吴王谓孙武曰：‘将军罢休！’”语毕助词曰“蹇”。《楚辞》以蹇为发语声，此则以为语助也。问何人曰“遐个”。《诗》云：“遐不作人”，注云：“遐，何也。”恨人而姑警谕以伺之曰“受记”，见《夷坚志》。又如谓虹曰“鲎”。谓已然曰“哉”。谓嬉戏曰“薄《莫志》作‘孛’相”。周永年云：赵闲闲《游华山寄元裕之》诗有云：“山神戏人亦薄相。”俗语薄相之见于诗句者若此。又如以秀为“鲫溜”，以团为“突栾”，以精为“鲫令”，是以二字反切一字以成声也。凡此皆方言也。他若儿音若倪，则支韵入齐；羹音若冈，则庚韵入阳；又音若异，则宥韵入寘；拏②音若拏，则虞韵入麻。呼小儿为拏儿。拏，子孙也。又唐宋时来音若釐，则灰韵入支，今不尽然，或古有之而今改耳。此则所谓方音也。

按：此篇乃本《莫志》及卢、王二《郡志》而增益为之。今吴江县语音亦尚多同者。又按：康熙间《府志》于方言云：

谓绦帨之蕊为“苏头”。挚虞云：“流苏者，缉鸟尾，垂之若流然，以其蕊下垂，故曰苏。”谓葺理整齐之曰“修娖”。娖音捉。“唐

① “调”，他志作“雕”。

② 拏，原作“拏”，据《乾隆吴江县志》改。

中和二年，修娖部伍。”谓睡声曰“嚕涂”。北人谓之打呼，吴人则曰“打嚕涂”。“嚕涂”二字，疑即呼字之反切，如孔称“窟咙”。团称“突栾”之例耳。谓语不明曰“含胡”。唐颜杲卿“含胡而死”。谓指镮曰“手记”。郑康成《诗笺》云：后妃群妾以礼御于君所，女史书其日月，授之以镮，当御者著于左手，既御者著于右手。今俗亦呼戒指。谓以鹾腌物曰“盐”。去声。《内则》：“屑姜与桂以洒诸上而盐之。”谓脗合无际曰“脗”。美韵切。吴人谓合唇曰脗。嘴合而无间曰“脗缝”。缝，去声。谓甓曰“瓴砖”。魏《扈累传》：“独居道侧，以瓴砖为障。”谓苇席曰“芦蓆”。宋琅邪王敬彻遗命一芦蓆藉下。谓多众曰“多许”。许音若黑可切。谓所在曰“场许”。语后每曰“那”。音乃贺切。《后汉书》：“公是韩伯休那?”注：那，语余声。谓死曰“过世”。秦《苻登传》：“陛下虽过世为神”。嘲笑人曰“阿㗖㗖”。亦招呼也。谓发黏曰“脏”。音织。见《考工记·弓人》注。谓物之不齐曰“参差”。参音如仓衔切，差音如仓何切。于方音云，呼“行”与“杭”同音。呼“死”与“洗”同音。呼“争”为侧羊反。此以上又皆吴江与一郡所同之语音而旧志皆未载者也。故补录之。

之山歌其辭語音節尤爲獨擅其唱法則高揭其音而以悠緩收之清而不靡其聲近商不失清商本調其體皆贈答之辭或自問自答不失相和本格其詞多男女燕私離別之事不失房中本義其旁引曲喻假物借聲之法淳樸纖巧無所不全不失古樂府之本體實能令聽者移情惜無采風者爲之摭拾而整理其詞布之管弦以備樂官散曲之一格也

語音

徐志曰古稱吳爲東夷其言鴃舌由今觀之則有未盡然者大抵語必有義最爲近古如相謂曰儂隔戶問人曰誰儂應曰我儂覷之乃曰却是你儂指他人而稱之曰渠儂湘山野錄記錢王歌云你輩見儂的歡喜在我儂心子裏謂中州人曰傖周玘曰害我者諸傖子也陸玩曰幾作傖鬼顏師羅曰不足齒之傖宋孝武目王元謨爲老傖言寧可曰耐可音如能可漢書揚雄之人耐暑註與能同李太白詩耐可乘明月又耐可乘流直上天皆讀如能言人胷次不坦夷遲獨見以迕人者曰㥿奡音如列挈漢書㥿奡而

吳江縣志　卷三十九　語音　十五

無志節言人不慧曰獃音如儓范成大有賣癡獃詞言人猶與不前猛者曰壘尿音如眉癡皮曰休反招魂上騰昧而下壘尿言人蘊藉不躁暴者曰㝹娗音如緬忝出列子言人進退不果曰佁儗音如熾膩司馬相如賦佁以佁儗柳子厚辜歸賦紛若倚而佁儗兮問爲何如曰寧馨音如寧亨莫志作能非山濤見王衍曰何物老嫗生寧馨兒罵人曰老狗漢武故事上嘗語栗姬怒弗應又罵上爲老狗詈小兒桀猾不循理曰雜種晉書前燕載記賛曰蠢茲雜種奕世彌昌見人有不當意者曰看囑鼻金史宋破金泗州守將畢資倫不肯降繫獄十四年及盱眙守將納合買住降北望哭拜謂之辭故主資倫見買住罵曰國家未嘗負汝何所求死不可乃作如此嘴鼻也言人聆言不省曰耳邊風杜荀鶴詩百歲有涯頭上雪萬般無染耳邊風物微暖曰溫暾王建宮詞新晴草色煖溫暾白樂天詩池水暖溫暾人有病曰不快華陀傳體有不快起作一禽之戲言人躁剛曰不耐煩庾炳之傳爲人强急而不耐煩言不潔曰鏖糟霍去病傳鏖臯蘭下註云盡死殺人爲鏖糟蓋血汙狼藉之

意謂人傭工曰客作三國志焦先飢則爲人客作飽食而已呼女子之賤者曰丫
頭劉賓客詩花面丫頭十二三男女冠笄曰上頭花蕊夫人宮詞新賜雲鬟使上
頭草木稱而初萼者曰始花音如試月令桃始華蟬始鳴註皆去聲言人戲擾不
已及作事不循理者曰賜音如裹嵇叔夜青蠅之不置鄙人營生曰經紀唐太宗
敕滕王蔣王曰滕叔蔣兄自能經紀不須賜物鄙人之庸賤微薄者曰小家子霍
光傳任宣謂霍禹曰使樂成小家子得幸大將軍言日間小食曰點心唐史鄭傪
夫人云我未及餐爾且可點心言人作事無據者曰夜調當又曰沒巴鼻蘇長公
詩云有甚意頭求富貴沒些巴鼻使姦邪言人虛僞不檢者曰樓頭蓋宋時臨安
何家樓下多亡賴以濫惡物欺人其時有何樓之號樓頭者何樓之惡魁也謂事
曰事際南史王晏專權帝雖以事際須晏而心惡之謂罷曰罷休史記吳王謂孫
武曰將軍罷休語畢助詞曰蹇楚辭以蹇爲發語聲此則以爲語助也問何人曰
遐個詩云遐不作人註云遐何也恨人而姑警論以何之曰受記見夷堅志又謂

吳江縣志　語音

虹曰鱟謂巳然曰哉謂嬉戲曰薄相（莫志作孛相　周永年云趙閑閑遊華山寄元裕之詩有云山神戲人亦薄相俗語薄相之見於詩句者若此）又如以秀爲鄉溜以團爲突欒以精爲鯽令是以二字反切一字以成聲
也凡此皆方言也他若兒音若倪則支韻入齊美音若閩則庚韻入陽又音若異
則宥韻入寘孥音若拏則虞韻入麻（呼小兒爲孥兒孥子孫也）又唐宋時來音若釐則灰韻入
支今不盡然或古有之而今改耳此則所謂方音也
按此篇乃本莫志及盧王二郡志而增益爲之今吳江縣語音亦尚多同者又
按康熙間府志於方言云謂繖帨之欒爲蘇頭犂虞云流蘇者狀鳥尾垂之若
流然以其欒下垂故曰蘇謂緝理整齊之曰修娖娖音捉唐中和二年修娖部
伍謂鼾聲曰嘈塗北人謂之打呼吳人則曰打嘈塗嘈塗二字疑卽呼字之反
切如孔稱窟窿團稱突欒之例耳謂語不明曰含胡唐顏杲卿含胡而死謂指
鐶曰手記鄭康成詩箋云后妃羣妾以禮御於君所女史書其日月授之以鐶
當御者著於左手旣御者著於右手今俗亦呼爲戒指謂以錐攙物曰鏨去聲

內則屑薑與桂以酒諸上而鹽之謂脟合無際曰脗美韻切吳人謂合縫曰脗
脣合而無間曰脗縫縫去聲謂甎曰甎甋魏甄琛傳獨居道側以甎甋爲障謂
葦席曰蘆蓆宋瑯琊王敬徽遺命一蘆蓆藉下謂多衆曰多許許音若黑可切
謂所在曰場許語後每曰那音乃賀切後漢書公是韓伯休那註那語餘聲謂
死曰過世秦符登傳陛下雖過世爲神嘲笑人曰阿詹詹亦招呼也謂髮黏曰
糙音纖見考工記弓人註謂物之不齊曰參差參音如倉銜切差音如倉何切
於方音云呼行與杭同音呼死與洗同音呼爭爲側羊反此以上又皆吳江與
一郡所同之語音而舊志皆未載者也故補錄之

卷之四十　災祥

禎祥　賞賚

禎祥見於舊志者自宋至我　朝其事僅十有八而分縣二十年來已得四事則
前之失載者多矣至高年賞賚舊志皆不載惟史志載明洪武至成化中通行優

吳江縣志　禎祥

注：图版采自吴江图书馆古籍库网站，http://www.wjlib.com:9000/AncientBook/book/detail? bookId=62［引用日期 2019-04-08］。

（七）乾隆《震泽县志》

清雍正二年（1724），由于苏州府吴江县人口、赋税繁多，分出其西部设立震泽县，2县共用1个县城，同属苏州府管辖。民国元年（1912），撤废震泽县，并入吴江县。

乾隆十一年（1746），陈和志修，倪师孟、沈彤纂《震泽县志》，卷二十六风俗二，其所收方言内容主要抄录了嘉靖《吴江县志》和康熙本《苏州府志》，并略有增益。今录其全文如下：

吴江《徐志》曰：古称吴为东夷，其言鴃舌。由今观之，则有未尽然者。大抵语必有义，最为近古。如相谓曰侬。隔户问人曰“谁侬”，应曰“我侬”，视之乃识，曰“却是你侬”，指他人而称之曰“渠侬”。《湘山野录》记钱王歌云：“你辈见侬的欢喜，在我侬心子里。”谓中州人曰“伧”。周圮曰：“害我者诸伧子也。”陆玩曰：“几作伧鬼。”顾辟疆曰：“不足齿之伧！”宋孝武目王元谟为老伧。言宁可曰“耐可”。音如能可。《汉书》：“杨越之人耐暑”。注：与能同。李太白诗：“耐可乘明月”，又“耐可乘流直上天”，皆读如能。言人胸次不坦夷，逞独见以迕人者曰“㑦𠋥”。音如列挈。《汉书》：“㑦𠋥而无志节。”言人不慧曰“呆”。音如佁。范成大有《卖痴呆词》。言人犹与不前猛者曰“𡏳屎”。音如眉痴。皮日休《反招魂》：“上暧昧而下𡏳屎。”言人蕴藉不躁暴者曰“眠娗”。音如缅忝。出《列子》。言人进退不果曰“佁儗”。音如炽腻。司马相如赋：“仡以佁儗”，柳子厚《梦归赋》：“纷若倚而佁儗兮”。问为何如曰“宁馨”。音如宁《莫志》作“能”，非。亨。山涛见王衍曰：“何物老妪生宁馨儿！”骂人曰“老狗”。《汉武故事》：“上尝语栗姬，怒弗应，又骂上为老狗。”詈小儿桀猾不循理曰“杂种”。《晋书·前燕载记》赞曰：“蠢兹杂种，奕世弥昌。”见人有不当意者曰“看嘴鼻”。《金史》：“宋破金泗州，守将毕资伦不肯降，系狱十四年。及盱眙守将纳合买住降，北望哭拜，谓之辞故主。资伦见买住，骂曰：‘国家未尝负汝，何所求死不可，乃作如此嘴鼻也！’”言人聆言不省曰“耳边风”。杜荀鹤诗：“百岁有涯头上雪，万般无染耳边风”。物微暖曰“温暾”。唐王建《宫词》：“新晴草色暖温暾”，白乐天诗：“池水暖温暾”。人有病曰“不快”。《华佗传》：“体有不快，起作一禽之戏。”言人疏朗曰“不耐烦”。《庾炳之传》：“为人强急而不耐烦。”言不洁曰“鏖糟”。《霍去病传》“鏖皋阑下”注云：“尽死杀人为鏖糟”。盖血污狼藉之意。诟人佣工曰“客作”。《三国志》：“焦光①饥则为人客作，饱食而已！”呼女子之贱者曰“丫头”。刘宾客诗：“花面丫头十二三”。男女冠笄曰“上头”。花蕊夫人《宫词》：“新赐云鬟使上头。”草木穉而初萼者曰“始花”。音如试。《月令》：“桃始华，蝉始鸣。”注：皆去声。言人戏扰不已及作事不循理者曰“嬲”。音如袅。嵇叔夜书“嬲之不置”。鄙人营生曰“经纪”。唐太宗敕滕王、蒋王曰：“滕叔、蒋兄自能经纪，不须赐物。”鄙人之庸贱微薄者曰“小家子”。《霍光传》：“任宣谓霍禹曰：‘使乐成小家子得幸大将军。’”言日间小食曰“点心”。《唐史》：“郑傪夫人云：‘我未及餐，尔且可点心。’”言人作事无据者曰“没雕当”，又曰“没巴鼻”。苏长公诗云：“有甚意头求富贵，没些巴鼻使奸邪。”言人虚伪不检者曰“楼头”。盖宋时临安何家楼下多亡赖，以滥恶物欺人，其时有“何楼”之号。楼头者，何楼之恶魁也。谓事曰“事际”。《南史》：王晏专权，“帝虽以事际须晏，而心恶之”。谓罢曰“罢休”。《史记》：“吴王谓孙武曰：‘将军罢休！’”语毕助词曰“蹇”。《楚辞》以蹇为发语声，此则以为语助也。问何人②曰“遐个”。《诗》云“遐不作人”，注云：“遐，何也。”恨人而姑警谕以伺之曰“受记”，见《夷坚志》。又如谓虹曰

① “光”，原讹作“先”，今正。
② “人”，原讹作“入”，今正。

“鲎”。谓已然曰“哉”。谓嬉戏曰“薄《莫志》作‘孛’相”。又如以秀为“鲫溜”。以团为“突栾”。以精为“鲫令”。是以二字反切一字以成声也。凡此皆方言也。他若儿音若倪，则支韵入齐；嚢音若冈，则庚韵入阳；又音若异，则宥韵入寘；孥①音若拏，则虞韵入麻。呼小儿为孥儿。孥，子孙也。又唐宋时来音若釐，则灰韵入支，今不尽然，或古有之而今改耳。此则所谓方音也。

按：此篇乃本《莫志》及苏州卢、王二《志》而增益为之。今震泽县语音亦尚多同者。又按：康熙间《府志》于方言云：

谓绦帨之蕊为“苏头”。挚虞云：“流苏者，缉鸟尾，垂之若流然，以其蕊下垂，故曰苏。”谓葺理整齐之曰“修娖”。娖音捉。“唐中和二年，修娖部伍。”谓睡声曰“嚕涂”。北人谓之打呼，吴人则曰打嚕涂。嚕涂二字，疑即呼字之反切，如孔称“窟咙”。团称“突栾”之例耳。谓语不明曰“含胡”。唐颜杲卿“含胡而死”。谓指镮曰“手记”。郑康成《诗笺》云：后妃群妾以礼御于君所，女史书其日月，授之以镮，当御者著于左手，既御者著于右手。今俗亦呼戒指。谓以醝腌物曰“盐”。去声。《内则》：“屑姜与桂以洒诸上而盐之。”谓脗合无际曰“脗”。美韵切。吴人谓合唇曰脗。嘴合而无间曰“脗缝”。缝，去声。谓甓曰“瓴砖”。魏《扈累传》：“独居道侧，以瓴砖为障。”谓苇席曰“芦蓆”。宋琅邪王敬彻遗命以一芦蓆藉下。谓多众曰“多许”。许音若黑可切。谓所在亦曰“场许”。语后每曰“那”。音乃贺切。《后汉书》：“公是韩伯休那？”注：那，语余声。谓死曰“过世”。秦《苻登传》：“陛下虽过世为神。”嘲笑

① 孥，原作“拏”，据《乾隆吴江县志》改。

人曰“阿儋儋”。亦招呼也。谓发黏曰“膱”。音织。见《考工记·弓人》注。谓物之不齐曰“参差”。参音如仓衔切，差音如仓何切。于方音云，呼行与杭同音。呼死与洗同音。呼争为侧羊反。此以上又皆震泽县与一郡所同之语音而旧志皆未载者也。故补录之。

語音
吳江徐志曰古稱吳爲東夷其言鴃舌由今觀之則有
未盡然者大抵語必有義最爲近古如相謂曰儂隔戶問人
日誰儂應曰我儂親之乃識曰却是你儂指他人而稱之曰渠儂湘山野錄記錢王歌
云你輩見儂的歡喜在我儂心子裏稱中州人曰傖周
玘曰害我者諸傖子也陸玩曰幾作傖鬼顧辟彊曰不
足齒之傖宋孝武目王元謨爲老傖言甯可曰耐可音
如能可漢書楊越之人耐暑註與能同李太白詩耐可
乘明月又耐可乘流直上天皆讀如能言人貿次不坦
夷退獨見以迮人者曰㬮㝡音如列挈漢書㬮㝡而無
志節言人不慧曰獃音如儓范成大有賣癡獃詞言人

震澤縣志 卷二十六 語音 八

猶與不前猛者曰壘尿音如眉癡皮曰休反招魂上暖
昧而下壘尿言人蘊藉不躁暴者曰眠娗音如緬忝出
列子言人進退不果曰佁儗音如熾賦司馬相如賦仡
以佁儗柳子厚夢歸賦紛若倚而佁儗兮問爲何如曰
甯馨音如甯莫志作能非亨山濤見王衍曰何物老嫗生甯
馨兒罵人曰老狗漢武故事上嘗語栗姬怒弗應又罵
上爲老狗詈小兒桀猾不循理曰雜種晉書前燕載記
贊曰蠢茲雜種𡖖世彌昌見人有不當意者曰看嘴鼻
金史宋破金泗州守將畢資倫不肯降繫獄十四年及
盱眙守將納合買住降北望哭拜謂之辭故主資倫見
買住罵曰國家未嘗負汝何所求死不可乃作如此嘴

鼻也言人聆言不省曰耳邊風杜荀鶴詩百歲有涯頭
上雪萬般無染耳邊風物微暖曰温暾王建宮詞新晴
草色暖温暾白樂天詩池水暖温暾人有病曰不快華
陀傳體有不快起作一禽之戲言人疎朗曰不耐煩庾
炳之傳爲人強急而不耐煩言不潔曰鏖糟霍去病傳
鏖皋蘭下註云盡死殺人爲鏖糟蓋血汗狼籍之意謂
人傭工曰客作三國志焦先飢則爲人客作飽食而已
呼女子之賤者曰了頭劉賓客詩花面了頭十二三男
女冠笄曰上頭花蕊夫人宮詞新賜雲鬟使上頭草木
彝而初萼者曰始花音如試月令桃始華蟬始鳴註皆
去聲言人戲擾不已及作事不循理者曰鬭音如褭嵇

震澤縣志 卷二十六 語音 九

叔夜書鬭之不置鄙人營生曰經紀唐太宗敕滕王蔣
王曰滕叔蔣兄自能經紀不須賜物鄙人之庸賤微薄
者曰小家子霍光傳任宣謂霍禹曰使樂成小家子得
幸大將軍言日間小食曰點心唐史鄭傪夫人云我未
及餐爾且可點心言人作事無據者曰没雕當又曰没
巴鼻蘇長公詩云有甚意頭求富貴没些巴鼻使姦邪
言人虛僞不檢者曰樓頭蓋宋時臨安何家樓下多亡
賴以濫惡物欺人其時有何樓之號樓頭者何樓之惡
魁也謂事曰事際南史王晏專權帝雖以事際須晏而
心惡之謂罷曰罷休史記吳王謂孫武曰將軍罷休語
畢助辭曰蹇楚辭以蹇爲發語聲此則以爲語助也問

何入曰退箇詩云退不作人註云退何也恨入而姑警
論以何之曰受記見爽塈志又謂虹曰鱟謂已然曰哉
謂嬉戲曰薄（莫志作孛）相又如以秀爲鯽溜以圝爲突欒以
精爲鯽令是以二字反切一字以成聲也凡此皆方言
也他若兒音若倪則支韻入齊羹音若岡則庚韻入陽
又音若異則宥韻入寘挐音若拏則虞韻入麻（呼小兒爲挐兒挐子孫也）
又唐宋時來音若釐則灰韻入支今不盡然或古
有之而今改耳此則所謂方音也
按此篇乃本莫志及蘇州盧王二志而增益爲之今
震澤縣語音亦尙多同者又按康熙間府志于方言
云謂絲帨之欒爲蘇頭摯虞云流蘇者緝鳥尾垂之

震澤縣志　卷三十六　語音　十

若流然以其欒下垂故曰蘇謂葺理整齊之曰修娖
娖音捉唐中和二年修娖部伍謂睡聲曰嚕塗北人
謂之打呼吳人則曰打嚕塗嚕塗二字疑卽呼字之
反切如孔稱窟嚨圝稱突欒之例耳謂語不明曰含
胡唐顏杲卿含胡而死謂指鐶曰手記鄭康成詩箋
云后妃羣妾以禮御于君所女史書其日月授之以
鐶當御者著于左手旣御者著于右手今俗亦呼爲
戒指謂以醝醃物曰鹽去聲內則屑薑與桂以灑諸
上而鹽之謂脗合無際曰脗美韻切吳人謂合脣曰
脗嘴合而無間曰脗縫縫去聲謂彘曰䶕䶕魏歷累
傳獨居道側以䶕䶕爲障謂葦席曰蘆蓆朱瑯琊王

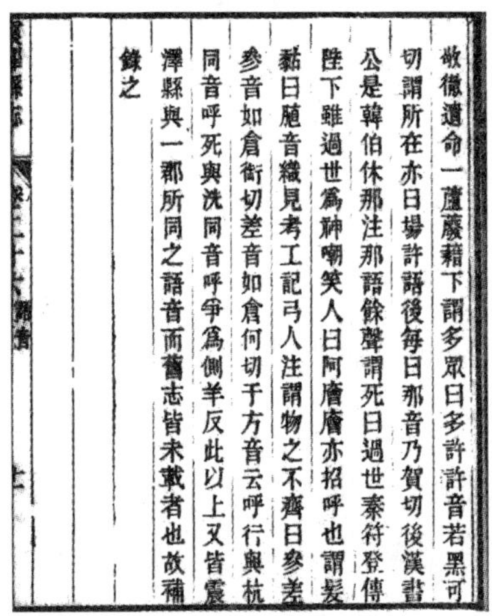

敬徽遺命一蘆蓆藉下謂多衆曰多許許音若黑可
切謂所在亦曰埸許語後每曰那音乃賀切後漢書
公是韓伯休那注那語餘聲謂死曰過世秦符登傳
陛下雖過世爲神嘲笑人曰阿㾓㾓亦招呼也謂髮
黏曰䩴音纖見考工記弓人注謂物之不齊曰參差
參音如倉銜切差音如倉何切于方音云呼行與杭
同音呼死與洗同音呼爭爲側羊反此以上又皆震
澤縣與一郡所同之語音而舊志皆未載者也故補
錄之

震澤縣志　卷三十六　語音　十一

注：图版采自吴江图书馆古籍库网站，http://www.wjlib.com:9000/AncientBook/book/detail?bookId=63［引用日期 2019-04-08］。

（八）民国《太仓州志》

明弘治十年（1498）立太仓州，属苏州府，辖区范围为现太仓市、嘉定区。清雍正二年（1724），升格为太仓直隶州，并析地置镇洋县，下辖镇洋县、崇明县、嘉定县、宝山县（自嘉定县分出）等四县。1912 年，民国成立，太仓州随即废除，太仓州和镇洋县合并，定名太仓县。太仓直隶州就此分解为：太仓、嘉定、宝山、崇明四县。

民国本《太仓州志》纂修人王祖畬已经认识到太仓州方言因“州地割自三邑而土音亦因之微异”。今转录其卷三所收方言内容如下：

州地割自三邑而土音亦因之微异，大抵出声重而舌不圆。近昆山者十之六，近常熟嘉定者十之三四。而今昔稍殊，雅俗亦判。如语了曰“哉”。见经传。语余曰“那”。《世说》：“公是韩伯休那?”指人曰“其”、曰“伊”。见经传。以肩举物曰以肩举物曰“揵”。音乾。见《史记》。以手挤人曰挼。音尊。见《左传》。以手摘高曰“扳”。见《公羊传》。以手搬物曰“揵”。见《南史》。横关对举曰“扛”。见《史记》。两手取物曰“掇”。见《易》、《诗》。以手按物曰“揿”。见《南史》。满足曰“彀”。见《孟子》。俗又作够。粗蠢曰“笨”。见《宋书》。不慧曰“呆”。《唐韵》：“小呆大痴。”舌取物曰“餂”。见《孟子》。躲避曰“畔”。王隐《晋书》：“邓伯通避石勒难，以车马负妻子以叛。”按：叛与畔通。得财曰“利市”。见《易·系辞》。责人曰“数说”。《左传》：“乃执子商而数之。”预期曰“指望”。见《梁书》。众多曰“多许”。见《隋书》。语不经曰“荒唐”。见《庄子》。葺理整齐曰“修娖”。见《唐书》。不管事曰“落度”。音铎。见《宋书》。腹胀曰“彭亨”。见唐韩愈诗。体肥曰“胖”。见《大学》。贪纵为非曰“放手”。见《后汉书》。体短步涩曰“勃窣”。见《汉书》。犹豫曰“墨屎”。音如濔痴。见《列子》。漂流在外曰“流落”。见《明皇杂录》。事了曰“罢休”。见《史记》。不粗疏曰“子细”。见唐杜甫诗。平稳曰“妥帖”。见唐韩愈诗。退后曰“缩朒”。见《汉书》。疾速曰“飞风”。唐制：马入上乘局者，印以三花，其余杂马，于左髀印飞，于右髀印风。俗语盖本此。性急曰“卒暴”。见《汉书》。语不明曰“含胡”。见《唐书》。习气曰“毛病”。黄山谷《刀笔》

曰："此荆南人毛病。"以手做事曰"生活"。见《孟子》。人死曰"过世"。见《晋书》。有亲曰"瓜葛"。晋王导与子围棋争道。导笑曰："相与有瓜葛，那得尔邪？"午餐曰"中饭"。见唐诗。呆劣曰"褦襶"。《古乐府》："今世褦襶子"。人众相随曰"蚼伴"。蚼，蝗属。飞则群聚，故云。宁可曰"耐可"。见唐李白诗。作揖曰"唱喏"。《崔炜传》："使者唱喏"。宋以前揖必唱喏。微暖曰"温暾"。见唐王建诗。鄙人营生曰"经纪"。见《唐书》。人物作闹声曰"击毂"。见《国策》。聆言不省曰"耳边风"。见唐杜荀鹤诗。见物生羡曰"眼孔浅"。《书言故事》云："桑维翰爱钱，上曰：'措大，眼孔浅。'"以事订人曰"丁一确二"。取着实不爽之意。见《朱子语类》。责人而姑警之曰"受记"，亦曰"摩顶受记"。盖袭用释氏语，或讹记为句。练事曰"习惯"。见《贾子》。进退不果曰"佁儗"。音如滋腻。司马相如赋："佁以佁儗"。不委屈曰"直笼统"。见《唐书》。奴婢所生曰"家生子"。《汉书》："免骊山徒人奴产子。"师古注：即家生儿。骂小儿之桀猾者曰"杂种"。晋《前燕载记》："蠢兹杂种"。行步欲倾跌曰"打滑汰"。唐皮日休诗"藓地滑汰足。"喉曰"胡咙"。《诗》："狼跋其胡。"亦作咙。《汉五行志》："请为诸君鼓咙胡。"指环曰"手记"。《诗》郑笺："后妃群妾当御者，授之以镮，著于左手，既御，著于右手。事无大小，记以成法。"今男子所著曰戒指。女子曰手记。本于此。涤器之布曰"幡布"。晋人云：不见酒家幡布乎？亦曰抹布。船家曰展布。忌与翻。没同音也。松炭曰"麸炭"。见陆游《老学庵笔记》。衣贮棉花曰棉絮。见《晋书》。柜之有板匣者曰"抽替"。见《宋书》。藻井曰"天花板"。《山房随笔》："元好问妹子自补天花板。"此皆方言之有本者。

而儿音同倪，又音同异，死音同洗，大音同惰，作音同做，鬼音同举，龟音同居。此音之与古近者。

其看曰"张"，望曰"睃"，执曰"当"去声，卧曰"困"，藏曰"园"，移曰"捅"，忍曰"熬"，转曰"跋"，贮物曰"坐"，置物曰

"安"，积物曰"顿"，指物曰"那"拿去声，提物曰"拎"，妄语曰"赵"，谎言曰"捣鬼"，得利曰"赚"，失利曰"折本"折读若入，富曰"从容"，巧曰"搂搜"、曰"尖钻"，苛细曰"合搭"，呆曰"犺呆"、曰"铎"，昏愚曰"懵懂"，拙于逢时曰"秋"，不循理曰"蛮斗"，机变曰"乖"、曰"唧嚁"，有能曰"本事"，戏谑曰"搂"、曰"取笑"，闲游曰"白相"，自夸曰"卖弄"、曰"说嘴"，不豪爽曰"敹悬"音练简，纠缠曰"噜唆"、曰"累堆"、曰"兜搭"，悔心曰"懊憹"，犯上曰"冲撞"，能干事曰"在行"、亦曰"在调"，事幸相值曰"偶凑"，侥幸曰"造化"，事已了曰"过头"，事完曰"连牵"，决裂曰"索哉"，不利曰"倒运"、曰"晦气"，不满人意曰"促恰"，物完全曰"囫囵"，物不中用曰"瘷殈"，不鲜洁曰"干瘪"，下垂曰"离提"提读若如，些微曰"粒屑"，不收拾曰"邋遢"，秽杂曰"垃圾"，骗人曰"串局"，受骗曰"上当"，强出尖曰"行霸"，太甚曰"忒煞"，热物曰"顿"，火干曰"熯"，浮曰"氽"吞上声，流曰"淌"，盖曰"匽"，以杓取水曰"舀"遥上声，掷物曰"豁"、又曰"丟"当入声，手扳曰"抈"音岩入声，爪搯曰"扚"音的，去涕曰"擤"音狠，袖笼手曰"相笼松"，物秽杂曰"鏊糟"，心烦懑亦曰"鏊糟"，安身处曰"窠坐"，门之关，横曰"闩"，竖曰"闩"，首饰曰"头面"，鞋曰"脚手"，器曰"家生"，布帛薄曰"浇"，稠密曰"猛"，疏曰"稀"，腻曰"醲酽"，货低曰"邱"、亦曰"邹"，事难处曰"尴尬"，不清楚曰"夹腻"，作事无据曰"无影子"，沮坏事体曰"打破句"，夸张曰"摆架子"，有意逢迎曰"凑奉"，女子拜曰"屈"读上声，眼作细缝曰"买斜"音瀰妻，目脂曰"眼眵"，乳曰"奶"，体瘦曰"清减"，卖买曰"生意"，子女曰"大细"，男曰"囝"煖平声，女曰"囡"煖去声，仆曰"鼻头"，吴音主同嘴，豪仆声势出主人上，犹鼻头之居嘴上也。从嫁相礼者曰“伴娘”、亦曰“卖婆”，收生者曰“老娘”，女巫曰“师娘”，婚丧赞礼者曰“司务”，乐工曰“鼓手”，庖人曰“厨子”，日曰“日头”，呼日如聂。月曰“月亮”，呼月如兀。雾曰“迷露”，雹曰“冰牌”，霞曰“华”，虹曰“鲎”，黎明曰“乌黑胧胧”，自晨至午曰“上昼”，未申时曰“下昼”，田边高地曰“畈读若旱头”，港不通者曰“浜”，兜犁曰“铁耪”，锄曰“耜头”，锄地曰“倒”，插秧曰“莳”，积柴曰“柴际”，针曰“引线”，髻曰“纂”，盘曰“反供”，读若龚。舂米曰“碓”，蟋蟀曰“赚绩”，萤曰“汕火郎”，蛤霸曰“癞团”，蛙曰“田鸡”、曰“水鸡”，熨斗曰“云斗”，豕曰“猪猡猡”，羊曰“羊乖乖”，俗转如妈。呼鸭曰“奚奚”，呼鸡曰“㘝㘝”，音昼，俗转如促。呼狗曰“獹獹”，此方言之通行者。

他若因忌而变称，如讳散，呼伞曰“竖笠”。讳极，呼屐曰“木套”。讳死，呼洗曰“净”。讳滞，呼筯曰“快”。讳挫，呼醋曰“秀才”之类。借喻以取义，如媚人者曰“篾片”，软弱曰“衣皮”，托他人名以取物曰“顶反供”，读若龚。物一卖再卖曰“楼上楼”，伺隙加害曰“踏沉船”，武断曰“横撑船”，插入事中曰“夹篙撑”，无用曰“水通蟹”，醵钱共饮曰“扛柜”，许物不偿曰“拔短梯”，轻易举事曰“揵木梢”，借端讹诈曰“敲竹竿”之类。

其以翻切成字，如团为“夺栾”，孔为“窟窿”，盘为“跋栾”，精为“即零”，邨为“秋根”，呼为“唿涂”之类。

至名称之淆乱不正者，如呼母曰“妈妈”、曰“阿妈”，呼从母曰“大姨”、曰“娘姨”，呼伯叔母曰“大妈”、曰“婶娘”，呼女佣亦曰“阿妈”、曰“妈妈”、曰“婶婶”、曰“娘姨”，近且统呼姑母、从母曰“伯伯”，呼神为“佛”、为“菩萨”，呼典夥曰“朝奉”，医生曰“郎中”之类。又如烹、庚、更、彭、朋、盲、撑、争、羹、行、横、耕、坑、莺、樱、鹦、橙等，并作阳韵。硬、梗、盛并作漾韵。石、白、百、宅、尺、赤、拆、格、客、射、额、拍、麦、吓、只、碛、责，并作药韵。又如税为世，授为胄，诏为召，江为冈，戊为武，人、壬为迎、认，赁为佞，赊为沙，蛇为茶，伤为丧，忘为忙降，寒为杭，旺为巷，耳为你，二为腻，贵为句，孝为耗，让为釀，鼻为粥，肉为恧，觉为阁，日为蹑，月为额，热为业，物为末，瘧为愕，吹为痴，吕为李，围为圩，愈为越，太为忒，吴、鱼、无并为鼻音，读并三字为一音。亩、母、五、午并作鼻音，读并四字为一音。读三如山，而声、生、甥、笙、牲亦如山。读宏如红，看如康，忌讳之讳为觑，小儿毁齿之毁为煦，吃亏之亏为区，支韵与微、灰、齐相乱，庚、青、侵与烝、真相乱，皆语音之不正者。夫声音之道与政通，虽俚俗之语，而人情之真伪、事物之繁赜，胥于是乎。在官斯土者，苟言语之不通，何以听辞而折狱哉？

太倉州志　卷三　風土　十一

洪範稽之月令天時人事之微應人情風俗之同異下至農夫野老春秋祈報所謂百日之蜡一日之澤弛張之義文武之道喜怒哀樂之發無一不本乎性率乎情顧自漢唐來雜以二氏之教亂以愚夫愚婦之說吾州勝國末陸陳諸先生昌明正學蔚爲巨儒然一傅衆咻迄今二百餘年益淩夷衰微卒無以革澈俗而反之正是可憂也州地劃自三邑而土音亦因之微異大抵出聲重而舌不圓近崑山者十之六近常熟嘉定者十之三四而今昔稍殊雅俗亦判如語了曰哉（見經傳）語餘曰那（世說公是韓伯休那）指人曰其曰伊（見經傳）以肩舉物曰掮（音乾見史）

記以手擠人曰捘（音尊見左傳）以手摘高曰扳（見公羊傳）以手撇物曰撻（見南史）橫閃對舉曰扛（見史記）兩手取物曰掇（見易詩）以手按物曰拏（見南史）滿足曰彀（見孟子又作够）俗麤蠢曰笨（見宋書）不慧曰獃（唐韻獃大癡）小舌取物曰餂（見孟子）躲避曰畔（王隱晉書鄧伯道避石勒難以車馬負妻子以叛按叛與畔通）得財曰利市（見易繫辭）責人曰數說（左傳乃執子商而數之）預期曰指望（見梁書）厭多曰多許（見隋書）語不經曰荒唐（見莊子）茸理齊整曰修娖（見唐書）不管事曰落度（音鐸見宋書）腹脹曰彭亨（見唐韓愈詩）體肥曰胖（見大學）貪縱爲非曰放手（見後漢書）儱短步澀曰勃窣（見漢書）猶豫曰罍尿（音如瀰癡見列子）漂流在外曰流落（見明皇雜錄）事了曰罷休（見史記）不

粗疏曰子細（見唐杜甫詩）平穩曰妥貼（見唐韓愈詩）退後曰縮朒（見漢書）疾速曰飛風（唐制馬入上乘局者印以三花其餘雜馬于左髀印飛于右髀印風俗語蓋本此）性急曰卒暴（見漢書）語不明曰含胡（見唐書）習氣曰毛病（黃山谷刀筆曰此荊南人毛病）以手做事曰生活（見孟子）人死曰過世（見晉書）有親曰瓜葛（晉王導與子圍棋爭道導笑曰相與有瓜葛那得爾耶）午餐曰中飯（見唐詩）呆劣曰襱䙊（古樂府今世襱䙊子）人衆相隨曰蚼伴（蚼螳爲飛則羣聚故云）寧可曰耐可（見唐李白詩）作揖曰唱喏（崔煒傳使者唱喏宋以前揖必唱喏）微暖曰溫暾（見唐王建詩）鄙人營生曰經紀（見唐書）人物作鬧聲曰擊轂（見國策）聆言不省曰耳邊風（見唐杜荀鶴詩）見物生羨曰眼孔淺（書言故事云桑維翰錢上曰措大眼孔淺）愛以事訐人曰

丁一確二（取著實不爽之意見朱子語類）責人而姑警之曰受記亦曰摩頂受記（蓋襲用釋氏語或訛記爲句）練事曰習慣（見賈子）進退不果曰佁儗（音如滋賦司馬相如賦佐以佁儗）不委曲曰直籠統（見唐書）奴婢所生曰家生子（漢書免驪山徒人奴產子師古注即家生兒）罵小兒之桀猾者曰雜種（晉前燕記蠢荅雜種）行步欲傾跌曰打滑撻（唐皮日休詩蘚地滑）蓬足喉曰胡嚨（詩狼跋其胡亦作嚨嚨漢五行志請爲諸君鼓嚨胡）指環曰手記（鄭詩箋后妃羣妾當御者授之以鐶著于左手既御著于右手事無大小記以成法今男子所著曰戒指女子曰手記本於此）滌器之布曰幡布（晉人云不見酒家幡布乎亦曰抹布船家曰展布忌與翻沒同音也）鬆炭曰麩炭（見陸游老學菴筆記）衣貯棉花曰棉絮（見晉書）櫃之有板匣者曰抽替（見宋書）藻井曰天花板（山房隨筆元好問妹子自補天花板）

此皆方言之有本者而兒音同倪又音同異死音同洗大音同惰作音同做鬼音同舉龜音同居此音之與古近者其看曰張望曰睃執曰當（去聲）臥曰困藏曰囥移曰捅忍曰熬轉曰跋跗物曰坐置物曰安積物曰頓指物曰那（拏去聲）提物曰拎妄語曰趙謊言曰搗鬼得利曰賺失利曰折本（折讀若入）富曰從容巧曰摟搜曰尖鑽苛細曰合搭獃曰犺呆曰鑼昏愚曰懵懂拙於逢時曰秋不循理曰蠻門機變曰乖曰唧嚕有能曰本事戲謔曰撥曰取笑閑遊曰白相自誇曰賣弄曰說嘴不豪爽曰敷慧䦧（音練）糾纏曰嚕嗦曰彙堆曰兜搭悔心曰懊憹犯

上曰衙撞能幹事曰在行亦曰在調事幸相值曰偶湊僥倖曰造化事已了曰過頭事完曰連牽決裂曰索哉不利曰倒運曰悔氣不滿人意曰促恰物完全曰囫圇物不中用曰癩𤺥不鮮潔曰乾癟下垂曰離提（提讀若如）些微曰粒屑不收拾曰邋遢穢雜曰拉圾騙人曰串局受騙曰上當強出尖曰行霸太甚曰忒煞熱物曰頓火乾曰燥浮曰氽（吞上聲）流曰淌蓋曰蓋以杓取水曰舀（遙上聲）擲物曰豁又曰丟（當入聲）手拔曰拼（音若入聲）爪搯曰扚（音的）去滌曰擸（音猥）袖籠手曰相攏雜物穢雜曰壢糟心煩懣亦曰壢糟安身處曰窠坐門之關橫曰門閂豎曰門首飾曰

太倉州志　卷三　風土　十四

頭面鞋曰腳手器曰家生布帛薄曰澆裯密曰猛疏曰稀膩曰醲醲貨低曰邱亦曰鄒事難處曰尷尬不清楚曰夾膩作事無據曰無影子沮壞事體曰打破句誇張曰擺架子有意逢迎曰湊奉女子拜曰屈（讀上聲）眼作細縫曰貫斜（音瀉妻）目眥曰眼眵乳曰嬭體瘦曰清減賣買曰生意子女曰大細男曰囝（拨平聲）女曰囡（拨去聲）僕曰鼻頭（吳音主同觸豕僕聲勢出人上猶鼻頭之居觴上也）主從嫁相禮者曰伴娘亦曰賣婆收生者曰老娘女巫曰師娘督喪贊禮者曰司務樂工曰鼓手庖人曰廚子日曰日頭（呼日如熱）月曰月亮（呼月如兀）霧曰迷露雹曰冰牌霞曰華虹曰鱟天黎明曰烏

黑朧朧自晨至午曰上晝未申時曰下晝田邊高地曰吭（讀若旱）頭港不通者曰浜兜犁曰鐵賴鋤曰耜頭鋤地曰倒插秧曰蒔積柴曰柴際針曰引線甃曰窯盤曰反供（讀若龔）舂米曰碓蟋蟀曰賺績螢曰灶火郎蛤霸曰癩團蛙曰田雞曰水雞斛斗曰雲斗豕曰豬玀羅羊曰羊乖乖（俗轉如嫣）呼鴨曰奚奚呼雞曰㗖㗖（音晝俗轉如促）呼狗曰𤠣𤠣此方言之通行者他若因忌而變稱如諱散呼撤曰豎笠諱極呼屐曰木套諱死呼洗曰淨諱滯呼筯曰快諱挫呼醋曰秀才之類借喻以取義如媚人者曰篾片輭弱曰衣皮託他人名以取物曰頂反供（讀若龔）物一賣

太倉州志　卷三　風土　十五

再賣曰樓上樓伺隙加害曰踏沈船武斷曰橫撐船捕入事中曰夾篙撐無用曰水通蟹醵錢飲食曰扛櫃詐物不償曰拔短梯輕易舉事曰撻木梢借端訛詐曰敲竹竿之類其以翻切成字如圖為奪欒孔為窟籠盤為跋欒精為鯽零鄒為秋根呼為昏塗之類至名稱之淆亂不正者如呼母曰嫣嫣曰阿嫣呼從母曰大姨曰娘姨呼伯叔母曰大嫣曰嬸娘呼女傭亦曰阿嫣曰嫣嫣曰嬸嬸曰娘姨近且統呼姑母從母曰伯伯呼神為佛為菩薩呼典夥曰朝奉醫生曰郎中之類又如烹庚更彭朋盲撐爭甕行橫耕坑鶯櫻橙等並作陽韻硬梗盛

並作濛韻石白百宅尺赤拆格客射額拍麥嚇隻磧責並作藥韻又如稅爲世授爲胄詔爲召江爲岡戌爲武人王爲迎認賃爲佞賒爲沙蛇爲茶傷爲喪忘爲忙降寒爲杭旺爲巷耳爲你二爲膩貴爲句孝爲耗讓爲釀鼻爲粥肉爲惡覺爲閣日爲躡月爲額熱爲業物爲末瘧爲愕吹爲癡呂爲李圍爲圩愈爲越太爲忒吳魚無並爲鼻音讀併三字爲一音畝母五午並作鼻音讀併四字爲一音讀三如山而聲生甥笙牲亦如山讀宏如紅看如康忌諱之諱爲戲小兒毀齒之毀爲煦喫虧之虧爲區支韻與微灰齊相亂庚青侵與烝眞相亂皆語

太倉州志　卷三　風土　夫

音之不正者夫聲音之道與政通雖俚俗之語而人情之眞僞事物之繁賾胥於是乎在官斯土者苟言語之不通何以聽辭而折獄哉婁地濱海岡身土磽瘠自城而東距於海其田畝鍾其種宜棉棉今誤稱木棉不知木棉出交廣木本州地所產乃草本者四月下種秋初結實中有白棉亦有紫色者收花時販客雲集利用最溥麻菩自南鄉而東距于海其田上中錯其種宜棉其畜雞魚其樹宜竹自北鄉而東距于海其田中下錯其種宜棉荏者宜稻其畜魚羊其樹宜木穀有雀不知諸稻未熟此先登場故名此稻宜沙土沿海多種之秋前割六月白二種最早收最薄矮黃中秋稻雁來紅紅芒米白色紅蓮香紅芒米赤色杜籮秈香秔青芒米白味香已上六種皆

注：图版采自《中国地方志集成·江苏府县志辑 18》，江苏古籍出版社 1991 年版，第 29—32 页。

（九）昆山新阳两县地方志

南朝梁大同三年（536），昆山县由娄县改名而来，经历七百余年，至元贞元年（1295）因户口增多，升昆山县为昆山州。明洪武二年（1369），降昆山州为县，仍属苏州府。

清雍正三年（1725），分昆山县西北部置新阳县，两县同城分治。民国元年（1912），昆山、新阳两县合并，仍名昆山县，属江苏省上海道。民国三年（1914），江苏省改设 5 道，昆山属苏常道。

1949 年昆山解放，属苏州行政区专员专署。1950 年后，昆山属江苏省苏州专员公署。直至 1983 年撤苏州地区行政公署前，昆山县均属苏州市。1989 年昆山撤县建市，2011 年昆山市成为省直管县。

昆山、新阳两县地方志，波书仅收录乾隆十五年的《昆山新阳合志》，本书补录张鸿、来汝缘修，王学浩纂道光六年《昆新两县志》、光绪六年金吴澜主修《昆新两县续修合志》、民国十二年连德英主修《昆新

两县续补合志》。

1. 乾隆《昆山新阳两县合志》

乾隆十五年（1750），张予介修，顾登纂《昆山新阳合志》，卷一录方言内容甚夥，兹转录全文如下：

方言之近古而异于他方者：

语了曰“哉”。《书经》：“股肱喜哉”。语了曰“且”。《诗经》“只且”、“狂且”。语余曰“那”。《世说》：“公是韩伯休那。”不曰“弗”。《中庸》：“弗知弗措”。不慧曰“呆”。《唐韵》小呆大痴。粗蠢曰“笨”。《宋书·王微传》亦有粗笨之语。指人曰“其”，《论语》：“非其罪也”。又曰“伊”。《诗经》：“殹伊人兮”。称我曰“侬”。《湘山野录》钱王歌：“在我侬心子里。”满足曰“彀”。弓满也。两合无漏曰“腤”。出《庄子》，亦作“缗”。俗云腤缝。以肩举物曰“掮”。出《史记》。打击甚曰“鏖”。《汉书·霍去病传》“合①短兵鏖皋兰②下”颜注：“鏖者，苦击而杀之。”种秧曰“莳”。古注：植也。热酒曰“汤”。《集韵》③注：“热水灼也。”缺齿曰“齾”。见韵书。以鹾腌物曰“盐”。《内则》：“屑姜与桂以洒诸上而盐之。”吃食曰“嚃”。出《礼记》，大啜也。两手取物曰“掇”。见《易注》。盖物曰“磡”，亦曰“匽”。出《汉书》。木片曰“柹”。《晋书·王濬传》：“木柹蔽江而下。”十五日曰“月半”。出《礼记》。如今曰“乃今”。《汉书》：“吾乃今知皇帝之贵也。”数人罪过曰“抚选”，《左传》：“弗去，惧选。”杜注：“选，数也。”又曰“数说”。如汉高之数项羽。污秽曰“恶臭”。如恶恶臭。俗音近触。劳苦曰“擗仆”。《孟子》：“仆仆尔，亟拜。”整理曰“修娖”。《唐书》：“修娖部伍④”。不舒展曰“缩朒”，

① “合”，原讹作“舍”，今正。
② “皋兰”，原误倒为“兰皋”，今正。
③ “集”字原脱，今补。
④ “伍”，原讹作“位”，今正。

退后亦曰“缩朒”。《汉书·五行志》：“王侯缩朒。”佣工曰“客作”。《汉书·匡衡传》：“乃与客作。”饭粒曰“米糁”。《庄子》：“藜藿不糁”。指镮曰“手记”。《诗》郑笺：“后妃群妾以礼御于君所，女史书其日月，授之以镮，当御者著于左手，既御者著于右手。”今俗亦称戒指。厚砖曰“瓴砖”。《魏书·扈累传》：“以瓴砖为障。”众多曰“多许”。《隋书》：“天下何处有多许贼?”在其处曰“里许”。《世说》：“桓大司马先过王、刘诸人许。”人物作闹声曰“击毂”。《国策》：“车击毂”。热不透曰“温暾”。《楚辞》：“暾将出兮东方。”物相类曰“一样能”。《汉书》：“不相能谓不相合也。”嘲笑曰“阿廥廥”。亦招呼声。畏惧曰“寒毛卓卓竖”。《晋书·夏统传》：“不觉寒毛尽戴。”人死曰“过世”。《晋书·秦苻登传》：“陛下虽过世为神。”

异古异他方而义稍通者：

穷视曰“张”，远视曰“望”，近视曰“睃”。张取开眼义。望、睃与看意相通。藏曰“圹”。或作囥，取深穴意。忍曰“熬”。取煎迫意。转曰“跋”。取移足意。贮物曰“坐”。取放下意。置物曰“安”。取平稳意。移物曰“捅”。取挪动意。积物曰“顿”。取顿舍意。布帛薄者曰“浇”。浇亦薄也。点茶点酒曰“筛”。取出物意。折纸曰“夭”。夭，亦折也。以杓取水曰“舀”。指物曰“那”。戏谑曰“蛮”，鄙俗之意。又曰“草”，率略之意。又曰“搂”，牵惹之意。又曰“取笑”。俗云楚笑。躲避曰“畔”。速往曰“趺”。门之关曰“闩”。睡曰“困”。取偃伏意。睡声曰“惛涂”。或作昏鼍。天明曰“天亮”。巧曰“搂搜”，亦曰“尖钻”。皆取得窾意。伶俐曰“即溜”。自夸曰“卖弄”，亦曰“喇天”。能干事曰“在行”，亦曰“奢遮”。事幸相值曰“偶凑”。数说罪过曰“羞削”，亦曰“牙钝”。骗人曰“串局”。受骗曰“上档”。强出尖曰“行霸”。取雄据意。屈抑人曰“郁捺”。谢人曰“聒噪”，取搅扰意。亦曰“打搅”。非常事曰“诧异”。心不定曰“鹘突”。怠惰曰“邋遢”。阘冗之意。富曰“从容”。取宽展意。遇可喜事曰“利市”，亦曰“造化”。物完全曰“囫囵”。事完全曰“连牵”。事决裂曰“了哉”。晦气曰“不色骰”，亦曰“倒运”。得利曰“赚钱”。聚小成大曰“趸当”。极致处曰“得势”。取非常意。安身处曰“窠坐”。取退藏意。此处曰“间边”。彼处曰“个边”。在曰“来到”。取不去意。日曰“日头”。取尊阳意。月曰“月亮”。取明照意。男人揖曰“唱喏”。声喏之意。女人拜曰“屈”。俗作去，屈曲意。首饰曰“头面”。取饰容意。托盘曰“反供”。家伙曰“家生”。阶级曰“僵礤”。锄地曰“倒地”。呼六畜总曰“众生”。数钱五文曰“一花”。取五瓣意。谓人不能曰“无主张”。谓人有疾曰“无张主”。作事无据曰“没雕当”，又曰“无影子”。作事不清楚曰“腻夹夹”。彼此错误曰“两双闪”。说人粧体面曰“摆架子”。此所以曰“呼吸道”。语意相应。

异古异他方而义难通者：

执物曰“当”。按物曰“拏”。掷物曰“豁”，又曰“丟”。摸物曰“摟”。热物曰“顿”。物浮曰“氽”。稠密曰“猛”。妄语曰“赵”。怒曰“气”。上曰“浪”。如书浪、台浪。货之低曰“邱”，曰“邹”。何人曰“啰个”。何物曰“爹个”。那里曰“啰里”。怎的曰“那涝”，又曰“那哼”。何说曰“那话”。刚才曰“姜才”。状貌曰“意里”。纠缠逼迫曰“擂堆”。苛细曰“兜搭”。不洁曰“喇搭”。一番曰“一泼”。几番曰“头泼”、“二泼”。浑举物件曰“东西”。指物之多曰“牢曹”。闲游曰“白相”，又曰“鼻相”。柴余曰“拉撒”。烹饪曰“挣理”。在行曰“罶”。得能曰“本事”。事难处曰“尴尬”。沮事曰“打破句”。多言曰“饶格喇”。多事曰“掀格喇”。物多曰“一拍喇”。

反言者：

神气不振曰“葳蕤”。木荣盛意。举筋曰“按”。宰牲曰“活”。不要曰“极要”。不肯曰“倒肯”。无曰“倒有”。

名不正者：

呼姪为“孙”。呼外孙为“甥”。呼曾孙为“玄孙”。呼神道为“天地”。呼医生曰“郎中”。呼镊工曰“待诏”。呼鱼肉曰“菜蔬”。

讳言而变其名者：

讳散，呼伞曰“竖笠”。讳极，呼屐曰“木套”。讳离，呼梨曰“秋白”。讳没，呼抹布曰“展布”。讳死，呼洗曰“净”。讳滞，呼筯曰“快”。讳挫，呼醋曰“秀才”。

翻语为字者：

团为“夺栾”。孔曰“窟窿”。盘为“跋栾”。精为“即零”。村为“秋根”。呼为“唿涂”。

借喻者：

帮闲曰“篾片”。软弱曰“衣皮”。瞒人曰“抢眼皮”。闯席曰“吹木屑”。横逆曰“横撑船”。多事曰“夹篙撑”。附和曰“一窝蜂”。无用曰“水统蟹”。醵钱共饮曰“扛匮”。妇人健争曰“磕枪头”。懊悔曰“惜尸还魂”。外貌好曰“金漆妈桶”。无知曰“黑漆皮灯笼”。

音存古而异于他方者：

儿音同倪。又音同亦。死音同洗。大音同惰。作音同做。兄音同况。晷、鬼音同举。归、龟音同居①。争音侧羊反。那去声。烹、庚、更、彭、朋、盲、撑、铮、声、生、甥、笙、牲、行、横、羹、耕、坑、莺、樱、鹦、橙等字，并阳韵。梗、养韵硬、盛，并漾韵。石、白、百、宅、尺、赤、拆、格、客、射、额、择、掷、迫、拍、陌、麦、嚇、只、画、碛、责等，并药韵。

音异他方而非古者：

如税为世，授为胄，认为绍，江为冈，瘧为愕，吹为痴，庄为臧，葵为蘧，人为迎，赊为沙，遮为诈，蛇为茶，伤为丧，忘为忙，尝为藏，王为降，降为杭，壬为迎，水为暑，耳为你，二为腻，取为楚，蟹为海，罢为败，去为弃，贵为句，胖为滂，孝为好，巧为考，让为釀，唱为仓，肉为恧，觉为阁，日为蹑，月为额，热为业，物为没，铁犁为铁赖，枇杷为弼杷。

字音口诵不正者：

之为兹，支为孜，章为粧，诗为思，微为肥，文为焚，纸为子，

① 波书图版“居”字原湮灭不见，据道光志补。

是为士，旨为梓，矢为使，始为史，齿为此，吾为鹅，筍为损，永为勇，义为异，帜为恣，岳为鹤，山为三，玉为岬，朔为索，卓为竹，琢为竹，剥为卜，握为屋，万为饭，晚为凡，畿为几，鱼为余，徐为齐，无为符，武为拊，黄为王，胡为何，吕为李，问为忿，爰为碗，年为妍，沿为言，褰为蹇，宁为迎，宏为红，赏为爽，未为吠，外为坏。

音异而字亦讹者：

围为圩，都为保，鄙为啚，姪为侄，浦为埠、又为步，愈为越，太为忒，晃为奝，地名有奝子。剑为及，地名有杨及泾。掌故为帐簿，一带为一答，恼鸦为老鸦。恼鸦本与喜鹊为对。

八月白露日雨主歉，又稻秀時忌風。[illegible]
二十四日爲稻藁日，是日雨則[illegible]
九月九日晴（諺云：重陽無雨一冬晴[illegible]，又云：九月十三晴，釘靴掛斷繩）則[illegible]
十月一日晴和則少寒[illegible]之難於[illegible]
十一月小雪日雪則穀賤，十七日爲彌陀生日，東南風主米貴，西北風主米賤（諺云：吹我面，米不賤；吹我背，米不貴）。
十二月喜雪殺螟蟲子，主來年豐（諺云：[illegible]是箇[illegible]）。

方言　附

方言之近古而異於他方者：語了曰哉（書經：[illegible]哉），語了曰且（詩經：只且，狂且），語餘曰那（世說：公是[illegible]伯休那），不曰弗（中庸：弗措弗知），不慧曰獃

昆山新陽合志　卷一　方言

（唐韻：小癡大癡）蠢蠢曰笨（宋書王徽之傳有蠢笨之語），亦指人曰其（論語：非其罪也），又曰伊（詩經：所謂伊人），稱我曰儂（[illegible]我儂），[illegible]心子裏（錢王歌），滿足曰彀（引滿），[illegible]也，兩合無縫曰脗（出莊子，亦作吻），以肩舉物曰[illegible]（出史記），打[illegible]……

舒展曰縮朒，退後亦曰縮朒（漢書五行志：王侯縮朒），備工曰客作

漢書匡衡傳乃與客作 飯粒曰米糁 莊子藜羹不糁 指環曰手記 詩鄭箋后妃群
妾以禮御於君所女史書其日月授之以環以進退之當御者著銀環著於左手既御者著於右手今俗亦謂戒指 御厚碑
曰甋瓴 以甓甎魏書崔光傳為階 衆多曰多許 許處有多許晉書天下何多許成 在其處
曰裏許 世說桓大司馬過王劉諸人許 先人物作鬧聲曰擊殺 漢書擊殺事
熱不透曰溫暾 楚辭將出東方 物相類曰一搽能 漢書不相能謂不相和
合也 嘲笑曰阿𠲎 亦招呼聲 畏懼曰寒毛卓竪 晉書夏統傳不覺寒毛盡竪 人死曰過世 晉書蔡謨傳陛下雖過世為神
異古異他方而淺稍通者竊覷曰張 遠覷曰望 近覷曰睃
張 取開眼義瞪與看意相通 藏曰壙 或作岡深穴意 取忍曰熬 取煎熬意 轉曰跋
取移足意 貯物曰坐 取放下意 置物曰安 取平穩意 移物曰捅 取動意 積
物曰頓 取頓舍意 布帛薄者曰澆 澆薄亦點也 點茶點酒曰篩 取出物意

昆山新陽合志 卷一 方言 三

折紙曰夭 夭亦折也 以杓取水曰舀 指物曰那 戲謔曰鬭 俗鬭
之意 又曰草 率略之意 又曰摟 牽惹之意 又曰取笑 楚辭云笑 躲避曰畔
速往曰跌 門之關曰閂 睡曰困 取倦伏意 睡聲曰鼾 昏塗曰悟塗 或作昏塗
天明曰天亮 巧曰𡡉 妙亦曰尖鑽 皆取鑽意 得伶俐曰卽溜
自誇曰賣弄 亦曰喇天 能幹事曰在行 亦曰齊整事幸
相值曰偶湊 數人罪過曰差倒 亦曰牙鈍 騙人曰串局
受騙曰上檔 強出尖曰行霸 取霸據意 拗人曰戇 探謝人
曰聒噪 取擾攘意 亦曰打攪 非常事曰咤異 心不定曰偶突
急懵曰邋遢 闒冗之意 寬曰從容 取寬展意 過可喜事曰利市 亦
曰造化 物完全曰囫圇 事完全曰連牽 事決裂曰了哉
悔氣曰不色 骰子曰倒運 得利曰賺錢 聚小成大曰𢭃

當極至處曰得勢 取非常意 安身處曰窠坐 取退藏意 此處曰個
邊 彼處曰箇邊 在曰來 到曰去 取不意 日曰日頭 取陽意 月曰月
亮 取明照意 男人拜曰唱喏 取聲喏之意 女人拜曰萬福 婦女首飾
曰頭面 取飾容意 托盤曰反供 家伙曰家生 作鍋曰鑊
地曰倒地 呼六畜總曰衆生 數錢五文曰一花 取五朵意 謂
人不能曰無去 謂人有疾曰無張主 作事無據曰沒
雜當 又曰無影子 作事不清楚曰膩夾夾 彼此錯誤曰
兩變 閃說人 雜體面曰擺架子 此所以曰呼吸道 語意相應
異古異他方而義雖通者 執物曰當 按物曰拳 擲物曰䃁
又曰丟 損物曰壞 熱物曰頓 物浮曰汆 稠密曰猛 妄語
曰趨 怒曰氣上 曰浪 如狂浪 貨之低曰邱 曰鄉 何人曰

昆山新陽合志 卷一 方言 三

羅個何物曰麼個 那裡曰羅裡 怎的曰那㗎 又曰那哼
何說曰那話 剛纔曰曼纔 狀貌曰意裡 糾纏逼迫曰擂
堆 細曰兜搭 不緊曰𪨗搭 一番曰一潑 幾番曰頭潑
二潑 物件曰東西 指物之多曰牢曹 曰白相
又曰鼻相 曰拉撒 曰掙 在行曰得能曰
本事 事雜處曰尷尬 事曰打破 何多言曰饒格喇 多
事曰掀格喇 物多曰一拍喇
反言者 神氣不振曰蔽褻 筋曰按 牲曰活 不要
曰梗 要不肯曰倒肯 無曰倒有
名不正者 呼姪為孫 呼外孫為甥 呼曾孫曰乎孫 呼神道
為地 呼醫生曰郎中 呼鐵工曰待詔 呼魚肉曰菜蔬

諱言而變其名者諱散呼傘曰豎笠諱極呼屐曰木套諱
離呼梨曰秋白諱沒呼抹布曰展布諱死呼洗曰淨諱
滯呼筯曰快諱挫呼醋曰秀才
翻語爲字者鬮爲奪欒孔曰窟籠盤爲跋欒猜爲卽零村
爲秋很爲昏塗
借喻者幫閑曰篾片敝弱曰衣皮藕人曰掄眼皮闖席曰
吹木屑橫逆曰橫撐船多事曰夾篙撐附和曰一窩蜂
無用曰水統祭醵錢共飲曰扛匱婦人健爭曰磕鎗頭
懊悔曰借尸還魂外貌好曰金漆馬桶無知曰黑漆皮
燈籠
音存古而異於他方者兒音同倪又音同亦死音同洗大
崑山新陽合志　卷一　方言　音
音同惰作音同做兒音同兒晷鬼音同舉歸龜音同
爭音側羊反那去聲烹庚更彭朋盲猙錚聲生甥笙此
行橫羹耕坑鶯櫻鸚橙等字並陽韻硬養韻硬盛並漾
韻石白百宅尺赤折格客射額擇擲廹拍陌麥嚇隻諸
磧責等並藥韻
音異他方而非古者稅爲世授爲胄認爲紹江爲岡螃爲
慒吹爲痴莊爲臧葵爲逵人爲迎除爲沙遊爲許蛇爲
茶傷爲喪忘爲忙嘗爲藏王爲降降爲杭上爲迎水爲
暑耳爲你二爲膩取爲楚蟹爲海罷爲敗去爲棄貴爲
句胖爲滂孝爲好巧爲考讓爲釀肖爲倉肉爲恧覺爲
閣日爲躡月爲額熱爲業物爲沒鐵爲鐵賴枇杷爲

弼杷
字音口誦不正者之爲茲支爲孜章爲樁詩爲思微爲肥
文爲焚紙爲子是爲士旨爲梓矢爲使始爲史齒爲此
吾爲鵝筍爲損永爲勇義爲異幟爲恣獄爲鶴山爲三
玉爲鰯朔爲索卓爲竹琢爲竹剥爲卜屋爲屋萬爲飯
脫爲凡幾爲幾魚爲余徐爲齊無爲符武爲撫黃爲王
胡爲何呂爲李問爲忿麥爲砚年爲狃沿爲言蠶爲塞
寧爲迎宏爲紅賞爲爽未爲吠外爲壞
音異而字亦訛者圍爲圩都爲保部爲蓓姪爲侄浦爲埠
又爲步愈爲越太爲忒晃爲𣄃地名有𣄃子鈒爲反地名有楊反涇
掌故爲帳簿一帶爲一答惱鴉爲老鴉舊志本與喜鵲爲對

注：图版采自［日］波多野太郎编：《中国方志所录方言》第 6 编，日本横滨市立大学纪要 1968 年版，第 271—279 页。

2. 道光《昆新两县志》

道光六年（1826），张鸿、来汝缘修，王学浩纂《昆新两县志》，卷一方言部分，绝大多数沿袭乾隆志，略有增改。兹转录全文如下：

方言之近古者：

语了曰“哉”。多见经传。又曰“且”。《诗经》“只且”“狂且”。语余曰“那”。《世说》：“公是韩伯休那。”不曰“弗”，不慧曰“呆”。《唐韵》小呆大痴。粗蠢曰“笨”。音朋去声。《宋书·王微传》亦有粗笨之语。指人曰“其”，又曰“伊”。多见经传。称我曰“侬”。《湘山野录》钱王歌：“永在我侬心子里”。满足曰“彀”。弓满也。以肩举物曰“揵”。出《史记》，音乾。打击甚曰“鏖”。《汉书·霍去病传》“合①短兵鏖皋兰下”颜注：“鏖者，苦击而杀之。”种苗曰“莳”。古注：植也。热酒曰“汤”。去声。《集韵》②注：“热水灼也。”缺齿曰“齾”。见韵书，牛瞎切。以鹾醃物曰“盐”。出《礼记·内则》，去声。吃食曰“嚃”。出《礼记》，大啜也。两手取物曰“掇”。见《易经·说卦》。盖物曰“磝”，亦曰“匽”。出《汉书》。十五日曰“月半”。出《礼记》。数人罪过曰“数说”，又曰“抚选”。《左传》：“弗去，惧选。”杜注：“选，数也。”污秽曰“恶臭”。见《大学》。俗音臭，近触。劳苦曰“擗仆”。《孟子》：“仆仆尔，亟拜。”整理曰“修娖”。《唐书》：“修娖部伍③。”不舒展曰“缩朒”，退后亦曰“缩朒”。《汉书·五行志》：“王侯缩朒。”佣工曰“客作”。《汉书·匡衡传》：“乃与客作”。饭粒曰“米糁”。桑感切。《庄子》：“藜藿不糁。”厚砖曰“甋砖”。《魏书·扈累传》：“以甋砖为障”。众多曰“多许”。《隋书》：“天下何处有多许贼？”人物作闹声曰“击毂”。《国策》：

---

① “合”，原讹作“舍”，今正。
② “集”字原脱，今补。
③ “伍”，原讹作“位”，今正。

"车击毂。"热不透曰"温暾"。《楚辞》:"暾将出兮东方。"物相类曰"一样能"。《汉书》:"不相能谓不相合也。"能取相合意。畏惧曰"寒毛卓卓竖"。《晋书·夏统传》:"不觉寒毛尽戴"。人死曰"过世"。《晋书·秦苻登传》:"陛下虽过世为神。"如此曰"是盖"。古文承接通用。

异古异他方而义稍通者:

看曰"张",曰"望",曰"睃"。藏曰"圹"。或作园,取深穴意。忍曰"熬"。取煎迫意。转曰"跋"。取移足意。贮物曰"坐"。取放下意。置物曰"安"。取平稳意。移物曰"捅"。取挪动意。积物曰"顿"。取顿舍意。布帛薄者曰"浇"。浇亦薄也。点茶酒曰"筛"。取出物意。折纸曰"夭"。夭,亦折也。以杓取水曰"舀"。遥上声。《字汇》:"杵臼也",盖借用之。指物曰"那"。拿去声。犹言那个。戏谑曰"蛮",鄙俗之意。又曰"草",率略之意。又曰"搂",牵惹之意。又曰"取笑"。俗音楚笑。躲避曰"畔"。速往曰"跌"。门之关曰"闩"。睡曰"困"。取偃伏意。睡声曰"惛涂"。天明曰"天亮"。巧曰"搂搜",亦曰"尖钻"。皆取得窍意。伶俐曰"即溜"。自夸曰"卖弄",曰"说嘴",亦曰"喇天"。能干事曰"在行",亦曰"在道"。事幸相值曰"偶凑"。数说人过曰"羞削",亦曰"牙钝"。骗人曰"串局"。受骗曰"上档"。强出尖曰"行霸"。屈抑人曰"郁捺"。谢人曰"聒噪",取搅扰意。亦曰"打搅"。帮话曰"搭嘴"。可怪事曰"诧异"。心不定曰"鹘突"。怠惰曰"邋遢"。取阘茸意。富曰"从容"。取宽展意。事可喜曰"利市",亦曰"造化"。物完全曰"囫囵"。事完全曰"连牵",又曰"结题"。事决裂曰"了哉"。晦气曰"不色骰",亦曰"倒运"。得利曰"赚钱"。聚小成大曰"趸当"。些微曰"粒屑"。安身处曰"窠坐"。此处曰"该边"。彼处曰"个边”。在曰“来到”。取不去意。日曰“日头”。取尊阳意。月曰“月亮”。取明照意。男人揖曰“唱喏”。声喏之意。女人拜曰“屈”。俗作上声，取屈曲意。首饰曰“头面”。取饰容意。托盘曰“反供”。家伙曰“家生”。阶级曰“礓礤”。锄地曰“倒地”。呼六畜曰“众生”。数钱五文曰“一花”。取五瓣意。藐视物之多曰“㸗𤛗”。《集韵》：“㸗𤛗，物未精也。”事无碍曰“不反道”。昏愚曰“懵懂”。谎言曰“捣鬼”。作事不清楚曰“腻夹夹”。彼此错误曰“两双闪”。天微明曰“乌昽昽”。不料理曰“喇嘛”。西域名，亦取蛮意。作事无据曰“没雕当”，又曰“无影子”。诮人夸张曰“摆架子”，又曰“摆摊”。此所以曰“呼吸道”。语意相应。自主意曰“杜田”。万峰禅师偈曰：“七十九年，一味杜田。悬崖撒手，白日杲天。”

异古异他方而义难通者：

执物曰“当”。去声。按物曰“拏”。掷物曰“豁”，又曰“乱”。当入声。摸物曰“搂”。热物曰“顿”。物浮曰“氽”①。吞上声。稠密曰“猛”。妄语曰“赵”。妄语谓喜造，言生事，当是造字音误为赵。痴曰“铎”。明郑文康有友十人，忌者呼为十铎。怒曰“气”。上曰“浪”。如言书上、台上，则曰书浪、台浪。货之低曰“邱”，亦曰“邹”。何人曰“啰个”。何物曰“奓个”。那里曰“啰里”。怎的曰“那涝”，又曰“那哼”。在此曰“来里”。何说曰“那话”。刚才曰“姜才”。状貌曰“意里”。纠缠曰“累堆”。苛细曰“兜搭”。嘲笑曰“阿𪀔𪀔”。不洁曰“喇搭”。一番曰“一泼”。几番曰“头泼”“二泼”。闲游曰“白相”。秽杂曰“拉撒”。有能曰“本事”。事难处曰“尴尬”。沮事

① “氽”，原讹作“余”，今正。

曰“打破句”。多事曰“掀格喇”。物多曰“一拍喇”。滴曰“帝①”。

反言者：

神气不振曰“葳蕤”。《本草》木荣盛意。举筋曰“按”。宰牲曰“活”。

名不正者：

呼侄为“孙”。呼外孙为“甥”。呼曾孙为“元孙”。呼父为“老土地”。呼母为“阿妈”。呼神道为“佛”，为“菩萨”。呼医生为“郎中”。呼镊工为“待诏”。呼鱼肉为“菜蔬”。

讳言而变其名者：

讳散，呼伞曰“竖笠”。讳极，呼屐曰“木套”。讳离，呼梨曰“秋白”。讳没，呼抹布曰“展布”。讳死，呼洗曰“净”。讳滞，呼筯曰“快”。讳挫，呼醋曰“秀才”。

借喻者：

帮闲曰“篾片”。软弱曰“衣皮”。瞒人曰“抡眼皮”。闯席曰“吹木屑”。伺隙加害曰“踢痛腿”，又曰“踏沉船”。武断曰“横撑船”。插入事中曰“夹篙撑”。附和曰“一窝蜂”。无用曰“水统

① “滴”的本字为“渧”。

蟹”。醵钱共饮曰“扛柜”。许物不偿曰“拔短梯”。轻易举事曰“撻木梢”。状人狠戾曰“横牙神”。妇人健争曰“磕枪头”。懊悔曰“惜尸还魂”。外貌好曰“金漆马桶”。无知曰“黑漆皮镫笼”。

翻语为字者：

团为“夺栾”。孔为“窟窿”。盘为“跋栾”。精为“即零”。邨为“秋①根”。讥人邨俗也。呼为“唿涂”。

音存古而异于他方者：

儿音同倪，又音同亦。死音同洗。大音同惰。作音同做。兄音同况。鬼音同举。归、龟音同居。争音侧羊反。他如：烹、庚、更、彭、朋、盲、撑、铮、声、生、甥、笙、牲、行、横、羹、耕、坑、莺、樱、鹦、橙等，并作阳韵。梗、养韵之硬、梗、盛并作漾韵。石、白、百、宅、尺、赤、拆、格、客、射、额、择、掷、迫、拍、陌、麦、嚇、只、画、碛、责等，并作药韵开口呼。

音异他方而非古者：

如水为暑，税为世，授为胄，诏为召，江为冈，葵为蘧，人为迎，赊为沙，遮为诈平声，蛇为茶，伤为丧，忘为忙，尝为藏，王为降，降为杭，壬为迎，耳为你，二为腻，取为楚，贵为句，孝为好去声，让为釀，唱为仓去声，肉为恧，觉为阁，日为蹑，月为额，热为

① “秋”，原讹作“杺”，据《太仓州志》、《昆新两县续修合志》改。

业，物为末，铁犁为铁赖，亦作铁搭，枇杷为弼杷，庄为臧，瘧为愕，吹为痴。

字音口诵不正者：

之、支并作兹，诗作思，章为妆，文为焚，纸为子，是为士，旨为梓，卓、琢并为竹，剥为卜，万为饭，晚为凡，徐为齐，无为符，武为拊，胡为何，吕为李，问为忿，爰为碗，赏为爽。外此，如微、惟、朱、诸之类，尚不可枚举。

音异而字亦讹者：

围为圩，都为保，鄙为啚，愈为越，太为忒，晃为㫒，剑为及，一带为一答，恼鸦为老鸦。恼鸦与喜鹊对，误作老鸦。

曰喜晴諺云重陽無雨一冬晴……
無雨耳舊志謂重九晴則冬乾又云九月十三晴釘靴掛斷繩○十月朔下元節人皆
祀其祖先有祭於墓者名燒衣節又名鬼節是日晴和則冬
不甚寒貧人應難度木有田之家始開倉收租田主立限分頭限二限三
限每限幾日以兌米若干以勸急公○十一月小雪日雪則穀賤十七日
爲彌陀佛誕東南風主米貴西北風主米賤諺云吹我面米不賤
吹我背米不貴冬至日士紳家拜賀尊長如正旦或懸先像一日親朋
以禮物相餽今不盡然富貴家有施棉襖者入臘農家舂米
甕藏經歲不蛀謂之冬舂米○十二月謝乞兒作男婦
裝稱竈公竈母執竹枝噪於門曰保平安俗云跳竈王至二
十四日乃止又有塗面扮鍾馗逐鬼者除夕乃止蓋即

崑新兩縣志　卷一　風俗占候　壬

儺之遺意是月宜雪雪則殺螟蟊子主來年豐諺云臘雪是寶
破春雪是節尚鬼初八日以百果煮粥名臘八粥二十四日拂拭
屋宇積塵祀竈用餹餅及時菇送竈神二十五日俗傳
諸佛下降詳見前除夕各祀分所應祀神祇及祖先易桃
符春帖封井插冬青柏枝芝蔴萁於簷端以石灰水畫
米囤或戟矢於地以祈年禳災以石灰盛布袋印戶外
日白驢跡門倚長炭名閂門炭閉門放爆竹三聲

方言附

方言之近古者語了曰哉多見經傳又曰且詩經只且狂且語餘曰那
世說公是韓伯休那不曰弗不慧曰獃唐韻小獃大癡蠢曰笨音奔宋明夫
王微傳亦蠢茶之言有指人曰其又曰伊多見經傳稱我曰儂湘山野錄錢王

歌永在我嘰心子裏滿足曰彀弓滿也以石擲物曰攛音乾出史記打擊
甚曰鏖漢書霍去病傳合短兵鏖皋蘭下顏注鏖者苦擊而殺之種苗曰蒔古註植也熱
酒曰湯去聲綱註熱水灼也缺備曰鬻見韻書牛賤切以鹺調物曰鹽出禮
記內則去聲啖食曰噬出禮記大啜也兩手取物曰掇見易經說卦盜物
曰竊亦曰贓出漢書十五日曰月半出禮記數人舉過曰數
說文曰撫選左傳弗去懼選杜註選數也逸汚穢曰惡臭見大學音臭近俗關勞
苦曰辯僕孟子僕僕亟拜僕整理曰修娖唐書修娖部位不舒展曰縮
朒退後亦曰縮朒漢書五行志王侯縮朒傭工曰客作漢書匡衡傳乃與客
作飯粒曰米糝桑感切莊子藜藿不糝厚砌曰甎甋魏書以甋爲壘障
衆多曰多許隋書天下何處有多許賊人物作鬧曰擊轂戰國策車轂擊
熱不透曰溫暾楚辭暾將出兮東方物相類曰一樣能漢書不相能謂不相

崑新兩縣志　卷一　方言

相合也能取合意提攜曰寒毛卓卓豎晉書夏統傳寒毛盡豎不人死曰
過世晉書秦苻登傳下避過世爲神陛如此曰是蓋古文承接通用
異古異他方而義稍通者看曰張曰望曰瞭瞭門瞭或作瞅
深究意忍曰熬取煎迫意轉曰扳取近意佇物曰坐取放下意置物曰
安取平穩意移物曰捅取動挪意積物曰頓取頓含意布席薦者曰澆
漉亦也點茶酒曰篩取出物意折紙曰𠬶亦折也以杓取水曰舀
遙上聲字義借用之也搖指物曰那傘去聲韓那個戲謔曰鑽之意俗又
曰草率之意又曰摟率意又曰取笑俗音悲笑躲避曰畔迷作
曰跌門之關曰閂驅曰困取假伏意睡醒曰惛懂天明曰天
亮巧曰搜拽亦曰尖鑽取岩窈意伶俐曰即溜自誇曰賣
弄曰說嘴亦曰喇天能幹事曰在行亦曰在道事幸相

值曰偶湊數說人過曰差倒亦曰牙鈍騙人曰串局受
騙曰上檔強出尖曰行霸屈抑人曰鬱捺謝人曰斯㖞
取擺撥意亦曰打擺搭話曰搭嘴可怪事曰咤異心不定曰
鶻突忿懥曰邋遢取闒茸意寬曰從容取寬展意事可喜曰利市
亦曰造化物完全曰囫圇事完全曰速案又曰結題事
決裂曰了哉悔氣曰不色散亦曰倒運得利曰賺錢衆
小成大曰蓋當些微曰粒屑安身處曰窠坐此處曰該
邊彼處曰箇邊在曰來到取不去意日日曰頭取尊陽意月曰月
亮取明照意男人拱曰唱喏俗作聲喏之意女人拜曰屈取屈曲意俗作上聲首
飾曰頭面取飾容意托盤曰反供家伙曰家生階級曰磯礎
動地曰倒地呼六畜曰衆生數錢五文曰一花取五瓣意

崑新兩縣志　卷一　方言

視物之多曰夥夥集韻夥物未精也事無礙曰不反道狄恐曰
惝慌謊言曰搗鬼作事不清楚曰夾夾彼此錯謬曰
兩雙閃天微明曰烏矓矓不料理曰喇嘛西域名亦作取荒意
事無據曰沒雕當又曰無影子謗人誇張曰擺架子又
曰擺擺此所以曰呼吸道相應取言語意自主意曰杜田佣萬曆將師曰
七十九年一味杜田懸崖撒手白日果天
異古異他方而義難通者搬物曰當去聲按物曰挲挪物曰
將又曰孤當入聲摸物曰摟燕物曰頓物浮曰氽音上聲
密曰猛妄語曰道當妄語謂造言生事趙是造字音誤爲趙凝曰繹取鄉文明有友
十人忌者呼爲十鐸怒曰氣上曰淚如言則曰書淚上聲言淚上貨之低曰邸
亦曰鄒何人曰囉個何物曰多個那裏曰囉裏怎的曰

那湧又曰那哼在此曰來裏何說曰那話喇幾曰姜幾
狀貌曰意裏料𡂿曰槊惟苛細曰兜搭嘲笑曰阿府府
不潔曰喇搭一番曰一潑幾番曰頭潑二潑鬪遊曰白
相儀雜曰拉撒有能曰本事事難處曰尷尬沮事曰打
破付多事曰擻格喇物多曰一搨喇滴曰帝
反言者神氣不振曰蔫㸒（本草木葉盛意）凡筋曰按牢牲曰活
名不正者呼姪爲孫呼外孫爲甥呼從孫爲元孫呼父爲
老土地呼母爲阿媽呼神道爲佛爲菩薩呼醫生爲郎
中呼鑞工爲待詔呼魚肉爲菜蔬
諱言而變其名者諱散呼傘曰竪笠諱極呼屐曰木套諱
離呼梨曰秋白諱沒呼抹布曰展布諱死呼洗曰淨諱
崑新兩縣志　卷一　方言　卅
滯呼筯曰快諱挫呼醋曰秀才
借喻者喆開曰筏片軟弱曰衣皮瞞人曰掄眼皮闖席曰
吹木屑伺隙加害曰踢痛腿又曰踏沈船武斷曰橫撐
船插入事中曰夾篙撐附和曰一窩蜂無用曰水統槃
醵錢共飲曰扛櫃許物不償曰拔短梯輕易舉事曰撬
木梢狀人狠戾曰橫牙神婦人健爭曰碰鈴頭懊悔曰
惜尸還魂外貌好曰金漆馬桶無知曰黑漆皮燈籠
翻語爲字者團爲突欒孔爲窟籠盤爲跋欒精爲卽零都
爲秋根（譏人俗也）郎呼爲昏塗
音存古而異於他方者兒音同倪又音同亦死音同洗大
音同惰作音同做兒音同猊鬼音同舉歸龜音同居爭
音側羊反他如烹庚更彭朋肓撐錚爭生甥笙牲行橫
羹耕坑鶯櫻鸚橙等並作陽韻梗矮韻之硬梗盛並作
漾韻石白百宅尺赤拆格客射額擇擲迫拍陌麥嚇隻
炙碩責等並作藥韻開口呼
音異他方而非古者如水爲暑稅爲世投爲肖詔爲召江
爲岡焚爲蕸人爲迎陰爲沙遮爲詐平聲甦爲茶傷爲
喪忘爲忙霜爲藏王爲降降爲杭壬爲迎耳爲你二爲
膩取爲楚貴爲句孝爲好去聲讓爲釀唱爲倉去聲肉
爲惡覺爲閣日爲躡月爲額熱爲業物爲末鐵鉏爲鐵
賴亦作鐵搭枇杷爲鷯杷莊爲臧瘡爲樗吹爲癡
字音口誦不正者之支並作茲詩作思章爲妝文爲焚紙
崑新兩縣志　卷一　方言　卅一
爲子是爲士旨爲梓卓琢並爲竹剝爲卜萬爲俄硯爲
凡徐爲齊無爲符武爲撫胡爲何呂爲李問爲忿爰爲
碗賞爲爽（此外如徽稚朱諸之類尚不可枚舉）
音異而字亦訛者圈爲圩都爲保鄰爲滿愈爲越太爲忒
光爲荷䖝爲及一帶爲一答檔鴉爲老鴉（檔鴉與蒼鵲對模作老鴉）
崑新兩縣志卷之一

注：图版采自《中国地方志集成·江苏府县志辑 15》，江苏古籍出版社 1991 年版，第 28—30 页。

3. 光绪《昆新两县续修合志》

光绪六年（1880），金吴澜主修《昆新两县续修合志》，卷一方言部分的内容基本沿袭道光志而成，兹转录全文如下：

方言之近古者：

语了曰“哉”。多见经传。又曰“且”。《诗经》“只且”“狂且”。问语曰“那”。《世说》：“公是韩伯休那。”不曰“弗”，不慧曰“呆”。《唐韵》小呆大痴。粗蠢曰“笨”。音朋去声。《宋书·王微传》亦有粗笨之语。指人曰“其”，又曰“伊”。多见经传。称我曰“侬”。《湘山野录》钱王歌：“永在我侬心子里。”满足曰“彀”。弓满也。以肩举物曰“揵”。出《史记》，音乾。打击甚曰“鏖”。《汉书·霍去病传》：“合①短兵鏖皋兰下”颜注：“鏖者，苦击而杀之。”种苗曰“莳”。古注：植也。热酒曰“汤”。去声韵。注：热水灼也。缺齿曰“齾”。见韵书，牛瞎切。以鹾腌物曰“盐”。出《礼记·内则》，去声。吃食曰“嚃”。出《礼记》，大啜也。两手取物曰“掇”。见《易经·说卦》。盖物曰“磃”，亦曰“匧”。出《汉书》。十五日曰“月半”。出《礼记》。数人罪过曰“数说”，又曰“抚选”。《左传》：“弗去，惧选。”杜注：“选，数也。”污秽曰“恶臭”。见《大学》。俗音臭近触。劳苦曰“擗仆”。《孟子》：“仆仆尔，亟拜。”整理曰“修娖”。《唐书》：“修娖部伍”②。不舒展曰“缩朒”，退后亦曰“缩朒”。《汉书·五行志》：“王侯缩朒。”佣工曰“客作”。《汉书·匡衡传》：“乃与客作。”饭粒曰“米糁”。桑感切。《庄子》“藜藿不糁。”厚砖曰“甎砖”。《魏书·匽累传》：“以甎砖为障。”众多曰“多许”。《隋书》：“天下何处有多许贼？”人物作闹声曰“击毂”。《国策》：“车击毂。”热不透曰“温暾”。

① “合”，原讹作“舍”，今正。
② “伍”，原讹作“位”，今正。

《楚辞》："暾将出，分东方。"物相类曰"一样能"。《汉书》："不相能谓不相合也，能取相合意。"畏惧曰"寒毛卓卓竖"。《晋书·夏统传》："不觉寒毛尽戴"。人死曰"过世"。《晋书·秦苻登传》："陛下虽过世为神。"如此曰"是盖"。古文承接通用。凑钱共饮曰"公醵"。公音讹刚，醵见《礼记》。

异古异他方而义稍通者：

看曰"张"，曰"望"，曰"睃"。即胥相也，古胥音若苏。藏曰"圹"。或作园，取深穴意。忍曰"熬"。取煎迫意。转曰"跋"。取移足意。储物曰"坐"。取放下意。置物曰"安"。取平稳意。移物曰"捅"。取挪动意。积物曰"顿"。取顿舍意。布帛薄者曰"浇"。浇亦薄也。点茶酒曰"筛"。取出物意，筛即醨。《诗》："醨酒有愆"。折纸曰"夭"。夭，亦折也。以杓取水曰"舀"。遥上声。《字汇》："杵臼也"，盖借用之。指物曰"那"。拿去声，犹言那个。儿戏曰"蛮"。鄙俗之意，顽声之转。相谑曰"草"，草当作吵，调笑之意。又曰"搂"，牵惹之意。又曰"取笑"。俗音楚笑。躲避曰"叛"。取相反意。速往曰"跌"。门之关曰"闩"。睡曰"困"。取偃伏意。睡声曰"惛涂"。即呼字之缓声。天明曰"天亮"。巧曰"搂搜"，亦曰"尖钻"。皆取得窍意。伶俐曰"即溜"。自夸曰"卖弄"，曰"说嘴"，亦曰"喇天"。能干事曰"在行"，亦曰"在道"。事幸相值曰"偶凑"。数说人过曰"羞削"，亦曰"牙钝"。骗人曰"串局"。受骗曰"上党"。强出尖曰"行霸"。屈抑人曰"郁捺"。谢人曰"聒噪"，取搅扰意。亦曰"打搅"。帮话曰"搭嘴"。可怪事曰"诧异"。心不定曰"鹘突"。怠惰曰"邋遢"。取阘茸意。富曰"从容"。取宽展意，即充字之缓声。事可喜曰"利市"，亦曰"造化"。物完全曰"囫囵"。即浑字之缓声。事完全曰"连牵"，又曰"结题"。事决裂曰"了哉"。晦气曰"不色骰"，亦曰"倒运”。得利曰“赚钱”。聚小成大曰“趸当”。些微曰“粒屑”。安身处曰“窠坐”。此处曰“该边”。彼处曰“个边”。在曰“来到”。取不去意，音如勒得。日曰“日头”。取尊阳意。月曰“月亮”。取明照意。男人揖曰“唱喏”。声喏之意。女人拜曰“屈”。俗作上声，取屈曲意。首饰曰“头面”。取饰容意。托盘曰“反供”。家伙曰“家生”。阶级曰“礓礤”。锄地曰“倒地”。呼六畜曰“众生”。数钱五文曰“一花”。取五瓣意。藐视物之多曰“㧳㪍”。《集韵》：“㧳㪍，物未精也。”

事无碍曰“不反道”。昏愚曰“懵懂”。谎言曰“捣鬼”。作事不清楚曰“腻夹夹”。彼此错误曰“两双闪”。天微明曰“乌昽昽”。不料理曰“喇嘛”。西域名，亦取蛮意。作事无据曰“没雕当”，又曰“无影子”。诮人夸张曰“摆架子”，又曰“摆摊”。此所以曰“呼吸道”。语意相应。自主意曰“杜田”。万峰禅师偈曰：“七十九年，一味杜田。悬崖撒手，白日杲天。”

异古异他方而义难通者：

执物曰“当”。去声。按物曰“揿”。掷物曰“豁”，又曰“丟”。当入声。摸物曰“摟”。即摩挲二字之合声。热物曰“顿”。物浮曰“氽”①。吞上声。稠密曰“猛”。妄语曰“赵”。妄语谓喜造，言生事，当是造字音误为赵。痴曰“铎”。明郑文康有友十人，忌者呼为十铎。怒曰“气”。上曰“浪”。如言书上台上，则曰书浪台浪。货之低曰“邱”，亦曰“邹”。何人曰“啰个”。何物曰“爹个”。那里曰“啰里”。怎的曰“那涝”，又曰“那哼”。在此曰“来里”。何说曰“那话”。刚才曰“姜”。恐当作将。才状貌曰“意里”。纠缠曰“累堆”。事多牵率

① “氽”，原讹作“汆”，今正。

曰“兜搭”。嘲笑曰“阿㑳㑳”。不洁曰“喇搭”。一番曰“一泼”。几番曰“头泼”“二泼”。闲游曰“白相”。秽杂曰“拉撒”。有能曰“本事”。事难处曰“尴尬”。沮事曰“打破句”。多事曰“掀格喇”。物多曰“一拍喇”。滴曰“渧”。音之转。

反言者：

神气不振曰“葳蕤”。《本草》木荣盛意。举筋曰“按”。宰牲曰“活”。

名不正者：

呼侄为“孙”。呼外孙为“甥”。呼曾孙为“元孙”。呼父为“阿伯”。呼母为“阿妈”。呼神道为“佛”，为“菩萨”。呼医生为“郎中”。呼镊工为“待诏”。呼鱼肉为“果蔬”。呼店伙曰“堂官”。

讳言而变其名者：

讳散，呼伞曰“竖笠”。讳极，呼屐曰“木套”。讳离，呼梨曰“秋白”。讳没，呼抹布曰“展布”。讳死，呼洗曰“净”。讳滞，呼筯曰“快”。讳挫，呼醋曰“秀才”。

借喻者：

帮闲曰“篾片”。软弱曰“衣皮”。瞒人曰“抡眼皮”。闯席曰“吹木屑”。伺隙加害曰“踢痛腿”，又曰“踏沉船”。武断曰“横撑船”。插入事中曰“夹篙撑”。附和曰“一窝蜂”。无用曰“水统蟹”。醵钱共饮曰“扛柜”。许物不偿曰“拔短梯”。轻易举事曰“揵木梢”。状人狠戾曰“横牙神”。妇人健争曰“磕枪头”。懊悔曰“惜尸还魂”。外貌好曰“金漆马桶”。无知曰“黑漆皮镫笼”。

翻语为字者：

团为“夺栾”。孔为“窟窿”。盘为“跋栾”。精为“即零”。邨为“秋根”。讥人邨俗也。呼为“唔涂”。拥为“乌贡”。

音存古而异于他方者：

儿音同倪，又音同亦。死音同洗。大音同惰。作音同做。兄音同况。鬼音同举。归、龟音同居。争音侧羊反。他如：烹、庚、更、彭、朋、盲、撑、铮、声、生、甥、笙、牲、行、横、羹、耕、坑、莺、樱、鹦、橙等，并作阳韵。梗、养韵之硬、梗、盛并作漾韵。石、白、百、宅、尺、赤、拆、格、客、射、额、择、掷、迫、拍、陌、麦、吓、只、画、碛、责等，并作药韵开口呼。

音异他方而非古者：

如水为暑，税为世，授为胄，诏为召，江为冈，葵为蘧，人为迎，赊为沙，遮为诈平声，蛇为茶，伤为丧，忘为忙，尝为藏，王为降，降为杭，壬为迎，耳为你，二为腻，取为楚，贵为句，孝为好去声，让为酿，唱为仓去声，肉为恧，觉为阁，日为蹑，月为额，热为业，物为末，铁犁为铁赖，亦作铁搭，枇杷为弼杷，庄为臧，瘧为愕，吹为痴。

字音口诵不正者：

之、支并作兹，诗作思，章为妆，文为焚，纸为子，是为士，旨为梓，卓、琢并为竹，剥为卜，万为饭，晚为凡，徐为齐，无为符，武为拊，胡为何，吕为李，问为忿，爰为碗，赏为爽。外此，如微、惟、朱、诸之类，尚不可枚举。

音异而字亦讹者：

围为圩，都为保，鄙为啚，愈为越，太为忒，晃为奣，剑为及，一带为一答，恼鸦为老鸦。恼鸦与喜鹊对，误作老鸦。

粥十六日婦女祭厠姑男子不許見二十四日拂拭屋
宇積塵祀竈用餳餅及荸薺送竈神以篝爲轎以扁豆
篠爲縴二十五日俗傳諸佛下降(詳見前)除夕各祀分所
應祀神祇及祖先易桃符春帖封井插冬青柏枝芝蔴
萁於簷端以石灰水畫米囤或戟矢於地以祈年禳災
以石灰盛布囊印戶外曰白驢跡門倚長炭名門炭
閉門放爆竹三聲闔家圍爐歡坐曰守歲

方言附

方言之近古者語了曰哉(多見經傳)又曰且(詩經只且狂且)問語曰那
(世說公是韓伯休耶)不曰弗不慧曰獃(唐韻小獃大癡)蠢蠢曰笨(音朋去聲宋書)
(王微傳亦有蠢笨之語)指人曰其又曰伊(多見經傳)稱我曰儂(湘山野錄錢王)

崑新兩縣續修合志　卷一　風俗占候　芜

(歌永在我儂心子裏)滿足曰彀(弓滿也)以肩舉物曰掮(出史記音乾)打擊
甚曰鏖(漢書霍去病傳合短兵鏖皋蘭下顏注鏖者苦擊而殺之)種苗曰蒔(古註植也)熱
酒曰湯(去聲韻註熱水灼也)缺齒曰齾(見韻書牛轄切)以醯醃物曰鹽(出禮
記內則去聲)喫食曰嚃(出禮記大吸也)兩手取物曰掇(見易經說卦)菹物
曰臧亦曰匧(出漢書)十五日曰月半(出禮記)數人罪過曰數
說又曰撫選(左傳弗去懼選杜註選數也)污穢曰惡臭(見大學俗音臭近觸)勞
苦曰擗僕(孟子僕僕爾亟拜)整理曰修娖(唐書修娖部位)不舒展曰縮
朒退後亦曰縮朒(漢書五行志王侯縮朒)傭工曰客作(漢書匡衡傳乃與客
作)飯粒曰米糝(莊子藜藿不糝桑感切)厚磚曰甎甋(魏書匽累傳以甎甋爲障)
衆多曰多許(晉書天下何處有多許賊)人物作鬧聲曰擊轂(國策車擊轂)
熱不透曰溫暾(楚辭暾將出分東方)物相類曰一樣能(漢書不能相能諧不相)

147

合也能取相合意畏懼曰寒毛卓卓豎晉書夏統傳覺寒毛盡戴不人死曰
過世晉書苻登傳陛下雖過世爲神如此曰是蓋古文承接通用湊錢共飲
曰公醵公音訛劇醵見禮記
異古異他方而義稍通者看曰張曰望曰睃即胥相也古胥音若蘇
藏曰壙或作圂取深穴意忍曰熬取煎迫意轉曰跂取移足意儲物曰坐
取放下意置物曰安取平穩意移物曰捅取挪動意積物曰頓取頓舍意布
帛薄者曰澆澆亦薄也點茶酒曰篩取出物意篩即釃詩釃酒有藇折紙曰
天天亦折也以杓取水曰舀遙上聲字彙作曰也蓋借用之指物曰那拿去聲猶
言那個兒戲曰䜌鄙俗之意頑聲之轉相謔曰草草當作吵調笑之意又曰摟
牽惹之意又曰取笑俗音楚笑躲避曰扳取相反意速往曰跌門之關
曰悶睡曰困取偃伏意睡聲曰惛塗即呼字之緩聲天明曰天亮巧

崑新兩縣續修合志　卷一　方言　卅

曰摟搜亦曰尖鑽皆取得斂意佮俐曰卽溜自誇曰賣弄曰
說嘴亦曰喇天能幹事曰在行亦曰在道事幸相值曰
偶湊數說人過曰羞削亦曰牙鈍騙人曰串局受騙曰
上當強出尖曰行霸屈抑人曰鬱捺謝人曰聒噪取攪擾意
亦曰打攪幫話曰搭嘴可怪事曰咤異心不定曰鶻突
怠惰曰邋遢取闒茸意富曰從容取寬展意即充字之緩聲事可喜曰利
市亦曰造化物完全曰囫圇即渾字之緩聲事完全曰連牽又
曰結題事決裂曰了哉悔氣曰不色般亦曰倒運得利
曰賺錢聚小成大曰蓮當些微曰粒屑安身處曰窠坐
此處曰該邊彼處曰箇邊在曰來到取不去意音如勒得曰乜曰
頭取尊陽意月曰月亮取明照意男人揖曰唱喏聲喏之意女人拜曰

屈俗作上聲取屈曲意首飾曰頭面取飾容意托盤曰反供家伙曰家
生階級曰礓䃰鋤地曰倒地呼六畜曰衆生數錢五文
曰一花取五瓣意藐視物之多曰勦彰集韻勦彰物未精也事無礙曰
不反道昏愚曰懵懂謊言曰搗鬼作事不清楚曰膩夾
夾彼此錯悞曰兩雙閃天微明曰烏矓矓不料理曰喇
嘛西域名亦取蠻意作事無據曰沒雕當又曰無影子詡人誇
張曰擺架子又曰擺攤此所以曰呼吸道語意相應自主意
曰杜田蔣峯禪師偈曰七十九年一味杜田懸崖撒手白日杲天
異古異他方而義難通者執物曰當去聲按物曰拏擲物曰
豁又曰丟當入聲摸物曰摸即摩挲二字之合聲熱物曰頓物浮曰
汆吞上聲稠密曰猛妄語曰趙妄語謂喜造言生事當是造字音訛爲趙癡曰

崑新兩縣續修合志　卷一　方言　卅一

䵷明鄭文康有友十人忌者呼爲十䵷怒曰氣上曰浪如言書上臺上則曰書浪臺浪貨
之低曰邱亦曰鄙何人曰囉個何物曰爹個那裏曰囉
裏怎的曰那㴑又曰那哼在此曰來裏何說曰那話剛
纔曰恙恐當作矜纔狀貌曰意裏糾纏曰纍堆事多牽率曰
羌搭嘲笑曰阿曆曆不潔曰喇搭一番曰一潑幾番曰
頭潑二潑開遊曰白相穢雜曰拉撒有能曰本事事難
處曰尷尬沮事曰打破句多事曰掀格喇物多曰一拍
喇滴曰滴音之轉
反言者神氣不振曰葳蕤本草木榮盛意舉筋曰按宰牲曰活
名不正者呼姪爲孫呼外孫爲甥呼曾孫爲元孫呼父爲
阿伯呼母爲阿媽呼神道爲佛爲菩薩呼醫生爲郎中

呼鑷工爲待詔呼魚肉爲茶蔬呼店夥曰堂官
諱言而變其名者諱散呼傘曰豎笠諱極呼屐曰木套諱
離呼梨曰秋白諱沒呼抹布曰廣布諱死呼洗曰浄諱
滯呼筯曰快諱挫呼醋曰秀才
借喻者幇閒曰篾片軟弱曰衣皮觸入曰揄眼皮闖席曰
吹木屑伺隙加害曰踢痛腿又曰踏沉船武斷曰橫撑
船插入事中曰夾篙撑附和曰一窩蜂無用曰木統蟹
釀錢共飲曰扛櫃詐物不償曰拔短梯輕易舉事曰揵
木梢詐人狠戾曰橫牙神婦人健爭曰磕鎗頭懊悔曰
惜尸還魂外貌好曰金漆馬桶無知曰黑漆皮燈籠
翻語爲字者團爲奪欒孔爲窟竉盤爲跋欒精爲鯽零都

崑新兩縣續修合志　卷一　方言　三四

爲秋根譏人俗也都呼爲嗜塗堆爲烏貢
音存古而異於他方者兒音同倪又音同亦死音同洗大
音同惰作音同做兒音同況鬼音同舉歸龜音同居爭
音側羊反他如烹庚更彭朋盲撑錚聲生甥笙牲行橫
羹耕坑鶯櫻鸚橙等並作陽韻梗㯶韻之硬梗盛並作
漾韻石白百宅尺赤拆格客射額擇擲迫拍陌麥嚇隻
盡積責等並作藥韻開口呼
音異他方而非古者如水爲暑稅爲世授爲胄詔爲召江
爲岡葵爲逵人爲迎賒爲沙遮爲詐平聲蛇爲茶傷爲
喪忘爲忙窖爲藏王爲降降爲杭子爲迎耳爲你二爲
膩取爲楚貴爲句孝爲好去聲讓爲釀唱爲倉去聲肉

爲恧覺爲閣日爲躡月爲額熱爲業物爲末鐵犁舉爲鐵
賴亦作鐵搭枇杷爲鄒杷莊爲臧癱爲愣吹爲癡
字音口譌不正者之支並作茲詩作思章爲裝文爲焚紙
爲子是爲士旨爲梓卓琢並爲竹剝爲卜萬爲飯瞑爲
凡徐爲齊無爲符武爲拊爲胡何呂爲李問爲忿爰爲
碗賞爲爽外此如微憔朱諸之類尚不可枚舉
音異而字亦訛者團爲圩都爲保鄙爲畐愈爲越太爲忒
晁爲蕎絲爲及一帶爲一答惱鴉爲老鴉惱鴉與喜鵲對撲作老鴰

崑新兩縣續修合志　卷一　方言　三五

崑新兩縣續修合志卷一終

注：图版采自《中国地方志集成·江苏府县志辑 16》，江苏古籍出版社 1991 年版，第 33—35 页。

4. 民国《昆新两县续补合志》

民国十二年（1923），连德英主修《昆新两县续补合志》，在光绪志的基础上，卷一增补了大量当地方言，极具资料价值。兹转录全文如下：

虹见曰“挂雩”。《尔雅·释天》：“螮蝀谓之雩。螮蝀，虹也。”《音义》：“雩，于句切。”俗呼若吼。有“东吼日头西吼雨”之谚。《丹铅录》作“鲎”，《湖壖杂记》作“垢”。暂时曰“一曏”。《说文》：“曏，不久也。”段注：今人语曰向年、向时，向即曏字，俗作晌。”瞬息曰“霅时”。《说文》：“霅，雷电貌。”段注：音素洽反，俗作霎。日未午曰“上昼”，过午曰“下昼”。《说文》：“昼，日之出入，与夜为介①。”俗以上下分别之。十月朔曰“十月朝”。《程子遗书》：“十月一日拜坟，感霜露也。俗例：于是月祭其先人曰过十月朝，间有于是月展墓者。”甚凉曰“洞凉”。《说文》：“洞，沧也。”“沧，寒也。”音户褧、迥②二切。俗读若映。谈鬼神事曰“阴风飕飕③。”《集韵》：“飕音搜。”俗读若惨。败兴曰“杀风景”。《李义山杂俎》品目数十。其一曰杀风景，如清泉濯足、烧琴煮鹤之类。田一行曰“一棱”。《说文》：“棱，柧也。鲁登切。”俗作塄。粪田曰“恶田”，又曰“恶壅”。恶与汙同。《说文》：“汙，薉也。”“薉，蕪也。”今作秽。《说文》：“恶，过也。”《汉书·昌邑王传》注：“恶，矢也。越王勾践为吴王尝恶。”是二字亦不妨通用，二字并乌故切。今俗音变为开口呼，读如丫去声。熟悉道路曰“地理鬼”。《元曲选·马致远·青衫泪曲》有“地头鬼”语。微湿曰“潮溚溚”，又曰“湿滋滋”。《集韵》：“溚，湿也。音答，又音劄。”“滋，液也。”水清曰“滗清”。《集韵》音笔。《博雅》：“盝也，一曰去汁也。”盝，《玉

① 介，《说文》有些版本写为“界”。

② “迥”字前疑脱一反切上字。

③ 飕飕即飕飕。

篇》:“沥也。”《周礼·考工记·㡆氏》:“清其灰而盝之。”《集韵》通作漉。俗谓水之清者曰滗清,以水之清无过于滗。又讹作秘音,不可。因泌有秘音而附会之也。漉物使干曰“沥干”。《说文》:“沥,浚也。一曰水下滴。”《玉篇》:“瀝,滴也。”渧,《说文》作渧,都历切。《埤仓》有渧字,读去声,即滴字也。又云:瀝,渧漉也。乾音干。湛没于水曰“揾”。《说文》:“揾,没也。”《集韵》引《字林》:“揾、抐,没也。揾,乌困切,又乌没切。抐,奴困切。”徒涉曰“淜水”“踫水”。《说文》:“淜,无舟渡河也,皮冰切。”《集韵》音砰。踫,《广韵》:“白衔切,小儿履行也。”《集韵》:“皮咸切。音淜,步渡水也。”《越语肯綮录》以匍匐为踫,以不能行走为踫盨。盨,他衔切。《篇海》音炭。游涌曰“泅水”。《说文》:“汓,浮行水上也,或作泅,从囚声。”《列子》:“习于水,勇于泅。”游,《说文》“从㫃汓声。”汓,似由切。投水声曰“扑通”。《元曲选·马致远·青衫泪曲》:“扑通的瓶坠井。”今人跳入河中或以物投水均曰扑通,状其声也。击柝声曰“腷膊”。《韵会》:“击声,音逼博。”古《两头纤纤诗》:“腷腷膊膊春冰裂。”今人称击柝声曰腷腷膊。水至清曰“澈底清”,冰至坚曰“连底冻”。《厚德录》:“应山二连:伯氏君锡为人清修孤洁,人号为连底清;仲氏元礼加以骏肃,人号为连底冻。”今俗谓清理事件曰澈底清,冰厚不解曰连底冻。火声曰“熚爆”,又曰“必力八剌”。《说文》:“熚,熚燹皃①,卑吉切。”“爆,灼也,蒲木切。”《集韵》音必剥。《通俗编·元曲选·孙仲章·勘头巾剧》:“必律八剌。”又李行道《灰阑记》作“必力八剌”。剌音瘌。扫灰曰“坌灰”。《说文》:“坌,扫除也,方问切。”《少仪》作拚。《曲礼》作粪。今读若奔。积灰曰“灰自”。《说文》:“自,小自也。”《段注》都回切。《广韵》《集韵》并云:“堆本字。”物不鲜明曰“灰毛勃六秃”。《通俗编》俚语集对:“灰勃六秃,泥拌干鳅。崑俗多毛字,勃读若薄。”空洞无物曰“直角儱侗”。《集韵》音龙通。《五灯会元》有“瓠子曲弯弯,冬瓜直儱侗”。屋之四隅曰“壁角落头”。《通俗

① 据《说文》,“皃”前脱“火”字。

编》："壁角落头，见《东坡集·大慧真赞》。"久屈得伸曰"瓦瓯翻身"。《说文》："瓯，败瓦也，布绾切。"今人语如办之平声。不洁曰"皻皶"。《广韵》：皻音腊。皶，都盍切。今读如腊榻。讥人无能曰"大老官"。《南史·沈庆昙传》："吾处世无才能，图作大老子耳。"《通俗编》按：即流俗所谓大老官是也。老而自夸者曰"倚老卖老"。见《元曲选·谢金吾剧》。年老不健曰"龙钟"。《广韵》："龙钟，竹名。年老如竹枝摇曳，不自禁持。"① 俗以老人不豨健者谓之龙钟。年老曰"风中之烛"。《古乐府》："百年未几时，奄若风中烛。"入殓曰"黄金入柜"。《明一统志》："金柜山在扬州府南七里，山多葬地。谚曰：葬此地者如黄金入柜，故名。"今以人死而就木者谓之黄金入柜，非也。称人趋时曰"时髦"，又曰"漂亮"。《后汉书·顺帝纪赞》："孝顺初立，时髦允集。"《南史·齐高帝记》："正情与皦日同亮。"称人才能曰"能干"，又曰"有才情"。《后汉书·循吏传·孟尝》："清行出俗，能干绝群。"《世说新语》："林公谓孙兴公、许元度曰：'二贤故自有才情。'"举止安详曰"文绉绉"，又曰"书卷气"。见《元曲选·关汉卿·谢天香曲》。绉音绉。作事无根据者曰"脱空祖师"。《云笈七签》："有脱空王老，时人莫知其年岁。"《通俗编》按："俚俗有脱空祖师之说，岂即指其人欤？"见《谷梁传·文六年》："诡辞而出。"诓语曰"黄六"，见《艺林汇考》："京师句栏中，诨语以绐人者曰黄六。"盖黄巢兄弟六人，巢为第六而多诈骗，故诈骗人者则詈之曰黄六。又曰"说鬼话"。《避暑录》："子瞻在黄州及岭表所与游者，各随其人高下，谈谐放荡，不复为畛畦。有不能谈者，则强之说鬼。此即说鬼话也。"称人谨慎曰"把稳"，又曰"把细"。《晋书》："诸将谓姚苌曰：陛下将牢太过。"注云：将牢犹言把稳，犹言子细也。谓人明白曰"明辅"。《元曲选·张国宾·薛仁贵剧》有"作个明辅"语，犹云作证见也。今俗称人明辅，并非指作证见，犹言最明白。中有主曰"定盘星"。朱子诗："记取渊冰语，莫错定盘星。"今俗以凝神不语者，谓之打定盘星。现

① 该条实际出自《韵府群玉》卷一。

本相曰“露马脚”，又曰“义袋里钉自矗出”。谚云：云端里放辔头，露出马脚来。以赝乱真曰“鬼画符”。元好问诗：“真书不入时人眼，儿辈从教鬼画符。”心惊曰“踍踍跳”。《五灯会元》：“杨大年与石霜圆参证。杨曰：‘三脚蝦蟆跳上天。’圆曰：‘一任踍跳。’”即俗所谓急得踍踍跳也，踍音勃，俗读如薄。危惧不安曰“惿心悼胆”。《说文》：“悼，惧也。徒到切。”《集韵》：惿音提，怯也。悼当读若弔。假寐曰“打磕躘”。《新方言》：《庄子外物篇》：“躘蜳不得成”。案：淮南谓假寐为躘蜳，上音如冲，下音如惇。今俗谓之打磕躘。读若冲去声。寐而寤曰“一寣”。《说文》：“寣，卧惊也。火滑切。”音忽。俗云：一寣困到大天明。管闲事曰“多觜多舌”。《元曲选·潇湘雨》剧有“多觜多舌”语。闲话曰“嚼蛆”。《北梦琐言》：“伪蜀亲骑军，人各有名号，如姜癞子、嗑蛆等。”今俗云嚼蛆，有《嚼蛆诗》。事之接连者曰“富贵不断头”。《博古图·汉千秋万岁铁鉴铭》曰：“千秋万岁，富贵不断。”积钱不散曰“看财童子”。守钱虏见《后汉书·马援传》，又元人有《看钱奴杂剧》。自谦作事曰“穷忙”。《老学庵笔记》：“元丰时评尚书省曹语云：户度金仓，日夜穷忙。”褴褛不堪曰“穷鬼”。韩愈《送穷文》：“三揖穷鬼而告之。”且图目前曰“得过且过”。《辍耕录》：“五台山有鸟，名号寒虫，当夏，仪采绚烂，自鸣曰：‘凤凰不如我！’比至深冬，毛羽脱落，遂自鸣曰：‘得过且过。’”今穷人亦有得过且过之语。物价相悬曰“敱颁”。《集韵》敱，推去声。今买物者少与人钱，卖者必云：“价钱敱颁”。顢若画一曰“三眼一板”，又曰“板板六十四”。《通俗编》：“板板六十四。”见《豹隐纪谈》。按：凡鼓铸钱，每一板六十四文，乃定例也。惊其事曰“夏”，亦曰“芋”。见徐铉《说文》“芋”字注，俗读如呃。美好曰“俏”。当作钊，见扬子《方言》。相尊让曰“抬举”。见《白居易诗》。难得曰“希罕”。见《尔雅》。浣衣曰“汏”。见《说文》。酒充饥曰“奭饱”。见《冷斋夜话》。失便宜曰“吃亏”。见宋人诗。信然曰“真正”。见《后汉书》。总言之曰“通共”。见《汉书·原涉传》。妇谓夫曰“仪”。《诗》：

“实维我仪。”问多少曰“几许”。《汉书·疏广传》：“问其家金尚有几所？”师古曰：犹言几许，许读如伐木浒浒之浒，盖双声字也。羊豕肉一肩曰“一脚”。见《元典章》。疮溃曰“虹”。《诗》：“实虹小子。”《笺》：“虹，溃也。”不洁净曰“鏖糟”。见晋灼《汉书·霍去病传》注：“杀人为鏖糟，盖血肉狼藉意。”人死曰“不在”。《左·哀二十七年》。手爪毁物曰“擷”。《方言》：“坏也。”《集韵》洛骇切。悬物曰“鳥”。《玉篇》：“丁了切，悬物也。”地湿难行曰“打滑澾”。见朱子《楚辞注》。待曰“等”。见宋人诗。藏物曰“抗”。见《周礼·服氏①》郑注：字亦作伉。物丑曰“邹”。扬子《方言》。病容曰“面白醿醿②”。力小反，见《广雅》。门之关，横者曰“闩”、竖者曰“门”。字当作枨，亦作撑。伶俐曰“即零”。见卢仝诗。装束曰“打扮”。见黄公绍《竞渡曲》。手析物曰“斯”。《尔雅》：“斯，离也。”又《诗》：“斧以斯之。”画分曰“华”。见《曲礼》：“为国君削瓜者，华之。”郑注：华，中裂之，又四析也。”作事曰“做事体”。作工曰“做生活”。见《后汉书·胡广传》。煖酒器曰“急须须”。音如苏。见《三余赘笔》。马曰“生口”。见《魏志·王昶传注》、《晋书·武帝纪》。感激曰“顶戴”。见王冷然《与高昌宇书》、颜真卿《争座位帖》。混同曰“笼统”。见《三国志·钟会传注》。呼犬曰“阿六六”。《演繁露》有呼犬作卢卢之语。案：卢、六双声字，盖本《齐风·卢令》。已甚曰“杀”。如《晋书·卫玠传》：“京师人士闻其姿容，观者如堵，时人谓看杀卫玠。”《李白诗》“武陵桃花笑杀人”之类。行资曰“盘缠”。见《元典章》。秽杂曰“攦搥”，又曰“龌龊”。见《史记·司马相如传》：“委琐握龊。”《汉书·郦生传》：“握龊好苛礼。”衣破曰“懒㰖”。见《类篇》。不谨曰“没傝㒓”。见《广雅》、《广韵》。翻悔曰“懊憹”。都到切，见《集韵》。事物烦积曰“累堆”。《说文》：“磊埠，重聚也。”赵宧光《长笺》云：“今吴中

① “氏”字前原有“不”字，今删。
② “醿”，原讹作“醿”，今正。

方言有之，凡事物烦积而无条理曰磊𡋯。”《通雅》：“今方言作累堆。”馈送礼物曰“人情”，醵钱赠人曰“分子”。人情，见杜甫诗：“柜粆作人情。”分子，见耐得翁《都城纪胜》。出言自谦曰“乱道”。见《汉书·张禹传》、欧阳修文。琐屑曰“齏糟”。见沈周《客座新闻》。人众相随曰“俦伴”。《集韵》：“俦有陶音。”伞曰“雨具”。见《论衡》。灯盏曰“灯富”。釜借。失意曰“倒灶”。《太元①》：“灶灭其火，惟家之祸。”喜人奉承曰“戴高帽子”。见《北史·熊安生传》，喻妄自尊大。无才曰“无出头”。见《三国志·吕布传注》。不事生业曰“游手好闲”。见《后汉书·章帝诏》、《唐书·窦轨传》。有恙曰“毛病”。见韩非《五蠹篇》。爱之至者呼曰“心肝”。见《刘曜载记》、《陇上歌》。

褚作賬畲邑諺作鍋地九九八十一犁耙一齊出邑諺作種田種地頭九
有雨雪則每九皆然有霧主風雪諺云冬霧雪又三朝迷露發西風冬
至前寒冬暖諺云冬前弗見冰冬後冰殺人又喜米價長則後必賤諺云
冬至前米價長貧兒受長養冬至後三戌為臘十二月八日亦為臘
臘後暮雪見府志諺云臘雪是被春雪是鬼有雷謂之臘底報主來年
豐稔立春在殘年則冬煖諺云兩春夾一冬無被暖烘烘
占候本農人占測氣候雨暘豐歉皆有微驗略如元隱士陸伯翔所撰田家五行等書注意在農時間有順歲
序而參以土俗者循原志舊例不復區分
方言
虹見曰挂雩爾雅釋天螮蝀謂之雩螮蝀虹也音義雩于句切俗呼若吼有東吼日頭西吼雨之諺丹
鉛錄作[illegible]湖壖雜記作垢暫時曰一霎說文霎不久也段注今人語日向年向時向即霎字俗作
崑新兩縣續補合志　卷一　方言　八
响瞬息曰霅時說文霅雷電貌段注音霅洽反俗作霎日未午曰上晝過
午曰下晝說文晝日之出入與夜為介俗以上下分別之十月朔曰十月朝稺子
遵晉十月一日拜墳感霜露也俗例於是月祭其先人日過十月朝間有於是月展墓者甚涼曰洞
涼說文洞滄也滄寒也音戶婁迥二切俗謂若映談鬼神事曰陰風颼颼集韻颼音
搜俗讀若修敗興曰殺風景李義山雜俎品目數十其一曰殺風景如清泉濯足燒琴煮鶴
之類田一行曰一梭說文梭柧也魯登切俗作楞糞田曰惡田又曰惡
壅惡與汙同說文汙薉也薉蕪也今作穢說文惡過也漢書昌邑王傳注惡矢也越王句踐為吳王嘗惡是
二字亦不妨通用二字並烏故切今俗音變為開口呼讀如了去聲熟悉道路曰地理鬼
元曲選馬致遠青衫淚曲有地頭鬼語微溼曰湖浛溚又曰溼滋滋集韻浛溼
也音答又音劉滋滋也水清曰準清集韻音篳博雅盝也一曰去汁也盝玉篇漉也周禮考工
記㡛氏清其灰而盝之集韻通作漉俗謂水之清者曰準詩以水之清無過於準又譌作秘音不可因泌有秘

① 元即玄的避讳字。

音而附會之也漉物使乾曰漉乾說文漉浚也一曰水下滴玉篇灕滴也滲說文作酒都歷
切埤倉有滴字讀去聲郎滴字也又云灕滌也乾音干湛沒於水曰搵說文搵沒也集韻引
字林搵抐沒也搵烏困切又烏沒切抐奴困切徒涉曰溯水趯水說文溯無舟渡河也皮沐
切集韻音秤趯廣韻白銜切小兒覆行也集韻皮咸切音溺步渡水也越語肯綮錄以角留爲趯以不能行走
爲趯蠡蠡他銜切篇海音炭游涌曰泅水說文汓浮行水上也或作泅从囚聲列子習於水勇
於泅游說文从汓汓聲汓似由切投水聲曰撲通元曲選馬致遠青衫淚曲撲通的瓶墜井
今人跳入河中或以物投水均曰撲通狀其聲也擊柝聲曰腷膊韻會擊聲音逼博古兩頭
纖纖詩腷腷膊膊春冰裂今人稱擊柝聲曰腷腷膊水至淸曰澈底淸冰至堅曰
連底凍厚德錄應山二連伯氏君錫爲人淸修孤潔人號爲連底淸仲氏元禮加以嚴肅人號爲連底
凍今俗謂淸理事件曰澈底淸冰厚不解曰連底凍火聲曰爆爆又曰必力八剌
說文爆燒兒卑吉切爆灼也蒲木切集韻音必剝通俗編元曲選孫仲章勘頭巾劇必律八剌又李行道灰

皇新兩縣續補合志　卷一　方言　九

闌記作必力八剌剌音辣掃灰曰坌灰說文坌掃除也方問切少儀作拚曲禮作糞今讀若奔
積灰曰灰自說文自小阜也段注都回切廣韻集韻並云堆本字物不鮮明曰灰
毛勃六秃通俗編俚語集對灰勃六秃泥拌千斂𡰅俗多毛字勃讀若薄空洞無物曰
直角儱侗集韻音籠通五燈會元有瓠子曲對冬瓜直儱侗屋之四隅曰壁角
落頭通俗編壁角落頭見東坡集大慧眞贊久屈得伸曰瓦匠翻身說文瓦敗
瓦也布綰切今讀如辦之平聲人不潔曰皺皺廣韻皺音臘皺都盍切今讀如臘搨識人
無能曰大老官南史沈慶之傳吾處世無才能圖作大老子耳通俗編按即流俗所謂大老官
是也老而自誇者曰倚老賣老見元曲選謝金吾劇年老不健曰龍
鍾廣韻龍鍾竹名年老如竹枝搖曳不禁持俗以老人不孫健者謂之龍鍾自年老曰風中
之燭古樂府百年未幾時奄若風中燭入斂曰黃金入櫃明一統志金櫃山在揚州
府南七里山多葬地諺曰葬此地者如黃金入櫃故名今以人死而就木者謂之黃金入櫃非也稱人

趨時曰時髦又曰漂亮後漢書順帝紀賀孝順初立時髦允集南史齊高帝紀正情與
儌日同亮稱人才能曰能幹又曰有才情後漢書循吏傳孟嘗淸行出俗能幹
絕羣世說新語林公謂孫興公許元度曰二賢故自有才情舉止安詳曰文謅謅又
曰書卷氣見元曲選關漢卿謝天香曲儻音鄉作事無根據者曰脫空祖
師雲笈七籤有脫空王老時人莫知其年歲通俗編按俚俗有脫空祖師之說豈郎指其人賊兒穀梁傳文
六年說辟而出諺語曰黃六見藝林伐山京師句欄中諢語以給人者曰黃六蓋黃巢兒弟六人
巢爲第六而多詐騙故詐騙人者則謂之曰黃六又曰說鬼話避暑錄子瞻在黃州及嶺表所
與游者各隨其人高下談諧放蕩不爲畛畦有不能談者則強之說鬼此即說鬼話也稱人謹慎
曰把穩又曰把細晉書諸將謂姚萇曰陛下將牢太過注云將牢猶言把穩猶言子細也
謂人明白曰明輔元曲選張國賓薛仁貴劇有個箇明輔語猶云作證見也今俗稱人明輔
並非指作證見猶言最明白中有主曰定盤星朱子詩記取淵冰語莫錯定盤星今俗以

皇新兩縣續補合志　卷一　方言　十

凝神不語者謂之打定盤星現本相曰露馬腳又曰叉袋裏釘自露
出諺云雲端裏放鷂頭露出馬腳來以贗亂眞曰鬼畫符元好問詩眞書不入時人
眼兒睜從教鬼畫符心驚曰踔踔跳五燈會元楊大年與石霜圓參證楊曰三腳蝦蟆跳上天
圓曰一任踔跳郎俗所謂急得踔踔跳也踔音勃俗讀如游危懼不安曰提心悼膽
說文悼懼也徒到切集韻提音提怯也悼當讀若弔假寐曰打瞌睡新方言莊子外物篇墮嘷
不得成寐淮南謂假寐爲[illegible]上音如沖下音如悼今俗謂之打瞌睡讀若沖去聲寐而寤曰一
寤說文寤臥驚也火滑切音忽俗云一寤困到大天明管閒事曰多嘴多舌元曲選蕭
淑蘭劇有多嘴多舌語閒話曰嚼蛆北夢瑣言僞蜀親騎軍人各有名號如姜癩子嗑蛆等今
俗云嚼蛆有嚼蛆詩事之接連者曰富貴不斷頭博古圖漢千秋萬歲鐵鑑銘曰
千秋萬歲富貴不斷積錢不散曰看財童子守錢虜見後漢書馬援傳又元人有看錢
奴雜劇自謙作事曰窮忙老學庵筆記元豐時許尙書省曹語云戶度金倉日夜窮忙

襤褸不堪曰窮鬼韓愈送窮文三揖窮鬼而告之且圖目前曰得過且過輟耕錄五臺山有鳥名號寒蟲當夏儀采絢爛自鳴曰鳳凰不如我比至深冬毛羽脫落遂自鳴曰得過且過今窮人亦得過且過之語有物價相懸曰𧸘頭集韻𧸘推去聲今買物者少與人錢賣者必云價錢𧸘頭顛若畫一曰三眼一板又曰板板六十四通俗編板板六十四見豹隱紀談按凡鼓鑄錢每一板六十四文乃定例也齋其事曰夏亦曰芋見徐鉉說文芋字注俗讀如呸美好曰俏當作釗見揚子方言相尊讓曰擡舉見白居易詩難得曰希罕見爾雅涚衣曰汏見說文酒充飢曰奭飽見冷齋夜話失便宜曰喫虧見宋人詩信然曰眞正見後漢書總言之曰通共見漢書原涉傳婦謂夫曰儀詩實維我儀問多少曰幾許漢書疏廣傳問其家金尚有幾所師古曰猶言幾許許讀如伐木滸滸之滸蓋雙聲字也羊豕肉一肩曰一腳見元典章瘡潰曰虹詩實虹小子箋虹潰也不潔淨曰鏖糟

崑新兩縣續補合志　卷一　方言　十一

見晉灼漢書霍去病傳注殺人爲鏖糟益血肉猥縟意人死曰不在左哀二十七年手爪毀物曰攋方言壞也集韻洛駭切懸物曰鵅玉篇丁了切懸物也地溼難行曰打滑達見朱子楚詞注待曰等見宋人詩藏物曰抗見周禮服不氏鄭注字亦作伉物醜曰鄙揚子方言病容曰面白醵醵力小反見廣雅門之關橫者曰門豎者曰門字當作棖亦作撐伶俐曰卽零見盧仝詩裝束曰打扮見黃公紹競渡曲手析物曰斯爾雅斯離也詩斧以斯之又劃分曰華見曲禮爲國君削瓜者華之鄭注華中裂之又四析也作事曰做事體作工曰做生活見後漢書胡廣傳煖酒器曰急須須音如蘇見三餘贅筆馬曰生口見魏志王昶傳注晉書武帝紀感激曰頂戴見王令然與高昌宇書顏眞卿爭坐位帖混同曰籠統見三國志鍾會傳注呼犬曰阿六六演繁露有呼犬作盧盧之語案盧六雙聲字荅本齊風盧令已甚曰殺如晉書衛玠傳京師人士聞其姿容觀者如堵時人謂看殺衛玠李

白詩武陵桃花笑殺人之類行貧曰盤纏見元典章穢雜曰擸㩶又曰齷齪見史記司馬相如傳委瑣握齪漢書酈生傳握齪好苛禮衣破曰襤褸見類篇不謹曰沒倜儻見廣雅廣韻翻悔曰懊憹都到切見集韻事物煩積曰累堆說文磊琗重聚也趙宦光長箋云今吳中方言有之凡事物煩積而無條理曰磊琗通雅今方言作累堆餽送禮物曰人倩醵錢贈人曰分子人倩見杜甫詩柏枚作人倩分子見耐得翁都城紀勝出言自謙曰亂道見漢書張禹傳歐陽修文瑣屑曰鏖糟見沈周客座新聞人衆相鬧曰儔伴集韻倚衍陶自織曰雨具見論衡燈盞曰燈盞皆錢失意曰倒竈太元竈滅其火惟家之禍譽人奉承曰戴高帽子見北史熊安生傳愉妄自尊大無才曰無出頭見三國志呂布傳注不事生業曰游手好閒見後漢書章帝詔唐書竇軌傳有恙曰毛病見韓非五蠹篇愛之至者呼曰心肝見劉曜載記隴上歌

崑新兩縣續補合志　卷一　方言　十二

祥異

古者日月薄蝕星辰凌犯人君皆恐懼脩省自歐學東來五行家言幾於亡矣然歐人於天文寒暑亦伺察維謹蓋科學所繫不徒爲占驗之用也故仍詳識之

光緒七年辛巳五月彗星見於大火

八年壬午六月二十三日未刻地震聲自東北來　七月彗星見

十一年乙酉秋疫氣橫行猝不及治冬十月二十一日夜二更時衆星紛移縱橫如織至四更方息

十二年丙戌十月十六日申刻東南東北有七龍挂下

注：图版采自《中国地方志集成·江苏府县志辑 17》，江苏古籍出版社 1991 年版，第 327—329 页。

四、历代苏州各镇志所录方言

历代苏州各镇志中，收录方言的已知七种，波多野太郎编《中国方志所录方言》（第6编）全部收录。

（一）**光绪六年《周庄镇志》**

周庄镇旧名贞丰里。据史书记载，北宋元祐年间（1086—1093），周迪功郎信奉佛教，将庄田200亩（13公顷多）捐赠给全福寺作为庙产，百姓感其恩德，将这片田地命名为“周庄”。周庄元代时属苏州府长洲县，明代中期属松江府华亭县，清初复归长洲县，居民更加稠密，西栅一带渐成列肆，商业中心又从后港街迁至中市街。这时已衍为江南大镇，但仍叫贞丰里。直到康熙初年才正式更名为周庄镇。

清雍正三年（1725），周庄镇因元和县一分为二，约五分之四属元和县（今吴县市），五分之一属吴江县（今吴江区）。1949年周庄解放后，归属吴江角直区。1950年把镇西原属吴县部分划归吴江，结束了两县分治的状况。1952年以后，周庄镇归昆山县（今昆山市）管辖。

光绪六年（1880），陶煦纂修《周庄镇志》，取《苏州府志》、《元和县志》、《吴江县志》三志合者，参以镇中土语而纂成《周庄镇志》卷四风俗之方言内容。今全文转录如下：

> 府志有方言一则。元和、吴江两县《志》俱摘录之。今亦即各志之合者载之，而参以镇中土语焉。如谓人不慧曰“呆子”，亦谓之“独头”。谓人不利便曰“笨”，一作体。亦谓之“夯”。呼港切。谓人愚鲁曰“不知鼐董”，亦谓之“呆徒”。谓人能干曰“奢遮”，奢，式牙切；遮，之加切。亦谓之“道地”。谓语事不明白曰“含胡”，亦谓之“搭桥”。谓嬉戏曰“薄相”，薄音勃，相去声。亦谓之“兜兜”。谓

作事乖张曰“㚣奊”。音列及。谓胸次耿耿曰“佁儗”。音注腻。谓心有不宁曰“鏖糟”。谓痁疾曰“愕子”。谓睡声曰“惛涂”。谓人妄语曰“热惛”。谓事出非常曰“诧异”。谓事在两难曰“尴尬”。谓事多舛误曰“缠夹”。古鸭切。谓行为不顺曰“塞结”。谓无可如何曰“直死”。音洗。谓缠扰不已曰“嬲”。女教切。亦谓之“格里糊涂”。谓肤痒曰“荾”。音轩。技痒亦曰“荾”。少年好事曰“荾夹夹”。谓你曰“那”。乃嘉切。本吴江土语。谓我曰“奴”去声。谓此处曰“间边”。间，古山切。谓彼处曰“个边”。谓众多曰“多许”。多黑可切，花上声。谓所在曰“场许”。同上。谓物微暖曰“温暾”。音吞。谓物不齐曰“参差”。参，产平声；差，错去声。亦曰七参八差。谓无罅隙曰“朒缝”。音闪凤。谓谋事可成曰“连牵”。谓如此曰“入㑊”。谓物件曰“牢曹”。谓污秽曰“邋遢”。音腊榻。谓积尘秽曰“垃圾”。音拶刷。问何人曰“嗜人”。嗜，所驾切。问何事曰“嗜事”。嗜同上。打曰“敲”。刺曰“擉”。音龊。扶曰“当”。去声。按曰“揿”。浮曰“氽”。吞上声。捧曰“掇”。积物曰“顿”。藏物曰“囥”。康去声。抈水曰“舀”。尧上声。比长短曰“掩”。音晏。此皆所谓方言也。

村及吾鎮中皆一至凡自遠方來觀者舟楫艤附水道為之闐咽焉

府志有方言一則元和吳江兩縣志俱摘錄之今亦即各志之合者載之而參以鎮中土語焉如謂人不慧曰獃子亦謂之獨頭謂人不利便曰㶊怺一作[illegible]亦謂之夯呼港切謂人愚魯曰不知蒲董亦謂之呆徒謂人能幹曰奢遮奢式牙切遮之加切亦謂之道地謂語事不明白曰含胡亦謂之搭橋謂嬉戲曰薄相[illegible]去聲亦謂之兜兜謂作事乖張曰㚣奊音列及謂胸次耿耿曰佁儗音注膩謂心有不寧曰鏖糟謂痁疾曰愕子謂睡聲曰惛塗謂人妄語曰熱惛謂事出非常曰詫異謂事在兩難曰尷尬

周莊鎮志卷四　風俗　三

謂事多舛誤曰纏夾古鴨切謂行為不順曰塞結謂無可如何曰直死音洗謂纏擾不已曰嬲女教切亦謂之格里糊塗謂膚癢曰荾音軒技癢亦曰荾少年好事曰荾夾夾謂你曰那乃嘉切本吳江土語謂我曰奴去聲謂此處曰間邊間古山切謂彼處曰個邊謂眾多曰多許多黑可切花上聲謂所在曰場許同上謂物微暖曰溫暾音吞謂物不齊曰參差參產平聲差錯去聲亦曰七參八差謂無罅隙曰朒縫音閃鳳謂謀事可成曰連牽謂如此曰入㑊謂物件曰牢曹謂污穢曰邋遢音臘榻謂積塵穢曰垃圾音拶刷問何人曰嗜人嗜所駕切問何事曰嗜事嗜同上打曰敲刺曰擉音齪扶曰當去聲按曰揿浮曰氽吞上聲捧曰掇積物曰頓藏物曰囥康去聲抈水曰舀堯上聲比長

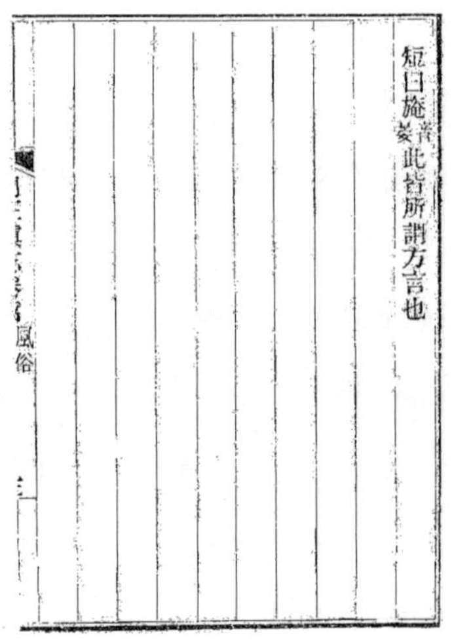

短曰掩音奄此皆所謂方言也

風俗

注：图版采自［日］波多野太郎编：《中国方志所录方言》第 6 编，日本横滨市立大学纪要 1968 年版，第 247—249 页。

（二）光绪八年《杨舍堡城志稿》卷六

《杨舍堡城志稿》，光绪八年（1882），叶长龄等纂。光绪九年（1883）江阴叶氏活字本印行于世。杨舍堡城现为张家港市杨舍镇。2006 年，张家港市党史地方志办公室点校，凤凰出版社出版《张家港旧志汇编》。今据波书图版，参考《张家港旧志汇编》，转录卷六方言内容全文如下：

日曰“热头”。俗呼“日”“热”。并如“业”热头，谓热物之首。方俗悬舌音、牙音多混也。月曰“亮兀”。亮取夜明象，兀、月双声兼叠韵也。雾曰“眯露”。眯象雾形，支、虞古通转①，方俗呼轻唇多作重唇也。虹曰“犼”。“犼”本恶兽，呼吸能害物，虹患隐有呼吸意，或可作“孔”，亦呼吸意也，邑志作“鲎”，无义。郭姓曰“各”。合口误开口也。江姓曰“缸”。等小误等大也。缪姓曰“貌”。尤侯、萧、豪古通转也。盛姓曰“剩”。通

① 《张家港旧志汇编》原误断为“转方俗呼”，今正。

庚转阳，亦古音也。邑志曰绽，谬甚。吴、胡呼无分别。方俗牙、喉多混也，独呼五、午不误。村民呼许姓曰“喜”，俞姓曰“夷”、夷曰“于”、雨曰“以”。鱼模、支之，古通转也。[①] 呼王、黄姓及旺字，独依母有别。读书识字者皆混为一声，反不如方俗也。亡曰“芒”，网曰“莽”，望曰“盂”，闻曰“门”，问曰“闷”，味曰“眯”，万曰“漫”，蚊曰“虻”。方俗呼轻唇音多作重唇，古少重唇音出切，亦用类隔也。梦曰“恾”。东、江古通也。何事、何物曰“舍个”。舍、审双声，方俗又变审入照母。盖即怎字转上为入声，邑城曰到则“乃怎”之合声，而混齿于舌也。“个”为语助，犹乐府之添字剩声也。如何曰“那哼”。日、泥两母字，形声有互通者，如何亦“那”之二合，“哼”亦剩声也。归曰“居”，去曰“扣”。支、鱼、尤韵古通转也。觇人曰“张”。声转讹别也。不好曰“邱”[②]。丑之讹别也。美曰“齐整”、曰“体面”。睡曰“困”。取其义也。嬉游曰“白相”。质言之也。乳曰“奶”。嬭之俗字，音亦变也。大曰“惰”。韵分收泰、箇二部。方俗多呼入箇韵。惟大麦、大蒜、大黄，呼入泰韵也。《邑志》曰“杜”，音既全乖，韵亦失检[③]，误甚。弗曾曰“分”。二合急呼也。器具曰“物事”，托盘曰“饭供”。方俗“物”呼重唇音，“饭”上声，俗多浊误清也。《邑志》曰“末”、曰“反”，殊无理。禽兽曰“畜生”。方俗呼“畜”若“中”，知、彻之误，《邑志》不察也。或谓是众生，然众生兼人，言之义不可也。呼“鸟”为“雕”上声。方俗呼音独正[④]，士人呼入疑母，反讹误也。雉曰“野鸡”。沿汉旧也。豕曰“猪哪”，羊曰“羊咩咩”。并取其鸣声也。猪舌曰“赚头”。“舌”“蚀”声近，讳

① 《张家港旧志汇编》原误断为“鱼模支之古”，今正。

② 《杨舍堡城志稿》原字形作“邛”，《张家港旧志汇编》整理者认为是“邺”字。按：“邛”实是“邱”，今正。

③ 《张家港旧志汇编》原误断为“《邑志》曰：杜音既全乘韵亦失检”，“乘”字系“乖”之误字，今正之，断为“《邑志》曰‘杜’，音既全乖，韵亦失检”。

④ 《张家港旧志汇编》原误断为“方俗呼音独正士人”，今正。

"蚀"为"赚"，市井俗忌也。讳"十"为"全"，同。鼠曰"老虫"。形小类虫，故加"老"别之也。鳖曰"甲鱼"。以有觳也。蚌曰"水菜"。谓多水也。蛙曰"田鸡"。以生于田而声似哺鸡也。蜈蚣曰"百脚"。取多足也。蚓曰"曲蟮"。象其形也。蜱蟥曰"臭虫"。因其臭味也。继异姓子曰"野鸡"、又曰"野猫"。以别于亲生也。以上诸条但据一乡所闻知者述之，讹者略辨之，有《邑志》承讹袭谬者订正之。至方俗读字，音舛误者，十之八九，例不得泛及也。

冬甲子雨雪飛千里鳥無食占霧諺云春霧陰夏霧熱秋霧涼風冬霧雪歲遇兩春諺云兩春夾一冬無被煖烘烘以上邑志有而吾鄉亦有者則采之無則從略邑志無而吾鄉有者則詳之異同處悉據所聞

方言

日曰熱頭 俗呼日熱並如業熱頭謂熱物之首方俗懸舌音牙音多混也 月曰亮兀 取亮夜明象兀川雙聲兼疊韻也 霧曰眯露 眯象霧形支虒古通轉方俗呼輕脣多作重脣也 虹曰犼 犼本惡獸呼吸能害物虹出隱有呼吸意或可作孔亦有呼吸意也邑志作鬣無義 郭

楊舍堡城志稿 卷六 風俗 十七

姓曰各 合口誤開口也 江姓曰缸 等小誤等大也 繆姓曰貎 尤侯蕭豪古通轉也 盛姓曰剩 通庚轉陽亦古音也邑志曰瞪謬甚 吳胡呼無分別 方俗牙喉多混也獨呼五午不誤 村民呼許姓曰喜俞姓曰夷夷曰于雨曰以 魚模支之古通轉也 呼王黃姓及旺字獨依母有別 讀者識字者皆混爲一聲反不如方俗也 亡曰芒網曰莽望曰盂問曰門問曰悶味曰眯萬曰漫蚊曰蟲 方俗呼輕脣音多作重脣古少重脣音出切亦用類隔也 夢曰慌 東江古通也 何事何物曰舍箇 舍音變聲方俗又變音入照母盡卽怎字轉上爲入聲邑城曰到則乃怎之合聲而混齒於舌也箇爲語助猶樂府之添字膾聲也 如

何曰那哼（曰泥爾毋字形聲有互通者如何亦那之二合哼亦膽聲也）歸曰居去曰抈（支魚尤韻古通轉也）覛人曰張（聲轉訛別也）不好曰邪（醜之訛別也）美曰齊整曰體面睡曰困（取其義也）嬉遊曰白相（質言之也）乳曰奶（教之俗字音亦變也）大曰惰（韻分收泰箇二部方俗多呼入箇韻惟大麥大蒜大黃呼入泰韻也邑志曰扎音既全乖韻亦失檢誤甚）弗曾曰分（二介急呼也）器具曰物事托盤曰飯供（方俗物呼重脣音飯」聲俗多獨誤讀也邑志曰末曰反殊無理）禽獸曰畜生（方俗呼畜若中知徹之誤邑志不察也或謂是眾生然眾生兼人言之義不可也）呼鳥爲雕上聲（方俗呼音獨正士人呼入疑母反訛誤也）雉曰野雞（沿漢舊也）

楊舍堡城志稿　卷六　風俗

豕曰豬哪羊曰羊咩咩（並取其鳴聲也）豬舌曰賺頭（舌蝕蝕近諱蝕爲賺市井俗忌也諱十爲全同）鼠曰老蟲（形小類蟲故加老別之也）鼈曰甲魚（以有殼也）蚌曰水菜（蚌多水也）蛙曰田雞（以生於田而聲似喃雞也）蜈蚣曰百腳（取多足也）蚓曰曲蟮（象其形也）蜣螂曰臭蟲（因其臭味也）蠶巢娃子曰野雞又曰野貓（以別於親生也）以上諸條但據一鄉所聞知者述之訛者略辨之有邑志承訛襲謬者訂正之至方俗讀字音舛誤者十之八九例不得泛及也

楊舍堡城志稿卷六終

注：图版采自［日］波多野太郎编：《中国方志所录方言》第 6 编，日本横滨市立大学纪要 1968 年版，第 387—390 页。

（三）光绪《盛湖志》及《盛湖志补》

明末清初，盛泽仲氏开始致力于《盛湖志》的编纂。仲沈洙“以所见为经，所闻为纬，凡里中耆老备历咨询，务得其真”。（乾隆《盛湖志·序》）于顺治十年（1653）完稿未刊。至康熙时，仲沈洙之孙仲栻、仲枢对《盛湖志》予以增纂。至乾隆中，仲枢侄仲周霈又增补内容，并于乾隆三十五年（1770）刊刻《盛湖志》（2 卷）。

同治间，仲周霈玄孙仲廷机在旧志基础上，广收资料，参考他史，编纂成新《盛湖志》。同治末年，仲廷机亡故后，其子仲虎腾又广采光绪间掌故，续成 4 卷，名为《盛湖志补》。惜仲虎腾未及校录即去世，其子仲冠雄重校《盛湖志补》，力图刻印《盛湖志》及《盛湖志补》。然书付印前夕，杭州琵琶巷书铺因火灾波及，雕镂书版全部被焚，后幸得嘉兴县参议陶葆廉、南浔书商周庆云资助，于1920年依据仅存的底稿重新雕版，至1924年正式刊出。仲廷机所纂《盛湖志》为14卷本，加卷首、卷末各1卷，共16卷，又附仲虎腾编纂的《盛湖志补》4卷，共计20卷。盛泽当地人称颂“盛泽二百余年来，修志者皆出仲氏”。

2011年，盛泽镇人民政府、吴江市档案局编《盛湖志》（4种），沈春荣、沈昌华、申乃刚点校《盛湖志》及《盛湖志补》，由广陵书社出版。

今据民国十四年（1925）仲冠熊刻本图版，参考点校本，转录二志《盛湖志》及《盛湖志补》所录方言内容如下：

1. 光绪《盛湖志》

《盛湖志》卷二所载方言内容①如下：

古称吴为东夷，其言鴃舌。然语皆有本，举其大略。如相谓曰“侬”。隔户问人曰“谁侬”，应曰“我侬”，视之乃识，曰“却是你侬”，指他人而称之曰“渠侬”。出《湘山野录》记钱武肃王歌云：“你辈见侬的欢喜，在我侬心子里。”言人不慧曰“呆”。《唐韵》：“小呆大痴，不解事者。”又见范成大有《卖痴呆词》。言人逞独见而多忤者曰“㑩㒎”。音如列的。出《汉书》“㑩㒎而无志节”。言人无所可否而多笑貌者曰“墨屎”。音如迷痴。《俗呼小录》作眉西。皮日休《反招魂》：“上暧昧而下墨屎。”言人蕴藉不躁暴者曰“眠娗”。音如缅忝。出《列子》“眠娗诿诿”注：眠莫典②切，娗，徒典切。瑟缩不正之貌。言人进退不果曰“佁儗”。音如炽腻。司马相

① 盛泽镇人民政府、吴江市档案局编：《盛湖志》（4种）上册，广陵书社2011年版，第28—31页。

② “典”，原讹作“曲”，今正。

如赋："仡以佁儗"。言人无用曰"不中用"。《史记·秦始皇本纪》："始皇怒曰：'吾前收天下书不中用者，尽去之。'"言人聆言不省曰"耳边风"。杜荀鹤诗："百岁有涯头上雪，万般无染耳边风。"言人急躁曰"不耐烦"。《庾炳之传》："为人强急而不耐烦。"言人之愚者曰"不知薡董"。《尔雅》"薮薡董"注："似蒲而细"。不知薡董者，即不辨菽麦意。言人戏扰不已曰"嬲"。音如嫋去声。嵇叔夜书"嬲之不置"。言人而不与接曰"不睬"。出《北齐书》："后不睬轻霄。"呼妇人曰"女客"。《高唐赋》："妾巫山之女也，为高唐之客。"男女冠笄曰"上头"。花蕊夫人《宫词》："新赐云鬟使上头"。称奴仆曰"底下人"。《陈伯之传》："河南褚緭曰：'草泽底下，悉成贵人。'"又李商隐《与陶进士书》云："仆此世固不待，学奴婢下人指誓神佛而后已。"奴仆自称曰"小的"。《金史·百官志》有云："奉御十六人，旧名入寝殿小底；奉职三十人，旧名不入寝殿小底；又名外帐。"即今奴仆"小的"之称。呼婢女曰"丫头"。刘宾客诗："花面丫头十二三"。鄙人营生曰"经纪"。唐太宗敕滕王、蒋王曰："滕叔、蒋兄自能经纪，不须赐物。"鄙人之庸贱微薄者曰"小家子"。《霍光传》："任宣谓霍禹曰：'使乐成小家子得幸大将军。'"言人有病曰"不快"。《华佗传》："体有不快，起作一禽之戏。"物不洁曰"鏖糟"。《霍去病传》注："尽杀人为鏖糟"。盖血污狼藉之意。午饭、小食皆曰"点心"。《唐史》："郑傪夫人云：'我未及餐，尔且可点心。'"物微暖曰"温暾"。唐王建《宫词》："新晴草色煖温暾。"白乐天诗："池水暖温暾。"作事无据者曰"没调当"，又曰"没巴鼻"。苏长公诗云："有甚意头求富贵，没些巴鼻使奸邪。"虚伪不检者曰"楼头"。盖宋时临安何家楼下多亡赖，以滥恶物欺人，其时有"何楼"之号。楼头者，何楼之恶魁也。语不明曰"含胡"。《颜杲卿传》："含胡而绝。"习气曰"毛病"。黄山谷《刀笔》云："此荆南人毛病。"疾速曰"飞风"。唐制：凡杂马送上乘局者，以"风"字印印右髆，以"飞"字印印左髆。谓事曰"事际"。《南史》：王晏专权，"帝虽以事际须晏，而心恶之"。谓罢曰

"罢休"。《史记》："吴王谓孙武曰：'将军罢休!'"谓不任事曰"缩朒"。《汉书·五行志》："王侯缩朒。"骂佣工曰"客作"。《匡衡传》："衡乃与客作而不求价。"谓贪纵曰"放手"。《后汉书》："残吏放手。"谓绦悦之蕊曰"苏头"。挚虞云："流苏者，缉鸟尾，垂之若流然，以其蕊下垂，故曰苏。"谓葺理整齐曰"修娖"。娖音捉。《唐书》："修娖部伍"。谓责人而姑警之曰"受记"。责人曰"数说"。如汉高之数项羽。谓指镮曰"手记"。《诗》郑笺："后妃群妾以礼御于君所，女史书其日月，授之以镮。当御者著于左手，既御者著于右手。"今俗亦称戒指。谓以鹾醃物曰"盐"。去声。《内则》："屑姜与桂以洒诸上而盐之。"谓凑合无罅隙曰"脗缝"。脗，美韵切，合唇也。缝，去声，唇合无间。谓甓曰"甗砖"。《尔雅》："瓴甗谓之甓"。注：甗砖也。谓苇席曰"芦蕟"。宋琅邪王敬彻遗命以一芦蕟藉下。谓众多曰"多许"。许音若黑可切，谓所在亦曰场许。语尾每曰"那"。那，乃贺切。《后汉书》："公是韩伯休那?"谓死曰"过世"。《秦苻登传》："陛下虽过世为神。"嘲笑人曰"阿㖸㖸"。亦招呼声。谓发黏曰"膱"。膱音织。《周礼·考工记·弓人》注："樴，脂膏膱败之膱。膱亦黏也。"疏："若今人头发有脂膏者，则谓之膱。"谓物之不齐曰"参差"。参音仓含切，差如仓何切，亦云"七参八差"。谓睡声曰"惛涂"。北人谓之打呼，惛涂疑即呼字反切。打亦谓之"敲"。《左传①》："执其戈以敲之。"刺亦谓之"擉"。《庄子》："冬则擉鳖于江湖。"折花曰"拗花"。元微之诗："今朝谁是拗花人。"草木穉而初萼者曰"始花"。音如试。《月令》："桃始华，蝉始鸣。"注：皆去声。见人有不当意者曰"看嘴鼻"。《金史》："宋破金泗州，守将毕资伦不肯降，系狱十四年。及盱眙守将纳合买住降，北望哭拜，谓之辞故主。资伦见买住，骂曰：'国家未尝负汝，何所求死不可，乃作如此嘴鼻也!'"言宁可曰"耐可"。音如能可。《汉书》："扬越之人耐暑"。注：与能

① "传"，原讹作"使"，今正。

同。李太白诗："耐可乘明月"，又"耐可乘流直上天"，皆读如能。语毕助词曰"蹇"。《楚辞》以蹇为发语声，此则以为语助也。问何人曰"遐个"。《诗》云"遐不作人"，注云："遐，何也。"又俗语无本者，谓虹曰"鲎"。海中有鱼名鲎，其形最长。嬉戏曰"薄相"。周永年云：赵闲闲《游华山寄元裕之》诗有云："山神戏人亦薄相。"俗语薄相之见于诗句者若此。自称曰"吼奴"。《说文》："吾、我，自称也。从口，五声，五乎切。"今俗书作吼。吴音如是。字书无之。奴音怒转为去声。称人曰"偌呐"。"偌"亦俗字，字书无之。吴音曰偌朵，今转为呐，亦曰嗦。称己之家曰"吼里"。称人之家曰"伊拉"。对人称其家曰"偌哪"。以示人曰"伊嗦"。眼音若限，耳音若昵，鼻音若勃，牙音若鞋，白音若拔，赤音若尺，藕音若厚，鹅音若何。谑曰"陶写"，写音若先。盖地居吴境之极边，音近于浙矣。

車谿道中葦白茅黃谿水清倚篷閒看白鷗輕板橋橫處人家少修竹參天落照明客裏蹉跎歲欲闌水邊楊柳尚平安夜來已作還鄉夢滿目西風一棹寒國朝舒瞻車谿道中帆穩知風正舟輕一覺岸低菜花黃夾路春水綠平堤喚雨林鳩集催耕布穀啼一身圖畫裏百里過車谿閱淑蘭車谿秋暝山色遠蒼蒼谿邊牛夕陽芙蓉明水殿楊柳淡林塘雨過蟬千樹雲開雁一行小僮頻報信鐙火已昏黃　在二十三都鎮西以上並見邑沈志

方言

古稱吳為東夷其言鴃舌然語皆有本舉其大略如相謂曰儂隔戶問人曰誰儂應曰我儂覗之乃識曰卻是你儂指他人而稱之曰渠儂出湘山野錄記錢武肅王歌云你輩見儂的歡喜在我儂心子裏言人不慧曰獃唐韻小獃大癡不解事者又見范成大有賣癡獃詞言人遑獨見而多忤者曰㚖㚖音如列的出漢書㚖㚖而無志節言人無所可否而多笑貌者曰墨屎音如迷癡俗呼小綠作眉西皮日休反招魂上曖昧而下墨屎言人蘊藉不躁暴者曰眠娗音如緬忝出列子眠娗諉注眠莫曲切娗徒典切𢤱縮不正之貌言人進

退不果曰佁儗音如熾膩司馬相如賦佁以佁儗言人無用曰不中用史記秦始
皇本紀始皇怒曰吾前收天下書不中用者盡去之言人聆言不省曰耳邊風杜荀鶴詩百歲
有涯頭上雪萬般無染耳邊風言人急躁曰不耐煩庾炳之傳爲人强急而不耐煩言人之
愚者曰不知菲董爾雅蘱薡董註似蒲而細知菲董者卽不辨菽麥意不言人戲擾不
已曰嬲音如嫋去聲嵇叔夜書嬲之不置言人而不與接曰不倸出北齊書后不倸輕
胥呼婦人曰女客高唐賦妾巫山之女也爲高唐之客男女冠笄曰上頭花蕊夫人
宮詞新賜雲鬟使上頭稱奴僕曰底下人陳伯之傳河南褚緝曰草澤底下悉成貴人又李商隱與
陶進士書云僕此世固不待學奴婢下人指譬神佛而後已奴僕自稱曰小的金史百官志有云奉
御十六人舊名入寢殿小底奉職三十八人舊名不入寢殿小底又名外帳郎今奴僕小的之稱名婢女曰了
頭劉賓客詩花面了頭十二三鄙人營生曰經紀唐太宗敕滕王蔣王曰滕叔蔣兄自能經紀不
須賜物鄙人之庸賤微薄者曰小家子霍光傳任宣謂霍禹曰使樂成小家子得幸大

盛湖志 卷二 方言 八

將軍言人有病曰不快華佗傳體有不快起作一禽之戲物不潔曰鏖糟霍去病傳
註盡殺人爲鏖糟蓋血肉狼藉意午飯小食皆曰點心唐史鄭傪夫人云我未及餐爾且可點心
物微暖曰溫暾王建宮詞新晴草色煖溫暾白樂天詩池水暖溫暾作事無據者曰沒
調當又曰沒巴鼻蘇長公詩有甚意頭求富貴沒些巴鼻使姦邪虛僞不檢者曰樓
頭蓋宋時臨安何家樓下多亡賴以濫惡物欺人其時有何樓之號樓頭者何樓之惡魋也語不明曰含
胡顏果卿傳含胡而絕習氣曰毛病黃山谷刀筆云此荆南人毛病疾速曰飛風唐制凡驛
馬送上乘局者以風字印印右髀以飛字印印左髀謂事曰事際南史王晏專權帝以事際須晏而心惡
之謂罷曰罷休史記吳王謂孫武曰將軍罷休謂不任事曰縮朒漢書五行志王侯縮
朒謂傭工曰客作匡衡傳乃與客作而不求償謂貪縱曰放手後漢書吏放手殘
謂綳帨之垂曰蘇頭摯虞云流蘇者緝鳥尾垂之若流然以其蕊下垂故曰蘇謂葺理整
齊曰修娖娖音捉唐書修娖部伍謂責人而姑警之曰受記責人曰數

說如漢高之數項羽謂指鐶曰手記詩鄭箋后妃羣妾以禮御於君所女史書其日月授之以鐶當
御者著於左手既御者著於右手今俗亦稱戒指謂以鹺醃物曰鹽去聲內則屑薑與桂以洒諸上
而鹽之謂湊合無罅隙曰胳縫胳美韻切合骨也縫去聲骨合無間謂甕曰甗甈
爾雅甗甈謂之甓注甗甈也謂葦席曰蘆蓆宋琅邪王欽徽遺命以一蘆蓆藉下謂衆多曰
多許許音若黑可切謂所在曰場許語尾每曰那那乃賀切後漢書公是韓伯休那謂死曰
過世秦符登傳陛下雖過世爲神嘲笑人曰阿廇廇亦招呼聲謂髮粘曰膩音
纖周禮考工記弓人注機脂膏膩敗之膩亦粘也疏若今人頭髮有脂膏者則謂之膩謂物之不齊曰
參差參音如倉含切差音如倉何切亦云七參八差謂睡聲曰懵塗北人謂之打呼懵塗郎呼字
反切打亦謂之敲左傳執其戈以敲之刺亦謂之搊莊子冬則搊鱉於江折花曰拗
花元微之詩今朝誰是拗花人草木稃而初萼者曰始花音如試月令桃始華蟬始鳴註
皆去聲見人有不當意者曰看嘴鼻金史宋破金泗州守將畢資倫不肯降繫獄十四年

盛湖志 卷二 方言 九

及盱眙守將納合買住降北望哭拜謂之辭故主資倫見買住罵曰國家未嘗負汝何所求死不可乃作如此嘴鼻也
言寗可曰耐可音如能可漢書揚越之人耐暑註與能同李白詩耐可乘明月又耐可乘流直上天皆讀
如能語畢助詞曰蹇楚辭以蹇爲發語聲此則以爲語助也問何人曰遐箇詩云遐不
作人註云遐何也又俗語無本者謂虹曰鱟海中有魚名鱟其形最長嬉戲曰薄
相周永年云趙閑閑遊華山寄元裕之詩有云山神戲人亦薄相俗語薄相之見於詩句者若此自稱曰[口五]
奴說文吾我自稱也从口五聲五乎切今俗書作[口五]吳音如是字書無之奴音怒轉爲去聲稱人曰俉哪
俉亦俗字字書無之吳音曰俉朵今轉爲哪亦曰嚓稱己之家曰[口五]裏稱人之家曰伊
拉對人稱其家曰俉哪以示人曰伊嚓眼音若限耳音若昵
鼻音若勃牙音若鞋白音若拔赤音若尺藕音若厚爲音若
何誰曰陶寫音若先蓋地居吳境之極邊音近於浙矣

盛湖志卷二終

注：图版采自吴江图书馆古籍库网站，http://www.wjlib.com:9000/AncientBook/book/detail? bookId=117［引用日期 2019-04-08］。

2. 光绪《盛湖志补》

《盛湖志补》卷一所载方言内容①如下：

吴江一邑，方言与一郡略同，已详载前志。然尚有可记者，补录之。躲避曰“畔”。陈后主创《齐圣观民谣》。斗殴曰“相打”。《南史·黄回传》。手牵物曰“扯”。《宋史·杜纮传》。干求、请谒曰“钻”。班固《答宾戏②》言。呼箸曰“筷”。《菽原杂记》。谓多曰“够”。音如遘。《文选·魏都赋》：“繁富夥够。”又见《广雅》。嗔人勿慧曰“笨”。《晋书》。目物多为“无万”。《汉书》。水流物去曰“滬”。吞稇切，见《留青日札》。恶人自夸曰“卖弄”。《南史》。财不期得而得曰“横财”。《独异志》。谓人喜过甚曰“脱下颏”。《癸辛杂识》。“阴地不如心地好”。同上。知其一，不知其二。《史记》汉高祖语。大人不责小人过。沈作喆《寓简》。人微言轻。《史记》《后汉书》。好不须多。晋元帝曲宴赋诗。十八层地狱。《梁书》。垂头丧气。《唐书·韩全诲传》。掩耳盗铃。唐高祖起兵时语。上不上，下不下。《唐书·田季安》。见笑大方。《秋水篇》。黑漆皮灯笼。《辍耕录》。解围释急。《吴志·吕蒙传》。各为其主。《魏志·曹爽传注》。算无遗策。《魏志》陈寿评荀攸、贾诩语。骂人曰“忘八”。明人小说谓“忘礼、义、廉、耻、孝、悌、忠、信八字也”。杂种。《晋书》。老狗。《汉武故事》。禽兽。《孟子》：“则近于禽兽，于禽兽奚择焉?”放屁。《癸辛杂识》。人面兽心。《宋书·明帝纪》。五逆不孝。梁释僧祐《宏③明集》载刘勰《灭惑论》。矮馍偪偀，衣破褴衫。《集韵》。七零八落。《五灯会元》。瞎打把式。《辽金备考》。酒囊饭袋。王充《论衡·别通篇》。寄

① 盛泽镇人民政府、吴江市档案局编：《盛湖志》（4 种）下册，广陵书社 2011 年版，第 403—406 页。

② 沈昌荣点校本误断作“《答宾戏言》”，今正。

③ “宏”，正作“弘”。

居。《汉书·息夫躬传》。累重。《汉·西域传》。什物。《后汉·宣秉传》。便宜。《齐书·顾宪之疏》。对手。《唐书·宣宗纪》。滑汰。苏轼《秧马歌》："耸踊滑汰如凫鹭。"龌龊。《文选·吴都赋》。流落。《孔氏杂说》。冤家。《烟花记》。分付。《汉书·原涉传》。手下。《吴·太史慈传》。我辈。《晋·石苞传》。不便。《魏志·陈植传》。谣言。《蜀志·刘焉传》。报应。《汉华山碑》："靡不报应。"年纪、修理。俱《后汉·光武纪》。难为人。《表记》。有瓜葛。《后汉·礼仪志》。商量。《易商兑》注。致意。《晋·简文纪》。料理。《晋·王微之传》。消息。《魏少帝纪》。长进。《晋·和峤传》。郑重。《汉书·王莽传》。生活。梁武帝谓临川王宏曰："阿六，汝生活大可。"多谢。《赵广汉传》。布施。《周语》。行头。《吴语》。比校。《齐语》。当日。《晋语》。分外。魏程晓上疏。本色。《唐·刘仁恭传》。古老。《书经·无逸注》。孩儿。《书·康诰注》。老成人。《书·盘庚上篇》，又见《诗》："虽无老成人"。两造、奈何。俱出《尚书》。文书、见在、官府。《周礼》。军师、消摇。《檀弓》。别号。《月令注》。老境。《曲礼正义》。好人、萋菲。《诗经》。发财。《大学》。一撮。《中庸》。先生、后生、仍旧、下流。《论语》。市井、人力。《孟子》。受业。《国语》。欢喜、事情、张罗、画蛇添足、自相矛盾。《国策》。斫丧、客气、奉承、告老、行李、请安、如夫人。《左传》。天下太平。《礼记·仲尼燕居篇》。放债。《搜采异闻录》。新鲜。《太元经》。附近。"附"古作"傅"，出仲长统《昌言》。债主。《后汉·陈重传》。连日。《后汉·王符传》。中饭。《魏·王修传》。门客。《南史·戴发兴传》。搜括。《南史·梁武纪》。乡风。苏轼《馈岁》诗："亦欲举乡风，独唱无人和。"又，何逊诗："乡乡自风俗。"破费。苏诗："破费八姨三百万，大唐天子要缠头。"门生。徐幹《中论·谴交篇》云："有荣名于朝，称门生于富贵者。"阿舅。称妻兄弟，出《元史·桂完泽传》。夫人。白居易诗"惟有夫人笑不休"。姊姊。司空图诗："姊姊教人且抱儿。"偏房。《列女传·赵衰妻颂》："身虽尊贵，不妒偏房。"婊子。倡伎之称，出《辍耕录》。校书。亦妓之称。胡曾《诗赠薛涛》云："万里桥边薛校书，枇杷花下闭门居。"口臭、择日、废物。并出《吴越春秋》。封君、处士、舅父、大姊、贤弟、子婿、败子、小鬼、寡居、良家子、小儿医、府上、居间、果然、罪过、抵罪、招摇、亡赖、负荆、草藁、数见不鲜、旁若无人、一败涂地、武断、乡曲、有何面目、不值一钱、死灰复燃、后来居上、多多益善。并见《史记》。结发、同学、同门、偶然、权柄、发觉、风闻、如意、惶恐、逗遛、相思、底里、轻薄、切齿、主人翁、积少成多、和气致祥、谈何容易、延年益寿、稠人广众、见事风生、妄自尊大、为善最乐、盗不入五女之家。并见《汉书》。姊夫、妹夫、晚生、不成人、竹头、木屑。《晋书》。岂有此理、名士风流。《齐书》。酒令、一身两役。《梁书》。名下无虚。《陈书》。有始无终。《魏书》。润笔。《隋书》。良辰美景。《北齐书》。前辈、后辈。《唐书》，又《论语注》。关节、笑杀、斩草除根。《唐书》。快活、子细、脚色、十字街、风流、罪过。《北史》。大房、小房、脱空、相骂、不快活、做手势、利上生利、酒有别肠、前功尽弃。《五代史》。宗师、生熟、偏枯、风波、开口笑、不近人情。《庄子》。官长。《墨子》。放生。《列子》。深根固柢、金玉满堂。《老子》。吹毛求疵。《韩非子》。四通八达。《子华子》。烦难、请详、算计、不见天日。《淮南子》。告示、本分。《荀子》。脚着实地。《宋史》。过桥拆桥。《续通鉴》。容情。《搜神记》。鲫溜。《郊祁笔记》。打草惊蛇。《续常谈》。读书种子。《鹤林玉露》。福至心灵。《幕府燕闲录》。人杰地灵、老当益壮。王勃文。飞黄腾踏。韩昌黎诗。丈人、丈母。《柳柳州集》。相公。王粲赋。令弟。《谢灵运集》。令妹。《陶渊明集》。夫君。孟浩然、李义山诗。老家人。孟郊有《吊老家人春梅》诗。手段。元遗山诗。处分。《焦仲卿妻诗》。蛇无头不行。宋《云庵真净禅师语录》。天高皇帝远。《间中今古录》云元末谚语。高谈阔步。魏文帝《太宗论》。一客不烦二主。《山谷集·题跋》。又有土语：

圆曰“团圉”。《说文》。梵书。浮曰“氽”。吞上声，《字林撮要》。盖曰“㔶”。《增韵》。藏曰“囥”。《集韵》。积物曰“顿”。《隋书·炀帝纪》：“每之一所，辄数道置顿。”关门曰“闩”。《字汇补》。完全曰“囫囵”。《俗书刊误》。六畜曰“畜牲”。《左传·僖十九年》注疏：“养之曰畜，用之曰牲。”吾乡误呼“畜”为“中”。断港曰“浜”。李翊《俗呼小录》。忍耐曰“熬”。《汉书·陈汤传》：“众庶熬熬苦之。”其未知所本者，如：孔曰“窟窿”；看曰“望”；扶曰“当”去声；按曰“揿”；转曰“跋”；捧曰“掇”；稠密曰“猛”；布帛薄者曰“浇”；非常事曰“诧异”；喜事曰“利事”；忧事曰“钝事”；此处曰“该面”；彼处曰“个面”；事之相值曰“偶凑”①；数钱五文曰“一花”；热物曰“燉”；热酒曰“烫”；泻酒曰“筛”；物事曰“勬勯”；痁疾曰“瘧子”；得利曰“赚钱”；首饰曰“头面”；鞋袜曰“脚手”；器用曰“家生”，亦曰“家伙”。

① 沈昌荣点校本误断为“偶凑数”，今正。

漢書息夫躬傳累重漢西域傳什物後漢宣秉傳便宜齊書顧憲之疏對手唐書宣宗紀滑
汰蘇軾秧馬歌聳踴滑汰如鳧鷖齷齪文選吳都賦流落孔氏雜說冤家煙花記分付漢原
涉傳手下吳太史慈傳我輩晉石苞傳不便魏陳植傳謠言蜀志劉焉傳報應漢華山碑
靡不報應年紀修理俱後漢光武紀難爲人表記有瓜葛後漢禮儀志商量易商兌註
致意晉簡文紀料理晉王徽之傳消息魏少帝紀長進晉和嶠傳鄭重漢書王莽傳生
活梁武帝謂臨川王宏曰阿六汝生活大可多謝趙廣漢傳布施周語行頭吳語比校齊語當
日晉語分外魏程曉上疏本色唐劉仁恭傳古老書經無逸註孩兒書康誥註老成
人書盤庚上篇又見詩雖無老成人兩造奈何俱出尚書文書見在官府周禮軍師
消搖禮檀弓別號月令註老境曲禮正義好人萋菲詩經發財大學一撮中庸先
生後生仍舊下流論語市井人力孟子受業國語歡喜事情張羅畫
蛇添足自相矛盾國策斲喪客氣奉承告老行李請安如夫人

盛湖志　卷一　方言

左傳天下太平禮記仲尼燕居篇放債搜采異聞錄新鮮太元經附近附古作傅出仲
長統昌言債主後漢陳重傳連日後漢王符傳中飯魏王修傳門客南史戴法興傳搜括
南史梁武紀鄉風蘇軾饋歲詩亦欲舉鄉風獨唱無人和又何遜詩鄉鄉自風俗破費蘇詩破費八姨三百
萬大唐天子要纏頭門生徐幹中論譴交篇云有策名於朝稱門生於富貴者阿舅稱妻兄弟出元史桂完澤
傳夫人白居易詩惱有夫人笑不休姊姊司空圖詩姊姊教人且抱兒偏房列女傳趙衰妻頌身
雖尊貴不妒偏房婊子倡伎之稱出輟耕錄校書亦妓之稱胡曾詩贈薛濤云萬里橋邊薛校書枇杷花下
閉門居口臭撑日廢物並出吳越春秋封君處士舅父大姊賢弟子壻
敗子小鬼寡居良家子小兒醫府上居間果然罪過抵罪招
搖亡賴貧荊草驀數見不鮮傍若無人壹敗塗地武斷鄉曲
有何面目不值一錢死灰復然後來居上多多益善並見史記結
髮同學同門偶然權柄發覺風聞如意惶恐逗遛相思底裏

輕薄切齒主人翁積少成多和氣致祥談何容易延年益壽
稠人廣眾見事風生妄自尊大爲善最樂盜不入五女之家
並見漢書姊夫妹夫晚生不成人竹頭木屑晉書豈有此理名士風
流齊書酒令一身兩役梁書名下無虛陳書有始無終魏書潤筆隋書良
辰美景北齊書前輩後輩唐書又論語註關節笑殺斬草除根唐書快活
子細腳色十字街風流罪過北史大房小房脫空相罵不快活
做手勢利上生利酒有別腸前功盡棄五代史宗師生熟偏枯
風波開口笑不近人情莊子官長墨子放生列子深根固柢金玉滿
堂老子吹毛求疵韓非子四通八達子華子煩雜請詳算計不見天
日淮南子告示本分荀子腳着實地宋史過橋拆橋續通鑑容情搜神記
鯽溜郊郝筆記打草驚蛇續常談讀書種子鶴林玉露福至心靈幕府燕閒錄

盛湖志補　卷一　方言　五

人傑地靈老當益壯王勃文飛黃騰踏韓昌黎詩丈人丈母柳柳州集相
公王粲賦令弟謝靈運集令妹陶淵明集夫君孟浩然李義山詩老家人孟郊有弔老家
人春梅詩手段元遺山詩處分焦仲卿妻詩蛇無頭不行宋雲庵真淨禪師語錄天高
皇帝遠閩中今古錄云元末諺語高談闊步魏文帝太宗論一客不煩二主山谷集題
跋又有土語圓曰圞圞說文梵書浮曰汆吞上聲字林撮要蓋曰匲增韻藏
曰匿集韻積物曰頓隋書煬帝紀每之一所輒數道置頓關門曰閂字彙補完全曰
囫圇俗書刊謬六畜曰畜牲左傳僖十九年注疏養之曰畜用之曰牲吾鄉誤呼畜爲中斷港
曰浜李翊俗呼小錄忍耐曰熬漢書陳湯傳眾庶熬熬苦之其未知所本者如孔
曰窟窿看曰望扶曰當去聲按曰撳轉曰跋捧曰撥稠密曰猛
布帛薄者曰澆非常事曰咤異喜事曰利事憂事曰鈍事此
處曰該面彼處曰箇面事之相值曰偶湊數錢五文曰一花

熱物曰燉熱酒曰燙瀉酒曰篩物事曰勬勤瘧疾曰瘦子得
利曰賺錢首飾曰頭面韈襪曰腳手器用曰家生亦曰家伙

物產

吐哺魚一名土鮒好伏水底附土而行狀似松江之鱸春間菜
花開時逐隊出游庖人煮蓴菜加吐哺作羹價廉味俊非其
時則不佳也

紅肉用紅麯冰糖酒燜製味極腴美惟冬間有之餽遺者以爲
珍品

饍刀專切雲片所用以許家灣水琢磨製成鋒利而不膠饍各
處來販故有通省饍刀之稱

梭子以堅樹爲之兩頭削尖包鐵中間起空切磋光潤織綢所

黎里續志 卷一 物產 六

注：图版采自吴江图书馆古籍库网站，http://www.wjlib.com:9000/AncientBook/book/detail? bookId=111［引用日期 2019-04-08］。

（四）光绪二十五年《黎里续志》

黎里，名黎川、梨花里，又名禊湖。唐时黎里属嘉兴范隅乡，为村。后梁开平三年（909），吴江建县，黎里始属吴江县。明成化、弘治年间（1465—1505），黎里居民千百家，为吴江大镇。清宣统二年（1910）至今，虽几经变迁，黎里最终保留为镇，隶属吴江管辖。

嘉庆时，徐达源纂修《黎里志》十六卷，首一卷，有嘉庆十年（1805）孚远堂刻本。《黎里志》未收录方言内容。清光绪二十四年（1898）蔡丙圻纂修《黎里续志》，于卷一补充黎里方言内容。蔡志有禊湖书院刻本。2011 年，黎里古镇保护开发管理委员会、吴江市档案局编《黎里志（两种）》，由陈其弟点校，广陵书社出版。兹据图版，并参考陈其弟点校本，转录全文如下：

里中方言相沿而呼，其字音本义间有乖谬者，与郡邑各处亦都不同焉，纪之以资嗢噱。凡人自称曰“唔从口从五，音午，声从俗，字书不载。奴”，称人曰“那”，称旁人曰“伊奴”。称己之家曰“唔嘪”，称人之家曰“伊拉”，称其家曰“唔哪”。言人物之美曰“趣”、曰“标致”，形恶者曰“难看”。蠲曰“干净”，其不蠲曰“龌龊”，曰“邋遢”，曰“鏖糟”。大而重笨者曰“龊扑”，小而齐整者曰“精致”。言人之老成曰“克实”，轻薄曰“佻佻”，不雅驯曰“粗坯”。其俊快可喜曰“伶俐”、曰“乖巧”，其不聪明者曰“笨”，壮而不慧者曰“骙”、曰“呆”。无赖者曰“落货”，溪刻者曰“疙瘩”。财多者曰“发迹”，用财之吝曰“滴惜”、曰“捻尖”，贫乏者曰“涩拮”。处事能干曰“虾胡牙切挝”。夜寐曰“困”，夙兴曰“陪起”，坐而假寐曰“磕铳”，欠伸曰“懒腰”，呃逆曰“格都”。身之失跌曰“拍挞”，勉强行为曰“拉扯”，或曰“扯挪”。性坚执曰“方柁梗”，好搬弄是非曰“乱说”，自矜尚曰“摆架子”，修容止曰“打扮”，少精采曰“萎蕤”，阿承[①]显富曰“趋奉”。以语恐吓人曰“爊故”，陷人于过、令其处负曰“捉弄”，乘间而入曰“钻”，大言吓人曰“烹”，泥人不已曰“缠”，言语笼罩人曰“蒙”。解两家之忿曰“落肩”[②]，或反是曰“撺耸”。强附而必使之从曰“活讨”，纠缠不休曰“臭嬲”。内无实而外饰可观曰“晃”，不量力而好矜尚曰“哈哈吽”，有所趋避而倏遁曰“溜”。作事不果决曰“摸揉”，谈笑不诚恪曰“欷音希歌音哈”，行不端徐曰“踉跄”，交关人物曰“瓜葛”，阑入人中、事中曰“夹插”。旷大不拘束曰“浪荡”，人物之无用而勉强以之充数焉曰“抓疲”，言之凿空而杜撰也曰“造”。多而躁者

① 陈其弟点校本《黎里志（两种）》误点为“萎蕤阿承”，今正（广陵书社 2011 年版，第 327 页）。

② 陈其弟点校本《黎里志（两种）》误点为“落肩或”，今正（广陵书社 2011 年版，第 328 页）。

曰“沸翻摇天”，其语小而可厌者曰“噜苏”。不分辨是非曰“含糊”，言事之轩昂曰“阔绰”。事物就理曰“条直”，事多支离曰“垒堆”。败坏之甚曰“挞煞”。能不彰著曰“隐宿”，音羞。其反是曰“彰扬”。曲处以应之曰“腾挪”，事无决断曰“瓮”。不了结曰“拖拉”，欲了不了曰“搭桥”，了而不了曰“搨浆”。可憎曰“讨厌”。家败而姑安之、事坏而姑待之曰“脓拌”，己之所有以与人角胜曰“背”。音卑。人之被震恐而不能自主也曰“酥”，或曰“矮”，不知其人之隐曲而以言探出之曰“透知”。事与物可求之所而捷得之曰“挖”。初非有所要质也，猝而与之遇曰“撞”。证人之辞也坚不可移曰“咬”。不告其人而私取，其有若盗焉，曰“促搭”。事之败而不可收拾曰“坍”。事理未明而好辩曰“瞎帐”，又强辩曰“蛮帐”。探事探人曰“打听”，怂恿人使为之曰“撺掇”，被人哄骗曰“上档”，与人鉏铻曰“支离”，口角曰“嗾支”。凡物之声急疾曰“砉虎伯切刺入声”，曰“劈拍”，又大曰“砰磅”。入水声曰“汩冻”，又大曰“壳痛”，更大曰“共洞”。无事闲游曰“白相”，与人戏谑曰“逃仙”。

黎里續志卷之一

方言

里中方言相沿而呼其字音本義間有乖謬者與郡邑各處亦都不同爲紀之以資噓嚎凡人自稱曰㕭（从口从五音午聲从俗字書不載）奴稱人曰那稱旁人曰伊奴稱己之家曰㕭㖀稱人之家曰伊拉稱其家曰㕭哪言人物之美曰趣曰標致形惡者曰難看齷曰乾淨其不齷曰齷齪曰邋遢曰鏖糟大而重笨者曰𪘏撲小而齊整者曰精緻言人之老成曰克實輕薄曰佻㒓不雅馴曰粗坯其俊快可喜曰伶俐曰乖巧其不聰明者曰笨壯而不慧者

黎里續志 卷一 方言 一八

曰駃曰獃無賴者曰落貨谿刻者曰疙瘩財多者曰發跡用財之吝曰滴惜曰撚尖貧乏者曰澀拮處事能幹曰蝦（胡牙切）𢶍夜寐曰困夙興曰陪起坐而假寐曰磕銃欠伸曰懶腰呃逆曰格都身之失跌曰拍撻勉强行爲曰拉扯或曰扯挪性堅執曰方梡梗好撥弄是非曰亂說自矜尚曰擺架子修容止曰打扮少精采曰萎㲋阿承顯富曰趨奉以語恐嚇人曰燻故陷人於過令其處負曰捉弄乘間而入曰鑽大言嚇人曰烹泥人不已曰纏言語籠罩人曰蒙解兩家之忿曰落肩或反是曰擡聳强附而必使之從曰活訂糾纏不休曰臭嬲內無實

而外飾可觀曰晃不量力而好矜尙曰哈哈吽有所趨
避而倏遯曰溜作事不果決曰摸揉談笑不誠恪曰欷
音希欱音哈行不端徐曰踉蹌交關人物曰瓜葛闌入
人中事中曰夾插曠大不拘束曰浪蕩人物之無用而
勉強以之充數爲曰抓疲言之鑿空而杜撰也曰造多
而躁者曰沸翻搖天其語小而可厭者曰嚕囌不分辨
是非曰含糊言事之軒昂曰闊綽事物就理曰條直事
多支離曰壘堆敗壞之甚曰撻煞能不彰著曰隱宿音
羞其反是曰彰揚曲處以應之曰騰挪事無決斷曰貪
不了結曰拖拉欲了不了曰搭橋了而不了曰擱槳可
憎曰討厭家敗而姑安之事壞而姑待之曰臘拌已之
所有以與人角勝曰背音卑人之被震恐而不能自主
也曰酥或曰矮不知其人之隱曲而以言探出之曰透
知事與物可求之所而捷得之曰挖初非有所要質也
猝而與之遇曰撞證人之辭也堅不可移曰齩不告其
人而私取其有若盜焉曰促搭事之敗而不可收拾曰
坍事理未明而好辨曰瞎帳又強辨曰蠻帳探事探人
曰打聽慫慂人使爲之曰攛掇被人哄騙曰上擋與人
鉏鋙曰支離口角曰嗾支凡物之聲急疾曰砉虎伯切刺
入聲曰劈拍又大曰砰磅入水聲曰汩湅又大曰㲉痛

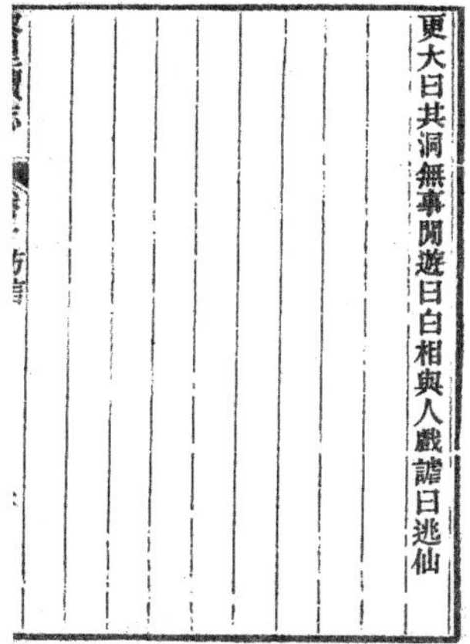

更大曰共洞無事閑遊曰白相與人戲謔曰逃仙

注：图版采自吴江图书馆古籍库网站，http://www.wjlib.com:9000/AncientBook/book/detail? bookId=109［引用日期 2019-04-08］。

（五）民国《相城小志》

隋开皇九年（589），隋置苏州，为苏州得名之始。吴县为苏州首县，相城属吴县。武周万岁通天元年（696）析吴县东部置长洲县，相城属长洲县。清雍正二年（1724），割长洲东南部建立元和县，与吴县、长洲县合城而治。新长洲县包括今虎丘镇、浒关镇和相城区。民国元年

(1912)，吴县、长洲、元和三县合并为吴县。此后，相城一直在吴县的管辖之下。2001 年，相城区成为苏州七区之一。

《相城小志》，系由陶惟坻修，施兆麟纂。该志卷三的方言部分收录了一些非常口语化的当地方言词语，这是其一大特色。兹录全文如下：

> 啥人。啥落。啥场化。拉格笃。格笃化。多笃化。洛里去。拉笃洛里。格笃场化。唔。咻。倍伲。陆顾。问人也。吴中陆、顾为大姓，非陆即顾。布代。称女之夫。阿伯。称父。阿妈。称母。大娘。称伯母。囡。称女。伲子。称男。女眷。阿爹。称祖父。佁儗。言人胸次耿耿。奊莫。言人逞独见而多忤。墨状。言人无所可否而多笑貌。嬲。谓戏扰不已也。不睬。不礼人也。兜。覆也，盛物也。不中用。耳边风。不耐烦。不知丁董。毛病。有习气也。撺掇。唆使也。东西。谓物件也。飞风。迅捷也。扯谈。言不答题也。麔麛马鹿。举止仓皇。尬尴。或出或进之意。牢曹。物事也。愕子。疟疾也。一顿。吃饭也，打小儿亦曰一顿。刺谓之觸。相连曰连牵。折花摘叶皆曰采。折物曰拗。忍耐曰熬。已足曰彀。移谓之动。蒸物曰燉。斟酒曰筛。请托曰钻。断港曰浜。窍谓之眼。眼亦谓之洞。概曰盪。某人与某人、某物与某物曰搭。锡枪头。言何底人外虽凶横，内实无用。赊仇记。喻空记仇恨也。折倒。人送礼物，尽受曰折倒。《南唐书·浮屠传》："后主大起兰若，广聚生徒，日设斋供，有不尽食者，明日再供，名曰折倒。"垦荒田。喻初入学之小儿。掮木梢。受人哄骗。撺跳板。披湿布衫。言受人之贾祸。上髭。骂人喻火烧检骨入髭也。

啥人　啥落　啥場化　拉格篤　格篤化　多篤化　洛裏去　拉篤洛裏

格篤場化　唔　㑚　倍伲　陸顧問入也吳中陸顧爲大姓非陸即顧　布代稱女之夫　阿伯稱夫　阿

媽稱母　大娘稱伯母　囡稱女　伲子稱男　女眷　阿爹稱父　佁儗言人癡獃　[illegible]言人運獨見而多怍　[illegible]

狀言人鄉所可否而多笑貌　嫐謂戲擾不已也　不睬不理人也　兜覆也盛物也　不中用　耳邊風　不耐煩

不知丁董　毛病有習氣也　擺撥唆使也　東西謂物件也　飛風迅捷也　扯淡言不答題也　魔鑿馬鹿

舉止倉皇　尬尷或出或進之意　牢曹物事也　愕子癡疾也　一頓吃飯也打小兒亦曰一頓　刺謂之觸　相連曰

連牽　折花摘葉皆曰採　折物曰拗　忍耐曰熬　已足曰彀　移謂之動

蒸物曰燉　斟酒曰篩　藏花曰鑽　斷港曰浜　[illegible]謂之眼　眼亦謂之衕

[illegible]曰蕩　某人與某人某物與某物曰搭　錫槍頭言何無人外雖[illegible]內實無用　賒譬記[illegible]空

記釁[illegible]也　折倒人送禮物盡受曰折倒南唐書浮屠傳後主大捨僧若[illegible]聚生徒日設齋供有不盡食者明日再供名曰折倒　[illegible]曰驗初入學

之小兒　揖木梢受人哄騙　撳蹺板　披蓬布衫言受人之買禍　上鬆罵人偷火燒骨入鬆也

目成小志　卷三　方言　占驗　七

注：图版采自［日］波多野太郎编：《中国方志所录方言》第6编，日本横滨市立大学纪要1968年版，第264页。

（六）民国间《璜泾志稿》

东晋咸和年间（326—334），即有璜泾之记载，属海虞县双凤乡。隋开皇九年（589），海虞县并入常熟，璜泾随双凤乡隶属变更而隶属于常熟县。明弘治十年（1497），双凤乡归属太仓州，璜泾隶属于太仓州。民国元年（1912）设太仓县，璜泾隶属太仓，沿袭至今。

施若霖纂修《璜泾志稿》，民国二十九年（1940）排印出版。该志卷一方言部分，参宣统《太仓州志》，颇作删略，增补新条目而成。兹录全文如下：

按以得为登、以来为离，五方之民，言语不通，固宜会意以谐声，假借以转注者也。张受先志方言，分类注释，最为精当。冯氏本其文，稍广之而去其里中所无者。

呼父曰“阿爹”，亦曰“爹爹”。韩文阿爹阿八。呼母曰“阿妈”，亦曰“妈妈”。《博雅》：“妈，母也。”呼兄曰“哥”。《韵会》：“颍川语小曰哥。今以配姐字，为兄弟之称。”弟妻谓夫嫂曰“大姆”。兄妇谓弟妻曰“阿婶”。吕祖谦《紫薇杂记》：“吕氏母母受婶房婢拜，婶见母母房婢拜即答。”今俗兄妇呼弟妻曰婶，弟妻呼兄妇曰姆姆，即母母也。呼妻兄弟曰“舅”。《楚策》：“李园不治国，王之舅也。”按：园于考烈王为妻兄而云舅，当如今郎舅之谓。毛曰“寒毛”。《晋书·夏统传》：“闻君之谈，不觉寒毛尽戴。”面曰“面孔”。唐《传信记》①：“面目不似胡孙”。喉咙曰“胡咙”。《诗》：“狼跋其胡”。胡：颔下垂肉。汉《金日②磾传》“捽胡投何罗殿下。”晋灼曰：胡，颈也。胡咙亦可作咙胡。《后汉·五行志》：“童谣云：吏置马君具车请为诸君鼓咙胡。”以手执人曰“捽”。音恻。《左传》：“捽而出之。”以手挤人曰“挼”。音尊去声。《左传》：“挼卫侯之手及腕。”以手搬物曰“搥”。《南史》：“何远为武昌太守，以钱买井水，不受钱者，搥水还之。”以手摘高曰“扳”。《公羊传》：“扳隐而立之。”以肩举物曰“揵”。《后汉》：“揵弓韣九鞬”。横关对举曰“扛”。《史记》：“力能扛鼎。”以物散粲曰“糁”。米之零碎者亦曰“糁”。《庄子》：“藜羹不糁。”以物相偿曰“赔”。即古备字。《北齐书》：“高欢立法：盗私家，十备五。盗官物，十备三。”后周侵盗仓库，虽经赦免，征备如法。以布濯器曰“幡布”。《晋书》云：“不见酒家幡布乎?”今俗呼幡布亦曰抹布。以鹾腌物曰“盐”。去声。《内则》：“屑姜与桂以洒诸内而盐之。”两合无漏曰“脗”。《庄子》：“脗其脗合，置其滑涽。”得财曰“利市易”。事已然曰“哉”，语尾缀声曰

① 《传信记》，原讹作“诗信纪”，今据《土风录》正。

② “日”，原讹作“石”，今正。

"且"。音嗟。俱见《诗》。责人曰"数说"。《左传》："乃执子商而数之。"目人不正曰"差路"。唐诗"枯木岩前差路多。"人习气曰"毛病"。黄山谷《刀①笔》曰："此荆南人毛病。"语不明曰"含胡"。《唐书》：颜杲卿含胡而绝。性急曰"卒暴"。《汉·陈汤传》"兴卒暴之师。"不任事曰"缩朒"。《五行志》"王侯缩朒。"非常曰"侅事"。见扬子《方言》。《说文》："奇侅，非常也。"事已了曰"罢休"。《史记》吴王谓孙武曰："将军罢休。"速曰"流水"。汉明德皇后曰："车如流水。"隐避曰"畔"。陈后主时谣曰："齐云观，寇来无处畔。"事不实曰"粃"。《国语》："军无粃政。"物寒暖适中曰"温暾"。王建诗"新晴草色寒②温暾。"整辑曰"修娖"。唐中和二年，修娖部伍。平稳曰"妥帖"。杜诗："千里初妥帖。"韩诗："妥帖力排奡。"名屋上窗曰"天窗"。《鲁灵光殿赋》："天窗绮疏。"柜有板匣曰"抽替"。见《宋史》。凳之长者曰"春凳"。《事物绀珠》："凳长跳坐，有春凳、靠凳。"凳之小者曰"马杌"。钱世昭《钱氏私志》："贤穆有荆雍大长公主金撮角红藤下马杌子，国朝贵主乘马，故有之。"望曰"月半"。见《礼记》。生曰"出世"。见一物出世。揖曰"唱喏"。宋以前揖必声诺，妇女亦然。以事订人曰"丁一确二"。盖取着实不爽之意。《朱子语录》有之。责人而姑警之曰"受记"，亦曰"摩顶受记"。盖袭释氏之词。今讹记字为句。右皆方言而见之传记者也。看曰"张"。执物当两手曰"掇"。卧曰"困"。藏曰"园"。移曰"圂"。贮曰"坐"、曰"安"、曰"放"、曰"摆"。忍曰"熬"。按曰"钦"。去声。按：五代史曾有此语。齐王萧道成："人有罪辄付桓康撳杀之。"助曰"挈"。妄语曰"赵"。《尔雅》："休无"。注：一名赵李，为李郭无实，似即此义。给人曰"黄六"。王氏萱云："黄巢行六而多诈，故云。"未知是否。

① "刀"字原空，今依他志补。

② "寒"，各志均作"暖"、"煖"。

自恼而恼人曰“桓灵”。东汉桓帝、灵帝无道，故人以为戒，未知是否。积物曰“顿”。热物亦曰“顿”。热物曰“汤”。去声。遮蔽曰“汤”。避曰“躲”。盖曰“�”。浮曰“吞”。上声。写曰“ 筛”。稠曰“猛”。喜事曰“造化”。忧事曰“痗气”。贸易得利曰“赚”。不得利曰“蒆本”。巧曰“尖钻”。弱曰“㔟㔟”。苛细曰“兜搭”、曰“累坠”。机变曰“凶”、曰“乖”、曰“唧嵧”。《元亨闲话》云：“俗人不识字，称人子弟曰凶、曰乖，其意为美词而不知相反也。”无着落曰“尴尬”。作事无畏惧曰“太”。上声。作事有能干曰“跏”。羡人作事铺张曰“气盖”。事之相值曰“偶凑”、曰“有凑头”。憎人管事曰“闲穷健”。憎人多事曰“见有做”。走曰“跑”。疾走曰“奔”、曰“跌”。首饰曰“头面”。鞋袜曰“手脚”。器用曰“家生”。六畜统名曰“众平声生”。物曰“牢曹”。住处曰“窠坐”。夹室曰“落叶”。箸曰“筷”。平声。断港曰“浜”。锄地曰“倒地”。女子揖曰“屈”。平声。闲游曰“白相”。戏人曰“搂”、曰“稿”。父子曰“贤两个”。数钱五文曰“一花”。一番曰“一泼”。有几番曰“头泼二泼”。已往曰“过断”、亦曰“过头”。非常曰“利害”、亦曰“交锋”。

右皆不见之古书者也。

团为突栾、孔为窟窿、精为即零、呼为唿涂。右皆翻语为字者也。

儿与倪同，又与以同，死与洗同，争侧羊反，碁、鬼皆音举，大音惰，归、龟叶居，兄音况，那去声，烹、庚、更、彭、朋、盲、筝、撑、铮、生、声、成、轰、行、横、羹、坑，并阳韵。石、白、百、柏、伯、宅、尺、赤、格、各、额、择、迫、陌、麦、吓，并药韵。梗，养韵。晏，翰韵。

右皆方音存古者也。

诏①为召，授为胄，江为冈，瘧为愕，商为丧，泰为忒，水为暑，霞为华，男为煖平声，积为际，如柴际之类。铁犁为铁懒，偎利为还赖，手记为巾，熨斗为云斗，糊涂为鹘突，相为厮入声，枇杷音弼杷。二字唐人已然。

右皆音转者。

围为圩，厉为癞，癞为辣，愈为越，揭为杰平声，浦为步、又为埠、又或音蒲，傈音碎，者为这，姊为姐，顿踬为钝置，核桃为胡桃。

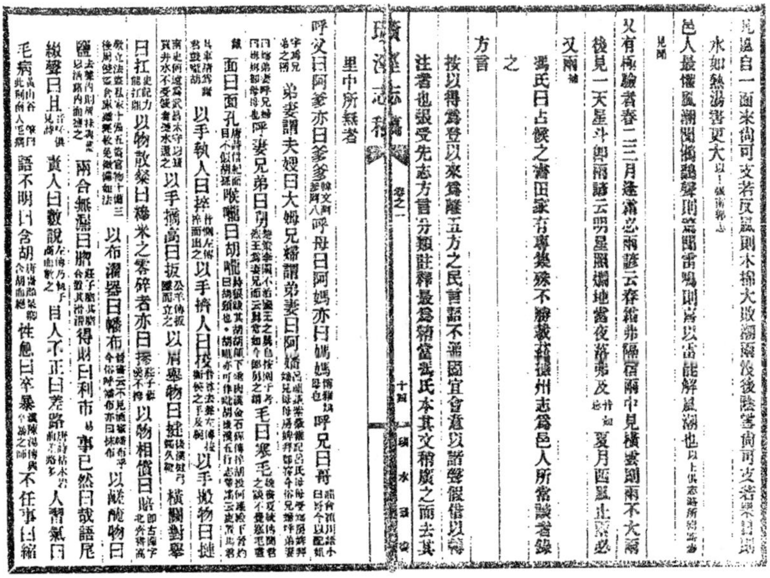

右皆音转而字亦转者。

废格为阁，挽为捏，懑为闷，缘为沿，盘博为剥，依为涯，么邪为歪，姥为姆，坫为店，捌为泼，唝为哄。

右皆音不转而字误者。《州志》以上。

呼巷曰“弄”。背呼人曰“伊”。体肥为“胖”。普谤切。呼鳑为胖平声头鱼。不委屈曰“直笼统”。应人呼曰“来鳌”。冯氏补。

① “诏”，原讹为“认”，今据《太仓州志》正。

腳(五行志王侯輶腳) 非常曰倖事 事已了曰罷休 遠曰流水

隱避曰䝼 事不實曰枇 物寒暖適中曰溫暾

蹩躠曰修娖 平穩曰安帖 名位上甯曰天窗

櫝有板匣曰抽替(見宋史) 凳之長者曰春凳 凳之小者曰馬杌

望曰月半(見禮記) 生曰出世 揖曰唱喏

以事訂人曰丁一確二 責人而姑譬之曰受記亦曰摩頂受記

(蓋從釋氏之語今就記字爲句)

右皆方言而見之傳記者也

看曰張 執物當兩手曰掇 臥曰困 藏曰囥 移曰搬 踞曰坐曰安日

放曰擺 忍曰熬 按曰欽 助曰幫 妄語曰謅

給人曰黃六 自惱而惱人曰恒氣

積物曰頓 熱物亦曰頓 熱物曰湯 遮蔽曰湯 避曰躲 蓋曰㧾

璜涇志稿 卷之一 十五

浮曰吞(上聲) 奪曰𢰵 稠曰猛 奇事曰造化 衰事曰瘟氣 貿易得利曰賺 不得利曰蝕本 巧曰尖鑽 弱曰䟆蹩 苛細曰兜搭曰累墜

機變曰兇曰乖曰唧嚁 無着落曰𨇦𨆵 作事無發避曰太(上聲) 作事有能幹曰跡 渽人作事鋪張曰氣𤍙 事之相值曰偶湊曰有湊頭 憎人管事曰閑窮健 憎人多事曰見有做 走曰跑 疾走曰奔曰跌 首飾曰頭面 鞋襪曰手脚 器用曰家生 六畜統名曰衆(平聲)生 物曰牢曹 住處曰窠坐 夾室曰落葉 箸曰筷(平聲) 斷港曰浜 鋤地曰倒地 女子拙曰屈(平聲) 閑游曰白相 戲人曰摟曰搞 父子曰賢兩個 數錢五文曰一花 一番曰一潑 有幾番曰頭潑二潑 已往曰過斷亦曰過頭 非常曰利害亦曰交銶

右皆不見之古書者也

囮爲突欒 孔爲窟籠 精爲卽零 呼爲[illegible]塗

右皆翻語爲字者也

兒與倪同 又與以同 死與洗同 爭側羊反 醫鬼皆音𠹭 大音惰

歸龜叶居 兄音兇 那去聲 羹庚更彭朋盲箏撑鄧生聲成橫行横鑿坑並陽韻 石白百柏伯宅尺赤格各額擇追拍陌麥嚇並藥韻 梗蓋韻 姿翰韻

右皆方音存古者也

認爲紹 授爲胄 江爲岡 癡爲愕 雨爲吏 柔爲忒 水爲暑 蓑爲華 男爲𡟊(平聲) 積爲際 鉄鑿爲鐵㰈 便利爲還顆 手記爲巾

斛斗爲鋻斗 糊塗爲鶻突 桁爲廝(入聲) 枇杷音弼杷

右皆音轉者

圝爲圩 罵爲𤶃 癩爲辣 恋爲越 揭爲傑(平聲) 浦爲步又爲埠又或音浦 儂音碎 者爲這 姊爲姐 蝦蟆爲鈍蠶 核桃爲胡桃

璜涇志稿 卷之一 十六

右皆音轉而字亦轉者

嚴格爲閣 䁥爲捜 漆爲閙 燕爲沿 縫爲彌 依爲瑤 么爲查

姥爲姆 㸃爲店 捌爲潑 噴爲唉

右皆音不轉而字異者(以上)

呼巷曰弄 背呼人曰伊 碰肥爲肸 呼蠑爲肸頭魚 不委曲曰直籠統 總人呼曰來龍

物產

按物各隨其土之所產其大者總是食貨所陳其細者卽博物不能盡志錄之以存其名

植物

稻 麥 荳 棉花 芝蔴 田草(名金花菜) 菘菜 雞荳 菱 蘿蔔 西瓜 香瓜 王瓜 荸薺 慈菇 香菜 薏苡 桃 李 梅 柿 棗

注：图版采自［日］波多野太郎编：《中国方志所录方言》第6编，日本横滨市立大学纪要1968年版，第353—358页。

五、其　他

其他方志类志书也间或录有方言内容，波多野太郎仅收录《吴门补乘》一种，今再增补《垂虹识小录》一种。

（一）**《吴门补乘》**

《吴门补乘》十卷，首一卷，清钱思元纂，嘉庆二十五年（1820）刻。钱思元，字宗上，号止庵，吴县浦庄人。六岁随母迁居郡城，从沈德潜学诗。是书于乾隆三十六年辛卯（1771）动笔，三十八年癸巳（1773）完成初稿，以后三十余年不断补充修改，四易其稿，嘉庆八年（1803）分类抄录。后原稿卷十毁于火厄，由其子钱士锜重辑第十卷，此卷又称“续编”。

《吴门补乘》立类仿乾隆府志，内容则补其所无，故可视为乾隆府志之补辑。其书于方言内容，在乾隆《苏州府志》的基础上，又增补了不少条目。2015年，朱琴点校《吴门补乘》，由上海古籍出版社出版。参考朱氏点校本，兹全文转录《吴门补乘》卷一方言内容如下：

> 吴下方言，已详《郡邑志》。然尚有当记者。如呼妇人曰“女客”。《高唐赋》：“妾巫山之女也，为高唐之客。”打亦谓之“敲”。《左传》：“执其戈以敲之”。刺亦谓之“擉”。《庄子》：“冬则擉鳖于江湖。”相连曰“连牵”，亦曰“牵连”。《晋书·五行志》：“苻坚初，童谣曰：‘阿坚连牵三十年。’”《淮南子》“以撲苏牵连物之微妙。”折花曰“拗花”。元微之诗：“今朝谁是拗花人。”言人逞独见而多忤者曰“㓐㝠”。音如列的。《汉书》：“㓐㝠而无志节”。言人无所可否而多笑貌者曰“墨屎”。音如迷痴。《俗呼小录》作“眉西”，出《列子·力命篇》。言人胸次耿耿曰“佁儗”。音如炽腻。司马相如赋：“仡以佁儗”。言人无用曰“不中用”。《史记·秦始皇本纪》：“始皇怒曰：‘吾前收天下书不中用者，尽去之。’”言人聆言不省曰“耳边

风”。杜荀鹤诗：“百岁有涯头上雪，万般无染耳边风。”人有病曰“不耐烦”。刘宋《庾炳之传》：“为人强急而不耐烦。”谓人之愚者曰“不知蓢董”。《尔雅》“薞蓢董”注：“似蒲而细”。不知蓢董者，即不辨菽麦意。习气曰“毛病”。黄山谷《刀笔》云：“此荆南人毛病。”物不洁曰“鏖糟”。《前汉书·霍去病传》注：“尽杀人为鏖糟”。盖血肉狼藉意。言戏扰不已曰“嬲”。音如嫋去声。嵇叔夜书“嬲之不置”。小食曰“点心”。《能改斋漫录》：“唐郑傪夫人云：‘我未及餐，尔且可点心。’”憎人而不与接曰“不睬”。《北齐书》：“后不睬轻霄”。以网兜物曰“揞兜”。揞，呼孩切，音海平声。见《类聚音韵》。诱人为恶曰“攛平声掇”。见《韵会小补》。疾速曰飞风。唐制：凡杂马送上乘局者，以“风”字印印右膊，以“飞”字印印左膊。胡说曰“扯谈”。宋时梨园市语。问何人曰“陆顾”。吴中陆、顾两姓最多，故以为问。言人举止仓皇曰“麕麞马鹿”。盖四物善骇，见人则跳跃自窜，故以为喻。

又《俗呼小录》载：忍谓之“熬”，足谓之“彀”，移谓之“捅”。按《集韵》：“捅，他总切，进前也，引也。”热物谓之“顿”，热酒谓之“锡”，泻酒谓之“篩”。遥相授受曰“胄”，干求请托谓之“钻”。断港①谓之“浜”。鸟兽交感，鸡鹅曰“撩水”，余鸟曰“打雄”，蚕蛾曰“对”，狗曰“练”，蛇曰“交”。窍谓之“洞”。槊谓之“盪”。通称“一顿”。《世说》：“欲乞一顿食”。《汉书》：“一顿而成。”《唐书》：“打汝一顿。”语物事曰“牢曹”。疟疾曰“愕子”。俗牵连之辞，如指某人至某人，某物及其物，皆曰“打”。按：张晋公诗“赤洪崖打白洪崖”，俗作入声，读如笪。事在两难曰“尴尬”。广中俗字最多，如“奀稳”，“矞矮”，“孬亦音矮”，“奀勒”之类，见范石湖《桂海虞衡志》。吾苏亦有之，如谓积秽物曰“垃圾”，音腊闸；谓人能干曰

① 朱琴点校本《吴门补乘》“断”字误属上句，今正（上海古籍出版社2015年版，第43页）。

啴亦作噞嗻，上音如库平声，下音遮。垃字、啴字不载字书；“圾”，《集韵》同岌，“危也”；“嗻”，《类篇》“多言”也。其解不同。又物残缺不齐曰“䶗䶭”，上颜入声，下残入声。又“䶘”、“䶖”二字，俱五锗切，上齿缺也，下器皿缺也。四字见《俗呼小录》。

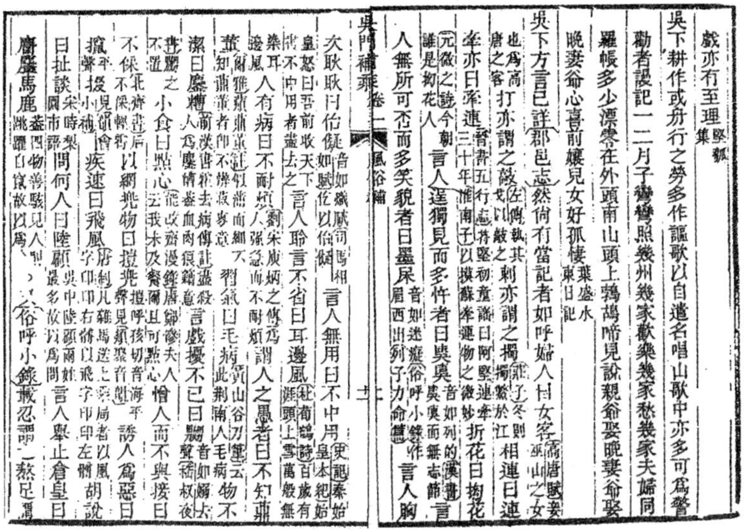

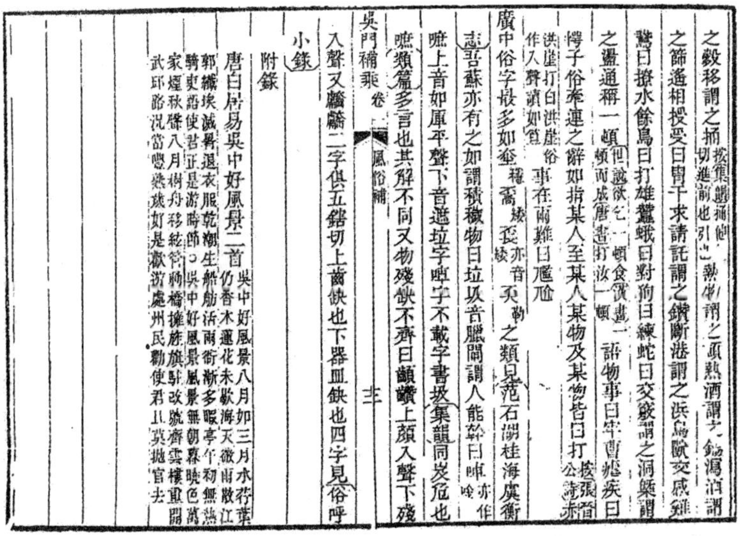

注：图版采自［日］波多野太郎编：《中国方志所录方言》第6编，日本横滨市立大学纪要1968年版，第21—24页。

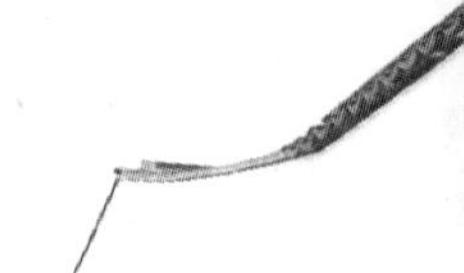

（二）民国《垂虹识小录》

2014年，吴江区档案局、吴江区方志办整理，陈其弟点校的费善庆所纂《垂虹识小录》，由广陵书社出版。据该书前言介绍，《垂虹识小录》成书于清末民初，无刻本。有民国初年抄本藏于南京图书馆，并作为吴江地方志，收录于《中国地方志集成·江苏府县志辑23》中。此志以吴江闻名于世的垂虹桥为志名，虽题作“识小录”，但实际是吴江县志。费善庆年二十补学官弟子，五与乡试不中。平生喜欢藏书，著述甚富。《垂虹识小录》卷三最后收录有较丰富的方言内容，参考整理本，兹转录全文如下：

> 方言土语，不但有远近之别，且有今昔之殊。此理殊不可解。相传河南地居九州岛之中，其音较正。吴越两境，大不相同。前贤有《吴谚集》、《越言释》之刻，读之可以概见。今以吾邑江、震两县论之，其方言语音有足述者。凡字之属在九泰者，或开口呼从二十一个韵①，如大音如惰之类。
>
> 又有呼字母之切者，如团为“突栾”之类。然恒谈亦颇有所本，而不关臆造者。如电谓之“霍闪”，见顾云诗中。蝴蛛谓之“鲎”，见《田家杂占》。纳舟者谓之“浜”。集嬉游谓之“孛相”，见黄山谷与范长老称：“韩十逐日上学，且护其薄相耳。”擘橙橘曰“扒”，见《广雅》。隐迹曰“畔”，见陈诗谣。田畔曰“田头”，见《后汉书》。不正曰“差路”，见唐诗。小名冠以“阿”，见《晋书》及《三国志》。太甚为“忒煞”，见《朱子答敬夫书》。指目曰“个般”、曰“这个”，类省作“个”，见《朱子语类》。应词曰“嗄”，见《庞居士集》。事烦无条理曰“磊娖”，见赵宧光《长笺》。石声曰“蹍

① 陈其弟点校本误断作“凡字之属在九永者，或开口呼，从二十一个韵”，今正之。

鬏”。见《通志》。浣衣曰“汏”，见《说文》。滴水曰“滰”，见《广韵》。浮水曰“氽”，见《桂海虞衡志》。乳曰“乃”，见《真语类录》。问语曰“那”，见《世说》。不曰“弗”，不慧曰“呆”。见《唐韵》。粗蠢曰“笨”，见《宋书·王征传》。指人曰“伊”，见《诗经》。称我曰“侬”，见《湘山野录》。满足曰“彀”。弓满也。见《论语》。以肩举曰“揵”，出《史记》。种苗曰“莳”，热酒曰“汤”，见韵书。以鹾腌物曰“盐”，出《礼记·内则》。去声。两手取物曰“掇”，见《易经》。盖物曰“磕”，亦曰“匽”，见《汉书》。十五日曰“月半”，见《礼记》。饭粒曰“米糁”，见《庄子》。整理曰“修娖”，见《唐书》。众多曰“多许”，见《隋书》。热不透曰“温暾”，见楚辞。物相类曰“一样”，见《汉书》。畏惧曰“寒毛卓卓竖”，见《晋书·夏统传》。人死曰“过世”，见《晋书·秦苻登传》。

又有异古异他方而义稍通者。看曰“望”。藏曰圹。取深穴意。忍曰“熬”。取煎迫意。置物曰“安”。平稳意。指物曰“那”。犹言那个。儿戏曰“蛮皮”。顽声之转，鄙俗之意。相谑曰吵，取调笑意。又曰“楼”，曰“取笑”。门之关曰“闩”。睡曰“困”。取偃伏意。睡声曰“惛涂”。天明曰“天亮”。能干事曰“在行”，亦曰“在道”。骗人曰“串局”，受骗曰“上党”。帮话曰“插嘴”，亦曰“搭嘴”。可怪事曰“诧异事”。可喜曰“利市”。物完全曰“囫囵”。晦气曰“不色骰”，亦曰“倒运”。得利曰“赚钱”。聚小成大曰“趸当”。些微曰“粒屑”。安身处曰“窠坐”。此处曰“该边”，彼处曰“个边”。日曰“日头”，月曰“月亮”。男人揖曰“唱喏”。首饰曰“头面”。家伙曰“家生”。数钱五文曰“一花”。取五瓣意。不清楚曰“腻夹夹”。天微明曰“黑昽昽”。诮人夸张曰“摆架子”。

又有异他方而义难通者。执物曰“当”。按物曰“揿”。掷物曰“豁”。稠密曰“猛”。妄语曰“造”。痴曰“铎”。怒曰“动气”。货之低曰“邸”，亦曰“邹”。刚才曰“姜才”。纠缠曰“累堆”。不洁曰“喇塔”。有能曰“本事”。事难曰“尴尬”。阻事曰“打破句”“多事”“掀格喇”。

若名不正者①。呼曾孙为“元孙”，呼父为“阿伯”。呼神道为“佛”，为“菩萨”。呼医生为“郎中”。

有讳言而变其名者。讳散，呼伞曰“竖笠”。讳极，呼屐曰“木套”。讳死，呼洗曰“净”。讳滞，呼箸曰“筷”。

有借喻者。帮闲曰“篾片”。伺隙加害曰“踏沉船”。武断曰“横撑船”。插入事中曰“夹篙撑”。附和曰“一窝蜂”。无用曰“水统蟹”。醵钱共饮曰“扛柜”。许物不偿曰“拔短梯”。轻易举事曰“掮木梢”。外貌好曰“金漆马桶”。无知曰“黑漆皮灯笼”。

有音异他方而非古者。税为世，人为迎，赊为沙，蛇为茶，伤为丧，二为腻，忘为忙，孝为好，让为酿，觉为阁，热为业，物为末，铁犁为铁搭，枇杷为粥杷，疟为愕，吹为痴。②

又有音异而字亦讹者。围为圩，都为保，鄙为啚，愈为越，太为忒。此外尚有音不同而义无可考者，则鬼如举，归如居，跪如巨，亏如驱，椅或读为于据切，小儿毁齿之毁读为许声，皆以相近而致误者也。其余字音为合郡之所从同者，姑不备录。

① 陈其弟点校本断作“阻事曰打破。句多事掀格喇若名不正者。”今正之。

② 陈其弟点校本断为：“税为世人，为迎赊，为沙蛇，为茶伤，为丧二，为腻忘，为忙孝，为好让，为酿觉，为阁热，为业物，为末铁犁，为铁搭枇杷，为粥杷疟，为愕吹，为痴。”大谬，今正之。

方言　方言土語不但有遠近之別且有今昔之殊此理殊不可解相傳河南地居九州之中其音較正吳越兩境大不相同前賢有吳蔚集越言釋之刻讀之可以概見今以吾邑江震兩縣論之其方言語音有足述者凡字之屬在九韻者或開口呼從二十一箇韻如大音如惰之類又有呼字母之切者如圓為突欒之類然恒談亦頗有所本而不關聽造者如電謂之霍閃見顧雲詩中螮蝀謂之鱟見田家雜占納舟者謂之浜集嬉游謂之孛相[illegible]賓山谷與范長老稱韓十遜日上學且讀其簿相耳劈橙橘曰扒見廣雅隱迹曰畔見陳詩謠田畔曰田頭見後漢書不正曰差路見唐詩小名冠以阿見晉書及三國志太甚為忒煞見朱子答敬夫書指目曰個般曰這個類省作個見朱子語類應詞曰嗄見龐居士集事煩無條理曰磊疛見趙宦光長牋石聲曰隱髮見通志浣衣曰汰見說文滴水曰滴見廣韻浮水曰氽見桂海虞衡志乳曰乃見真語類錄問語曰那見世說不曰弗不慧曰獃見唐韻粗蠢曰笨見宋書王徽傳指人曰伊見詩經稱我曰儂見湘山野錄滿足

垂虹識小錄　卷三　三十七

曰彀引滿也見論語以肩舉曰掮出史記種苗曰蒔熱酒曰湯見韻書以鹺醃物曰鹽出禮記內則去聲兩手取物曰掇見易經蓋物曰礦亦曰匾見漢書十五日曰月半見禮記飯粒曰米糝見莊子整理曰修娖見唐書衆多曰多許見隋書熱不透曰溫暾見楚詞物相類曰一樣見漢書畏懼曰寒毛卓卓豎見晉書夏統傳人死曰過世見晉書秦符登傳又有異古異他方而義稍通者看曰望藏曰壙取深穴意忍曰熬取煎迫意置物曰安取平穩意指物曰那那箇讀言兒戲曰蠻皮頑聲之轉鄙俗之意相謔曰吵取調笑意又曰摟曰取哭門之闗曰悶睡曰困取偃伏意睡聲曰惛塗天明曰天亮能幹事曰在行亦曰在道騙人曰串局受騙曰上當幫話曰插嘴亦曰搭嘴可怪事曰詫異事可喜曰利市物完全曰囫圇晦氣曰不色骰亦曰倒運得利曰賺錢聚小成大曰攢當些微曰粒屑安身處曰窠坐此處曰該邊彼處曰箇邊日曰日頭月曰月亮男人揖曰唱喏首飾曰頭面家伙曰家生數錢五文曰一花取鄉五意不清楚曰膩夾夾天微明曰黑朧朧誚人誇張曰搬架子又有異他方而義難通者執物曰當按物曰拏擲物曰骼稠寄曰猛妄語曰造瘕曰鋒恕曰動氣貨之低曰郎亦曰鄙剛纔曰姜纔糾纏曰累堆不潔曰喇塔有能曰本事事難曰尷尬阻事曰打破句多事揿格喇若名不正者呼曾孫為元孫呼父

垂虹識小錄　卷三　三十八

為阿伯呼神道為佛為菩薩呼醫生為郎中有諱言而變其名者諱散呼傘曰豎笠諱極呼屐曰木套諱死呼洗曰淨諱滯呼箸曰筷有借喻者帮閒曰篾片伺隙加害曰踏沉船武斷曰横撐船插入事中曰夾篙撐附和曰一窩蜂無用曰水統蟹醵錢共飲曰扛檯許物不償曰拔短梯輕易舉事曰掮木梢外貌好曰金漆馬桶無知曰黑漆皮燈籠有音異他方而非古者稅為世人為迎賒為沙蛇為荼傷為喪二為膩忘為忙孝為好讓為釀覺為閣熱為業物為末鐵鉾為鐵搭枇杷為猢把瘧為愕吹為瘕又有音異而字亦訛者園為圩都為保鄙為啚愈為越太為忒此外尚有音不同而義無可考者則鬼如舉歸如居跪如巨虧如驅椅或讀為於據切小兒毀齒之毀讀為許聲皆以相近而致誤者也其餘字音為合郡之所從同者姑不備錄

注：图版采自吴江图书馆古籍库网站，http://www.wjlib.com:9000/AncientBook/book/detail?bookId=59［引用日期2019-04-08］。

第三章　吴歌与苏州方言

吴歌，是中国文学史界对吴地民歌民谣的总称。顾颉刚先生在《吴歌小史》中指出："所谓吴歌，便是流传于这一带小儿女口中的民间歌曲。"① 顾颉刚先生所说的"这一带"，是指三吴一带，大致范围是"自江以南，自浙以西"。

本章主要介绍吴歌的概念及类型、当代苏州吴歌以及部分代表性的吴歌，并选录了部分当代苏州山歌集附录中的方言俗语。

一、吴歌的概念及类型

（一）吴歌的概念

"吴歌"中的"吴"，高福民、金煦主编的《吴歌遗产集粹》认为是"指吴语地区，包括江苏南部，浙江北部和上海市，即是江、浙、沪等地的同一个语言文化圈，同属传统吴文化范畴"②。过伟认为："吴歌指汉语吴方言区的歌谣。吴方言区包含今江、浙、沪二省一市：江苏省南部常州、无锡、苏州和江苏省北部靖江、南通、启东、海门长江一线，浙江全省，上海全市。"③《吴歌遗产集粹》关于"吴歌"中"吴"的所指，基

① 顾颉刚等辑，王煦华整理：《吴歌·吴歌小史》，江苏古籍出版社1999年版，第603页。

② 高福民、金煦主编：《吴歌遗产集粹》，上海文艺出版社2003年版，第3页。

③ 过伟：《吴歌研究》，古吴轩出版社2011年版，第1页。

本上得到了学术界的认可。

吴歌与历代文人诗、词、歌、赋不同，它主要是下层人民自发的口头文学创作，主要在民间口口相传，代代承袭，是带有浓厚地域色彩的民间韵文形式，其特点通常可以用委婉清丽、温柔敦厚、含蓄缠绵、隐喻曲折来概括。吴歌的产生，与三吴一带的地域特点、劳作方式密不可分。因地处长江中下游平原，水系发达，湖塘溪河密集，适合种植水稻、莲藕、菱角等作物。吴歌，就是伴随着这一区域的底层农民的生产劳动而发自内心的歌声。

学界通常所说的"吴歌"，还包括城乡流传的各种民间小调，各种祭祀歌、童谣，还有长篇的民间叙事诗等，内容和形式相当丰富，但都是以徒歌①为主。"它和其他文艺形式的最大区别，就在于它的口头性、变异性、传承性和自娱性和职业艺人有明显的区别。"② 吴歌产生和发展的历史，顾颉刚先生在《吴歌小史》中有详细论述，这里从略。

按照顾颉刚先生的观点，吴歌的跨度，大致可从战国时期一直到当代，至少有2500年左右的时间。随着时间的推移，吴歌所用的语言面貌也在发生变化。到唐宋，吴歌所使用的语言基本可以确定为吴方言。

本书所讨论的"吴歌"，除特别说明外，一般都是指明清以来苏州及下辖地区的吴歌。

（二）吴歌的类型

《中国歌谣集成·江苏卷》③ 凡例，根据江苏的实际情况，把江苏南京、无锡、徐州、常州、苏州、南通、连云港、淮阴、盐城、扬州、镇江等地的1000多首民歌，按照题材，分为引歌、劳动歌、革命斗争歌、仪

① 即无伴奏的即兴歌唱。

② 高福民、金煦主编：《吴歌遗产集粹》，上海文艺出版社2003年版，第4页。

③ 中国民间文学集成全国编辑委员会、中国民间文学集成江苏卷编辑委员会：《中国歌谣集成·江苏卷》，中国ISBN中心1998年版，第1页。

式歌、情歌、生活歌、风物歌、传说故事歌、儿歌等九大类：

其一，引歌。过伟认为："引歌常在对唱开始时唱，表达歌手的意愿为主旨，短小精炼，幽默风趣，比兴巧妙。指长篇叙事诗的引歌，俗称'闹头'，类似楔子、开篇，多表达歌手对故事内容的见解。"① 如苏州的《莲花引 · 山歌》："山歌勿唱忘记多，大路勿走草蟠踝，快刀勿用黄锈起，河滩勿上出蒿芦。"②

其二，劳动歌。劳动歌一般是伴随着劳动节奏，叙述劳动生活场景，达到协调劳动动作的目的。劳动歌按照劳动场景，又分为农田歌、渔歌、船歌、工匠歌等。

农田歌。农田歌内容包括插秧、耘田、车水、牵砻、锄棉、养蚕、采茶等。如金煦先生 1956 年采自苏州虎丘的"莳秧要唱莳秧歌，两手弯弯莳六棵，六棵头上结白米，桑树头上出绫罗"③。

渔歌。如采自苏州的渔歌："太湖渔家贪早晚，四季撒网不停闲，鱼网空有千只眼，阿看见伲吃仔早饭吃夜饭。"④

船歌。江南水乡，湖泊河道密集，多水上交通。百姓摇船辛苦，一边摇船一边唱山歌，以解疲乏。如 1982 年张天鹏采录自太仓县的"摇一橹来扎一绷，沿河两岸全是好花棚，好花落在中舱里（呀），野蔷薇花落在后梢棚。摇一橹来扎一绷，沿河两岸好风光，片片麦苗绿油油（呀），秋风送来稻谷香"⑤。

---

① 过伟：《吴歌研究》，古吴轩出版社 2011 年版，第 11 页。

② 中国民间文学集成全国编辑委员会、中国民间文学集成江苏卷编辑委员会：《中国歌谣集成 · 江苏卷》，中国 ISBN 中心 1998 年版，第 18 页。

③ 中国民间文学集成全国编辑委员会、中国民间文学集成江苏卷编辑委员会：《中国歌谣集成 · 江苏卷》，中国 ISBN 中心 1998 年版，第 39—40 页。

④ 中国民间文学集成全国编辑委员会、中国民间文学集成江苏卷编辑委员会：《中国歌谣集成 · 江苏卷》，中国 ISBN 中心 1998 年版，第 62 页。

⑤ 中国民间文学集成全国编辑委员会、中国民间文学集成江苏卷编辑委员会：《中国歌谣集成 · 江苏卷》，中国 ISBN 中心 1998 年版，第 66—67 页。

工匠歌。明代中后期资本主义萌芽，江南一带手工业兴盛，工匠劳作辛苦。特别是到清末，西方近代工业技术输入后，苏州一带纺织工业非常发达。如采自苏州的《回声谣》："头回声，响轰轰，有钱的人家，好困在梦中。二回声，赶匆匆，街上灯色暗，夜色正朦胧。三回声，进厂就做工；东方鱼肚白，太阳还未红；天天手脚跟着机器乱转动，生活逼人凶；耳朵听着机器响轰轰，眼泪流满胸；心挂着家中样样空，一日十二点钟，一丝不放松。"①

其三，革命斗争歌。这里举一首苏州流传的太平天国歌谣《忠王用兵实在凶》："六月荷花透水红，忠王用兵实在凶，破丹阳，快如风，常州苏州一起冲。"②

其四，仪式歌。主要内容涉及婚嫁、生育、祝寿、丧葬、建房、造船、祭奠、酒宴、诀术等。这里摘录一首吴县祭奠歌《刘猛将》。刘猛将是苏州一带农民祭祀的神明，传说他因驱除蝗虫有功，被封神。苏州一带农村每年都有猛将会，出会时会把猛将神从庙里抬出来游乡，并举行赛山歌等活动。全文如下：

> 家住申江上海县，青龙岗上长生身，父亲就是刘三叔，母亲包氏称院君。正月十三亲生日，取名佛官极聪明，面上有粒朱红痣，七岁之时克娘亲。后娶晚娘朱三姐，日夜拷打受苦情，父亲往后难过日，磨爿压沉河中心。二弟怜惜来相救，外公家里去安身，自幼生来能勤俭，看鹅看鸭过光阴。大宋末年兵荒乱，连年干戈勿太平，三年大水三年旱，三年蝗虫共九年。神人传授遁甲法，吞云驾雾件件能，施法赶去蝗虫害，舟船下水戏顽童。种秧割稻施妙法，一夜完工喜万民。

① 中国民间文学集成全国编辑委员会、中国民间文学集成江苏卷编辑委员会：《中国歌谣集成·江苏卷》，中国 ISBN 中心 1998 年版，第 78 页。

② 中国民间文学集成全国编辑委员会、中国民间文学集成江苏卷编辑委员会：《中国歌谣集成·江苏卷》，中国 ISBN 中心 1998 年版，第 117 页。

东洋倭奴刀兵乱，抢劫沿海众渔民，清廷总兵刘荣福，灵神显法救军民。杀退倭奴迷雾散，刘王字旗在天空，清兵奏凯回朝转，奏本皇上受御封。敕封普佑上天王，青龙岗立庙到如今。连泗荡立庙多灵验，迁移西昂立庙门，今日神火还神愿，保佑众姓永太平。①

其五，情歌。吴歌中表现爱情生活内容的歌谣大部分是情歌，以冯梦龙收集的《山歌》为典型代表，忠实记录了明代中期以来江南苏州一带人民口头传唱的山歌，情真意切，语言自然。按照爱情生活内容，情歌可分为赞慕、诘问、相思、相爱、热恋、情物、送别、思别、情变、抗婚等主题。

赞慕。这里先以一首吴江芦墟的《一个姐妮生来白花花》为例："一个姐妮生来白花花，出外要拿伞来遮，手里拿的是一把招郎扇，头浪插起引郎花。"② 再举一首常熟的《姐勒看郎针戳手》："姐勒三层楼里绣鸳鸯，眼窥塘里有船行，新戴珍珠勿要看，要看吊浜做橹小后生。姐勒看郎针戳手，郎勒看姐船要横，十指尖尖擦眼泪，跳下船头一道行。"③

在明冯梦龙的《山歌》卷一中，有一首内容极为相似的山歌："姐儿窗下绣鸳鸯，薄福样郎君摇船正出浜，姐看子郎君针搠子手，郎看子娇娘船也横。"④ 恰好可资比较，以见吴江山歌的历史传承。

诘问。20世纪20年代北大《歌谣》周刊曾刊载过署名"陶炜采录"的昆山歌谣《东天日出火烧楼》，1987年在昆山市新镇乡又采录得这首歌谣，全文如下：

---

① 中国民间文学集成全国编辑委员会、中国民间文学集成江苏卷编辑委员会：《中国歌谣集成·江苏卷》，中国ISBN中心1998年版，第185—186页。

② 中国民间文学集成全国编辑委员会、中国民间文学集成江苏卷编辑委员会：《中国歌谣集成·江苏卷》，中国ISBN中心1998年版，第202页。

③ 中国民间文学集成全国编辑委员会、中国民间文学集成江苏卷编辑委员会：《中国歌谣集成·江苏卷》，中国ISBN中心1998年版，第204页。

④ （明）冯梦龙，（明）王廷绍、华广生编述：《明清民歌时调集》（上），上海古籍出版社1987年版，第274页。

东天日出火烧楼，姐要买鱼郎要搂，娘问囡囡："买鱼买得能长远?""我拣来拣去吃拣头。"

东天日出火烧楼，姐要买肉郎要搂，娘问囡囡："买肉买得能长远?""我拣精拣皮拣骨头。"

东天日出火烧楼，姐要淘米郎要搂，娘问囡囡："淘米淘得能长远?""滑脱雪花白米借掸帚。"

东天日出火烧楼，姐要拎水郎要搂，娘问囡囡："拎水拎得能长远?""氽脱提桶借竹头。"

东天日出火烧楼，姐要拔柴郎要搂，娘问囡囡："拔柴拔得能长远?""拔坍柴垛借撑头。"

东天日出火烧楼，姐要烧饭郎要搂，娘问囡囡："烧饭烧得能长远?""烧鱼烧肉有烧头。"

东天日出火烧楼，姐要拷酒郎要搂，娘问囡囡："拷酒拷得能长远?""拷来拷去有拷头。"

20 世纪 80 年代民间文学普查采风过程中，吴县、常熟、太仓县、周边的无锡市以及海门县等许多地方均采录到这首歌，内容大同小异，但表现生活情趣各有不同，起兴句子也不一样，太仓称为"十推头"，无锡称为"郎来逗"，海门称为"红石榴"。①

相思。如 1986 年陈君达采录自常熟市的《绣花针无线莫相缝》："井底里开花井面上红，篾篮头提水一场空；梭子上无纱空来去，绣花针无线莫相缝。"② 在冯梦龙《山歌》卷二有类似的山歌："井面上开花井底下

① 中国民间文学集成全国编辑委员会、中国民间文学集成江苏卷编辑委员会：《中国歌谣集成·江苏卷》，中国 ISBN 中心 1998 年版，第 208—209 页。

② 中国民间文学集成全国编辑委员会、中国民间文学集成江苏卷编辑委员会：《中国歌谣集成·江苏卷)，中国 ISBN 中心 1998 年版，第 216—217 页。

红，篾丝篮吊水一场空；梭子里无丝空来往，有针无线枉相逢。”①

又如1985年马汉民采录自吴江的《月亮斜西鸡咯咯啼》：“月亮斜西鸡咯咯啼，玉手弯弯摸仔帐钩能个冷凄凄，帐钩钩日里夜里掠勒浪几何苦，何时何日放落帐门心肚脾胃才舒齐。”② 其中，“咯咯”谐音“哥哥”。

再如叶球搜集自吴江手抄本的相思山歌《乖姐望郎好可怜》：“乖姐望郎好可怜，日日望郎大路边，罗裙扫死路边草，金莲踏碎路面砖。望郎望得好心焦，脚踏门框手叉腰，脱下鞋来卜一卦，我郎来到半路上。”③

相爱。如苏州的《约郎约到月上时》：“约郎约到月上时，看看等到月蹉西，不知奴处山低月出早？还是郎处山高月出迟？”④ 这首山歌在冯梦龙《山歌》卷一题作《月上》：“约郎约到月上时，那了月上子山头弗见渠，咦弗知奴处山低月上得早？咦弗知郎处山高月上得迟？”⑤ 又如采录自太仓的山歌《郎种荷花姐种菱》：“结识私情隔条江，郎种荷花姐种菱，风吹荷花莲心动，水红菱常伴藕丝情。”⑥

热恋。如1985年马汉民采录自陆阿妹的吴江山歌《杨柳抽青逢小春》：“杨柳抽青逢小春，小阿妹陡陡添精神，阿是倷小小樱桃经过春雨洒，阿是倷多呷仔几盅春酒醉醺醺。”⑦ 又如李洲芳采录的吴县山歌《一

① （明）冯梦龙：《明清民歌时调集》（上），上海古籍出版社1987年版，第301页。

② 中国民间文学集成全国编辑委员会、中国民间文学集成江苏卷编辑委员会：《中国歌谣集成·江苏卷》，中国ISBN中心1998年版，第217—218页。

③ 中国民间文学集成全国编辑委员会、中国民间文学集成江苏卷编辑委员会：《中国歌谣集成·江苏卷》，中国ISBN中心1998年版，第220页。

④ 苏州市文学艺术界联合会、江苏省民间文学工作者协会苏州市分会编：《吴歌》，中国民间文艺出版社1984年版，第101页。

⑤ （明）冯梦龙：《明清民歌时调集》（上），上海古籍出版社1987年版，第280页。

⑥ 中国民间文学集成全国编辑委员会、中国民间文学集成江苏卷编辑委员会：《中国歌谣集成·江苏卷》，中国ISBN中心1998年版，第238页。

⑦ 中国民间文学集成全国编辑委员会、中国民间文学集成江苏卷编辑委员会：《中国歌谣集成·江苏卷》，中国ISBN中心1998年版，第251页。

心一意对情哥》："转眼分别三年多，妹妹杀鸡待情哥，心肝肠肺烧一碗，一心一意对情哥。"① 再如姚世英采录自苏州郊区的山歌《结识私情南海南》："结识私情南海南，拨伲姆妈娘晓得仔打仔十三扁担九门闩。小阿奴娘枕头横头像五月十三落仔磨刀雨嘘，龙虎山里好摇船。"②

情物。如太仓金凤英唱的山歌《结识私情结识恩》："结识私情结识恩，买只箬帽送私情，送倷箬帽也勿是出客戴，早遮露水晚遮荫。结识私情结识恩，买件汗衫送私情，送倷汗衫也勿是出客着，早早夜夜搭背心。结识私情结识恩，做件布衫送私情，红绿低肩花线缝，绢花网纽头对郎心。结识私情结识恩，做双白袜送私情，弯弯能缝来弯弯能做，紫花布袜前挑三针。"③

送别。如马汉民采录于苏州铁路三村的《送郎送到三板桥》："送郎送到三板桥，只见四根桥柱三根摇，情妹妹看见念头转，奴要日里夜里纺麻织布积起点铜钿来拿石桥造。"④

思别。1979 年陈超美采录自吴江芦墟的《花望郎》，就是一首非常典型的思别山歌。《赵圣关》等长歌中都包含有此唱段。《花望郎》又名《十二月花开望郎来》。全文如下：

一年过去是一年来，正月里格朵梅花带雪开，梅花落地成雪片，吾奴开窗瑞雪望郎来。

杏花含蕾二月开，燕子勒双双要飞到梁上来，吾眼窥六尺看到这

① 中国民间义学集成全国编辑委员会、中国民间文学集成江苏卷编辑委员会：《中国歌谣集成·江苏卷》，中国 ISBN 中心 1998 年版，第 252 页。

② 中国民间文学集成全国编辑委员会、中国民间文学集成江苏卷编辑委员会：《中国歌谣集成·江苏卷》，中国 ISBN 中心 1998 年版，第 255 页。

③ 中国民间文学集成全国编辑委员会、中国民间文学集成江苏卷编辑委员会：《中国歌谣集成·江苏卷》，中国 ISBN 中心 1998 年版，第 265 页。

④ 中国民间文学集成全国编辑委员会、中国民间文学集成江苏卷编辑委员会：《中国歌谣集成·江苏卷》，中国 ISBN 中心 1998 年版，第 274 页。

对花燕子，飞出飞进末要去望郎来。

桃花含蕾三月开，姑娘打扮要去赶春台，黄杨木梳梳了丈二青丝，头发甩起要篦八角头盘龙髻，胭脂花粉一俏要去望郎来。

蔷薇花含蕾四月开，娘打囡囝勒拉哭出来，撩起八幅头罗裙揩眼泪，揩干眼泪要去望郎来。

石榴花含蕾五月开，五月端午雄黄酒要备来，一杯二杯、三四十二杯雄黄好酒都筛满，多筛一杯望郎来。

荷花含蕾六月开，吾姐捏鹅毛扇子要踱出来，扇柄上一九得九、二九十八、三九廿七、四九三十六个金星花名眼，条条路里望郎来。

凤仙花含蕾七月开，小奴娘要办起七十二桌末私情格酒，多办一桌望郎来。

木樨花含蕾八月开，小奴娘要插香花啥里来：东有东村头，西有西村头，南北相对四横头，啥里格横头有得格些十七八、廿二三格小姐妹采花来，插在我头上让我小奴娘喷喷香香望郎来。

菊花含蕾九月开，根多叶少盆里栽，日间之中摆得奴房里，夜里端出来要去望郎来。

芙蓉含蕾十月开，天上乌云里飞来一班乌雀来，日间之中躲得小妹花园里啊，夜间头飞出要去望郎来。

水仙含蕾十一月开，西风飒飒冷起来，小娘吾奴要盖三被三褥奴来翻，翻来复去望郎来。

腊梅含蕾十二月开，吾告郎君阿哥洞庭山打把纯钢剪刀来，吾千百样花名万百样花名随勒吾格把剪刀头上出，吾泱泱介剪花望郎来。①

① 中国民间文学集成全国编辑委员会、中国民间文学集成江苏卷编辑委员会：《中国歌谣集成·江苏卷》，中国 ISBN 中心 1998 年版，第 280—281 页。

情变。如张舫澜、马汉民采录自吴江莘塔山歌手蒋廷山的山歌《十劝情哥》，全文如下：

妹一劝情哥勿要气昏昏，除出奴小妹有别人，吾搭俤井里吊桶绳短勿到底，床上的席短不到头。

妹二劝情哥勿要气昏昏，除出奴小妹有别人，奴小妹不是西施白牡丹，譬如死了奴小妹一个人。

妹三劝情哥勿要气昏昏，除出奴小妹有别人，十七八岁黄花闺女村村有，俤只落得旧衣着坏再换新。

妹四劝情哥勿要气昏昏，除出奴小妹有别人，天仙美女世间有的是，俤只落得旧墙头刷白再翻新。

妹五劝情哥勿要气昏昏，除出奴小妹有别人，野场上公鸡绕着母鸡转，吾搭俤今生今世难同枕。

妹六劝情哥勿要气昏昏，除出奴小妹有别人，竹篮打水空欢喜，千般格恩爱难了情。

妹七劝情哥勿要气昏昏，除出奴小妹有别人，天上乌云伴白云，奴小妹终身难伴俤郎君。

妹八劝情哥勿要气昏昏，除出奴小妹有别人，奴要嫁俤情哥勿遂心，月亮里点灯空挂明。

妹九劝情哥勿要气昏昏，除出奴小妹有别人，奴搭俤藕断丝勿会断，天地会保有情人。①

其六，生活歌。生活歌主要反映社会世态、悲苦生活和家庭生活等，

① 这首山歌标题为《十劝情哥》，但实际内容只收录了九劝。见中国民间文学集成全国编辑委员会、中国民间文学集成江苏卷编辑委员会：《中国歌谣集成·江苏卷》，中国 ISBN 中心 1998 年版，第 286—287 页。

可以分为社会世态歌、苦歌、家庭生活歌、盘答山歌等类。

社会世态歌。1984 年中国民间文艺出版社出版的《吴歌》收录了一首采自苏州家喻户晓的莲花引山歌调吴歌《月子弯弯照九州》："月子弯弯照九州，几家欢乐几家愁，几家夫妇同罗帐，多少飘零在外头。"

这首吴歌的历史非常悠久。宋代杨万里《竹枝歌序》引丹阳舟人纤夫四句词，最后一句就是"月子弯弯照九州"。南宋赵彦卫《云麓漫钞》卷九云："彭祭酒，学校驰声，善破经义，每有难题，人多请破之，无不曲当。后在两省，同寮尝戏之，请破'月子弯弯照几州，几家欢乐几家愁'。彭停思久之，云：'运于上者无远近之殊，形于下者有悲欢之异。'人益叹伏。此两句乃吴中舟师之歌，每于更阑月夜，操舟荡桨，抑遏其词而歌之，声甚凄怨。"①

苦歌。如 1960 年周正良采录自常熟市白茆乡徐巧林的山歌《长工脸上黄纸黄》："十月日短夜里长，挑担小麦进磨坊，磨脐底下白如霜，长工脸上黄纸黄。"② 又如收入《吴歌新集》的吴县山歌《麸皮自家吃下去》："汗流勒地主田里，眼泪落勒自家碗里，米子是地主挑仔去，麸皮是自家吃下去。"③

家庭生活歌。如凌培荣、谭香林采录自吴江的山歌《东南风吹来悠悠扬》：

东南风吹来悠悠扬，姑娘阿嫂勒浪大树底落乘风凉，那红嘴白衣格鹅末对对双双、双双对对飘勒水面浪，吾小妹心里勒浪暗思量。

东南风吹来悠悠扬，吾小妹吭心勒拉乘风凉，吾旧年仔结识格私

① （宋）赵彦卫撰，傅根清点校：《云麓漫钞》，中华书局 1996 年版，第 156 页。

② 中国民间文学集成全国编辑委员会、中国民间文学集成江苏卷编辑委员会：《中国歌谣集成·江苏卷》，中国 ISBN 中心 1998 年版，第 311 页。

③ 苏州市文学艺术界联合会编：《吴歌新集》，内部出版物，1979 年版，第 46 页。

情郎是同枕合被，合被同枕常常介眠，吾脱郎君哥哥是口咬白藕丝情长。

东南风吹来悠悠扬，嫂嫂末问俤姑娘为啥口勿张？嫂嫂、嫂嫂俤十七十八、十八十七就嫁到伲家来；吾小妹末十七十八严勒屋里厢。

小妹俤勿要着急勿要慌，等俤哥哥转来脱俤出帖配夫郎，脱俤南村北庄、北庄南村才寻遍，寻着一个百里挑一格好后生。

吾奴小妹亦勿着急亦勿慌。勿要大哥哥转来出帖配夫郎；只要爹爹回来勿进吾娘房门，大哥哥回来勿脱俤嫂同房。小妹俤勿要着急勿要慌，等俤哥哥回来脱俤出帖配夫郎；爹爹回到家中总有办法进俤娘房门，大哥哥转来少年夫妻哪亨勿同房。吾奴小妹亦勿着急亦勿慌，勿要俤大哥哥转来出帖配夫郎，吾卡到书房中去打一只铺，大家做介三年活孤孀。①

在顾颉刚编《吴歌甲集》中，收入有一首《十八岁小娘半夜里哭》，与《东南风吹来悠悠扬》略异。其歌词作：

十八岁小娘半夜里哭，哭得爹娘滗急昏。“搭偕东村头上泰山叔婆笃第三位囡儿，同年、同月、同出世，俚朝朝抱出小孩郎！”“倷覅哭哉，覅发慌，让倷爹爹转来勿论穷富配成双。要伴私房娘窝里伴。”“我弗拉里哭，勿拉里慌！我拌子私房买棺材；拌子衣衫下棺材！哥哥覅搭嫂同床；爹爹覅来进娘房！”三人扌得团团转，大家做个活孤孀！②

① 中国民间文学集成全国编辑委员会、中国民间文学集成江苏卷编辑委员会：《中国歌谣集成·江苏卷》，中国 ISBN 中心 1998 年版，第 345 页。

② 顾颉刚等辑，王煦华整理：《吴歌·吴歌小史》，江苏古籍出版社 1999 年版，第 69 页。

盘答山歌。山歌中的问答歌就叫盘歌，这类歌多是对唱式的相互问答，也有以独唱式的自问自答，江南一带也叫盘答山歌。① 这种山歌“二人或多人对唱，适用于田间耕作、水路摇船、林中放牧和赛歌的场面上，一问一答，要对答如流，充分表现歌手的聪明智慧”②。如金煦 1997 年采录于常熟的《啥格山弯弯头对东》：“啥格山弯弯头对东？啥格山有洞不通风？啥格山有翅无毛勿飞掉？啥格常在水当中？常熟山弯弯头对东。川山有洞不通风。凤凰山有翅无毛勿飞掉，狼山常在水当中。啥格花开花不结籽，结籽不开花？啥格花老来才开花？啥格花开花结籽又开花？菠菜花开花不结籽，结籽不开花。马兰头开花老来俏，棉花开花结籽又开花。”③

其七，风物歌。风物歌多用赋的手法，“直陈铺叙，集中描写某种事物的艺术功能，富有知识性和生活情趣”④。风物歌包括节令、风俗、风情、物产等小类。

节令风俗。如《吴歌新集》中采录于苏州市的《十二月风俗山歌》：“正月半，闹元宵，二月二吃撑腰糕，三月三，祖师苞，四月十四白相神仙庙，五月端午粽子箬叶包，六月里，大红西瓜颜色俏，七月七露仔鸳鸯水来乞巧，八月半白果栗子一道炒，九月九吃重阳糕，要想看会等到十月朝，十一月里雪花飘，十二月廿四饴糖送灶糖元宝。”⑤

同书中另有一首采自旧吴县的风俗山歌《十二月风俗歌》，与前面那首内容大体相同，但增加了很多细节描写：“正月半，闹元宵，二月二吃撑腰糕，三月初三正清明，祭扫坟茔在市郊。四月十四轧神仙，大家白相

---

① 郑乃臧、唐再兴主编：《文学理论词典》，光明日报出版社 1989 年版，第 418 页。

② 江苏省常熟市文化局、江苏省常熟市文化馆编：《中国·白茆山歌集》，上海文艺出版社 2002 年版，第 14 页。

③ 中国民间文学集成全国编辑委员会、中国民间文学集成江苏卷编辑委员会：《中国歌谣集成·江苏卷》，中国 ISBN 中心 1998 年版，第 357 页。

④ 中国民间文学集成全国编辑委员会、中国民间文学集成江苏卷编辑委员会：《中国歌谣集成·江苏卷》，中国 ISBN 中心 1998 年版，第 365 页。

⑤ 苏州市文学艺术界联合会编：《吴歌新集》，内部出版物，1979 年版，第 98 页。

神仙庙。五月端午划龙船，六月西园荷花俏。七月七，来乞巧，牛郎织女会鹊桥。八月中秋斋月宫，大小百家香斗烧。九月重阳登高去，野宴吃块重阳糕。小春引来十月朝，纸作寒衣坟前烧。十一月里冬至节，冬酿酒，家家沽。腊月廿四要送灶，人人吃点糖元宝。腊梅花开香十里，富家踏雪邓尉跑。除夕讨债把门敲，穷人逃避赖债庙。"①

风情。《吴歌》采录了一首在苏州广为流传的《苏州景》，全文如下：

上有天堂景，下有苏杭景。单说苏州景呀，虎丘山顶有名，登上千人石，看见二仙亭，五十三参参见观世音，望苏台上望望苏州城。灵岩山搭仔天平山呀，也是好名胜，走过御道到"范坟"，钵盂泉水末泡香茗，再到一线天呀，往上到"白云"，抬头看一看呀，太湖水浪白腾腾。枫桥寒山寺呀，天下才有名，寒山拾得好兄弟，夜夜听钟声。西园绿丛丛呀，大殿仿灵隐，五百个罗汉五百个样，个个罗汉装上金，隔壁还有花园景，放生池浪末还有湖心亭。留园景致有十八，"松柏同春"是第一景。拙政园有卅六鸳鸯馆，五百名贤在沧浪亭。金阊门，银胥门，玄妙观里闹盈盈，双龙街劈对正山门，来来往往"轧仙人"，三宫、六观、十八坊，七塔、八幢好风景。苏州景致海海会，真像宝带桥桥洞数也数勿清。②

物产。1983年，袁震采录了苏州吴县镇湖乡著名歌手姚永根唱的物产山歌，并综合周定云、徐连云的演出，整理而成下面这首《物产山歌》：

---

① 中国民间文学集成全国编辑委员会、中国民间文学集成江苏卷编辑委员会：《中国歌谣集成·江苏卷》，中国ISBN中心1998年版，第379—380页。

② 苏州市文学艺术界联合会、江苏省民间文学工作者协会苏州市分会编：《吴歌》，中国民间文艺出版社1984年版，第154—155页。

正月梅花开动头，湖州原出丝棉绸，龙衣龙袍万岁着，名班好戏出苏州。二月杏花白堂堂，台湾出仔赤砂糖，青皮甘蔗塘栖出，三节头嫩藕出斜塘。三月桃花瓣瓣飘，丹阳原出细凉帽，凉腰蒲鞋嘉定出，杭州香袋过船高。四月里来是蔷薇，杜墙原出大公鸡，绍兴小鸭勤生蛋，江北乌腾果然飞。五月里来是石榴，紫竹小伞出杭州，明角花灯独出山塘浪。少林寺独出好拳头。六月里来是荷花，双凤原出大西瓜，沙角头老菱金桥出，支塘原出扁南瓜。七月里来是凤仙，山东水梨果然甜，河南蜜枣长三寸，河北雪梨重半斤。八月里来是木樨，细料好碗出江西，茶壶钵头宜兴出，大焦山石头各处去。九月里来九重阳，昆山韭菜处处行，洞庭西山原出酸橙桔，平湖出仔小嫩姜。十月里来芙蓉开，带缨萝卜湖南来，荔枝龙眼云南出，红心山芋乍浦来。十一月里金桔开，五香冬菜出嘉兴，名工细席浒墅关出，五色缎子出南京。十二月里腊梅黄，灯草出勒五龙桥，清水白米山塘上出，百色百样鸟雀出观前。①

其八，传说故事歌。传说故事歌一般都是长篇山歌，有完整的故事情节和人物形象，一般在一二千行以上。多用山歌调演唱，句式多衬词叠句，押韵比较自由，内容上多描写男女恋情故事。如《孟姜女》、《五姑娘》、《赵圣关》等，就是其中著名的代表。

其九，儿歌。儿歌内容题材广泛，内容丰富，演唱形式多样。儿歌分为摇篮歌、事物歌、情趣歌、游戏歌、顶针格歌、颠倒歌和绕口令等类。

摇篮歌。这里举一首 1987 年唐幼良采录于吴江盛泽镇的《摇到外婆桥》：“摇摇摇，摇到外婆桥，外婆娘娘真要好；买条鲤鱼烧，烧来头勿

① 中国民间文学集成全国编辑委员会、中国民间文学集成江苏卷编辑委员会：《中国歌谣集成·江苏卷》，中国 ISBN 中心 1998 年版，第 408—409 页。

熟，尾巴焦，盛勒碗里豁虎跳，豁到城隍庙，香炉烛扦才跌倒，城隍老爷外头逃，外甥见了哈哈笑。”①

事物歌。《吴歌新集》采录了一首苏州流传的《月亮长长》：“月亮长长，高搭凉棚，凉棚下一只大雄鸡，秤秤看，两斤半，烧烧看，四大碗，公一碗，婆一碗，姑娘小叔合一碗，剩一碗，门角落里斋罗汉，罗汉勿吃荤，豆腐面筋囫囵吞，吞勒吞，吞仔一只小猢狲。”②

情趣歌。这里举一首吴县流行的情趣儿歌《黄瓜棚，着地生》：“黄瓜棚、着地生，雪白圆子请外甥，外甥吃仔三两个，舅妈面浪气膨膨，娘舅跑到房里掼家生，外婆话阿喂、阿喂勿要实梗，同胞姊妹看娘面，千朵桃花一树生，外公跷起仔胡子勿管账，外婆盘勒门角落里哭一场。”③

游戏歌。汪筠淙1950年时在苏州虎丘采录了一首苏州的游戏歌《笃笃一更天》：“笃笃一更天，笃笃二更天，笃笃三更天，笃笃四更天，笃笃五更天，家鸡盘盘拢，野鸡出来哉！”④ 这首歌，苏州幼童在玩捉迷藏时经常唱，一人蒙住眼睛，一边念唱，一边捉人，被捉的人藏起来，等念唱完歌词，就算藏好了。

颠倒歌。《吴歌新集》收入一首《一只山歌乱说多》：“一只山歌乱说多，油煎豆腐骨头多，太湖当中挑野菜，大尖顶浪摸田螺，摸格田螺笆斗大，摆勒摇篮里骗外婆。”⑤

绕口令。《吴歌新集》收录了一首《苏州苏老头》：“绰号‘苏空头’，苏州苏老头。着仔素绸，吃格素油，还用绉纱包头。要吃素菜，让

① 中国民间文学集成全国编辑委员会、中国民间文学集成江苏卷编辑委员会：《中国歌谣集成·江苏卷》，中国ISBN中心1998年版，第565页。

② 苏州市文学艺术界联合会编：《吴歌新集》，内部出版物，1979年版，第198页。

③ 苏州市文学艺术界联合会编：《吴歌新集》，内部出版物，1979年版，第200页。

④ 中国民间文学集成全国编辑委员会、中国民间文学集成江苏卷编辑委员会：《中国歌谣集成·江苏卷》，中国ISBN中心1998年版，第592页。

⑤ 苏州市文学艺术界联合会编：《吴歌新集》，内部出版物，1979年版，第217页。

为苏州松鹤楼，先来一碗素面筋，还要加上重重素油，点得清格素面筋，数不清格素油。拨翻仔格素面筋，氽脱仔格素油，拾起搿碗素面筋，再添仔台上格素油，素菜勿吃，走出苏州松鹤楼。着个素绸，才是素油，还撞破子个头，苏州苏老头，标准‘苏空头’。”①

二、当代苏州吴歌及其他吴歌篇目简介

苏州吴歌是以常熟白茆山歌、吴江芦墟山歌和张家港河阳山歌等为代表的总称，是特色非常鲜明的民间歌谣，传承了苏州一带悠久而又深厚的历史文化传统，具有独特的艺术价值。2006 年，吴歌经国务院批准列入第一批“国家级非物质文化遗产名录”。

苏州吴歌的传承，按照发掘时间的先后，可分为常熟白茆山歌、吴江芦墟山歌和张家港河阳山歌三支谱系，其中，吴江芦墟山歌以长篇叙事吴歌、大山歌出名，代表作有长篇叙事吴歌《五姑娘》、《沈七哥》、《赵圣关》等；而常熟白茆山歌和张家港河阳山歌以小山歌出名，“白茆山歌”代表作有《十二月花名》、《橘子花开来心里香》、《三邀三掼》等，“河阳山歌”代表作有《斫竹歌》、《老姐嫁人》等。下面按照发掘时间先后，略作介绍。

（一）当代苏州吴歌简介

1. 白茆山歌

白茆山歌是常熟白茆塘流域的劳动人民共同创造的非物质文化遗产财富。作为吴歌一脉的白茆山歌，历史源远流长。白茆民间传说西汉张良曾到当地传授山歌。历经一千多年，到元末时期，张士诚起兵，开白茆塘，

① 苏州市文学艺术界联合会编：《吴歌新集》，内部出版物，1979 年版，第 229 页。

当时有民谣："好条白茆塘，只是开不全，若与开得全，好与西帅歇战船。"①

王建东、邹养鹤在《白茆山歌》一文中提出，白茆山歌"形式上不仅有三句头、四句头短歌，也有几十句甚至几百句的叙事长歌，其中尤以劳动歌和情歌最为丰富和广泛，如劳动歌就有：种田歌、莳秧歌、车水歌、开河歌、张网歌、织布歌、绣花歌、采桑歌等十余种；它曲调丰富多变，灵活柔丽，旋律典雅古朴，有大山歌、小山歌、四句头、吭吭调、春调、三邀三掼（音'环'，甩的意思）、划龙船调、搭凉棚调等几十种山歌曲调，其中最著名的是'三邀三掼'。'三邀三掼'是白茆独有的山歌曲调，在整个吴地民歌中特立独到，旋律不仅音域宽、气息广，而且速度、调性都有着较大的变化以及多乐段的重复再现等多样组合，使山歌更具张力和艺术感染力"②。

白茆山歌会是白茆山歌在传承发展中最具地域特色和影响力的民俗活动。山歌会最早形成于何时，目前已难有定论。从现代老歌手回忆前辈口述中，可以粗略估计到，至少在晚清时，山歌会已在白茆颇为风行。学者通过对白茆山歌的全面调查，发现当地有好多山歌世家，从而也大约判定，白茆山歌的传承有家庭式或家族式的特色。③

2002年，上海文艺出版社出版了江苏省常熟市文化局、江苏省常熟市文化馆编的《中国·白茆山歌集》，集中收入了160来年间常熟白茆一带流传的山歌703首。白茆山歌共分11类：引歌22首，盘歌35首，劳动歌36首，仪式歌26首，情歌120首，生活歌80首，传说故事歌39

① （清）钱谦益：《国初群雄事略》第4册，广陵古籍刻印社1981年版，第53页。

② 中国人民政治协商会议江苏省常熟市委员会文史委员会编：《常熟文史资料选辑》上册（《常熟文史》第四十辑），上海社会科学院出版社2009年版，第299—300页。

③ 中国人民政治协商会议江苏省常熟市委员会文史委员会编：《常熟文史资料选辑》上册（《常熟文史》第四十辑），上海社会科学院出版社2009年版，第301页。

首，儿歌121首，时政歌137首，“小调”歌17首，新民歌70首。其中的“小调”歌，基本上是杂曲类，杂曲通称为“小调”，曲调要比山歌更为丰富，大多产生于城市的市民阶层，流传于下层社会，或出自妓女之口，也有的来自戏文，常由卖唱者或“小热昏”（滑稽说唱兼售商品），带到农村，传唱开来，为广大农民所喜闻乐见。清末民初有大量小唱本流传于世。①

《白茆山歌集》在收录过程中的重大发现是，挖掘整理出了长篇叙事吴歌《白六姐》。《白六姐》共分为20节（连闹头和尾声），共有2500余行。② 长篇叙事作品的出现，也是白茆山歌已经走向成熟的重要标志。

该书附录有详细的《方言俗语简表》，极具方言研究参考价值。

2. 芦墟山歌

徐文初、郁伟在《中国·芦墟山歌》概述中提出，“芦墟山歌以分湖边的芦墟、莘塔、黎里、北厍、金家坝5个乡镇为中心，向各地散发，传唱遍及乡镇每个角落”③，“芦墟山歌的特征一般均以四句唱词作为一个基本唱段，第一句句末加唱‘呜咳嗨嗨’衬词，‘其唱法则高揭，其音而以悠缓收之，清而不靡’。歌词第三句、第四句常有大量衬词、叠句，用快板式描写细致入微”④。

芦墟山歌按照篇幅长短可以分为长山歌和短山歌两大类；按照演唱方式可以分为独唱、对唱（对山歌）与和唱（一人唱众人和）三种，其中

① 江苏省常熟市文化局、江苏省常熟市文化馆编：《中国·白茆山歌集》，上海文艺出版社2002年版，第378页。

② 曹培根、翟振业主编：《常熟文学史》，广陵书社2010年版，第361页。

③ 中共吴江市委宣传部、吴江市芦墟镇人民政府、吴江市文学艺术界联合会、吴江市文化广播电视管理局等编著：《中国·芦墟山歌集》（概述），上海文艺出版社2004年版。

④ 中共吴江市委宣传部、吴江市芦墟镇人民政府、吴江市文学艺术界联合会、吴江市文化广播电视管理局等编著：《中国·芦墟山歌集》（概述），上海文艺出版社2004年版。

以独唱为主。芦墟山歌主要是劳动者在插秧、收割时传唱，一边干活一边唱歌，或者自唱自娱，或者隔田隔河对唱助兴。

芦墟山歌的内容以情歌为主，在所有采录的山歌中，情歌过半，而所有的长山歌，都是演唱男女恋情的。

2004 年，上海文艺出版社出版了《中国·芦墟山歌集》。该书分上、下编，收录了吴江芦墟一带的山歌，其中上编为短篇山歌，一共分为十卷：第一卷为闹头 24 首，第二卷为问答山歌 22 首，第三卷为劳动歌 28 首，第四卷为仪式歌 25 首，第五卷为情歌 64 首，第六卷为生活歌 47 首，第七卷为历史传说歌 17 首，第八卷为儿歌 50 首，第九卷为杂歌 13 首，第十卷为新民歌 38 首。其下编为长篇叙事歌 10 首，每卷一首，分别为《五姑娘》、《赵圣关》、《鲍六姐》、《周小妹嗷郎》、《卖盐商》、《打窗棂》、《载阿姨》、《庵堂相会》、《董永和张七姐》、《刘猛将神歌》。《中国·芦墟山歌集》的出版，为芦墟山歌的传承和保护作出了巨大的贡献。该书“附录（三）”收入了《芦墟方言简释》，极具方言研究参考价值。

3. 河阳山歌

虞永良在《中国·河阳山歌集》概述中提出：“河阳山歌是江苏省张家港市南部，以河阳山地区的民众为中心，千百年来所创作的歌谣的总称。”① 据吴歌研究专家的考证，最早的一首河阳山歌，叫《斫竹歌》，其成型，可能在远古时代。全歌的歌词为：“嗯唷斫竹，嗬哟嗨！嗯唷斫竹，嗬哟嗨！嗯唷弹石、飞土，嗬哟嗨！嗯唷逐肉，嗬哟嗨！”直到 20 世纪中期，这首歌还存在于河阳山地区，一直被劳动人民在搬运重物和挑抬农具时传唱。歌中既有劳动号子的衬词，又有简洁明快的音乐节奏。河阳山歌历经千年的口头和唱本传承，其传播范围大致是以河阳山（又名凤凰山）为中心的周围一二十里的附近几个乡镇，其传播途径主要是

① 张家港市文联编：《中国·河阳山歌集》，华东师范大学出版社 2006 年版，第 1 页。

“对山歌”，本村内部对山歌、本村与邻村对山歌，在庙会上的民俗节目中对山歌等。

根据虞永良的研究，河阳山歌手习惯把河阳山歌分为四大类：

第一，四句头山歌。主要指四句为一首、四首十六句以下的山歌。四句头山歌，历史悠久，源远流长，有二言加衬词、三言、四言、五言、七言，《斫竹歌》即是最早的代表。四句头山歌几乎触及农民生活的各个层面，按照题材内容可以分为前述吴歌的各种类型。

第二，短山歌。主要指五首二十句以上，一百句以下的山歌。河阳短山歌，以五更调、十字序数、十二月序数的小调占大部分。当地农民在歌唱这些歌曲时，一般用小调曲来歌唱，也有用山歌来歌唱的。《十二月长毛歌》是一首典型的时政短山歌，四十八句，将轰轰烈烈的太平天国运动的起因、发展、壮大直到衰退表述得简明扼要而又生动形象。

第三，大山歌。主要指一百句以上、四百句以下的山歌。河阳大山歌，共收录 11 个歌本，其中叙事山歌有 5 本，这些叙事山歌是河阳山歌从抒情山歌逐步流变而成。比较著名的有《东南风起打斜来》，全长三百四十六句，运用理想主义的创作手法，描述了一对青年男女为争取婚姻自主大胆抗争的故事。

第四，长山歌。主要指四百句以上的山歌。长山歌几乎都是靠抄本传承的。大多数山歌手不识字或识字很少，自己不会抄歌本就请别人抄。这些歌本有一个特点，就是歌手们关照抄歌的人，要抄得简单，甚至可以借用音同的字，于是出现了许多别字、错字。长山歌中的代表作是《赵圣关还魂》。

进入 21 世纪，河阳山歌得到了较好的搜集与整理。张家港市文联编写出版了《中国·河阳山歌集》，2006 年由华东师范大学出版社出版，为河阳山歌的传承和保护作出了巨大的贡献。该书“附录（六）”收录了《河阳山地区方言简释》，极具方言研究参考价值。

（二）其他吴歌篇目简介

1.《挂枝儿》、《山歌》、《夹竹桃》

《挂枝儿》，又名《童痴一弄》，冯梦龙所编 10 卷明代民歌集，1962 年由中华书局上海编辑所出版，又收录于上海古籍出版社 1987 年出版的《明清民歌时调集》。其十卷分别是私部、欢部、想部、别部、隙部、怨部、感部、咏部、谑部、杂部。挂枝儿，是明代万历后兴起、流行于苏州一带的一种民间时调[①]小曲，盛行于明天启、崇祯年间。一般七句四十一字，可加衬字，平仄韵通押。内容多写恋情。明代小说中常填此调，用于嘲谑。沈德符在《万历野获编》之“时尚小令”里说：“比年以来，又有《打枣竿》、《挂枝儿》二曲，其腔约略相似，则不问南北，不问男女，不问老幼良贱，人人习之，亦人人喜听之。以至刊布成帙，举世传颂，沁人心腑。其谱不知从何来，真可骇叹！”[②]

《山歌》，又名《童痴二弄》，冯梦龙所编 10 卷明代民歌集，1962 年由中华书局上海编辑所出版，又收录于上海古籍出版社 1987 年出版的《明清民歌时调集》，还见于《冯梦龙全集》（上海古籍出版社影印明写刻本，1987 年版），得到学界广泛关注。《山歌》为明代吴中一带广为传唱的时调小曲名。明王骥德《王骥德曲律》说：“盖北之《打枣竿》，与吴人之《山歌》，不必文人，皆北里之侠，或闺阃之秀，以无意得之，犹《诗》，郑、卫诸《风》，修《大雅》者反不能作也。”[③] 卷一到卷四为私

① 时调，泛指明清以至近代流行一时的时新民歌和民间曲调。时调“承宋、元戏曲之余绪，发达极速”，“降及清代，南北俗曲，余势犹盛，除旧调之外，复出新声，竞盛一时”（傅惜华：《中国俗曲总集叙录》）。明沈德潜《野获编》、清李斗《扬州画舫录》对时调小曲的流变情况多有详述（参见吴新雷主编：《中国昆剧大辞典》，南京大学出版社 2002 年版，第 47 页，“时调”条目，顾聆森撰）。

② （明）沈德符撰，杨万里校点：《历代笔记小说大观·万历野获编》（下），上海古籍出版社 2012 年版，第 545 页。

③ （明）王骥德著，陈多、叶长海注译：《王骥德曲律》，湖南人民出版社 1983 年版，第 184 页。

情四句，卷五为杂歌四句，卷六为咏物四句，卷七为私情杂体，卷八为私情长歌，卷九为杂咏长歌，卷十为桐城时兴歌，共收曲三百八十首。前九卷用苏州一带方言记录，反映出当时苏州一带的方言面貌。最后一卷《桐城时兴歌》用官话记录，这些桐城地方曲调也曾在苏州一带流传。《山歌》保存了一部分明代苏州的方音、方言以及方言字的资料，在评注和眉批里，冯梦龙有所说明。

《夹竹桃》，全名《夹竹桃顶针千家诗山歌》。冯梦龙所编明代情歌集，共 123 首。1962 年中华书局上海编辑所据路工藏明刻《破愁一夕话》本出版，又收录于上海古籍出版社 1986 年出版的《明清民歌时调集》。《夹竹桃》是一种俗曲名。本书所用的曲调，基本上是八句，首二句是七言，中间四句是四言，末二句又是七言，可任意加衬字，最后一句必然是用《千家诗》各首的末句，每首以顶针修辞格相连。赵景深序认为“本书是冯梦龙摹拟民间文学的著作之一”①。

2.《吴歌甲集》、《吴歌乙集》、《吴歌丙集》、《吴歌丁集》

《吴歌甲集》，两卷，顾颉刚辑，北京大学研究所国学门歌谣研究会 1926 年出版，共收入儿歌 50 首，民歌 50 首。

《吴歌乙集》，两卷，王翼之辑，中山大学民俗学会 1928 年出版，共收入儿歌 50 首，民歌 62 首。

《吴歌丙集》不分卷，分为甲、乙、丙三类，王君纲辑，1931 年刊于《礼俗》第八、九期。共收入儿歌 50 首，农歌 20 首，民歌 35 首。

《吴歌丁集》，两卷，顾颉刚辑，王煦华整理，共收入儿歌 31 首，民歌 69 首，收录于江苏地方文献丛书《吴歌·吴歌小史》。

3.《吴歌新集》

1979 年，苏州市文学艺术界联合会在 1961 年搜集记录的民歌民谣资

① （明）冯梦龙，（清）王廷绍、华广生编述：《明清民歌时调集》（上），上海古籍出版社 1987 年版，第 454 页。

料的基础上，由马汉民、姚世英、金煦编辑出版了吴歌作品集内部出版物《吴歌新集》。全册共分七类：歌头、对歌、苦歌、山歌、情歌、怨歌、儿歌，共计三百余首。民歌记录时忠实于作品的本来面目，记录了大量的吴方言字和词，对于吴歌的研究，具有积极的推动作用。

4.《吴歌》

1984 年，中国民间文艺出版社出版了中国歌谣丛书《吴歌》。该书由苏州市文学艺术界联合会、江苏省民间文学工作者协会苏州市分会编，在《吴歌新集》的基础上新收入了不少吴歌。全书共分六辑。第一辑为 18 首开场山歌和 17 首盘答山歌；第二辑为 45 首诉苦歌谣和 7 首劳动山歌；第三辑为 6 小类 119 首情歌；第四辑为家庭生活歌 27 首，风物时令歌 8 首，戏文山歌 3 首；第五辑为 16 首童谣、5 首谐歌、3 首游戏歌；第六辑为长篇叙事民歌节选，分别节选了《五姑娘》、《赵圣关》、《六郎娶小姨》、《打窗栏》、《白杨村山歌》等。

5.《五姑娘》

1984 年，江苏人民出版社出版了张舫澜、马汉民、卢群搜集整理的长篇吴歌《五姑娘》。该长篇传说故事歌是由民间歌手陆阿妹等口述。《五姑娘》流传在浙江、江苏和上海两省一市交界的嘉善、青浦和吴江一带。陆阿妹是浙江嘉善人，1937 年移居吴江芦墟，是当地著名歌手，曾被誉为“山歌女王”。《五姑娘》生动描绘了江南农村的徐阿天和五姑娘的爱情悲剧，反映了被压迫者的控诉和反抗。《五姑娘》具有非常强烈的反抗封建礼教的意义，因而在历史上屡遭禁唱。《五姑娘》全文入选《吴歌遗产集粹》。叶祥苓《长篇叙事吴歌〈五姑娘〉的语言》对《五姑娘》中的部分字形进行了校注，并介绍了芦墟的音系情况。

6.《赵圣关》

长篇吴歌《赵圣关》，流传于苏州、吴县、吴江、常熟、无锡以及青浦、松江、奉贤、余杭、嘉善、平湖等地。清《同治七年江苏巡抚丁日昌查禁淫词小说》目录中，就收有《赵圣关》。但因其故事曲折，情节感人，一直流传于民间。到20世纪80年代，由86岁老歌手陆巧英口述，苏州市郊区文化馆钱杏珍1982年记录，中国民间文艺出版社1986年8月出版。《赵圣关》全文入选《吴歌遗产集粹》。

7.《中国歌谣集成·江苏卷》

1998年，中国ISBN中心出版了中国民间文学集成全国编辑委员会、中国民间文学集成江苏卷编辑委员会编辑的《中国歌谣集成·江苏卷》。全书共收入江苏民间歌谣1087首，分为引歌、劳动歌、时政歌、革命斗争歌、仪式歌、情歌、生活歌、风物歌、传说故事歌、儿歌等10大类，每首歌谣下面注明演唱者（口述者）及采录者（搜集者）姓名及采录时间与地点。该书收入有大量的苏州一带吴歌，具有重要的资料价值。

8.《吴歌遗产集粹》

2003年，上海文艺出版社出版了高福民、金煦主编的《吴歌遗产集粹》一书。这是进入21世纪以来出版的第一部吴歌研究集大成巨著。全书共150多万字，分为上、下两编，上编为古今吴歌综述，用了4卷的篇幅梳理了从南朝到当代的吴歌及其搜集、整理与研究成果。下编为长篇叙事吴歌的发现和研究，共有6卷，分别收入了《五姑娘》、《赵圣关》、《孟姜女》、《白六姐》、《鲍六姐》、《断私情》、《卖盐商》、《老囡嫁人》、《打窗棂》、《红郎娶小姨》、《沈七哥》、《张二娘》、《庵堂相会》、《杨毕冤史》等共计14种叙事吴歌，并在每种后面附录了一些重要的研究论文。

三、当代苏州山歌集中的方言俗语选录

本节选录了《中国·白茆山歌集》、《中国·芦墟山歌集》和《中国·河阳山歌集》附录中的部分方言俗语，少数词语加以注释，以供方

言研究者和吴歌爱好者参考。

（一）白茆山歌中的方言俗语选录

本小节内容选录自《中国·白茆山歌集》第 499—522 页“附录”《方言词语简表》，并对其中的极少数讹误字形作了订正。

1. 气象、天文

龙阵风：龙卷风。

夜枷：月晕。

殟塞头热：（殟读屋）闷热。

霍险：闪电。

赤线：线状的闪电。

落霰：下雪糁。

雪珠：冰粒。

凌塘：冰凌。

迷露：雾。

鲎：虹。

日枷：日晕。

落霜：霜或霜冻。

落沙：下沙尘。

落兵：下冰针。

雷响：打雷。

天打：雷击。

星移场：流星。

扫帚星：彗星。

野太阳吃家太阳：日食。

野亮月吃家亮月：月食。

2. 时令、时间

旧年：去年。

开年：明年。

月头浪：月初。

日朝：每天。

早晨头：清早。

年初一：春节。

八月半：中秋。

辰光：时候。

年夜家边：接近农历年。

黄梅里：芒种季节。

上昼：上午。

下昼：下午。

日昼乎心：中午。

中浪头：中午。

一歇歇：一会儿。

日里：白天。

五月端五：端阳。

3. 庄稼、果蔬

勃萄：葡萄。

长生果：花生。

果肉：花生米。

番瓜：南瓜。

番芋：白薯。

洋芋艿：马铃薯。

雨麦：玉米。

黄芽菜：大白菜。

沿宇豆：扁豆。

斜菜：野生荠菜。

蒲桃：核桃。

芦穄：甜秆高粱。

团菜：包菜、甘蓝。

香菜：芫荽。

麦柱头：麦穗。

稻柱头：稻穗。

水寒豆：豌豆。

番茄：西红柿。

辣茄：辣椒。

红花：紫云英。

草头：黄花苜蓿。

黄老卜：胡萝卜。

藠麦：元麦。

蓬蒿菜：茼蒿。

4. 农事、农具

坌田：人工翻地。

坌扁田：人工翻耕绿肥地或休闲地，又称坌板田。

沃田：夏耕后上水，即灌田。

落墣：灌田后平垡。

莳秧：栽秧。

完秧地：秧地翻耕移栽。

捉黄宕：给田块中黄瘦的稻苗（麦苗）补肥。

耥稻：耘稻。

捉草：用双手耘稻除草。

拔稗：除稗草。

开垅（垅读百）：麦垅的先翻耕部分。

掼稻：水稻的人工脱粒。

罱河泥：用网具夹取河中的污泥肥田。

掼麦：三麦（小麦、大麦、元麦）的人工脱粒。

抲柴（抲读哈）：俗谓用竹棒击下稻草上遗留稻谷曰抲柴。

搓菜：油菜籽脱粒。

盘红花（草头）：收割绿肥。

搪草泥：沤制绿肥、柴草。

竖耥：一种小型的耘稻工具。

秧床：旧时用手拔秧时的坐具。

篰篮（篰读如部，入声）：用来盛放稻草等物的竹具。

囤圈：似竹簸而大，用于盛稻麦的竹具。

簩篮（簩读大）：筛谷（麦子）用的竹具。

铰刀：铡刀。

栈条：竹篾编制的用于圈制谷囤的狭长条子。

山笆：柳条制成的盛放食粮的用具。

挽子：似山笆而大，用于盛放或搬运（掮）粮食的柳条用具。

铧锹：裁田岸用的直锹。

百草耙：一种木制的滚动式的平田农具。

牛鞅头：套在牛脖子上供拉牵的用具。

秧荐：一种用秧草制成的席子。

畈头：圩区用于种蔬菜黍菽的田边高地。

稻稞：摆放整齐的稻垛。麦稞即麦垛。

柴稞：整齐堆放的柴垛。

关刀耙：一种以数十把铁刀子制成的碎土平田农具。

拆麦管：人工翻耕麦地。

绞塌岸：做小田埂。

削田：栽秧前平田。

下秧（下读虎）：落谷。

盘黄秧：秧苗活棵后进行除草、补棵。

竖稻：用小耥耘土除草。

搁稻：烤田。

斫稻：割稻。

牵砻：人工用木砻碾米。

碓米：用木石制成的舂米器舂米。

牵磨：人工用石磨磨制麦面、米粉。

铁篰（篰读拉，上声）：俗谓铁耙。

菱叶铁篰：钉齿像菱叶的铁耙。

鸭脚铁篰：钉齿像鸭脚样的铁耙。

板齿铁篰：齿似板条的铁耙。

塘耙：小铁耙。

耜头（耜读莳）：锄头。

菜花锹：一种开沟用的小锹。

划鐖（鐖读洁）：镰刀。

耥：一种耘稻工具。

簸只：即簸箕，竹制的用于簸扬粮食的工具。

草苫（苫读先）：用稻草编成的覆盖物。

稻幢：收割后，临时堆放在田岸上的稻垛。

麦坨：麦垄。

挽麦：在麦垄上劈出浅沟，以播种麦子。

锹麦：在麦地里给麦覆土。

削麦：给麦田松土治草。

5. 房屋、器具

前头：中堂。

院堂：在正屋之前，与正屋之东房或西房连在一起的房屋。

南稍间：院堂最南的房间。

包厢：厢房。

墙门：大门。

直山头：山墙到顶屋面前后倾斜的房屋。

四发戗：山墙平前后沿，屋面往四面倾斜的房屋。

落翼：也叫落叶，正屋两边的小房。

阳沟：屋檐下之明沟。

水栈：河边洗物、汲水的台阶。

桁条：屋梁。屋中脊下的为正梁，正梁前后的谓今桁、步桁；放在檐头的称檐桁。

步槛：门下槛。

门程（程读听）：门框木。

门桄（桄读狂）：门上的横档。

门臼：门框中固定在门槛上的部分。

摇梗：门两端能在门框中转动的部分。

窗盘：窗户上的小门。

望砖：放在椽上承瓦的砖。

土墼：旧时用于砌房的未经烧制的土坯。

榫头：木器接合处的凸出部分。

櫼头（櫼读针）：楔子。

牛圈：牛槛。

鸡栖：鸡棚。

洋煤头：火柴。

坑缸：粪坑，厕所。

夜壶：男用溺器。

叉袋：布袋。

石脚：基石。

柱磉石：柱基石。

开斗墙：空心墙。

实壁墙：实心墙。

壁根：中堂前门外凹进的部分。

阶沿：台阶。

阴山背后：屋后晒不到阳光的地方。

镬瓯（瓯读敢）：锅盖。

铲刀：一种用于炒菜或撮取饭菜的用具。

筷箸笼：放置筷子的用具。

灶皤布：用于洗刷锅碗的零布或巾类。

笊篱：汤中捞取食物的漏水勺。

掸帚：拂去尘灰的用具。

拖扮（扮读分）：拖把。

竖笠：旧时的油纸雨具。

钉鞋：旧时用布制、面上髹油、底上有钉的雨鞋。

木套：雨天用的木底鞋。

板供（供读均）：端菜用的长方木盘。

筲箕：洗米用的竹器，也用于盛放米饭。

淘箩：似筲箕而圆口方底、无襻，用于淘稻种或淘米、盛饭的用具。

火夹：火钳。

灶下：厨房。

团褥子榔柱：弹棉花用的榔头。

撩海：抄网。

线板：绕线轴。

立窠：草制的用于锻炼孩子脚力的用具。

立桶：木制的立窠。

油盏：用于点灯的盛油容器。

6. 工商百业

垩漏（垩读捉）：修理屋面漏雨处。

混堂：浴室。

泥墁：泥工用具，又用泥灰抹成的天花板。

够子：锯子。

截：锯。

解板：用锯锯板。

引线：缝衣针。

针窠：用来顶推缝衣针的金属指套。

摇车：纺车。

辖板：整纱用具。

赚头：经营中得到的利润。

酒作：酒坊。

砻坊：旧时碾米厂。

割猪人：阉割仔猪的兽医。

郎中：中医医生。

堂官：旧时饮食业中的服务员。

作头：旧时的工头。

脚班：旧时称搬运工人为脚班。

茶担：旧时又称酒司，在婚丧大礼中负责张罗茶酒兼司礼的人。

伴娘：又称喜娘，旧时人家结婚请来陪伴新婚的女傧相。

7. 动物、植物

鱼鳅：泥鳅。

团脐：蟹之雌者。

觖①牛：又名乌鱼，《本草》称黄颡鱼，似鲶而小，边有刺。

尖脐：雄蟹。

鳊鱼：一名武昌鱼，其鱼头小，腹大而扁。

憨鹅：又称白乌龟，即鹅，又为憨呆之人的谐称。

虫豸：昆虫的统称。

狗猡猡：狗。

老虫：老鼠。

偷瓜畜：刺猬。

黄鼠狼：黄鼬。

田鸡：青蛙。

蛤蟆：似蛙而小，黑色。

癞团乌：蝌蚪。

蛘子：稻麦（面）中的黑色小虫。

药是大：比蝉体形略小的飞鸣昆虫。

格鳃：鱼鳃。

划水鳍（划读如湖）：鱼鳍翅。

木樨花：桂花。

噼拍子树：朴树。

土部鱼：塘里鱼。

① 觖：原书讹作“鲅”，今正。

翘嘴头：一种狭长的小蚌。

火焐鸡：以人工升温孵出的鸡雏。

皮扁灰：蝮蛇。

刺毛：刺毛虫。

蛐蟮：蚯蚓。

百脚：蜈蚣。

结蛛：蜘蛛。

赚绩：蟋蟀。

蛰了（蛰读此）：蝉。

叫哥哥：蝈蝈。

壁虱：臭虫。

乌鹊：喜鹊。

癞团：癞蛤蟆。

水老鸦：鱼鹰。

打拳虫：孑孓。

洋牛：天牛。

鱼泡泡：鳔。

桑梅子子：桑椹。

蛤蟆干干：车前子。

鸡环头：1. 鸡冠花；2. 鸡冠。

谷树：楮树。

噼拍子：朴果。

白眼果：银杏果子。

8. 亲属、友邻

姆妈、阿娘：母亲。

阿哥：哥哥。

阿姊：姐姐。

好公、好婆：外祖父、外祖母。

好亲公、好亲婆：祖父、祖母。

太公、老太太、太婆：曾祖父母。

好伯、娘娘：大姑母。

好叔：小姑母。

娘舅：舅父。

娘妗、舅妈：舅母。

小官人：丈夫。

家主婆、老婆：妻子。

伲子：儿子。

新妇：媳妇。

孙媛：孙女。

囡：女儿。

外孙媛：外孙女。

小猴子：男小孩。

小后生：小青年。

毛头嘪：指年纪轻、办事不老练的人。

晚老子：是孩子在母亲改嫁后，对母亲丈夫的称呼。

屋里人：对妻子的谦称。

堂客：对女人不尊重的称呼。

入舍女婿（入读热）：赘婿。

园梢郎（园读倒，入声）：指女人继招的丈夫。

夫妻淘里：夫妻俩。

娘姨：1. 姨妈；2. 女佣。

公婆：女子称丈夫的父母。

连襟：妻子的姐夫或妹夫，谐称“拉不断”。

大红人：比喻得到上峰宠信和重视的人。

落汤鸡：嘲讽办事不成或在某事上落后于人的人。

姊妹淘里：姊、妹。

弟兄淘里：弟、兄。

伯姆淘里：妯娌。

丈人丈母：岳父、岳母。

小干：小孩。

小细娘：女小孩。

亲眷：亲戚。

后生家：年轻人。

朝奉：本指富翁、财主。本地指那种与人交往中脸孔壁板、表情冷漠而又傲气的人。

大老官：1. 长兄；2. 指胸襟宽坦、花钱任意的人。

阴司鬼：指办事隐蔽、为人阴险的人。

催命鬼：指在人家困难时，还去找麻烦的人；又指在某一事上一意催逼得令人为难的人。

白面丧司：指表面装得与人为善、一团和气，背后欲置人于死命的人。

曲辫子：指企图讨巧、结果反而吃亏的人。

大木关刀：指身躯长大但行动思维迟钝不敏之人。

老大：1. 驾舟的航手；2 长兄；3. 指自以为是，并到处发号施令的人。

9. 人体、长相

骷郎头：头。

额角头：额。

眼仙人：瞳孔。

眼膛：眼眶。

眼眵：眼屎。

瓦爬：下巴。

小肚皮：下腹。

手臂膊：胳膊。

手撑根：肘部。

肋棚骨：肋骨。

背脊骨：脊柱。

膝馒头：膝盖。

胡咙：喉咙。

盘牙：臼齿。

跷脚：瘸子。

天灵盖：头顶。

齙牙：门牙突得较出者。

蹱额角（蹱读充，上声）：额头突出者。

夹肝：胰脏。

大膀：大腿。

死血：冻疮。

戆大：傻瓜。

五短身材：身躯矮而壮者。

瞘眼：眼凹陷者。

胻栅（读兴活）：淋巴结。

肚子：胃。

10. 病痛、医疗

胻栅胀：淋巴结肿胀。

肉皵（皵读雀）：皮上逆刺。

蛤蟆鼓嘴胀：腮腺炎。

斗鸡眼：双睛紧靠鼻梁者。

白醨醨（醨读了，上声）：面无血色，病态。

娇孤：身体弱，不吃硬。

淹蹇：身体长期不好。

阿噲噲（噲读哇）：呼痛声。

痨病：肺结核。

喉风：白喉。

起痧：急性肠胃炎。

挑痧：针灸治疗肠胃炎。

刮痧：用推刮法治疗肠胃炎。

扚背（扚读滴）：敲背。

软攸攸（攸读娃）：一点力气也没有。

刮节：痢疾。

豁嘴：兔唇。

着瀴：受凉。

红眼睛：结膜炎。

疰车：晕车。

疰船：晕船。

疰夏：夏季多病。

饭怪：妊娠反应。

撮药：配药。

眯趣眼：近视眼。

雷花虹（虹读冈）：皮肤上搔出的红纹。

瘪腡痧（腡读罗）：霍乱。

风疹块：荨麻疹。

羊头风：癫痫。

小肠气：疝气。

盲肠炎：阑尾炎。

出痧子：麻疹。

猪狗臭：狐臭。

聋甏：聋子。

11. 日常生活

汏手：洗手。

汏浴、潮浴：洗澡。

蹲坑：上厕所。

吃不胃口：不想吃东西。

困高：睡觉。

说困话：说梦话。

打昏涂：打呼噜。

讲章：说话。

做人家、把家：节俭。

落忒：遗失。

骨嘴：漱口。

吹风凉：乘凉。

白相：玩。

拆骨肋：赤膊。

响讲章：争吵。

12. 衣服、穿戴

饭单：抹胸。

纡身：小围裙。

蚊橱：蚊帐。

被封筒：被窝。

白席：草席。

绢头：手帕。

头绳衫：绒线衫。

洋绒衫：绒布衣。

纡巾：围巾。

鸭舌头：帽檐儿。

衣裳管：衣袖。

篾席：竹席。

纽襻：纽扣。

卫生衫：针织绒衣。

对胸衣：对襟衣。

大幅衣：大襟衫。

13. 饮食、烹饪

细粉：粉丝。

老鞹肉（鞹读朴）：肥肉。

面老虫：面疙瘩。

饧糖（饧读晴）：饴糖。

饭滞：锅巴。

头刀肉：颈圈肉。

下作：猪、牛、羊的肚脏。

肚里劳曹：动物内脏。

屉架：屉笼，蒸菜用之蒸笼。

砧墩：切菜用砧板。

广杓：大水杓。

酒注：酒壶。

酾酒：酌酒。

走油肉：在油锅中炸煮的肉。

面拖虾：用面糊调和后在油锅中煮的虾子。

斜菜着腻：荠菜羹。

醠（读如弥，上声）：小口饮酒。

呷：喝。

汏面筋：从面粉中洗制面筋。

油泡：油炸豆腐泡。

面脚板：刀削面。

糍团：糍粑。

团饵塔饼：饼团的总称。

腿花：腿心肉。

老酵：发面的起子。

茶食：糕点小吃。

插肖：猪尾巴。

镬里老鹰：沸锅中捞物的铁爪。

铜杓：铜水杓。

碗架架：饭锅蒸菜用竹架。

汁杓：调羹。

煠：沸水中煮。

熚（读毕）：慢火烘燥。

焐（读吾）：煮熟后焖。

焯（读绰）：食物在开水略煮即取出。

厨子：厨师。

圈子：煮猪大肠。

啜：小口饮酒。

挢面：揉面。

吃讲醵（醵读俱）：聚钱吃酒。

点饥：吃点食物充饥。

14. 行为动作

忾（读喜）：纵宠。

嘱吩：吩咐。

迓开（迓读雅）：躲藏。

畔：人躲藏。

掊（读被）：轻拨。

拷：击、打。

鞔：蒙上。

排揎：严厉指责。

夭纸头：折纸。

挎：卡，如“挎颈颈”。

揕（读廉，入声）：端碗碟曰揕。

斋：祭。

睃（读梭）：寻找。

愪（读哄）：因不满而脸色难看。

挼（读奴）：轻轻按摩。

扻（读哈）：以棍棒击物。

绷场面：勉强维持一定的仪容仪礼。

搎（读损）：撒放，如“搎大蒜花”。

掾（读缘）：扯。

攣（读鸾）：1. 聚拢；2. 挡住。

转去：回家。

落得：安然得到的意思。

点点搠搠：一边指一边说的样子。

着字：画花押。

出脱：1. 出落；2. 弄清、弄净。

硬挣：过得硬。

拌相骂：吵架。

恶屎做：恶作剧。

拽（读猜）：拽手、携手。

作贱：摧折。

一毂辘：一个翻身。

作梗：制造事端，阻滞事情进展。

缉觅：寻找。

劈[①]（读勒）：割、划。如“当心劈碎手”。

款款能：慢慢地。

烂漫漫能：不经意，不用心的样子。

卷铺盖：自己辞职或被人辞退、开除。

擉：1. 刺取；2. 以拳击人。

擤鼻涕：挤掉鼻液。

掂：以手掌轻扔接东西。

劙纸头（劙读利）：割开纸头。

撣：拂除。

嗒：吃。

搣边（搣读豁）：1. 出格；2. 许多。

剕（读譬，上声）：侧刀削物令薄。

① 劈：原书讹作“劈”，今正。

抳：用巾擦刷。

困一忽：睡一觉。

欱（读瞎，意同呷）：饮。

焐脚：以暖物热脚。

刻毒：痛恨、狠毒。

不着落：瞎弄。

请口生：旧时订婚。

寻开心：开玩笑。

认账：承认。

拔短梯：知恩不报，反而中途击持损人。

回：转售。

鹘突：糊涂，一时想不明白。

打鸽楞：说话、读书不连贯。

捉冷刺：抓住间隙时机迅速去做某事。

拖俢子（俢读身）：怀孕。

绰趣：寻开心。

欻（读血）：风吹起动貌。

落作：办喜筵时提前做准备。

趁工：帮人家做工挣钱。

葭莩（读假胡）：马虎。

嗑咀（读嚼蛆）：多言。

意意似似：忸忸怩怩，不爽气。

数落：数驳，逐一指责。

訉（读烦）：多言。

搭讪：与人接话敷衍。

趲[①]斜甸（趲读闸）：横着穿过田垄。

鬶[②]铜钿（鬶读额）：付款时通过还价，减少支出。

豁灵子：暗示，透消息。

赤骨肋：光身子。

起报头：凭空弄出事情来。

扻（读兼）：以筷夹物。

寒凛凛：胆寒的样子。

屙屎：大便。

掇：双手持物。

着落：确定……负责。

攀亲：旧时订婚。

担盘：又称“行盘”。旧时订婚要用盘送礼。

极：又称“发极”。1. 说了不算，想赖账；2. 因赌博输了赌注而反悔恼怒；3. 面对事实，还想抵赖。

作成：有让我做、为我做的意思。

开面：女子在出嫁时修整面容。

兴：旧时结婚成礼时，司礼在新人相与参拜，叫他们站起来的赞语。

狼藉：1. 任意糟蹋；2. 杂乱无章。

踃地光（踃读肖）：1. 在地上打滚跳动；2. 耍无赖。

坍稻柴：耍无赖。

数落：责备。

气蛊蛊（蛊读咕）：不开心的样子。

絣（读本）：绷、张。

---

① 趲，原书讹作“趡”，今正。

② 鬶：原书讹作“鬶”，今正。

绷硬：很硬。

戴高帽子：比喻对人恭维捧场。

捞横堂：捞取不义之财。

开小差：私自离队逃跑，引申为注意力不集中。

哆嘴（哆读拉）：张口。

捋（读罗）：用手顺着抹，抚摸。

调包：偷梁换柱。

念紧箍咒：比喻用条条框框束缚人。

看野眼：指读书或做事不专心。

左凑：主动接凑。

出恭：大便。

轧闹猛：逞热闹。

回炉：铜铁回炉重炼，比喻来生。

布细：仔细。

哛咀（读浮济）：说话噜苏不止。

嘞嘌（读犸力）：多言貌。

哌吆（读帝督）：多言。

侧侧能：悄悄地。

说茄话：说些不着边际的话。

狧食（狧读忒）：嘴凑在碗上慢慢舔吃。

咤冷咤冷：说话语音高而快。

斋羹饭：用酒饭祭奠已死去的亲属。

倒拔蛇：放了出去再收回来，含难收回之意。

敲边鼓：从旁帮忙说项。

趁脚跷：跟着人出花招。

扱（读如切）：以箕盛物。

蓦生：生疏。

嚣：使狗声。

彰扬：即张扬，把隐秘或不必要让人知道的事宣扬出去。

撇清：脱清身子。

戳壁脚：挑拨离间。

调枪花：弄花巧。

讨礼寸：讨口彩。

时迷迷：懒洋洋，想睡觉的样子。

绰白水：揩油。

捇边（捇读豁）：裂开。又事情弄大吪收场。

15. 人事品性

粗图：粗枝大叶。

杀风景：兴致或好事受到妨碍。

鬼打墙：责人工作慢，不出活。

横堋（堋读绷）：凶狠，不讲理。

笃悠悠：慢慢地。

愭愀（读豁扫）：干事利落。

号愀：赶快。

扳敨丝：找茬子。

滑佊（佊读皮）：指人顽劣，刁蛮。

掂斤两：通过提问或安排干事来估量人家的才能。

孱头：软弱无能，甘心被人欺负的人。

佡搭搭（佡读轩）：轻举妄动，好为人先。

张罗：照管操办。

出纰路：发生纰漏。

忒添：闪失。

瞎着拍：干事不妥帖，瞎搞。

收尸灵（骂人语）：乱跑。

砸白席：骂人睡不着、不起身。

烂屁股：骂人坐着不想走。

湿布衫：比喻脱不掉的麻烦事。

老茄：指责不懂装懂，并到处想插一手的人。

张狂：狂妄自大。

拆家牌（骂人语）：败家子。

钝人：以反语刺人。

钝卵：赌憋气。

在行：懂行，对某一行工作比较熟悉。

呒心想：注意力不集中，定不下心来。

缠账：纠缠不清。

敝脱：利落。

帮衬：在旁帮忙。

老帮：老练。

触心：使人反胃、难过。

生朝：生日。

了娇：干活生疏，做不像，办事不妥帖。

造孽：即作恶，旧时因果报应说中，多指作下的要得到报应的恶。

呒青头：又呒淘成，意为荒唐，呒头脑。

褴褛：衣服破烂。现引申为不讲究仪表，不整洁。

热络：双方热度高，分外亲切。

看想：觊觎。

板面孔：在对某事持否定或激愤态度时，脸色变得严厉、冷漠。

吃得开：1. 过硬、受人欢迎；2. 有靠山、有权势，能在某一方面左右局势。

搨眼药：敷衍应付，只图表面光鲜。

光面相：把事办得表面光洁，不露纰漏。

鼪膀胀（鼪读肃）：事情难于收结，任其发展。

隑牌头（隑读戤）：依仗别人的权势。

殟塞（殟读窝）：心情不畅。

吃酸头：受人欺骗。

极法夹：无办法时的应急法。

摸后膀：因步人后尘而收获微小。

笃定：安然的神态，泰然的样子。

落场势：为退出争端而准备的台阶。

恶死做：顽劣做法。

肉酘：两人关系龃龉。

戳戗：因事造成矛盾。

心痒：因看不惯而难受。

晦气：背运。

獐狂：孩子吵闹淘气。

惹厌：孩子吵闹招人厌烦。

呒念头：无办法，日子不好过。

活榜帖：指一点事都不干的人。

拆烂污：干事不负责任。

瘪只肺管：弃置不顾。

粗卤：鲁莽、粗心。

缠障：缠绕不清。

奤面子（奤读胎）：失面子。

斋肩胛：不愿承担责任。

打心疲（疲读泛）：恶心，呕吐。

瞎着拍：不相干。

背水牵：遇上脱不开身子的棘手事。

短鼻铳：小气鬼。

软耳朵：说人无主见，好听人家说话。

掮木梢：掮水木梢，别人干了坏事，自己去承担了责任。

伸后脚：留退路。

钉头货：难于打发的人。

人来风：孩子在来人时分外淘气。

门踵：在事情起始时就受挫折。

脇（读滃）：白多办事，白多花钱，没得到应有收益。

央资格：装腔作势，摆架子。

壳张：准备。

滑汰：本义为泥滑，引申为人不老实。

僭身：占便宜。

上路：通情达意，精明能干。

来尌：行、可以。

不入调：1. 做事离谱；2. 为人品质低劣。

识相：知趣。

劈硬柴：指伙同吃酒后各人承担费用。

暴蹩脚：刚刚过上落拓日子。

捩切（捩读力）：烦躁不安。

落槛：行为大方。

四海：有度量，大方。

吃排头：受训斥或挫折。

吃香：1. 用于人为得宠；2. 用于事物得到多数人的看重。

吃夹裆：被人误解。

吃豆腐：1. 吃丧饭；2. 指对女性的调戏；3. 与人调侃。

窝伴：含糊、敷衍。

违拗：违背、否定。

猴急：性急。

馋唠头：饕餮之徒。

推头：借口。

彩头：好处。

隐秀：是不显露或隐秘的意思。

呒后程：无结果。

揚便宜：占便宜。

眼热：羡慕。

琐舌（读醉贼）：语多烦人。

蒋进：长进。

促狭：恶毒。

一味：一门心思。

卖假：原意为买卖中弄虚作假，蒙骗顾客。引申为夸耀，矫饰。

淘伙：同伙。

叨光：借光、占光。

厚眼皮：责人看不清事与人。

一只裤管：比喻相互勾结、狼狈为奸的人。

神经兮兮：神经有点不正常。

料段（含轻蔑意）：指人行为品性低劣。

热乎：热分，很亲热。

不成器：形容人不堪造就。

强家劝：明为调解争端，实为支持偏袒一方。

记认：记号。

乌糟：脾气随和。

曲辫子、洋盘：又称屈死。比喻因不明事理，吃了亏还不得知之人。

拿大：托大，不拘礼节，为自谦语。

行当：行业。

饭汤水：比喻低下的工作。

尘世：世俗人生。

杜撰头：用自己的土办法做的。

呒脚蟹：比喻人事不熟、寸步难行或鳏寡无助。

虎拉：吃东西多而快。

转圜：通过斡旋，使事情向有利方面变化。

现世：羞愧。

泼赖：办事干练。

撒手锏：比喻最厉害的一手。

小鸡肚肠：气量狭小。

话把戏：因胡搞而闹出了笑话。

铎头：呆子。

吃夹肝：不讲道理的人。

夹肝涨：见了不平事很气愤。

勃囫风：一哄而起。

烂死蛇：骂人缠牢不放。

小娘腔：婆婆妈妈。

拆壁脚：挑拨离间。

三牙：外行。

16. 娱乐游戏

扳不倒：不倒翁。

雀水路路：打水漂使瓦片在水面滑翔。

豁虎跳：侧翻身。

捉铁子：抓子游戏。

畔野猫猫：捉迷藏。

造六房：提足踢子游戏。

竖蘱蘱（蘱读绰）：人倒立。

采冬里采：猜拳令，豁拳。

挑花线：把线挑出花样的游戏。

木人头戏：木偶剧。

开档船：船上武术表演。

跑马戏：杂技表演。

说书：评弹。

促把戏：变戏法、魔术表演。

抢三十：争三十。

抢花卵子：护子抢子游戏。

老鹰捉小鸡：护孩游戏。

摅九龙（摅读呼）：下子成龙游戏。

移牛角：赶子入牛角尖的游戏。

升罗宅壁角：赶子入角落的游戏。

轧老桩：挤人游戏。

猜枚枚子：猜谜语。

摸瞎子：蒙眼认人游戏。

丢柴把：丢把抓人游戏。

斗赚绩：斗蟋蟀。

烂泥模模：泥人儿。

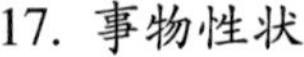

一䟴䟴（䟴读局）：很短。

一埭里（埭读大）：到处。

埲尘（埲读蓬）：尘土。

搭浆：差的意思。

一仳仳（仳读次）：极少。

小糸糸（糸读密）：极细。

一瘠瘠（瘠读凄）：极少。

推板：差，让。

齗㸦（读斤银）：1. 用于事物极有韧性；2. 指人不爽气。

险凛凛：极危险。

瀴冰冰（瀴读阴）：凉、冷。

中注头：中等模样。

脃（读测）：竹木绸布之类，因年久老化，一碰就坏曰脃。

物事：东西。

海底眼：老底、底细。

狼犺（犺读仓）：谓物之大而无可置放者。

肉里钱：意为本钱，或自己辛劳所得之钱。

出色：好。

盘缠：旅费。又指日常费用。

撞住：至多。

油水：喻为利益。

作兴：可能。

斜路：又称邪路，即横走的路，走邪路，比喻干不正当事情。

把柄：证据。也指能被人抓住的茬子或罪恶。

天开眼：即天网恢恢，事情终于弄清或终于得到了报应。

肋腻头（肋腻读勒忒）：又名楞吞头。事情做了一半，或孩子还未长成，有点尴尬相。

铁巧：正好，正巧。

酌货：容量大、放得下。

看相：外貌。看上去的形象。

不连牵：难于为继或勿像样。

结棍：厉害，来势汹汹。

一落色：一个样子。

宿笃货：陈货。

快：刀口锋利。

奅毛（奅读抛）：超定量，夸大。

真玓瓅（玓瓅读的力）：真货，一般用于贵重物品。

穹远：离得很远。

坎壈（读克仑）：地不平谓七坎壈八坎壈。

澝泥（澝读难）：泥土。

缕头（缕读苏）：流苏。

鍦鍩（读斜气）：许多。

㲋外（㲋读海）：许多。

千年调：长此以往或特别讲究耐用。

窠路（窠读克）：有丛、群、堆之意。如“蚌窠路”。

酥迷糖：即糖衣炮弹。

䶗捩（读宅力）：不正不直。

踶（读提）：一足走路如“踶脚摩摩”。

攋撞货（读腊闸货）：落残货物。

蹩脚：质量不好，本领不强。

涫水（涫读滚）：沸水。

温暾水：1. 温水；2. 指人的脾性含糊、无主张、无锐气。

黄戏：事情失败或不能按计划实现。

黄六：实无其事。

闷宫将：弈棋之一着。引申为取胜的好办法、好动作。

叫名头：名不副实，不能起到应有作用的。

当头：能拿往当铺作当的物品。

过门：女子嫁到男家。又乩过门为暗示，透消息。

行头：原意为戏装。引申为用于外出时穿戴的华美服装。

外快：额外收入。

藕披头：像藕片一样斜着切开的东西。

眼衣裳（眼读浪）：曝晒衣服。

俏：1. 华丽；2. 指货物起价、适销。

杀着：下棋中把对方将死的一着棋。引申为厉害。

嗉子：禽类颈下盛食物的肉囊。

写意：1. 适意；2. 容易。

本生：本来这样。

马后炮：下棋用语，这里比喻事过后才发表意见，炫耀自己。

回老家、上西天：死亡的委婉说法。

节骨眼：关键时刻或起决定作用的事件。

塌台戏：比喻事情没办成或行为出轨。

爆冷门：突然发生意外变化。

邋遢：容貌衣服不整洁。

磊watch（watch读堆）：烦累，麻烦，讨厌。

煞掐掐、够够叫：恰好。

因由头：意为事物的起因。

呒料滑：事物单薄，不经用或不经吃。

闸底货：比喻货物差，人不出息。

实实枚枚：十分结实。又比喻赢利多。

浑忒：多。

哈喇里：角落头里。

结末底：最后，终久。

轻敲：容易。

拐拉棒：拐杖。

麻嗦（读蒙苏）：眼合睫而视。

推伪：差。

兜搭：事情疙瘩。

唽牌头：食物的鄙语。

湿焫炪（焫炪读幼妞）：潮湿的样子。

嗵：价低廉、贱。

泡汤：白丢、完蛋。

迷魂汤：比喻迷人的言论或行为。

18. 词组

一碗烂饭：比喻工作轻松省力。

一眼不眨：注视得极为认真。

一心计路：一心一意。

一本直说：毫无保留、如实说。

一个眼霎：时间极短。

一薄嚣嚣：形容极薄。

一脚落手：不停顿、一气呵成。

一天世界：到处都是。

一测一摸：形容动手动脚，要人惹事。

一门心思：专心致志。

一手遮天：比喻玩弄权术、欺上骗下。

一拔直径：一直。

一天致好：好了再好。

一塌刮子：总共。

一塌糊涂：形容极其混乱或糟糕。

一拗两断：比喻坚决断绝关系。同“一刀两断”。

一钱如命：把极少的钱爱得如命。

一个忒添：一个失脚。

一个花泛：比喻转眼就办成了事情。

一落大来：时间短、办事利索。

一落抪混（抪读伟）：一会儿。

一路里货：一样的人或物。

一来两去：几次来往。

一拍脗缝（脗读抿）：完全吻合。

一望顾得：一直往前。

一归一主：条缕清晰。

一风一水：整齐规范。

一戳一跳：说不得、碰不得。

一吹一唱：说话相配合。

一圐圙蟹：形容事情多而复杂，难于办理。

七中八到：恰到好处。

七猪八牛：瞎说一通。

七歪八斜：不整齐，乱糟糟。

七抢八夺：许多人争夺，比喻货物畅销。

七荤八素：被弄糊涂了。

七瘪八膨：不平整。

七坍八倒：形容房屋破旧，墙坍壁倒。

七高八低：形容路不平整。

七吹八唱：众人说法不一致。

七更八调：常加变更，难合心意。

七穿八洞：形容物件破旧不堪。

七横八竖：又说成横七竖八、杂乱无章的意思。

七勿老欠：不合常规，不像样子。

七老八十：年纪大。

七折八扣：乱打折扣。

七勿搭八：瞎说，瞎搞。

七死八活：形容吃尽了苦头。

七颠八倒：形容事物混乱。

七拼八凑：勉强凑合起来。

七搭八搭：形容说话没有伦次，或结友不看对象。

七长八短：形容长短不齐。

七弯八曲：形容弯曲不直。

七鞒八撁（鞒撁读敲力）：形容弯曲不平。

七七八八：接近，差不多。

八九不离十：接近预定目标。

刁钻古怪：形容人狡猾奸诈，不好对付。

刁钻促掐：说人奸猾损人。

丁丁着一：每样都有用途，不能缺失。

人心隔肚皮：人心难于揣测。

人多手杂：指动手的人一多难于管理。

了身了命：拚性搏命。

三合六凑：勉强凑合。

三邀四请：多次邀请。

三番五次：一次又一次。

三日两头：经常。

三心两意：摇摆不定。

三更半夜：又说成深更半夜，指深夜。

三亲六眷：泛指亲属、亲戚。

三真七假：真真假假。

三脚两步：形容路很近。

干圆洁净：一点都没有。

干手捱碗：比喻吃省力饭。

土头土脑：形容神情迟钝、穿着简朴的人。又作“土里土气”。

大耳朵管：听得进各种话。

大约模张：大概。

大手指丫：比喻出手大方。

大哭小喊：形容场面悲哀。

大呼小叫：形容人声嘈杂，也指用声势吓人。

大推大扳：形容变化落差极大。

口轻飘飘：说话不知轻重，又作“口轻唐唐”。

口口声声：多次申言。

千人百眼：当着众人面。

千停百妥：绝对妥当。

千脚万步：走了许多次。

千态万状：形容姿态极多，含贬义。

千思万想：反复思考。

千恩万谢：一再表示感谢。

女大十八变：形容少女在成长过程中变化很大。

女大当嫁：女子成年后应及时婚嫁。

小眉小眼：形容人的面容或性格不坦荡。

小小伶伶：形容女人小巧玲珑。

小薄嘴唇：形容人能说会道。

下代不秀：后辈无出息。

飞来横祸：意外无辜之灾祸。

六江水浑：又吵又闹，搞得乱糟糟的。

六神无主：形容心慌意乱，不知如何是好。

六亲聚会：众多亲朋聚在一起。

天下世界：全世界。

原原本本：指事物自始至终的全部情况。

五花六花：形容眼花缭乱。

五脝勒瘄（脝读亨）：指人、物的体表肿胀不平。

开场锣鼓：比喻工作的开头。

木知木觉：迟钝、麻木。

木而觉之：对事物感觉迟钝。

木头木脑：形容头脑迟钝，人傻里傻气。

不挡风水：不可倚仗。

少有触角：难得有这样不讲理的人。

少出有见：难得见到。

少见多怿：因见识少而对本来平常的事物也感到奇怪。

扎力扎劲：特别卖力，含贬义。

牛牵马絣：经济紧，硬做凑合；又经多方设法使人顺从。

气落吼吼：呼吸急促，乏力。

气膨肚皮：极为气恼。

气酥骨头：十分气恼。

毛头后生：小青年，诙谐语。

毛脚女婿：指未结婚而到女家去的女婿。

毛节毛脚：指人喜惹事，又指人手脚不干净。

毛毛细雨：蒙蒙小雨；又指数字很小。

勿二勿三：态度犹豫，又指言行不大方。

勿入流品：人品低下，或指货物杂、陋。

勿造至于：不至于。

勾肩搭背：把手搭在对方的肩背上，意为亲热。

火烫屁股：说人坐不定。

心不应肚：想的和做的不一样。

心心念念：一直挂在心上。

乌星夜没：天很黑。

乌油滴水：乌黑油亮。

乌张乌主：指意见杂乱，不正确。

乌星暗物：天很黑。

巴巴望望：极为企盼。

巴搭不够：指自己和人家差距大。

书话腾腾：说话文绉绉的，且滔滔不绝。

风头猎猎：形容人极有风采。

号常讨命：形容哭闹不止。

石拔铁硬：比喻言或物真实无假。

叽哩咕噜：形容小声说话。

叽里呱啦：形容话多声高。

另有一功：指待人处事方法特别。

四不拗六：少数比不过多数。

四方的角：极其方正。

出头椽子：比喻干事在先的人。

出锋打仗：干事挡在前头的人。

生病落痛：生病。一般用于假设。

生孳孵种：孳生，繁衍。

生青碧绿：形容非常青翠。

立马造桥：即刻就办。

半路出家：不是从小学的，是中途改行。

半二勿三：犹豫不决。

旧门熟路：比喻已经熟悉的事。

头打八爿：表示坚决不允许。

古里古怪：极其古怪。

百里挑一：形容其人或其事特别好。

玄思妄想：胡思乱想。

玄天微至：人人晓得。

叶滑三响：办事干脆。

老三老四：说话好为人师或傲慢不虚心。

老卵的笃：说话不虚心，办事喜自作主张。

老眉老眼：指人办事、说话好为人师。

阴空族簇：说谎。

阴间秀才：指在背后算计人的人。

老鸟褪毛：比喻干事老练的人出现了失误。

老面扯嘴：指人老练，不怕羞。

老里老早：很早。

地头接脚：地址，住址。

地陌生疏：对当地情况不熟悉。

死样怪气：形容有气无力、不死不活的样子。

死蟹一只：比喻对突然出现的困难无法克服。

夹皦丝白：形容脸色惨白。

尖头把戏：形容善钻营的人。

吃夹生饭：比喻事情不成熟就去做。

吃饭家生：脑袋的诙谐说法。

吃打罚赎：任何惩罚。

吃死鳖肉：光会吃用而挣不到钱。

吃一看二：贪得无厌。

当众出彩：当着众人出洋相。

血淋带滴：鲜血直流。

行情行事：形容很多。

因头答脑：表面答应。

汗出白部：形容出汗多。

汗毛凛凛：形容害怕。

回枪掰嘴：不听人言，强作辩解。

回报招牌：比喻被人回绝不收的人。

佮嘴佮舌：从中搬弄是非。

佮牛佮瘦，佮船佮漏：比喻合作之事很难办成。

丢三落四：顾此失彼。

来三去四：多次往来，又入不敷出。

伊里呜噜：形容说话声低不清楚。

自家屋里：自己人，同宗人。

花里花绿：色彩多。

极出乌拉：发急不承认。

极神极拉：不承认，不守信用。

吼元宝汤：许下诺言。

吼头霍险：好出风头，不谨慎。

时来福凑：时运好，有福气。

阴毒伤寒：形容极冷。

把舵不定：犹犹豫豫。

私弊夹张：夹带私事。

快嘴丫头：对说话爽直无保留的人的谑称。

扭头兀颈：形容坐着不安心。

扭身不转：形容人多或地方小。

诈死赖活：指耍无赖装死。

诈酒三分：装醉。

伸掌躺脚：形容人直直地躺着。

伸头缩颈：形容站立不安。

直肠直肚：形容人爽直。

呒手筛罗：事情多而复杂，无从下手。

呒啥说头：称赞之意，好。

呒天野地：形容多、大、广。

呒青塔杀：指吃用超越限度。

呒羹饭鬼：指到处闯饭吃的人。

软勃楼叟：柔软的样子。

软子塔消：柔软，不坚硬。

软树潦倒：软而不强。

坐冷板凳：比喻被人搁置，冷淡。

青筋饱绽：发怒的样子。

青头白面：形容人长相好，含贬义。

面熟陌生：指似乎见过，但不认识的人。

疙里疙瘩：比喻事情很复杂。

沸翻鋈天：形容人声喧闹，乱成一片。

面毒嘴翘：形容面色难看。

刹车榔柱：比喻有力地制止。

坭补光鲜：勉强应付过去。

拗钉转脚：比喻把事情敲定。

拖水夹浆：比喻事物不纯净、办事不利索。

拖牛下水：比喻带累人。

指名凿字：直指其名。

拣佛烧香：比喻分别待人。

拣尽落残：被人选过后剩下的东西。

招风引火：招惹是非。

拉三扯四：说话牵到别处。

放心托胆：极可放心。

性命交关：比喻极其艰难。

性命失图：丢掉性命。

闸生头里：突然间。

话得头来：两人说得到一块。

和盘托出：将所有东西都拿出来。

挖掐念头：指计谋很刁钻。

牵风起意：领头寻衅惹事。

空心汤团：指不落实的许诺。

空心老倌：指表面上阔绰而实际并不富裕的人。

肮脏埋没：没有使人或物发挥应有的作用。

拆屋榔柱：比喻败家的人。

奇出怪样：奇特古怪。

麦克麦克：形容钱多。

活络铜钱：容易得来的钱钞。

活里活络：模棱两可。

咭咭呱呱：大声说话。

咭栗瞉辘：小声争吵。

咜冷咜冷：说话声音高。

笃笃速速：肥胖；又形容胖人走路时肌肉跳动。

笃定泰山：很放心。

胎里毛病：原来就存在的问题。

前吃后空：比喻经常缺一段。

眉花眼笑：形容非常开心。

屎里屎气：指人不大方、小气。

垩茅柴根：喻人死亡。

促东报西：说谎。

哀求苦脑：苦苦哀求。

扁毛众生：骂人是禽类兽类也不如。

钝皮老脸：面皮老，不怕羞。

挝脚搿手：做活不熟练。

桠杈百脚：原意为树上枝丫多，比喻水陆道路岔路多。

热吹颇烫：指饭菜或水很热。

圆脖辘束：圆溜溜的样子。

挑拨弄水：离间挑拨。

赶丧大人：形容人走路快。

弯眉细眼：形容眉目秀气，又指人细心。

捋舌八哥：比喻人说话专拾人家牙慧。

挨丝切缝：比喻细细了解。

起劲搭骨：形容人在某事上十分起劲。

砯霜露雪（砯读胖）：指野外工作，非常艰苦。

嬲三搭四（嬲读窝）：企图蒙混。

捉猪捉狗：比喻干活慢。

捉空落豁：抓住空闲时间，又作捉空落档。

捏一把汗：十分担心。

耕天耙地：比喻干活多，吃苦多。

贼皮塌脸：骂人表情不严肃。

贼光鬼脸：办事待人不认真。

贼骨牵牵：骂人坐立不定。

贼忒兮兮：骂人态度不严肃。

贼鸽卵伴：骂人空争一通。

哭出乌拉：想要哭的样子，又作哭出俚拉。

畔房小姐：指经常躲在家内不出门的人。

倒急夜壶：比喻说话快而不清。

倒麦粞贼：比喻什么都要的人。

鬼贼畏畏：办事不严肃，不正经。

拿腔捏调：有意装出一种腔调，作出一种姿态。

钻头挨髈：会钻营。

烟尘抖乱：尘土飞扬。

烟脖缕缕：热气腾腾。

借花献佛：拿别人的东西做人情。

宽急肚皮：比喻能松能紧。

神之乎之：糊涂。

家常便饭：经常这样。

跌觫铺盖（觫读速）：形容人肥胖。

跌搭跌蹱：形容走路不稳、快。

膨腾气胀（膨读亨）：形容肠胃不舒服。

跑陌打生：初到一地不熟悉。

清汤洸水：形容稀饭太稀或菜少而无味。

淡滋括搭：淡而无味。

添油加醋：比喻加上一些本来没有的内容或细节。

着水人命：比喻沾上了难以脱手的尴尬事。

着肉布衫：比喻与之贴近的人。

领丧饶钹：比喻领头吵闹。

领丧大人：比喻走路快。

做面做嘴：比喻作姿作态，表示不满。

做好做劝：用好言调解纠纷。

教熟猴狲：骂人话，说人某种动作熟练。

蔫黄潦倒：指草木不茂盛，也指人不神气。

脱嘴落腮：形容人说谎话、大话。

脱头落鋬（鋬读攀）：形容衣服等物破坏陈旧，也指说话无根据。

勒煞吊死：形容不爽气。

眼眦糊拉：形容脸容不整。

眼红气胀：极羡慕的样子。

眼花缉促：看不清楚。

眼攀嘴歪：形容活做得极其劳累。

黄胖日头：光线不强的太阳。

黄胖男人：体质不强健的男人。

萎靡倒灶：萎靡不振。

脂气镬靨（脂读抿）：形容不喜言语之人。

揵枪使棒：指孩子拿着竹竿木棒之类玩耍。

插花戴朵：指女人插戴花朵。

掇血钵头：形容事情十分危险。

推来搬去：推来推去的意思。

堆尖满尖：形容放得极满。

掂斤播两：比喻计较小事或掂弄人家。

掮水木稍：承担了与己无关却要受一定损失的事。

趁汤下面：顺便做某事。

踱进踱出：缓慢地走进走出。

困司朦东：睡得迷迷糊糊。

滑汰腻腻：油滑、抓不住。

落门落槛：干事大方。

筋丝无力：形容极端劳累。

揎拳捋臂：表示要动手的样子。

葱管肚肠：形容小气。

缠腰挪肚：形容坐不稳，不专心。

棉花耳朵：软耳朵。

朝南闲话：指令性的一面之词。

隔三叉四：七缠八缠。

喤天倒地：大哭。

缠弯犁曲：情况复杂。

搜肠刮肚：反复考虑。

矮拨鹿束：人不长。

摸摸索索：人不利索。

腰攀背蚀：干得很劳累。

毂辘三亩：一起，一个不留。

摸摸耳朵：打个招呼。

殟塞头天（殟读屋）：闷热天气。

嚼舌头根：形容人话多而不切。

犟头倔脑：倔犟。

鼻涕带蝀：形容面容不整洁。

掾粥够饭：形容不让吃饱。

影迹无踪：无踪影。

横田直径：又作横闸田径。在田中斜走。

豁鼻头牛：比喻人倔犟。

撒屁后生：无能力的青年。

瞎天盲地：胡搞。

敲脚股骨：警示。

敲小木鱼：比喻不停嘴吩咐人。

嚼大头蛆：比喻胡说。

瘪只肺管：耐着不说，不干。

鹰头鹘脑：言行无正度。

舔鼻涕盖：比喻无事做或无饭吃。

僭僭上大：一再多占，变本加厉。

躄脚搭手：形容走路摇摇摆摆。

露眼白睛：做眼色表示否定。

瓤里乒乓：形容组织或物体四分五裂无法收拾。

磕天拜地：形容苦苦哀求。

（二）芦墟山歌中的方言俗语选录

本小节内容选录自《中国·芦墟山歌集》第517—521页“附录（三）”《芦墟方言简释》，并对其中的极少数讹误字形作了订正。

1. 称谓称呼类

俉、俉奴：我。

俉丹：我们。

俉卡、俉他：咱们。

倗：你。

倗丹：你们。

伊：他、她。

伊拉：他们。

爷：父亲。

阿爸：爸爸。

娘：母亲。

姆妈：妈妈。

阿爹：祖父、外祖父。

娘娘：祖母、外祖母。

娘舅：舅舅。

阿夫：姑夫。

嗯娘、姑姆、姑妈：姑母。

嬷嬷、姆妹：伯母。

婶妹、婶妈：婶母。

伲子：儿子。

囡囝（婚）：女儿。

大佬、阿哥：哥哥、兄长。

兄弟、阿弟：弟弟。

弟新妇：弟媳。

自家：自己。

公公：对祖父一辈老人的尊称。

好婆：对祖母一辈妇女的尊称。

家婆、家主婆：妻子。

太公：曾祖父。

太太、太婆：曾祖母。

舅佬：内兄、内弟。

小百喜：小孩。

姑娘：丈夫的姐妹。

大伯：丈夫之兄。

小叔：丈夫之弟。

阿姨、小姨：妻子的胞妹。

姐姨：妻子的胞姐。

大姨：母亲的胞姐。

娘姨：母亲的胞妹。

2. 表情心理类

写意：舒服。

发松：颇有趣味。

懊糟：心里烦闷。

济糟：因身体不适或不称心而烦躁。

盾卵：赌气。

力切：烦躁不安、变化无常。

苦脑子：可怜的意思。

触心境：致使人伤心难过。

汗毛凛凛：形容受到惊吓时的恐惧状态。

哭出呜拉：悲苦含泪，欲哭无声。

握拉勿出：心里有说不出的难过和不称心。

3. 行为动作类

畔：躲藏。

掊：轻拨。

夭：折。如“夭衣裳”。

挼（音近奴）：轻轻按摩。

斋：祭。

搎（读算）：撒放。如“汤里搎点蒜叶”。

搠：1. 以拳击人；2. 以物刺人。

嗒：吃。

㓖（读批）：刀削物令薄。如“㓖竹片”、“㓖肉片”。

呷（读哈）：饮、喝。

园（读抗）：藏。

拨：给。

丢（读督）：扔、甩、掷、挥。

局：能干。

盾：说话尖刻、刺人。

翁：做事不果断。

话：说、讲。

横：出语凶狠，以势压人。

掇：双手持物。

闸：1. 抄近路走；2. 走一趟。

丘：不好、差、恶劣。不好的人叫“丘人”，坏得很称“丘倒来”。

揎（读宣）：徒手打人。

氽①（读吞）：浮在水面上。

搿（读鸽）：双手抱在怀中。

踣（读陪）：爬，如“快点踣起来”。

舞（读无）：无度地嬉闹。

霍：黏贴、贴近。

① 氽：原讹作“汆”，与义不符，今正。

一经：老是这样的意思。

净手：洗手。

一淘：在一起的意思。

七牵：勿伦勿类。也作“七勿牢牵”。

勿局：不行、不好的意思。

定归：坚决、一定。

结棍：1. 身体结实；2. 厉害。

推扳：较差，尚好叫“勿推扳”。

劈探：干事利落。

豪燥：赶快。

埸皮：指人顽劣，刁蛮。

潦桥：1. 物体不结实，不坚固；2. 做事马虎、不认真。

热络：有热情，相处得十分融洽。

戳腔：样子，含贬义。

心泛：恶心、想吐。

上路：通情达理。

来山：行，可以。

落槛：做事大方。

眼热：羡慕。

促掐：恶毒。

乖札：机灵，能见机行事。

白相：玩耍。

洋盘：因不明事理，吃了亏还不知道。

屈死：指人不中用，无能力。

现世：不能干、窝囊。

毒头：呆子。

绷牢：勉强维持。

回转：回家。

落得：安然得到。

出刮：收拾干净。

抳（读如泥）席：用湿巾或布揩席。

淘先：寻开心、逗笑。

极臭：耍赖，说话不算数。

巴细、细捉：谨慎、细致。

浮愁：糊里糊涂。

打棚：开玩笑。

搭浆：做事马虎拖拉、不牢靠。

懒倒：邋遢、懒惰。

舒齐：1. 做事准备完整；2. 事情已经结束。

私务夹帐：没有公开的事情。

扳错头：硬找差错。

掉花枪：弄虚作假，欺骗人。

呒搭头：不值得交往。

掮木梢：误接行不通的事情或上别人当。

勿色头：让人头痛和讨厌。

呒亲头：形容人不懂事或不成器之意。

拆家败：败家子的意思。

鸭屎臭：不光彩。

扳鹊丝：找碴子。

烂屁股：说人坐着不想走。

呒心想：注意力不集中，定不下心来，自觉无聊。

恶死窜：恶作剧，又称“恶死做”。

打格顿：说话或读书不连贯。

额价钿：讨价还价，降低价格。

豁灵子：暗示，透露消息。

起包头：突然间凭空弄出事情来。

踃（读如肖）地光：在地上打滚，耍无赖。

着地坍：耍赖皮。

捞横道：捞取不义之财。

看野眼：指读书或做事不专心。

戳壁脚：在背后说人坏话，挑拨离间。

吃盾头：受人数落。

吃夹裆：被人误解。

吃豆腐：1. 吃丧饭；2. 占女人便宜；3. 与人调侃。

搨（读如塔）便宜：占便宜。

强加劝：明为劝架调解争端，实则偏袒保护一方。

话把戏：因胡搞而闹出了笑话。

隑（读改）牌头：依仗别人的权势。

卸肩胛：不愿承担责任。

钉头货：指遇事斤斤计较，不会变通之人。

刁钻触掐：奸刁恶毒。

寿头寿脑：做事不大方，含吝啬之意。

呆头木息：呆头呆脑的样子。

狗比倒灶：形容吝啬的样子。

咤（读抓）拉咤拉：说话语音高而快。

时迷时眼：很困，想睡觉的样子。

神咒（读志）胡嘴：胡说八道，糊里糊涂。

偷来人介：形容做事鲁莽、性急、冒失。

勒塞吊死：形容做事不爽快，没有气派。

犟头梗脑：脾气倔强。

口轻飘飘：说话不知轻重。

握屎旵（读督）烂泥：形容耍无赖时，任何事情都做得出来。

眼睛地牌式：做事遇到困难双目圆瞪吓呆的样子。

勿二勿三：言行不正常。

书腐腾腾：说话文绉绉。

石拔铁硬：说话或做事真实可靠。

另有一功：指待人处事方法特别。

老卵的答：说话不虚心，办事喜自作主张。

死样怪气：形容有气无力、不死不活的样子。

回嘴百舌：不听人言，强作辩解。

极出乌拉：急急忙忙。

呒手抓罗：事情多而复杂，无从下手。

窝求苦脑：苦苦哀求。

贼皮塌脸：表情不严肃、不正常，令人反感。

贼骨牵牵：坐立不安，有不正派之感。

贼忒兮兮：态度不严肃、不三不四。

贼鸽卵伴：啰唆一通，使人讨厌。

神之乎之：糊涂。

脱头落襻：说话、做事不踏实，离谱。

困司朦东：睡得迷迷糊糊。

4. 日常用语类

格：这。

啥哈：什么。

搭：里。

诧：为什么。

格搭：这里。

划一：交谈时，突然想起另一事的急转语。

登：和“在”字意同，如“登勒啥场化”。

介面：那里、那边。

闲话：言语。

对过：对面。

讲张：和人谈话。

能介：多么。

扳要：一定要这样，有绝对的意思。

实介：这样、这么。

机梗：那样、那么。

腻疰：恶心，令人作呕。

格么：那么。

呆版：肯定的意思，预先可以料到。

嫑：不要。

朆：不曾。

匣：也或亦。

哪亨（哪哈）：怎么。

豁边：做错事后的用语。

屋里：家里。

和调：不分是非曲直，一味附和人家。

几化：多少。

勒浪、勒拉：在。

阿是：是不是。

交关：许多。

阿对：对不对。

阿要：要不要。

众牲：1. 牲畜；2. 骂人不近人情。

闹猛：热闹。

趸（读等）当：整批。

戳腔：模样，含贬义。

作兴：可能。

推头：借口。

齐巧：正巧。

彩头：有名堂、有好处。

由性：索性。

淘伴：同伴。

呒不：没有。

记认：记号。

落肩：把事办妥。

冰瀴（读阴）：很凉、很冷。

会钞：付款。

弄耸：捉弄人、算计人。

乡气：土里土气。

难会：浪费。

勿松：生病。

落场势：为退出争端而准备的台阶。

塌面子：别人给面子。

不连牵：不像样。

肉里钿：自己辛劳所得之钱。

呒嘛用：不中用。

野豁豁：形容与实际相差甚远。

当呸：作不好打算时的用语。

险叫乎：很危险的意思。

一塌刮子：全部、完全。

弹眼落睛：引人注目的样子。

搞七廿三：缠夹得厉害，搞不清楚。

牵丝攀藤：纠缠不断。

死蟹一只：比喻对突然出现的困难无法解脱。

直生头里：突然的意思。

拆空老寿星：比喻事情落空或糟糕。

5. 人体相貌类

骷郎头：头。

眼乌珠：眼睛。

臂膊：胳膊。

臂膊撑：肘部。

肋棚骨：肋骨。

脚馒头：膝盖。

顺手：右手。

济手：左手。

跷脚：瘸子。

趣：相貌俊美。

细长条子：指瘦长身材。

五亨轮墩：体表粗壮，没样子。

夹潦丝白：形容脸色苍白。

圆脖鹿束：圆溜溜的样子。

矮拨鹿束：形容人矮得不像样。

6. 时令时间类

格歇：现在。

开年：明年、来年。

旧年：去年。

上昼：上午。

下昼：下午。

晏（读爱）：晚、迟。

中浪、点心：中午。

日中心里：中午。

日里：白天。

日朝：每天。

日辰浪：这几天。

老底子：从前。

等歇点：过一会儿。

一歇歇：短时间。

年脚边：年底。

春场里：春天。

秋场里：秋天。

黄梅里：指芒种季节。

7. 生活用品类

家生：用具。

么事：东西。

窗盘：窗户。

拖分：拖把。

铲刀：炒菜用的炊具。

饭单：围裙。

纡身：围裙。

纡巾：围巾。

被封筒：被窝。

绢头：手帕。

头绳衫：绒线衫。

衣裳管：衣袖。

行头：出门时穿的服装。

8. 事物性状类

快：刀口锋利。

赅：拥有。

瀴：凉、冷。

才：全或都。

嘦：价格低廉。

勿：不。

原生：完整。

一局头：很短。

一眼眼：极少，小意思。

宿货：陈货。

蹩脚：质量不好，本领不强。

呒料落：事物单薄，不经用或不经吃。

轻敲：容易。

推扳：差。

结个罗多：形容多而乱的意思。

热吹焐烫：指饭菜很热。

（三）**河阳山歌中的方言俗语选录**

本小节内容选录自《中国·河阳山歌集》第 758 — 764 页“附录

(六)"《河阳山地区方言简释》。

1. 时令、气象

头朝：早晨。

中浪：中午。

日中心里：正午。

日里：白天。

上昼：上午。

下昼：下午。

垂夜快：黄昏。

日朝、日逐：每天，天天。

明朝：明天。

后朝：后天。

昨朝：昨天。

旧年：去年。

开年：明年。

辰光：时候。

晏（读爱）：晚，迟。

年根：年底。

一歇歇：一会儿。

乃：现在。

日头：太阳。

亮月：月亮。

雷响：打雷。

忽险、霍险：闪电。

雪珠：霰。

冰排：冰雹。

迷路：雾。

鲎（读吼）：虹。

扫帚星：彗星。

乌头阵：阵雨来之前乌云密布。

七撮星：北斗星。

2. 房屋、器物

大前、大前头：客堂；正厅。

院堂：在正屋前面、同东房或西房连在一起的房屋。

老宅：旧居；故居。

宅基：住宅；宅院。

步槛：门下槛。

阶沿：台阶。

水落：檐沟。

石脚：基石。

土场：农村里屋前空地。

灶下：厨房。

水栈：一头搭在岸上、一头伸进河中的石阶或长板，供取水或洗物用。

土墼（读结）：砌屋用的未经烧制的土坯。

桁条：屋梁。

饭宗：端饭菜用的长方木盘。

揺车：纺车。

头面：首饰。

家生：家具；器具。

镬冠：锅盖。

调羹、执勺：汤匙。

绢头：手帕。

行头：出门时穿的服装。

饭单：围裙。

白席：草席。

广勺：大水勺。

叉袋：盛粮食等的大口袋。

筲（读烧）箕：竹制的淘米或盛放米饭的容器。

火夹：烧火时用来夹柴草的长铁钳。

火筒：吹火使火旺的用具。

平基、平基板：木船船头船尾上活动的舱面板。

白篷船：船篷未加油漆的木船。

行灶：用砖坯搭砌的一种简易灶。

明瓦：用蛎、蚌等的壳磨去外层剩下的半透明的薄片，镶在窗格里用于采光。

庡（读批）：挨着正屋搭建的小屋。

芦花靴：用芦花编织成的深帮鞋。

杜布：家庭手工纺织的布。

竹夫人：竹篾做的枕头。

棒柱：棒槌。

裥（读碱）：衣服上打的褶子。

编笄（读几）：篦子。

排磉：造房时开沟、打夯、排柱下石。

3. 农事农具

沃田、垩田：用水、肥灌田、肥田。

掼稻（麦）：人工脱粒。

稻（麦）摞：堆放整齐的稻（麦）垛。

稻柱头：稻穗。

麦柱头：麦穗。

牵砻：人工碾米。

下（读化）秧：落谷。

竖稻：用小耥耘田除草。

搁稻：烤田。

斫稻：割稻。

罱河泥：用带网的长柄器具夹取河底污泥用以肥田。

扚（读的）柴：用木榔头敲打稻草使之松软。

搓菜：油菜籽脱粒。

搪草泥：用河泥沤制绿肥、柴草。

垦田：人工翻地。

摊田：把灌水后的田坂拉平，准备莳秧。

莳秧：栽秧。

趁工：帮工；打短工。

趁忙工：受雇做农忙季节的短工。

粞：碎米；糙米碾轧时脱掉的皮。

麦粞：碾碎的麦粒。

栲栳：竹篾做的盛稻麦的扁圆形器具。

鐖（读吉）子：镰刀。

绞刀：铡刀。

挽子：用柳条编制的较大型的盛放、搬运粮食的器具。

做牵砻：碾米。

地车：水车。

天车：车水星。

4. 人体相貌

颗浪头：头颅。

额角头：额头。引申义为运道、运气。

手撑根：肘部。

肋棚骨：肋骨。

膝馒头：膝盖。

夹肝：胰脏。

大膀：大腿。

膀：腿。

馋吐、馋唾：口水、唾液。

节头：指头；节疤。

脚节头：脚趾。

节掐：指甲。

顺手：右手。

济手：左手。

眼仙人：瞳孔。

盘牙：臼齿。

卵脬（读如乱泡）：阴囊。

发寒热：生病。

疰夏：夏季多病。

死血：冻疮。

篾条：形容女子身材苗条。

清脱：形容相貌清秀。

五黑仑墩：体貌粗黑。

小节灵：娇小玲珑。

5. 称谓称呼

爷、老子：父亲。

娘：母亲。

阿爹：祖父。

亲娘：祖母。

好公：外祖父。

好婆：外祖母。

娘娘：伯母。

阿娘：伯母。

姑娘：姑母；丈夫的姐妹。

娘妗（读芹）：舅母。

阿姨：妻子的胞妹。

舅子：妻子的兄弟。

大大：哥哥。

囡妮、囡仵：女孩、女儿。

囡女、囡：女孩，女儿；小孩。

后生、后生家：年轻男子。

细娘：姑娘。

小细娘：小女孩。

小干：小孩（多指男孩）。

伊：他，她。

侬：你；我。

奴：女子自称。

自本夫：自己的丈夫。

俚：他。

俚笃：他们。

官人、小官人：丈夫。

堂娘娘：已婚妇女。

作头：工匠头，包工头。

郎中：中医医生。

大麦郎中：指本事不大的走乡串村的医生。

睏毛团：贪睡的小孩。

6. 动物、植物

结蛛：蜘蛛。

老虫：老鼠。

菜花蚂蚂：菜花时节的小野蜂。

赚绩、才节：蟋蟀。

壁虱：臭虫。

乌鹊：喜鹊。

打拳蛆：孑孓。

蛐蟮：蚯蚓。

田鸡：青蛙。

癞团：蟾蜍。

偷瓜畜（读如血）：刺猬。

众牲：畜类的统称。

蚌子：稻麦（面）中的黑色小虫。

水老鸦：鱼鹰，学名鸬鹚。

洋牛：天牛。

穿条、川条：一种小型淡水鱼。

桂鱼：即鳜鱼，俗称贵鱼。

叫哥哥：蝈蝈儿。

叫天子、告天子：云雀。

鸭厘厘、鸭连连：鸭。

白乌龟（读举）：鹅。

土部鱼、土鲋（读婆）：塘鳢鱼。

鰊牛、昂杏牛：鰊鰤，黄颡鱼，似鲶而体小，背鳍有一硬刺。

游火虫：萤火虫。

黄屯子、馄饨子：一种鸟，羽黄体小。

虫蛀：昆虫的总称。

革顿鸟：候鸟，黑色羽毛，鸣声如“革顿”。

白眼果：银杏果。

长豆：豇豆。

檐移兄：扁豆。

御麦、番麦：玉米。

番瓜：南瓜。

番薯、山芋：甘薯。

洋山芋：土豆。

草头、秧草：苜蓿。

红花、红花郎：紫云英。

长生果：花生。

白蒲枣：刚摘下的鲜枣。

花纽：蓓蕾。

寒豆：豌豆。

辣茄：辣椒。

牛踏扁：大豆的一种。

乌笋、莴笋：莴苣。

麦明子：河边、路边生长的野果子。

花红：水果，状似小苹果，又名林檎。

乌菱碰：浮萍的一种。

蒹（读如苋）棵：即蒹葭。生长在河岸边，干与叶比芦苇粗、硬。

7. 生活用语

白相：玩耍，游玩。

转来：回来。

转去（读如扣）：回去。

吹风凉：乘凉。

米糁：饭粒。

亢、盘、畔、伴：躲藏、藏。

闹猛：热闹。

轧闹猛：凑热闹。

一径：一直，常常。

几化：多少。

逐：刺，击，掷。

巴细：做事细心。

巴望：盼望，指望。

孛娄：爆玉花。

门头使费：亲友间交往费用。

蹲坑：上厕所。

海外、海海外：很多很多。

总估：估计。

落怕：哪怕。

呒处：不能；没地方。

围圆：周长；很、非常（大、多）。

饶：额外多一点。

行盘、担盘：送彩礼。

做亲：结婚。

推扳：差劲；相差；将就。

着港：有着落；停当。

腾空：无根据。

豪燥：赶快。

淴浴、汏浴：洗澡。

隑（葛爱切）：斜靠。

呷：喝。

蓬尘：尘土，灰尘。

打棚：开玩笑。

所嫌：可惜、美中不足的意思。

利市：办事的吉彩语。古代指男根。

骨先生、角先生：古代淫具。

额脱：扣掉；打折扣。

惹、惹惹：将就，马马虎虎。

蹧：读曹，踏。

扳住：捉住。

呒讲头：无法再商量。

呒话头：无可挑剔。

呒趣相：没意思；不和气。

天丌眼：得到应有的报应。

过门：诀窍；奥妙。

勿连牵：不像样；没办法；没着落。

勿作兴：不应该，不可以。

勿来个：不行的。

宕宕：到处。

关：看一眼。

瞜：看。

瞟：看；斜视；探望。

团转、团团：四周。

盖过：跳过去。

豁：跳，跨。

口生：生辰八字。

吐口：松口。

能：这样，那样。

陆顾、录古：哪个。

咯里：哪个，哪里。

纯小：从小。

成淘：结成伴，结成群。

面汤：洗脸的热水。

贴正：刚好。

推头：故意推托。

本生：本来，原来。

生来：原本，原来。

定道：以为，原以为。

巷浪：村里。

巷头浪：住宅旁边的零星旱地。

做人家：生活节俭。

黄六、黄落：事情不成功；办事失信用，靠不住。

说废：扯谈不着边际的话。

撮药、赎药：买药。

大人家：富户；大户人家。

小人家：无权无势的人家；小户人家。

牙：啃。

开火仓：办伙食。

打雄：动物交配。

菜水：指各种小菜酒水。

壳脱：东西掉地摔坏。

在外：另外；除外。

有介事：有这么回事；装模作样。

呒介事：没有这回事；装聋作哑，无所谓的样子。

勒色：垃圾。

揲、扚（读的）：敲击；用指折、掐。

邪气、斜气：很，非常。

当口：时候，时机。

才：都，全。

团圆：汤团。

合（读葛）：合用；配制；邀约。

汏、汰：洗。

讲张：讲话；闲话。

寻：挣（钱），赚（钱）。

豛：丢，扔；同量词“滴”。

挕：拎，提。

索悉、宿昔：索性，干脆。

豛开张：全丢开。

收捉、收捉：收拾，整理，整治；修理；惩治。

壳张、壳账：预料；打算。

连牵：接连不断；行，会。

张：看；探望；窥视。

板：页；一定。

偖（读如茶）：宁愿，宁可。

担：送；拿。

捉：擦，揩。

受盘、受茶：旧时女方接受男方聘礼，表示婚姻已定。

贪花：好色。

茶礼：聘礼。

勃：搬动重物；掉转。

穿绷：被揭穿；败露。

架形：外表；姿态。

起因发角：发起做某件事；事情的起因、开端。

捉漏、筑漏：修补房屋漏雨处。

撑：揭起，掀开；撕。

一落齐：整整齐齐。

晓：揭开；撩起。

吃讲茶：议论是非。

斋：指祭祀。

烧路头：旧时祭祀财神。

烊：熔化；溶化；磨损。

家当：家产。

掉勿落：丢不下；放心不下。

掇：用双手端；捧。

盘水：涉水；蹚水。

绷：橹索；勉强支持，硬撑。

绷开：张开，叉开。

睃（读苏）：看，瞧；探望；寻找。

谢灶：祭祀灶神。

赖学：逃学。

歇夜：到晚上（傍晚）停工休息。

躲：多指鸟或昆虫停留在某物上。

厄有：有没有。

吼：承诺，允诺。

触眼：看不惯；引人注目。

意脐：不舒服的样子。

嫌比、嫌鄙：指摘；瞧不起；讨厌。

横头：旁边，边上。

碌：爬，攀登；起床，起身。

踏步：台阶。

踏拱（读舔）：踩空。

熯：用极少的油煎；烘烤。

霍：紧靠，紧贴。

擐：挂；背负；摔打；丢，扔。

靠棒：依靠的意思。

铺：水漫河塘；液体漫出。

百日常：平常辰光。

栈：低、斜。

拨：给。

连起：掀起，撩起。

揸：五指抓物。

8. 人事情状

豁燥：做事利落。

孛蚀：做事多反复，不利索。

莶：含油的食物变质后的一种怪味。

莶夹夹、莶搭搭：喜欢表现自己、炫耀自己。

磨骨装枪：做事慢吞吞，磨磨蹭蹭；装腔作势。

呒青头：不懂世事，糊涂。

呒道成：没出息；不正经。

讨惹厌：惹人讨厌。

勿入调：言语行为不规矩；不正经。

识相：知趣。

钝卵（读乱）：赌气。

擞脱：做事利索。

寻吼司：寻事，闹事。

卸肩胛、坍肩胛：推卸责任；不负责任。

扳骹丝、扳雀屎：故意挑毛病，找岔子。

别苗头：看苗头；跟人家比高低。

轻骨头：轻浮，不稳重。

调枪花、掉枪花：要花样。

做手脚：作弊。

掮木梢、掮水木梢：替人受罪。

鸭屎臭：丢脸、出丑。

趁脚翘：说风凉话；乘人之危。

朝南话：打官腔，说空话。

搞鼻子：乱搞，胡来。

捕（读肖）地光：在地上打滚；要无赖。

横戳枪：节外生枝；横加干涉。

豁令子：暗示。

乌拉勿出：有苦恼说不出。

半二勿三：做事三心两意，不牢靠。

呒手筛锣（一作箩）：不知如何是好。

空心汤团：比喻虚假的许诺。

侧声头里：突兀。

野豁豁：无边际。

青肚皮猢狲：没有记性的人。

板板六十四：做事不知变通；表情严肃。

拆空老寿星：事情落空。

轧吃：假充宾客混吃。

上路：办事说话得体，合乎情理。

死蟹一只：比喻事情弄僵，毫无办法。

发嗲、卖嗲：撒娇。

结毒：结仇，结怨。

食嗺（嗺读爽）：吃喝无度。

曝（读报）肚子：大吃大喝。

险关、险关关：很危险。

拆穿绷：事情暴露。

痦：差劲；蹩脚。

登样：有样子；漂亮。

暗损：暗中伤害。

小扇子：讨好拍马。

小乐惠：小小的享受。

隑牌头：依仗别人的面子或势力。

筋丝无力、手丝无力：浑身疲软。

写意：舒服；容易。

戾（读力）切：烦躁；因脏物引起身体皮肤不舒服。

促狭、促掐：刁钻。

侧侧能：悄悄地。

丘、邱、怵：不好，坏。

丑：不好（较“坏”的程度轻点）。

㑚（读奴）：轻轻按摩。

搭浆：差的意思。

奢遮：处事能干。

牛吃蟹：勉强做不会做的事。

吃排头：受到批评、责骂。

吃喷头：挨骂，碰钉子。

吃钝头：被人讥讽。

吃夹裆：两头不讨好。

隔手账：经别人转手的事或账。

坍台、坍冲：丢脸。

吵斯：吵闹，口角。

搅作：糟践，浪费。

七勿老牵：不成体统，不像样。

贼腮拉趿（读它）：油腔滑调，不正经。

鬼迷野花、鬼火夜迷：花言巧语，企图蒙人骗人。

七翘（读桥）八裂：物件不平整，开裂；言行、性情古怪。

糊里搭涂：糊涂。

苟弊捣糟：小气，吝啬；做事爱挑剔，不爽快。

一天世界：形容到处乱七八糟。

一脚落手：包干到底，一气呵成。

七勿搭八：前言不搭后语；两者不相关联。

牛牵马绷：勉强应付；脾气犟，不听使唤。

打过门：给人暗示；耍花招，蒙混骗人。

出傥：形容年轻人落落大方。

发极：着急，发急。

恂（读寻）：高兴。

有清头：懂事；有头脑。

呒清头：不懂事；没头脑；形容很多。

夹嘴舌：多嘴多舌，搬弄是非。

尖钻：精明过头，专想占小便宜。

极：急；用尽全力；游戏时不规矩。

齑（读济）糟、哜糟：哓哓不休，吵闹不绝。

骂山门：骂街；当众谩骂。

狠：厉害；有能耐。

喉极、喉急、猴急：急不可耐。

舒齐：妥帖；准备就绪；舒服；宽余；停当；收场。

渡头渡脑：傻头傻脑。

嚼舌头：搬弄是非；信口胡说。

尖：形容声音响亮、有力；精明过头。

乱齐纵横：不整齐，心里乱。

第四章　评弹与苏州方言

这里所说的“评弹”，是苏州评话和苏州弹词的合称。为了将其与其他地区流行的评话、弹词进行区分，常合称为“苏州评弹”。“苏州评弹”又俗称“说书”，评话被称为“大书”，弹词被称为“小书”。自清代乾隆、嘉庆年间起，苏州一地涌现了诸多名家，积累了众多书目，评话和弹词在艺术上也有较大发展，成为长江三角洲一带的两个主要曲种。苏州评话和苏州弹词所使用的语言主要是苏州方言，且在同一地区流行。20世纪30年代，随着城市经济的进一步发展，商业繁荣，尤其是广播事业的兴起，使得评话和弹词在上海等大中城市更为流行，进入鼎盛时期。

一、苏州评弹及本书所涉评弹篇目简介

（一）苏州评话和苏州弹词

据吴宗锡先生主编的《评弹文化词典》：苏州评话简称“评话”，俗称“大书”，为曲艺的一种，发源于江苏苏州，盛行于江、浙、沪的长江三角洲一带，是运用苏州方言为主的曲艺形式。评话只说不唱，兼融叙事和代言为一体。叙事为说书人以第三人称之表叙，代言为书中人物用第一人称的表演，称为“起脚色”。脚色借鉴戏曲程式，具有挂口、引子、道白等白口和以虚拟或象征性动作所表演的各种手面。此外，并有韵文形式描景状物，刻画人物的韵白与赋赞，以及描摹各种音响（包括动物叫声）的口技（通称“八技”）。评话多为一人独说（单档），偶亦有两人为双

档。演出注重说噱，并对人物事件评点议论，以史料时事穿插印证。演员在说噱、脚色方面形成不同风格，有方口、活口、快口、慢口之分。

评话有传统长篇书目近60部。其表现历史征战题材的，如《列国志》、《西汉》、《东汉》、《三国》、《隋唐》、《金枪传》、《岳传》、《英烈》等，称“长靠书”，又称“着甲书”。表现英雄侠义或公案题材的，如《水浒》、《七侠五义》、《包公案》、《彭公案》、《绿牡丹》、《金台传》等，称“短打书”。另还有表现神异题材的，如《封神榜》、《西游记》、《济公传》等。一般书目篇幅较弹词为长，有逐日一回（约90分钟）可连说八九个月者。①

周良先生认为，“评话”一词，亦作“平话”，宋代就有了《新编五代史平话》，元代现存“全相平话”五种，还有《西游记平话》。罗烨《醉翁谈录》、《舌耕叙云·小说引子》中说：“讲论只凭三寸舌，称评天下浅如深。”这是“评话”中“评”字的来源，有评论的意思。后来发展为南方的评话和北方的评书。评话和苏州方言结合，便形成了苏州评话。“评话”是一个类别称谓，即一类曲种的称谓。现在知道并仍在流传的，除苏州评话外，还有扬州评话、南京评话、杭州评话等。此外，福州有一种稍为特别的曲种，说中有唱，叫福州评话。这些都是曲种的称谓。②

据吴宗锡先生主编的《评弹文化词典》，苏州弹词，简称“弹词”，俗称“小书”，为曲艺的一种。发源于江苏苏州，盛行于江、浙、沪的长江三角洲一带，是运用苏州方言为主的曲艺形式。以说、噱、弹、唱为主要艺术手段。说的部分融合叙事与代言为一体，既有第三人称的表叙，又有第一人称的脚色。脚色较多吸收借鉴戏曲的表演程式，于说法中现身，塑造各种人物，间以说书人的衬托、评点。弹唱以三弦、琵琶为主要乐

① 吴宗锡主编：《评弹文化词典》，汉语大词典出版社1996年版，第1—2页。
② 周良：《苏州评弹》，苏州大学出版社2000年版，第1页。

器，演员自弹自唱，又相互伴奏、烘托，再加上渲染书中的喜剧人物及情节（“肉里噱”），并穿插轻松诙谐的噱头（“外插花”、“小卖”等），使之成为一种高度发展的综合性说唱艺术，具有以理、味、趣、细、技（近人有改“技”为“奇”者）为其艺术特色。其唱篇一般为七字句式，按吴音或中州音押韵。所唱为明白晓畅的吟诵体的基本曲调“书调”。书调以语言因素为主，崇尚咬字清晰和行腔韵味。规范的基本曲调又可随内容而作即兴发挥，以适应各种书目唱篇，所谓“一曲百唱”。书调在传唱中，又因艺人根据不同风格、演唱内容，作创造性的发展而形成多种流派唱腔。经常演唱的有陈（遇乾）调、俞（秀山）调、马（如飞）调、沈（俭安）薛（筱卿）调、徐（云志）调、蒋（月泉）调、祁（莲芳）调、夏（荷生）调等近 20 种。其演出形式分为单档（一人）、双档（二人）乃至三个档（三人）等。近世，以双档居多，且多男女双档。其传统书目都为长篇书目，题材以男女情爱、家庭纷争、冤狱诉讼等为主，约 50 余部，如《三笑》、《玉蜻蜓》、《描金凤》、《白蛇传》、《珍珠塔》、《落金扇》、《双珠凤》等。①

周良先生认为，“弹词”一词，据现有的文字记载，最早见于明田汝成的《西湖游览志余》［成书于嘉靖二十六年（1547）］。《西湖游览志余·熙朝乐事》记载：“优人百戏，击毬关扑，渔鼓弹词，声音鼎沸。”现在，对于明代弹词说唱的内容和演出形式，还缺少了解。有人说，元代就有“弹词”的称谓，但佐证不足。同评话一样，弹词在流传到江南，和苏州方言结合以后，形成了苏州弹词。“弹词”乃是一个类别称谓，目前知道的，除苏州弹词以外，还有扬州弹词、贵州弹词、长沙弹词等。这些也都是曲种的称谓。②

① 吴宗锡主编：《评弹文化词典》，汉语大词典出版社 1996 年版，第 3 页。
② 周良：《苏州评弹》，苏州大学出版社 2000 年版，第 2 页。

苏州评话和苏州弹词是评话和弹词在流传过程中和以苏州话为代表的吴方言结合的产物。这种结合，既便于为当地群众所接受，容易听懂，喜闻乐见；又便于反映当地的群众生活和风俗习惯，说唱当地发生的故事，使听众感到亲切，容易交流思想感情；还便于吸收民间的养料，丰富作品。

苏州评话和苏州弹词本是两个不同的曲种，但都运用苏州话，活动在一个地区，都在书场演出，后来又组织在同一个行会之中，崇奉共同的祖师，有共同遵守的行规，所以两个曲种的关系非常密切，被视为一业。这两个曲种在艺术上又有一些相同的规律和技巧，有共同的经验，相互交流、渗透，所以，在中华人民共和国成立以后，二者组织在一个艺术团体之中。①

苏州评话和苏州弹词，现在经常简称为评话和弹词，这在苏州，或在苏州评弹的流行地区可能不致引起误会。但到流行地区以外，应该用全称。不然，内涵不清，可能产生误解。所以二者的规范称谓，应该是“苏州评话”和“苏州弹词”。②

（二）所涉评弹篇目简介

20世纪五六十年代，上海文艺出版社编辑出版了《评弹丛刊》第1—8集，系统挖掘整理了一大批民间口头流传的评弹书目。20世纪末以来，先后出版了《苏州评弹书目选》、《苏州评弹书目库》第一辑至第七辑，共54本。下面根据《评弹丛刊》、《评弹文化词典》、《苏州评弹书目库》等，对本书所涉评弹篇目略作介绍。

1. 评话篇目简介

长篇评话《隋唐》主要讲述了隋末群雄起义至李渊建立唐朝期间发

① 周良：《苏州评弹》，苏州大学出版社2000年版，第2—3页。

② 周良：《苏州评弹》，苏州大学出版社2000年版，第4页。

生的各种精彩历史故事。按曹安山、吴均安、吴子安这一支脉来推算，《隋唐》至少有一百多年的历史。

长篇评话《包公》源出于戏曲《龙图公案》，主要以狄青屡次征战和遭受迫害为主线，贯穿包公为冤假错案申冤理枉、锄奸除虐的精彩故事。杨莲青是说《包公》的一代名家。

长篇评话《英烈》主要讲述了元末群雄起义至朱元璋建立明王朝期间发生的各种精彩历史故事。清末评话名家林汉扬将其修改加工成一部完整的长篇评话书目。

2. 弹词篇目简介

《芙蓉洞》，长篇弹词，又名《玉蜻蜓》、《节义缘》。其中许多回目，如《关亡》、《问卜》、《看龙船》、《庵堂认母》、《厅堂夺子》、《文宣荣归》、《三搜庵堂》、《沈方哭更》、《苏婆代死》等，经陈灵犀等整理加工后，已成为较有影响的选回和中篇。有清道光十六年（1836）重刊本，题名《芙蓉洞》，署陈遇乾编；清咸丰年间刊本，题名《节义缘》。1985年，江苏文艺出版社出版周玉泉演出本。

《落金扇》，50回长篇弹词。有清同治十二年（1873）刊本及光绪十六年（1890）石印本，黑龙江人民出版社1990年曾出版过。

《玉夔龙》，长篇弹词，亦称《大红袍》。有清光绪十八年（1892）上海紫云轩刊本及光绪十九年（1893）上海书局石印本，题名《玉夔龙》。

《珍珠塔》，长篇弹词，亦称《九松亭》，是苏州弹词史上有很大影响的书目，至迟在清中叶已经产生。有嘉庆十四年（1809）吟余阁刊本，题俞正峰编次，又有道光二年（1822）苏州经义堂刊本以及咸丰至光绪的刊本、石印本多种。选回《七十二他》、《下扶梯》收入1962年上海文艺出版社出版的《评弹丛刊》第5集。1988年，周良评注的魏含英演出本由上海文艺出版社出版。

《麒麟豹》，60 回长篇弹词，又名《双珠塔》。20 世纪 20 年代时艺人姚如卿、汪荫荪根据清道光年间弹词刊本等编说，为《珍珠塔》情节的续编。黑龙江人民出版社 1988 年曾经出版。

《描金凤》，46 回长篇弹词。刊本有清光绪二年（1876）竹斋居士重编本、光绪三十二年（1906）署马如飞编的石印本。现有 1987 年江西人民出版社出版的张如君演出本。1989 年，中州古籍出版社依据光绪三十二年石印本出版了校点本。

《三笑》，长篇弹词，有嘉庆七年（1802）刊本《三笑新编》，题吴信天编。此外还有多种版本。此书目为苏州弹词主要传统书目之一，与"大王"《三国》并论，评弹界中称为"小王"。《三笑》语言通俗、生动，被称为"长脚笑话"，但也有不少庸俗的描写。其中《三约牡丹亭》、《点秋香》、《王老虎抢亲》等曾被整理改编为中篇，《追舟》、《梅亭相会》、《小厨房》、《面试文章》、《姜拜》、《画观音》、《五读伴相》等被整理为选回演出。

《十五贯》，8 集 16 卷，长篇弹词。亦称《双熊奇案》。民国初年王绶卿据清朱素臣《双熊梦》传奇改编而成。作家出版社 1957 年出版了《十五贯戏曲资料汇编》。

《九美图》，又名《合欢图》，12 卷 75 回，长篇弹词，有道光二十四年（1844）新镌四叒轩梓本。本书内容和《三笑》差不多，但方言成分多，语言生动。

《六美图》，30 回长篇弹词。有同治十年（1871）刊本，其续集是《双帅印》、《九龙阵》。

《双玉杯》，37 回长篇弹词。其序署名为嘉庆十六年（1811）清和上浣醉墨斋主人。丑角宾白中的方言词汇较多。黑龙江人民出版社 1989 年出版的《中国古代民间文学丛书》中即收录了《双玉杯》。

《大双蝴蝶》，30 回长篇弹词，原名《新编东调大双蝴蝶》，由杏桥主人作于清乾隆三十四年（1769）。上海古籍出版社 1985 年出版《梁祝故事说唱集》，收录了《大双蝴蝶》。

二、评弹中的惯用语

苏州评弹擅长使用口头语言来进行表演叙事。其语言分为两种：一种是说书人的语言，即说书人叙述故事情节的话，叫“表”；一种是故事中人物的对话，即由说书人代说出来，叫“白”。评弹是纯粹的口头语言艺术，要求表演者所使用的语言口语化、通俗化，而且必须生动活泼，丰富多彩。而惯用语和歇后语，则同时满足了这些需求。因此，评弹作品，往往包含丰富多彩、生动活泼的口语化、通俗化的惯用语。

周荐先生认为，惯用语“所指的应是四个字或四个字以上的表意俗白的单位”①。惯用语的长度，可以是四个字，也可以是四个字以上，长的可以有九个字、十个字，甚至超过十个字。惯用语分为“单小句型和多小句型两类。单小句型的长度一般会以十字为限；多小句型一般是由双小句构成的，个别的也有由三个小句或三个以上小句构成的”②。参照周荐先生的定义，本节依据《评弹文化词典》和其他一些评弹曲目内容，摘要辑录出评弹中的惯用语，以供读者欣赏。

我们摘录出一些五字及五字以上的惯用语，按单句、双句和三句排列，每个小类之中，按照字数多少细分，细分之后按照音序排列。

（一）评话中的惯用语

1. 单句式惯用语

单句式惯用语，按照每个单句字数的多少，胪列如下：

---

① 周荐：《词汇论》，商务印书馆 2016 年版，第 35 页。

② 周荐：《词汇论》，商务印书馆 2016 年版，第 35 页。

（1）五字单句

百步呒轻担：肩挑担子，路长了，便会显得沉重。评话《隋唐·举双狮》（表）："宇文成都掮了只金狮子走路，叫百步呒轻担，路越长，分量只觉着越重。"

打拾柴锣鼓：一作"打柴散锣鼓"。拆台。拾，吴语读"席"。评话《包公·闹堂》（表）："刑部王素因为家小私底下受贿，弄着个贪赃卖法格罪名。老总管王祥要包公帮忙。包公说：'假使有人要救王素，我决勿打拾柴锣鼓。'"

二门浪听铳：指听取不可信的传来之言。评话《英烈·胡大海手托千斤闸》（表）："花文郎听说，胡大海手托千斤闸，弄得肚肠、脚筋都断脱，想是二门浪听铳，弄错格。"

饭店浪惠葱：指买东西不是地方，代价必高，不合算。评话《英烈·舌战濠梁》（表）："脱脱丞相要亲自去探红营情况，用五两银子买一套捉鱼人格衣裳，其实五分银子顶多哉，格来就叫饭店浪惠葱，勿合算格。"

佛脚浪带带：求得能者提携或依附有力者升迁。评话《包公·狄青到郑州》（表）："火烧冷宫，李娘娘逃到范家庄，范夫人晓得俚是娘娘，就替俚结拜姐妹，将来好佛脚浪带带。"

滑塌地皮光：一无所有；一点儿都不剩。评话《隋唐·押赴刑场》闲人（白）："我开爿糕饼店，一场火烧得滑塌地皮光，幸亏李渊千岁爷拨我本钱再开店，俚要杀头我想想要哭。"

急来抱佛脚：指濒临危急关头，才采取措施。评话《英烈·追逼济宁州》（表）："白嫚嫚现在对蓝玉特别好，结婚到现在从来呒不什梗好过。因为出兵到南方，怕俚变心。其实急来抱佛脚是呒不用格。"

介拉前八尺：介，介入，挤、挨的意思。意为挨在前面。评话《英烈·看马讨令》（表）："元帅徐达晓得胡大海格脾气，倷叫俚做保人，俚要搭架子，倷嫂俚保，俚倒要介拉前八尺。”

困懒端枕头：端，拿、送的意思。犹“见风使舵，投其所好”。评话《包公·金殿告奏》（表）：“皇帝嘴唇皮一嗒，庞妃马上送茶来；皇帝摸摸胃，庞妃马上拿点心来；真是困懒端枕头，拿皇帝心思摸牢格。”

老虎勿动身：比喻在原地不动。评话《英烈·大战王宝宝》（表）：“常遇春听说，济南守关将王宝宝，准备退到历山山套里去。其实常遇春啊，倷老虎勿动身好哉，倒说俚判断错误，结果上当哉。”

连头搭尾巴：从头到尾，指全部或总和。评话《包公·狄青发配》（表）：“狄青格先生范仲淹相爷想，狄青廿一岁出兵打仗，今年廿六岁，连头搭尾巴要打六年仗。”

两里勿两僵：形容进退两难，处境尴尬。评话《隋唐·百日造皇宫》（表）：“李渊奉旨一百日造座皇宫，现在造得两里勿两僵，期限倒到哉，勿知哪哼弄法?”

七缠八桠杈：纠缠不清，瞎胡缠。评话《英烈·兵进江苏》（表）：“干殿下沐英本来是朱元璋格伲子，都是胡大海想记功，七缠八桠杈弄得太子变了干殿下。”

强头摆耳朵：形容脾气倔强，不听话，不顺从。评话《隋唐·训子》（表）：“李渊想，小伲子李元霸明朝要上朝，我先要训教训教俚，假使俚还是强头摆耳朵，我只好用宝剑戳俚格大腿。”

墙倒众人推：形容失了势众人都要欺负。评话《包公·五老逼庞妃》（表）：“皇帝到长乐殿看见佘太君、陶令君、呼延令君、狄太后都在，想今朝是墙倒众人推，老太全来轧闹猛。”

人面对肉面：面对面的意思。评话《包公·狄青发配》禁卒（白）：“张龙将爷，伲衙门一向勿准探监格，今朝倷说可以探监，大人查起来人面对肉面倷勿能赖格。”

三个勃擂花：不知不觉地，糊里糊涂地。评话《英烈·梅山失驾》

（表）：“老鞑子葛耶仙想，我明明是要到寒山去，勿知哪哼三个勃擂花会弄到此地梅山来。”

握屎丟烂泥：形容蛮横、胡闹、耍无赖。评话《隋唐·怒打尤七虎》众甲（白）：“快点逃走，尤七虎来哉。俚握屎丟烂泥全做得出格，快点逃。”

小鬼跌金刚：以小胜大，以弱胜强。评话《隋唐·金殿比武》（表）：“隋炀皇帝想，宇文成都什梗大格人，拨李元霸这个小囡掼一跤跟斗，真叫小鬼跌金刚。”

烟吞火勿着：一作“烟出火勿着”。比喻蔫而无生气。评话《包公·行刺狄青》（表）：“狄青一看是刺客，倒是自家手无寸铁。再看到发禄袋上有一对宝剑，虽然已经烟吞火勿着哉，倒是铜格，好派派用场。”

眼大勿带光：形容眼睛虽大，却看不清楚。评话《英烈·胡大海唾手得滁州》（表）：“蒋忠开始嬒认出是胡大海，因为俚虽然眼睛生得野野大，倒是眼大勿带光格哟。”

咬好牙子印：订好攻守同盟。评话《包公·金殿告奏》（表）：“杨韬现在清爽，自家上了庞吉格当，而且上当上得说勿出格，因为我侄女代嫁格事体，是庞吉搭我私底下咬好牙子印格。”

遮遮世人眼：遮人耳目。评话《英烈·大战九里山》（表）：“元朝女将王赛金说，来将报名？平安想，昨日夜里我拨倷捉牢，全讲格哉，今朝还要问，算遮遮世人眼格。”

争气勿争财：为了争气，可不计较经济上的及其他损失。评话《英烈·兴隆大会》（表）：“徐达叫胡大海带两个副将去救驾，勿有一兵一卒，胡大海想，争气勿争财，拿了令箭就走。”

有理打太公：比喻不管对方地位多高，只要在理就可指责。评话《英烈·三打采石矶》（表）：“胡大海要徐达升常遇春为头队准先锋，别人说什梗是越级哉。胡大海说这叫有理打太公，只要有道理啥体全可以格。”

（2）六字单句

皱眉头哭拉脸：满面愁容，哭丧着脸。评话《包公·请旨三审》（表）：“佣人看到韩琦相爷的面孔皱眉头哭拉脸，勿知俚有啥格勿开心，勿晓得俚在练脚劲，练得吃力哉。”

哭也呒不眼泪：比喻无计可施，毫无办法。评话《包公展雄探郑州》（表）：“展雄想：覅我去探出狄青艚死，告诉包公，俚勿守信用奏明皇帝，到格辰光我哭也呒不眼泪，这倒要防格。”

六十岁学吹打：意为延误了时间，学得太晚。也含难以学成之意。评话《包公·二探郑州》（表）：“韩琦对包公说，你要学天文，必须拜我为师，我带你上天文台。包公想哪是六十岁学吹打哉，覅搭我热昏。”

猪头肉三勿精：比喻一知半解，无一精通。评话《英烈·父子交兵》（表）：“方国珍对金得济说，要专用一种兵器，否则样样都会用，变猪头肉三勿精，结果一样兵器亦用勿好。”

勿管三七念一：做事不考虑后果，不顾一切。评话《英烈·复战濂江浦》（表）：“张士德晓得老公爷脾气大，稍有怠慢，俚勿管三七念一要得罪人格，所以对俚要特别客气。”

死蛇并癞团劲：形容双方赖着不动，僵持着的样子。评话《英烈·灭四寇》（表）：“汤和带兵到利州，要想打进城，打勿进，里向也打勿出来，叫啥死蛇并癞团劲迸在那里。”

鸭蛋里寻骨头：一作“鸡蛋里寻骨头”。比喻故意挑剔，无中生有。评话《隋唐·金殿过继》（表）：“李渊想，皇帝要么叫我留守皇宫，什梗相信我，勿对起来鸭蛋里寻骨头，要杀脱我。”

（3）七字单句

淘混仔水捉鱼吃：比喻有意造成混乱后从中取利。评话《英烈·父子交兵》（表）：“胡大海打仗，欢喜一面说一面打，搞昏脱倷，俚好取胜，这叫淘混仔水捉鱼吃，别人蛮容易上当格。”

本地胡椒勿辣人：比喻对熟悉或接近的人，因知道其底细，他就显不出威势，因此不必惧怕。评话《英烈·三聘徐达》（表）：“红巾军，到凤阳，起先百姓勿敢开店做生意，后来认出朱元璋原来是看牛格癞皮阿四，格末叫本地胡椒勿辣人，怕点啥？照样开店。”

秤砣虽小压千斤：比喻小能制大。评话《隋唐·带子上朝》（表）：“李元霸说，宇文成都人长大，其实是只灯笼壳子，不中用的。自家身体虽小，好比铁秤砣，叫秤砣虽小压千斤，我勿怕俚的。”

行仔好心呒好报：做了好心事却得不到好的报答。评话《包公·哭奏南清》（表）：“狄娘娘想，我真是行仔好心呒好报。为了皇帝格娘已经烧煞哉，所以我勿拿自家伲子接皇位。现在包公说我勿是皇帝亲生娘。狄娘娘阿要哭格啦。”

葫芦里卖啥格药：比喻不知对方想些什么，作何打算。评话《包公·二审郭槐》（表）：“今朝二审郭槐，韩琦相爷交代拿犯人带上堂来。包拯突然喊一声‘且慢！’相爷一呆呀，想黑面孔葫芦里卖啥格药？亦有啥格花头来哉。”

夹忙头里膀牵筋：夹忙头里，意为紧要时刻。膀牵筋，指大腿或小腿抽筋。比喻关键时刻偏生变故。评话《英烈·三聘徐达》（表）：“朱元璋要请徐达出山，徐达勿答应，孙伯雍想勿到夹忙头里膀牵筋，徐达会勿肯出山，格是板要我开口哉。”

见餍人勿说餍话：当面不说人家忌讳的话。评话《英烈·逼上小梁山》（表）：“朱元璋问花云，‘哪一路英雄来抢我的银子’。为啥勿说强盗，因为此地都是强盗，这就叫见餍人勿说餍话。”

敬酒勿吃吃罚酒：对他客气不领情，非要强迫才行。比喻不识抬举。评话《英烈·行营比武说方王》（表）：“朱亮祖劝师兄投降，方国珍说还是战场上见高低。朱亮祖想倷嫑敬酒勿吃吃罚酒，交战倷要吃苦头哉。”

快刀热水干手巾：形容做事干净利落。评话《英烈·智取北和州》（表）："葛耶仙关照手下，我劈脱仔对方的将官后，拿刀一举，呒笃就领众三军一道冲，这叫快刀热水干手巾，而且要冲得快。"

癞团死拉瞎搭里：癞团即癞蛤蟆。比喻无谓牺牲。评话《三国·赠马》（表）："司马懿想，照红面孔讲格那种马，什梗十全十美，哪哼买得着呢？而且买勿着要杀格，真正叫癞团死拉瞎搭里。"

老虎屁股摸勿得：比喻专横跋扈的人，批评不得，冒犯不得。评话《英烈·兴隆大会》（表）："朱元璋近来总是一个人说了算，别人的闲话听勿进，一碰就要跳起来，真是老虎屁股摸勿得，像换了一个人哉。"

两个肩架扛个头：形容像人的样子。用于贬义。评话《英烈·大开辕门》（表）："徐达看格点新兵都勿像样，有种两个肩架扛个头，勉强好派用场，真正勿合格全部退回。"

门前大树好遮阴：依托别人的力量作为靠山。评话《水浒·林十回》众甲（白）："小奸高世德有爷高俅撑腰，就叫门前大树好遮阴，一日到夜耀武扬威。"

捏牢骱门勿用刀：比喻抓住了把柄，便能制服别人。评话《包公·闯进密室》（表）："狄青扮假死，被包公发现，真叫捏牢骱门勿用刀，凭倷石玉格嘴会讲，现在也勿敢响。"

千里做官只为财：指旧时做官的目的是为了敛财。评话《包公·金殿发旨》（表）："皇帝拿吊还格赃物赐拨包拯。包公想此物我好拿个啊？拨别人讲起来千里做官只为财，名誉要勿好听格！"

烧香烧拉枯庙里：犹言雪中送炭。评话《英烈·王薛献粮》小兵（白）："伲粮台上有格是粮食，别人家红营里呒不吃，应该送点去，叫烧香烧拉枯庙里，倷说阿对？"

生病人搭鬼商量：比喻看错对象，找错了人，势必上当受骗。评话《英烈·舌战濠梁》（表）："脱脱扮了渔翁来探军情，徐达看出破绽就扮个樵夫。倒说脱脱去问徐达‘当朝丞相脱脱如何?’那末真正叫生病人搭鬼商量哉，倷哪哼去问敌营里格元帅。”

生病勿死活爬煞：形容无苦找苦吃。评话《包公·金殿装疯》（表）：“包公关照狄青，说倷困在床上，任何人嫑理，只要嘴里喘气。一日天下来，狄青想再喘下去真格生病勿死活爬煞哉。”

十只指头有长短：比喻事物总是有差别的，不能强求一律。评话《英烈·三打采石矶》（表）：“徐达发令看上去有偏心，花文郎带格人马勿及常遇春带得好，其实十只指头有长短，有好总有坏格。”

熟皂隶打重板子：皂隶，为旧时衙门中差役。形容对熟人反而苛严。评话《英烈·三刀逼败王玉》（表）：“汤和想，我和邓愈蛮要好，别人做错了事，我可以从轻发落，邓愈做错了我只能熟皂隶打重板子，要加重办格。”

死格说出活格来：形容死的可说成活的，指花言巧语，能言善辩。评话《英烈·兵进泗洲》（表）：“泗洲城守关将张天佑听见寄阿哥孙伯雍来，想俚是来劝降的，这个人死格说出活格来，我说勿过俚，勿能让俚进城格。”

死马当俚活马医：借指无指望的事仍要设法挽回。评话《英烈·蒋忠挑灯夜战》（表）：“蒋忠得着格毛病叫卸甲伤寒，既不救格，只好死马当俚活马医，让俚到梅山去养病。”

痦子也勿生一粒：痦子即痱子。比喻受益后不劳心、不劳力、不担风险。评话《包公·洪琳栽赃》（表）：“刑部人人的阿舅马培本对妹子说，只要倷在妹夫面上添几句好话，照应点郭槐老公公就可以哉，格点礼物倷拿了痦子也勿生一粒。”

掀开天窗说亮话：“掀”，音“嚣”。毫无隐瞒地直言；坦率地讲。评话《隋唐·告御状》（表）：“隋炀皇帝要拿告御状格李世民乱棒打出，萧皇后对皇帝说，倷叫俚进来，搭俚掀开天窗说亮话，告诉俚，因为倷搭俚格爷勿对，所以要杀。”

偷鸡勿着蚀把米：比喻得不偿失。评话《英烈·造皇城》（表）：“胡大海本来想要点功劳，现在鬼话弄穿绷，真叫偷鸡勿着蚀把米，非但功劳呒不，还落了个说鬼话格名声。”

外甥勿出舅家门：指外甥的面貌、性格往往酷似舅父。评话《英烈·大战白岩岗》（表）：“元帅发令，话还没有说完，李文忠已经冲出去哉。旁边朱元璋一看，哈哈！到底外甥勿出舅家门，我娘舅心急，外甥也急格哪。”

心慌吃勿得热粥：比喻急躁是做不成事的。评话《英烈·羊角湾乱箭射死二王》（表）：“胡大海偷袭严州，守关将牛通吃醉酒呒不准备，慌忙迎战，这来叫心慌吃勿得热粥，因此吃了败仗。”

羊肉覅吃落身臊：同“鞋子覅着落个样”。比喻未曾获利反而落了话柄。评话《隋唐·举双狮》（表）：“隋炀皇帝想李元霸人小，又呒不打仗格经验，肯定打勿过宇文成都，覅无敌将军覅做着，反而羊肉覅吃落身臊。”

一个栗子顶个壳：比喻一个顶一个，或每人摊到一个。评话《英烈·父子交兵》（表）：“红营上四个盾牌兵在过去，敌营里也有四个盾牌兵在过来，一个栗子顶个壳，四对四齐巧正好。”

亦做师娘亦做鬼：师娘，即巫婆。“鬼”，音举。形容要两面派手法。评话《英烈·逼上小梁山》（表）：“朱元璋对华云龙看看，想刚正咬耳朵是倷，现在来劝相骂也是倷，真是亦做师娘亦做鬼。”

（4）八字单句

烂木头氽拉一浜斗：比喻差的、坏的聚集在一起。有物以类聚（贬义）之意。褒义时则说：“好花开拉一树浪。”评话《隋唐·李元霸出世》（表）：“李渊四个伲子分成两派，老大替老三要好，因为一个丘货，一个怡货，烂木头氽拉一浜斗。”

龙门要跳狗洞要钻：比喻遇到顺利或逆境时，要能屈能伸。评话《英烈·兴隆大会》（表）："因为后有追兵，朱元璋看见一片矮树林，要紧望树林里钻进去，格末叫龙门要跳狗洞要钻，匍在地上响也勿敢响。"

千穿万穿马屁勿穿：对人拍马奉承，总会被接受的，并得到好处。评话《英烈·初次出川兵》（表）："元帅张定边教陈友谅，说倷去拍拍四川三王格马屁，叫千穿万穿马屁勿穿，什梗俚就会在红营面前帮伲江西说好话。"

敲脱牙齿往肚里咽：形容吃了亏，有苦难言，只得自认晦气。评话《英烈·兵进衢州》（表）："方国珍关照步将，说此番出征一切全要听先锋将金得济格。后来金得济认着亲生爷胡大海。方国珍责问步将为啥听金得济的？部将说是倷关照的，金得济格闲话就是倷格旨意，方国珍敲脱牙齿往肚里咽，响勿落。"

热心肠招来是非多：热心人易招惹是非。评话《隋唐·逼造行宫》（表）："毛钦差想我劝先生李渊嫑造行宫还是逃走，先生动气哉，唉！我真是热心肠招来是非多。"

同过患难吃过泡饭：比喻一起度过苦难的日子。评话《英烈·金殿封官》（表）："朱元璋看到胡大海叫王玉带来格干粮袋，想一定要吃吃看，因为我搭俚是同过患难吃过泡饭格，送来格扳是好物事。"

未说先笑勿是好兆：没有开口，先露笑容，往往用意不善。评话《英烈·兵进镇江》（表）："元帅徐达看了降书降表，晓得胡大海在说鬼话，所以哈哈大笑。胡大海想未说先笑勿是好兆哺，倒要当心点哉。"

（5）九字单句

三间房子看仔两间半：形容调查不周全而发生失误。评话《英烈·智取北和州》（表）："葛耶仙一看是八卦阵，懂的，应该从'开门'进，'生门'出。勿晓得倷三间房子看仔两间半，那末倷豁边哉。"

十八个画师也画勿像：比喻尴尬的面部表情或丑陋的面容难以形容。

评话《包公·接太后》（表）："范仲华王爷是穷出身。现在文武官员摆酒请俚，俚要紧说：'这种小菜我总算吃着哉，不过我呒不铜钿格'，弄得文武官员要笑勿敢笑，格两只面孔叫十八个画师也画勿像。"

（6）十字单句

有理呒理出拉众人嘴里：指群众舆论是公正的。评话《隋唐·大闹合欢厅》（表）："李渊听袁天罡、李淳风说：倷勿造行宫拨皇帝杀脱，百姓要讲杀得对格；行宫造好，皇帝要杀，百姓就要说李渊死得冤枉。叫有理呒理出拉众人嘴里。"

一筅帚甩煞十八只蟑螂：不加区别，否定或骂倒一切。评话《英烈·看马讨令》（表）："马兵王玉讨令要冲出牛塘角讨救兵。两边将官想，伲全呒不用只有倷本事顶大，倷实头一筅帚甩煞十八只蟑螂。"

2. 双句式惯用语

双句式惯用语，按照每个单句字数的多少，胪列如下：

（1）三字+三字

阿艮艮，膀牵筋：形容为人耿直，脾性固执。评话《隋唐·金殿斩李渊》（表）："隋炀帝当年为了当太子送礼拨李渊，要俚到老皇帝门前说好话。碰着李渊是个阿艮艮，膀牵筋朋友，当面就回头，杨广从此怀恨在心。"

到啥山，斫啥柴：随俗。比喻根据实际情况办事。评话《英烈·兵进镇江》（表）："邓青想，等到姑苏大军到，倷徐达只好立在边上，现在我叫到啥山，斫啥柴，边上立立再讲。"

浪得山，才勿关：形容终日闲荡无所事事。评话《英烈·兵进镇江》（表）："元帅徐达，拿粮台格印交拨降将邓青，胡大海这个一日到夜浪得山，才勿关朋友亦会呆脱格哟。"

七能长，八能大：比喻已经长大成人。评话《包公·郭槐招供》（表）："潞花王在阴审郭槐当中扮个阎王，现在拿到郭槐的口供单，想连下来哪哼呢？亦勿好虎脸头子拿下来，对仔郭槐‘瞒’，搭倷溜溜，到底七能长，八能大哉，做勿出格。”

桥归桥，路归路：比喻各归各。评话《英烈·三打采石矶》（表）：“元帅徐达说，啥人打下采石矶就做正先锋。其实现在是发正先锋格印，打采石矶是另外一桩事体，桥归桥，路归路格。”

若要好，老做小：谓要想和睦相处，做长辈对小辈须迁就忍让一些。评话《英烈·复战濂江浦》（表）：“汤和点王玉为先锋，沐英李文忠勿大开心，汤和想，若要好，老做小则啯，也让俚笃出去吧。”

一句进，一句出：言语反覆不定。评话《英烈·兵进凤台关》胡大海（白）：“我说到太平府去打仗，实在是在营里，你晚上来冲营，吃了苦嫑怪我。”（表）：“胡大海一句进，一句出叫人家捉摸不定。”

（2）四字+四字

黑铁墨塔，吃俚勿煞：形容摸不准，吃不透。评话《英烈·大开辕门》（表）：“胡大海讲，自家手托千斤板，做过大元帅。大元帅徐达有点黑铁墨塔，吃俚勿煞，一方左部先锋将印倒交拨俚哟。”

老将出手，直脚呒救：比喻经验丰富的人，总能成事，或无人可以抵挡。评话《英烈·三刀逼败王玉》（表）：“王玉看见来格是老将，想这个老头子真也勿摆在心上。嫑晓得老将出手，直脚呒救，今朝倷要吃苦头哉。”

锣鼓听声，闲话听音：谓要从对方说话中辨别其意图。评话《隋唐·取锤马》（表）：“老奸宇文化及，关照两个教师爷害李元霸，教师爷叫兵丁要多带干粮勒银子。锣鼓听声，闲话听音，兵丁晓得会有意外，所以带足干粮银子。”

麻雀虽小，五脏俱全：比喻建筑或其他物件，体积虽小，配备却齐全完整。评话《隋唐·百日造行宫》（表）：“李渊奉旨造行宫。虽说是行宫，但麻雀虽小，五脏俱全，搭皇宫要不相上下。”

廿五送灶，七颠八倒：吴俗于农历十二月廿四送灶，廿五送灶则违背了常规，故借指形容事情颠倒，不合常情。评话《隋唐·训子》（表）："长勒大格宇文成都，拨瘦勒小格李元霸碰碰一跤，拍拍一跤，真是廿五送灶，七颠八倒，随便啥人想勿到格。"

棋高一着，扎手缚脚：比喻在强者面前，处处被动。评话《包公·三探郑州》（表）："两位相爷告诉包公，伲猜测狄青覅死，现在证实俚果然还活着。包公对两位相爷看看，我佩服㑚笃，真是棋高一着，扎手缚脚。"

拳不离手，曲不离口：意谓要掌握某种技能，必须经常不间断地练习。评话《英烈·常遇春二中鼍龙枪》（表）："方国珍同常遇春交战，方老老装得好像招架勿住。勿晓得格人以为俚长远勿打仗哉，叫拳不离手，曲不离口，功夫荒疏哉。"

说得稀奇，见得平常：犹言名不符实。评话《包公·初审郭槐》郭槐（白）："王大人，你审第一堂就要用刑，这不合规矩。枉为刑部，连这点也不懂，大人真是说得稀奇，见得平常。"

说着曹操，曹操就到：比喻提起某人，某人即来。评话《隋唐·打钦差》（表）："老太君听钦差说，俚被我小孙子李元霸打伤了，心想，这是不可能的，倒要问问清爽。嗳，说着曹操，曹操就到，李元霸来哉。"

（3）四字+四个以上的字

眼睛一霎，老孵鸡变鸭：比喻变化极快。评话《隋唐·花园得捶马》（表）："老道士教李元霸骑马舞双锤。该歇辰光李元霸眼睛都勿舍得霎，叫眼睛一霎，老孵鸡变鸭。真格要霎，两只眼睛只好替换霎。"

千拣万拣，拣着个猪头瞎眼：比喻过分挑拣，反而找错了人。评话《英烈·复战濂江浦》（表）："汤和想，王玉是冲牛塘角格大好佬，本事好格。勿晓得现在格王玉骄得不得了，叫骄者必败，真是千拣万拣，拣着个猪头瞎眼。"

（4）五字+五字

口吃南朝饭，心向北边人：犹言“身在曹营心在汉”。评话《英烈·王薛献粮》（表）：“刘伯温策反王为、薛显。现在，俚笃人虽说是姑苏王张士诚格部下，不过心已经到了红营上哉，真叫口吃南朝饭，心向北边人。”

七个里贩牛，八个里贩马：言行反复无常。评话《英烈·恩结师生》（表）：“王玉冲营，失落金批御令，照理要杀格，拨胡大海七个里贩牛，八个里贩马，说出一番理由，元帅相信，居然勿杀。”

三个勿临盆，四个勿相信：形容脾性好胜，不服输。评话《英烈·兴隆大会》（表）：“李文忠带格骑兵碰着响车，一连四排骑兵，死格死伤格伤，俚三个勿临盆，四个勿相信，还要上第五排，结果还是人仰马翻。”

怡人闲话多，怡戏多锣鼓：人品差的，说话却多，质量差的事，花样亦多。比喻多话、多事。评话《英烈·独挡濂江浦》（表）：“邓青一枪，拿华云龙挑下马，还要拨两句闲话拨俚勒，真是怡人闲话多，怡戏多锣鼓。”

三个勿开口，仙人难下手：不说话，不露声色，使人捉摸不定，难以对付。评话《包公·二审郭槐》（表）：“今朝大理院三法司审问，郭槐晓得有花头拉海，打定主意勿讲闲话，三个勿开口，仙人难下手，让呧笃自说自话去问吧。”

要末楼浪楼，要末搬砖头：意指如不能出人头地，就将沦作平庸。评话《隋唐·打侍卫》（表）：“老太君想真格拨倪子李渊说着哉，俚说李元霸要末楼浪楼，要末搬砖头，现在孙子打死两个侍卫实头闯大祸哉。”

一朝权在手，便把令来行：一旦有了权便滥发威势命令。评话《英烈·胡大海初摆老虎阵》（表）：“为了冲出牛塘角，要摆个阵图。胡大海说俚来摆个老虎阵。元帅赞成，就拨俚一条令箭，胡大海一朝权在手，便

把令来行，关照大家要听俚调排。”

（5）五字+六字

凭倷风浪起，俺这里勿开船：比喻尽管处境险恶，但自有主张，做到岿然不动。评话《包公·二审郭槐》（表）：“郭槐在大理院受审。听韩琦相爷说，我是冤枉格。想这个老头子一定有啥花头勒，我总归凭倷风浪起，俺这里勿开船，看倷哪哼。”

（6）六字+五字

额角头浪挑担，鼻头浪转肩：比喻为人狡诈，惯于见风使舵。评话《隋唐·复职加封》（表）：“老奸宇文化及听皇帝说自家也有罪，想快点调头，否则李渊赠害着，要害自家哉。这种人真叫额角头浪挑担，鼻头浪转肩。”

有仔三分颜色，就开染坊店：比喻得寸进尺，胆大妄为。评话《英烈·复战濂江浦》（表）：“胡大海派人叫元帅徐达上帐听令，元帅想，俚摆老虎阵，我拨俚条令箭，俚算有权哉，叫我去听令，真叫有仔三分颜色，就开染坊店。”

（7）六字+六字

只有千年做贼，呒不千年防贼：意为防不胜防，难免会有疏忽。评话《包公·哭奏南清官》（表）：“包拯不肯说出李娘娘在啥地方，生怕被刘娘娘格余党听见。这叫只有千年做贼，呒不千年防贼，万一疏忽，李娘娘性命难保。”

3. 三句惯用语

本书所及评话三句式惯用语，暂见一例：

吃一、搛二、看三：搛，吴语谓以筷夹物。指嘴里吃着第一筷菜，手里已夹了第二筷菜，眼睛还看着要夹的第三筷菜。比喻贪得无厌。评话《英烈·兵进衢州》（表）：“胡大海打勿过方国英收兵回营。然后带了左成龙、平安公子要去打严州哉。俚就是这种脾气，欢喜吃一、搛二、看三，样样要格。”

（二）**弹词中的惯用语**

1. 单句式惯用语

单句式惯用语，按照每个单句字数的多少，胪列如下：

（1）五字单句

唵啦嘛呢吽：苏州俗语。唵，为“瓮”的谐音，瓮，在吴语有埋藏，掩盖之意。意为不言语，不声张，不分辩，不明不白。弹词《孟丽君·女扮男装》（表）：“孟丽君想，我满腹才情，就什梗死，死得真正唵啦嘛呢吽，呒不交代格。”

臂膊望里弯：比喻自己人终究帮助自己人。弹词《三笑·代做文章》（表）：“二喥头上楼一路背文章，二娘娘听说文章是华安教格，想唐寅是我表兄，自家人，臂膊望里弯格，我倒要谢谢俚勒。”

臂膊望外弯：比喻只帮外人。弹词《白蛇传·断桥》（表）：“白娘娘想，小青说我格闲话勿对，那末法海闲话对了，倷臂膊望外弯格。”

拆穿西洋镜：揭穿事情的真相。弹词《孟丽君·夫妻相会》（表）：“苏映雪想，我搭孟丽君做假夫妻，俚是我东家的小姐，勿能拆穿西洋镜，总要帮帮俚格忙。”

趁水踏沉船：比喻乘人危急之时进行打击。弹词《描金凤·扳倒谢登》（表）：“谢登想，皇帝说我有欺君之罪，文武官员马上数落我一桩桩罪行，呃笃趁水踏沉船勿作兴格。”

痴汉等老婆：意为等不到。弹词《林冲·酒店设计》富安（白）：“啥个啊？呃笃拿我一个人弆在此地，嫑呃笃倒勿来，我像痴汉等老婆，个倒僵格哖。”

痴子望天坍：妄想做或出现办不到的事。弹词《玉蜻蜓·抢救三娘》（表）：“金大娘娘说，等金钗的事体弄清爽，我要叫呃笃婆太太替倷赔罪。三娘想，倷嫑痴子望天坍哉。”

赤脚地皮光：形容一贫如洗。弹词《孟丽君·女扮男装》（表）："孟丽君想，刘奎璧阴谋暗算，拿皇甫少华一家弄得赤脚地皮光，实在可恶。"

戳穿猪尿泡：尿，吴语读"水"。比喻揭破隐私。弹词《孟丽君·丽君戏夫》（表）："皇甫少华想皇甫敬是我爷，现在在先生面上勿能说，总勿能自家去戳穿猪尿泡啊。"

大好八成帐：意为不会好的，另说为"好煞见模量"。弹词《孟丽君·双女洞房》（表）："孟丽君想，让我来看看，新娘娘生得勿知哪哼？想上去，大好八成帐，勿会标致格。"

喉咙三板响：喉，吴语读"镬"。形容大声讲话。弹词《玉蜻蜓·沈方哭更》（表）："马公为了沈方敲更要哭，去告诉大人。到中舱，喉咙三板响，回大人。"

回汤豆腐干：比喻重回原处，或重操旧业。弹词《白蛇传·发配镇江》（表）："许仙要发配到镇江去，王永昌说，等倷转来仍旧到我店里来。许仙想，回汤豆腐干勿做格，嬷拨店里先生笑格啊。"

镬子防热掇：趁热打铁的意思。弹词《孟丽君·移花接木》（表）："孟丽君听郦员外口气，要认我做寄伲子，既然俚一片诚心快点答应，镬子防热掇，省得俚反悔。"

猢狲勿赅宝：形容得了贵重物品，手足无措，无所适从。弹词《玉蜻蜓·沈方脱逃》（表）："二娘娘拿着一对凤头金钗，戴在头上怕困坏脱，放在台上怕勿见脱，真是猢狲勿赅宝，扒了一夜天覅躺。"

搛着一筷吪：比喻抓住对方把柄或弱点做文章。弹词《玉蜻蜓·沈方哭更》（表）："沈方在敲更辰光骂强盗，乌公多心哉，因为俚做过强盗格，想今朝要告诉大人，教训教训这个更夫，哪是俚搛着一筷吪哉。"

借脚上阶沿：一作"借脚上阶头"。乘机，借机。弹词《白蛇传·化檀》（表）："法海和尚假装头晕，一跤跟斗跌下去。想旁边人总要搀我到店堂里去坐坐，我可以借脚上阶沿，去看许仙。”

开口见喉咙：一作“开口见喉咙，提起尾巴见雌雄”。一下子便见分晓。弹词《珍珠塔·姑侄相见》（表）：“陈夫人吃勿准方卿阿曾做官，想我只要同俚讲张，叫开口见喉咙，一听俚格说话，就可以见分晓。”

空口说白话：指说说而已，不能兑现的话。弹词《孟丽君·女扮男装》（表）：“孟丽君对丫头说，伲逃出去要女扮男装，这两身男人衣裳弄勿着，空口说白话也是枉然。”

空心大老倌：指外表富态内囊空空的人。弹词《三笑·月下三笑》（表）：“唐伯虎银子𫠦带，船上人一看，有数脉哉，晓得俚是格空心大老倌。”

困扁倷个头：同“吓脱倷个喜（魂）”。讥笑人痴心妄想。弹词《孟丽君·洞房刺奸》（表）：“苏映雪听小奸讲，替自家要白头到老，想困扁倷个头，马上要倷死哉。”

老皮脓滚疮：比喻没有变化，总是这个老样子。弹词《玉蜻蜓·夫妻相会》（表）：“沈君卿到房厅上见过娘，问两位哥哥好。阿大说，我是老皮脓滚疮，总关格点花头。”

两好并一好：指两人的脾性优长一样的好，好上加好，融洽相处。弹词《孟丽君·夫妻相会》（表）：“孟丽君晓得王华就是皇甫少华，心里倒反而勿快活。因为昨日俚回头我还𫠦攀亲。夫妻是要两好并一好格呀，倷实头勿拿我放在心上。”

捏鼻头做梦：比喻妄想做办不到的事。弹词《孟丽君·洞房刺奸》（表）：“苏映雪听小奸说，搭我做恩爱夫妻，啥格恩爱夫妻？倷真是捏鼻头做梦，等歇就要倷格命。”

一拍一脗缝：脗缝；吻合无缝隙。比喻事物正合适、正匹配。弹词《孟丽君·相府招亲》（表）：“闲人对孟丽君说，相国千金招亲，倷去正好，十八岁，一榜解元爷，𫠦娶亲，真是一拍一脗缝，无有勿成功。”

七错念三缠：说话错误，混乱。弹词《玉蜻蜓·云房产子》（表）："智贞要临盆哉，嘴里歇歇喊痛。佛婆一转念头有哉，我来搭俚七错念三缠，让俚痛好忘记脱。"

强盗发善心：谓一贯作恶者忽然做好事或善行。弹词《白蛇传·移家》（表）："镇江府晓得白素贞有妖法，所以勿敢办许仙。差人弄勿懂哉，咦！今朝老爷做啥强盗发善心介？"

撬脱牙床骨：一作"撬开牙床骨"。指硬逼其开口。弹词《孟丽君·女扮男装》（表）："孟丽君要女扮男装逃出去，丫头说，可以托我寄娘去买两身男装，关照俚嫑响，哪怕撬脱牙床骨，俚也勿会说格。"

肉麻当有趣：指将庸俗卑下的言行充作有兴味、投人所好的举动。弹词《孟丽君·洞房刺奸》（表）："刘奎璧看新娘子勿响，想我应该先叫应俚，要叫得亲热，俚会搭我恩爱。小奸还要肉麻当有趣勒，覅晓得新娘娘要傺格性命。"

一似一脱式：完全一样。弹词《描金凤·换监救兄》吐血四官（白）："阿二啊，金继春去看徐惠兰，两家头面孔生得一似一脱式，俚笃碰了头，伲还弄得清爽啦。"

下巴托托牢：同"牙齿作作齐"。比喻说话要思考、谨慎，不可胡说八道。弹词《玉蜻蜓·沈方拾钗》沈方（唱）："红云啊！合府人称傺怪东西。说话轻重勿得知。傺末下巴托托牢，搭我牙齿作作齐，总嫑盐钵头里出啥格蛆。"

小鸡大仔娘：次要的大于或多于主要的；比喻不合算或小合大。弹词《玉蜻蜓·恩结父子》陆鸿其（白）："挑一担水只有几个铜钿，买账簿阿合算呢？小鸡大仔娘，就在墙头上搨搨吧。"

新鲜活死人：形容知觉麻木，反应迟钝的人。弹词《三笑·银盆泼水》（表）："唐伯虎看秋香出了神，水滴到俚带的巾上，唐伯虎赛过新鲜活死人，会覅觉着格。"

牙齿作作齐：比喻说话要谨慎，不可胡说。弹词《玉蜻蜓·三搜庵堂》（表）："老佛婆想方兰这个丫头厉害，同俚讲闲话实头要牙齿作作齐勒好讲得来。"

眼勿见为净：眼睛不看见，不干净也当作干净。比喻不顺心的事，不去看它、想它，心里也就没有烦恼而觉得清净了。弹词《白蛇传·释疑》（表）："许仙想家小是格妖怪，我亲眼看见格。想端阳日索性去看龙船，倒也眼勿见为净，现在哪哼做得落夫妻呢？"

眼仙人发定：眼仙人，即瞳人。形容人在极度惊恐或忧急之时的发呆貌。弹词《孟丽君·少华脱险》（表）："江三嫂看刘奎璧拔出宝剑对准壁橱刺进去，急得眼仙人发定。想皇甫少华性命难保哉。"

一对带拉苏：犹言一对宝货，或难兄难弟。意指二人作为、处境相同或相仿佛。用于贬义。弹词《孟丽君·移花接木》（表）："郦员外听孟丽君一番诉说，想倷是拨爷娘赶出来，我是伲子生重病，伲两家头一对带拉苏，才是苦命人。"

轧扁骷颅头：形容两面为难，或两面受责。弹词《孟丽君·相府招亲》（表）："孟丽君拨彩球打中，家将上来请新姑爷去见相爷。丽君勿肯，家将说，新姑爷，倷勿进去是伲要轧扁骷颅头格哒。"

嘴硬骨头酥：嘴上十分强硬，其实内心极其怯懦。弹词《白蛇传·踏勘》（表）："钱塘知县晓得白素贞是妖怪，嘴里说许仙不拿出元宝要杀头的。实在是嘴硬骨头酥，说完别转身来就逃。"

（2）六字单句

白铁刀转口快：比喻说话灵活能随机应变。弹词《孟丽君·双女洞房》（表）："新娘子问孟丽君，倷既然有吐血毛病，为啥声音什梗娇俏格呢？好得丽君嘴讲来得，真是白铁刀转口快，想也嫑想闲话已经来哉。"

钉就一管老秤：形容老样子，不可能改变。弹词《珍珠塔·秋珠报信》秋珠（白）："阿姐妹子乪，阿是此人呒乪勿认得啊？俚是生就一条

穷命，钉就一管老秤，三年前头来过格河南方卿方穷鬼呀。”

害乡邻吃薄粥：即“城门失火，殃及池鱼”之意。弹词《白蛇传·释疑》赵先生（白）：“许老板，呒笃夫妻相骂，弄得害乡邻吃薄粥，伲倒要卷铺盖滚蛋哉，快点上楼去吧。”

好死勿如恶活：纵然艰苦活着总比死去好。意为要珍惜生命。弹词《孟丽君·女扮男装》（表）：“丫头荣兰劝孟丽君，说小姐，寻死路也犯勿着，叫好死勿如恶活，快点想办法是真格。”

河水勿犯井水：各不相关，互不侵犯。弹词《三笑·初会秋香》（表）：“唐寅想，当初以为表妹嫁到无锡龙亭，我住在苏州，和俚河水勿犯井水。想勿到今朝我为了秋香到华相府来，齐巧落到俚手里。那末僵哉。”

见人头发货色：比喻不一视同仁。弹词《孟丽君·相府招亲》（白）：“唉，这种家将只放读书人进花园，见人头发货色，实头势利格。”

头颈骨硬翘翘：翘，音“乔”。硬翘翘意为僵硬、僵直。形容趾高气扬，目中无人。弹词《白蛇传·说亲》（表）：“小青说读书人有啥好，𫠨做官格辰光看看俚苦恼，等到做了官，头颈骨硬翘翘，勿认得人哉。”

细麻绳缉头颈：比喻慢慢地给人受罪或惩罚。弹词《三笑·训子》祝枝山（白）：“太夫人，倷的伲子横势一经在手脚半边，细麻绳缉头颈，倷有得好收作俚勒。”

盐钵头里出蛆：盐中不可能长蛆虫。比喻完全不可能或靠不住的事情。弹词《珍珠塔·内堂报喜》（表）：“陈夫人想，三多说鬼话是出名格，叫‘鬼话三多’，听俚格闲话是盐钵头里出蛆，要上当的。”

药料里格甘草：比喻少不了的或处处用得着的。弹词《玉蜻蜓·定做道场》（表）：“金大娘娘叫沈家三娘娘一淘到三师太云房里去坐坐，芳兰说我也要去格。金大娘娘想倷是药料里格甘草哂，局局有份。”

要讨好绕疙焦：比喻为好反成歹。弹词《描金凤·汪宣扮假死》四喜（白）：“对格𠰻，东家萝卜越吃越饿，倷肚皮饿，我叫倷吃萝卜变仔要讨好绕疙焦哉。”

野鸡躲仔格头：形容藏头露尾的行为。弹词《白蛇传·游湖》（表）：“白娘娘看见许仙躲在杨柳树下头避雨，想倷野鸡躲仔格头算盘好哉！”

稻柴好缚硬柴：比喻柔能克刚。弹词《英烈·赤膊交兵》（表）：“中军奉元帅之命关照斩马为粮，众将勿答应。中军为大家求情，被打四十军棍，回到营帐众将都勿好意思。答应斩马为粮。所以世界上事体叫稻柴好缚硬柴。”

（3）七字单句

打狗要看主人面：比喻要斥责或处罚人，应顾及某个关系人的颜面。弹词《白蛇传·盗仙草》（表）：“老寿星看见鹿童臂巴上把白蛇打得‘血淋嗒滴’，想妖怪啊倷打狗要看主人面，做得脱过分哉。”

打蛇打拉七寸里：比喻打击敌人要击中要害；办事要抓住关键。弹词《孟丽君·洞房刺奸》：（表）：“苏映雪想，常言道打蛇打拉七寸里，要杀脱小奸刘奎璧，只要一记刺中俚格要害就能成功。”

打碎砂锅问到底：比喻追根究底地询问。弹词《孟丽君·书房盘夫》（表）：“皇甫少华听老师问自家阿曾攀亲勒。想倷实头打碎砂锅问到底，连婚姻大事也要问格。”

胆大有得将军做：一作“胆大有官做”。比喻有胆略，才能办大事。弹词《孟丽君·宫中医病》（表）：“孟丽君说太医开格药方不妥，所以太医叫丽君也开张药方，想难倒俚。丽君想胆大有得将军做，怕点啥，丌就开。”

灯草勿能当拄拐：犹“炒熟黄豆勿做种”。比喻不起作用。弹词《孟丽君·进喜设计》（表）：“江三嫂对刘燕玉说，倷格爷为人勿好倷劝也呒不用，因为灯草勿能当拄拐，倷是力不从心格。”

东说阳山西说海：比喻说话东拉西扯，不着边际。弹词《孟丽君·

谋害少华》（表）：“刘奎璧拿皇甫少华留在小春亭上，摆酒款待，东说阳山西说海，一味假敷衍。”

鹅食盆里鸭插嘴：比喻不关自己的事，硬要参与进去。弹词《三笑·卖身投靠》（表）：“秋香说西湖好，春香也抢出来说西湖好。老太太对春香望望，倷板要鹅食盆里鸭插嘴格，阿要讨惹厌。”

恶龙难斗地头蛇：比喻外地人斗不过当地的恶势力。弹词《大红袍·海瑞访案》（表）：“豆腐店老板蛮横无理，要想动手打海瑞。乡邻说，老客嫑响哉，恶龙难斗地头蛇，快点走吧。”

一番手脚两番做：形容做事繁复，把一次能做成的事分成两次做。弹词《玉蜻蜓·沈方哭更》马公（白）：“你哭嘘，大人要杀你我再替你求情。”沈方（白）：“我勿哭就呒不事体则哉，啥体要一番手脚两番做呢？”

该仔和尚骂贼秃：“该”，吴语，当了面。比喻当面讲人坏话。弹词《白蛇传·开光》（表）：“小和尚听见小青问‘你们两个贼秃做什么？’响勿落，真叫该仔和尚骂贼秃，这个女人实头凶格。”

刚刚碰拉刚刚浪：刚刚，吴语恰好之意。同“眼眼调”。正好凑巧。弹词《白蛇传·盗仙草》（表）：“白鹤童子显出原形，嘴凑下去正要想吃个条蛇，勿晓得刚刚碰拉刚刚浪，老寿星来哉。”

隔层肚皮隔重山：比喻非亲生子女总有隔阂或人心难测。弹词《孟丽君·进喜设计》（表）：“刘燕玉对待顾氏夫人非常孝顺。顾氏夫人呢？总觉着俚勿是自家养的，叫隔层肚皮隔重山，总归有点两样。”

好马勿吃回头草：比喻有志气者应勇往直前，不走回头路。弹词《珍珠塔·九松亭联姻》（表）：“方卿想姑爹要我回转去，我搭姑娘分手辰光讲过，不得功名不到此，我是好马勿吃回头草，让我谢绝了吧。”

囫囵扭扭扁塌塌：一作“囫囵紐紐”。比喻说话模棱两可，捉摸不定。弹词《玉蜻蜓·定做道场》（表）：“法华庵里师姑急得来，金家做道场定到伲该搭，做拨啥人亦勿说格，囫囵扭扭扁塌塌，阿会金贵升死在庵里俚笃晓得格则啊？”

会捉老虫猫勿叫：老虫，即老鼠。比喻有能耐的人不声张外露，或干事不动声色。弹词《玉蜻蜓·三娘受屈》二娘娘（白）：“三房里看看老实头，实在末会捉老虫猫勿叫，暗底下主仆通奸干出格种嫑面孔格事体来。”

家眼勿见野眼见：比喻自有见到的人。弹词《玉蜻蜓·骗上辕门》（表）：“丫头荷花，奉金大娘娘之命送信。生怕别人看见，俚从后门进去。想正好呒人看见，其实家眼勿见野眼见，看见格人勿说穿罢哉。”

见人挑担勿吃力：比喻旁观者不能感知当事人的甘苦。弹词《玉蜻蜓·恩结父子》（表）：“沈方看见寄爷出去挑水，说阿爸挑水我来去。老老说倷嫑见人挑担勿吃力，倷挑勿动格。”

救仔田鸡饿仔蛇：比喻舍己救人。弹词《描金凤·相救徐惠兰》（表）：“钱玙笅看到徐惠兰只着一件夹海青，要紧拿自家身上一件棉直身脱下来拨俚着。现在倒觉着有点冷哉。心想这真个叫救仔田鸡饿仔蛇。”

开口勿见四两肉：形容夏天气温太高，连开口说话也会使人消瘦。弹词《描金凤·门斗报信》钱玙笅（白）：“天热勿过，闲话少说为妙，叫开口勿见四两肉。”

拉勒篮里就是菜：形容不加思考，不加分辨，轻率而鲁莽的言行。弹词《玉蜻蜓·君卿荣归》马公（白）：“喔，老头就是你的老子，那就是我的老伯，我们是亲戚。”（表）：“沈方想，俚拉勒篮里就是菜，也勿问问清爽，马上认亲眷。”

芦席浪踣到地浪：不相上下，差不多的意思。弹词《孟丽君·相府招亲》闲人（白）：“伲衣裳着得推板点倷就看勿起，倷是相府的佣人哟，倷搭伲是芦席浪踣到地浪，大家差勿多格。”

马屁拍拉马脚浪：奉承得不恰当，反招人厌。弹词《孟丽君·夫妻相会》（表）：“两个丫头服侍苏映雪形影不离，勿晓得苏映雪要去偷看来客阿是皇甫少华，嬷呒笃跟，真是马屁拍拉马脚浪。”

蚂蟥叮牢鹭鸶脚：比喻盯住了不放。弹词《孟丽君·夫妻相会》（表）：“苏映雪现在是相国千金，格两个丫头一日到夜蚂蟥叮牢鹭鸶脚，算是要服侍小姐格。”

棉花耳朵风车心：比喻缺乏主见，轻信他人。弹词《白蛇传·开光》（表）：“许仙这个人是棉花耳朵风车心，耳朵根来得软，心来得活，容易上别人当。”

千年文书好合药：比喻弃置已久之物有时能派上大用场。弹词《玉蜻蜓·三搜庵堂》（表）：“芳兰在云房里搜着一尊香像，问这是啥个佛？三师太回答勿出，老佛婆说是一尊‘欲佛’，因为俚听人家讲过格，这叫千年文书好合药。”

一人呒不两人主：拿主意得同人商量。弹词《白蛇传·露赃》（表）：“钱塘县库银被盗，知县逼牢陈彪三日天要破案，陈彪想，一人呒不两人主，让我回到班房里搭伙计商量商量。”

一钿勿落虚空地：比喻每一文钱都要用在最能发挥作用的地方。弹词《白蛇传·化檀》众甲（白）：“老兄，老和尚在化缘，搞落两钿结结缘好的，这叫一钿勿落虚空地。”

三人说仔九头话：众说纷纭。弹词《白蛇传·中秋》（表）：“许仙被差人当江洋大盗带了走，一歇工夫，三人说仔九头话，有个说俚是冤枉格，有个说无风勿起浪。”

湿手捏仔干面饽：同“得手戏”。比喻沾上了难以解脱的事。弹词《白蛇传·移家》周上达（唱）：“我若当堂将许仙打，只怕我太太又要受苦刑；真是湿手捏仔干面饽，湿布衫一件背上身。”

石子里逼勿出油：比喻办不到。弹词《三笑·面试文章》（表）：“华太师对先生看看，我两个伲子，好比两块顽石，倷叫俚笃做文章是石子里逼勿出油格，要逼杀俚笃哉。”

贪嗵买着猪婆肉：一作“贪嗵买仔猪婆肉”。“嗵”，吴语廉价、便宜之意。比喻为了贪便宜，结果吃亏上当。弹词《白蛇传·瘟疫降苏城》（表）：“王永昌想，许仙店里格药，是我拿忈脱货卖拨俚格哟，哑笃贪嗵买着猪婆肉哉，吃了肚里加二痛。”

贪嘴勿留穷性命：不思后果地贪吃。弹词《落金扇·老京师》（表）：“阿寿想今朝贪嘴勿留穷性命，吃白食吃出报应来，看上去要拨俚笃打杀哉。”

托人托格黄伯伯：吴语“黄”寓有不守信，无根据，不负责之意。比喻托付了不负责任的人。弹词《白蛇传·起解》差役（白）：“我叫小伙计买一只火腿，三十个皮蛋，一只酱鸭，送拨许仙格，哪哼到现在还勿来呢，托人托格黄伯伯，真正该死。”

勿是冤家勿碰头：比喻仇人或不愿相见的人，偏偏相遇。弹词《玉蜻蜓·三娘受屈》（表）：“沈方在花园里拾着一只凤头金钗，要想去还拨太太，真叫勿是冤家勿碰头，齐巧碰着红云丫头，拨俚抢得去弄出是非来。”

瞎猫拖仔死老虫：老虫，即老鼠。比喻完全是碰巧。弹词《孟丽君·宫中医病》（表）：“太后生病，想伲子啊，医病是要请郎中格呀，哪哼去请状元来呢？真是瞎猫拖仔死老虫。”

象牙筷浪扳散丝：犹如“鸭蛋里寻骨头”。比喻无事生非进行挑剔、指责。弹词《白蛇传·踏勘》（表）：“陈彪吃公事饭格，事体犯到俚手里，鸭蛋里要寻骨头，象牙筷浪扳散丝格朋友，听闲话都要辨味道。”

小鸡交拨黄鼠狼：比喻错托了人。弹词《白蛇传·盗仙草》（表）：“白娘娘扮格黄衣童子去盗仙草，俚对鹿童说，可以帮助看守丹台，鹿童说蛮好。那末小鸡交拨黄鼠狼，托俚看守，要出事体哉。”

造屋请个箍桶匠：比喻找错了人。弹词《孟丽君·宫中医病》（表）：“太后亦气亦好笑，想想皇帝伲子看我病重急昏脱哉，造屋请个箍桶匠，倒说去请个状元来替我看病。”

轧拉格北斗斋里：比喻不需要的人硬挤到中间来，或在紧要和忙碌中，插入了别的事。弹词《玉蜻蜓·三搜庵堂》（表）：“金大娘娘三搜庵堂，拨俚拿着金贵升大爷格香像，逼问三师太这是啥格佛。倒说正巧老佛婆来送茶哉，金大娘娘对俚望望，倷来轧拉格北斗斋里作啥?!”

真人面前说假话：比喻当面不老实。弹词《白蛇传·盗仙草》（表）：“老寿星关照娘娘变人形。白娘娘想我原变黄衣童子，只怕老阿爹面孔一板，倷真人面前说假话，仍旧在骗我。”

（4）八字单句

吊桶落拉别人井里：比喻做事被动不能自主，束手无策。弹词《三笑·兄妹相会》（表）：“唐伯虎到华相府做童儿，想二娘娘是我格表妹，俚搭我有气勒嗨，现在要去见俚，吊桶落拉别人井里，嫑说穿我是唐伯虎，所以有点担心。”

鬼相打难为生病人：难为，累及。比喻二人闹矛盾累及第三者。弹词《玉蜻蜓·恩结父子》（表）：“二娘娘说沈方替三娘娘主仆通奸。其实呃笃伯姆（妯娌）淘里勿对，为啥弄到沈方头上，真是鬼相打难为生病人。”

胡桃要敲仔勒吃格：比喻对付固执不讲理的人，必须采取强有力的手段。弹词《玉蜻蜓·抢救三娘》（表）：“金大娘娘想，我来抢救三娘，对沈家老太客客气气勿来事格，这个老太是胡桃要敲仔勒吃格。”

行啥良心过啥日脚：日脚，吴语日子。含有善有善报，恶有恶报之意。弹词《孟丽君·移花接木》（表）：“郦员外听见有人来借宿，回头勿留。童儿说，‘老相公，一个人叫行啥良心过啥日脚，做点好事总勿会错格，答应俚吧。’”

揽个虱拉头里搔搔：比喻自找烦恼。弹词《玉蜻蜓·沈方哭更》（表）：“马公说，更夫在骂强盗。大人说倷多心哉，倷做过歇强盗，现在是二太爷哉，用勿着揽个虱拉头里搔搔，勿关倷事。”

棉纱线扳倒石牌楼：比喻以弱胜强。弹词《描金凤·金殿除奸》（表）：“钱丑笅对谢登看看，倷是当朝首相，我是走江湖丑笅格，今朝叫棉纱线扳倒石牌楼，要倷下台。”

我拉火里倷拉水里：比喻性急者或有急事碰着慢性子人，一个急得不得了，一个却若无其事。弹词《玉蜻蜓·三搜法华庵》（表）：“金大娘娘拿着香像，问三师太是啥格佛？看三师太勿开口，金大娘娘想，我拉火里倷拉水里，倒吊肝火格。”

一丑水滴拉油瓶里：一丑水，即一滴水。比喻恰巧、难得的巧事。弹词《珍珠塔·书房露金印》（表）：“方卿想到庵堂里去见娘，最好采苹来领我去。想着采苹，采苹就到，真是一丑水滴拉油瓶里，再巧也呒不哉。”

千错万错来人勿错：来客纵有不是，也要以礼相待；不应怪罪或迁怒于他。弹词《玉蜻蜓·三娘受屈》（表）：“三娘娘耐足了气，上来叫应二娘娘。格末二娘娘啊，叫千错万错来人勿错，三娘娘在叫应倷，倷应当还个礼啰。”

张开眼睛吃老虫药：比喻做明知吃亏的事或迫不得已铤而走险。弹词《大红袍·营救海瑞》（表）：“杜鹊桥拿刀架在小和尚头颈里，叫俚领仔去救海瑞。小和尚勿敢强，只好领。想师父晓得，我性命也难保，真是张开眼睛吃老虫药，领了再说。”

（5）九字单句

半腰里杀出个程咬金：比喻突如其来地出现意想不到的人。弹词《白蛇传·水漫》（表）：“娘娘搭法海正打得要紧辰光，小青跳过来，‘狗秃驴，看剑。’法海一吓，半腰里杀出个程咬金，想啥人介？”

姜太公在此百无禁忌：民间凡遇不吉之事，即口诵此语，借以驱邪图吉利。弹词《玉蜻蜓·抢救三娘》（表）：“金大娘娘想，三娘娘为了想男人要戴孝，哪怕俫粗麻重孝我也无所谓，叫姜太公在此百无禁忌。”

冷镬子爆出个热栗子：比喻意想不到；反常。弹词《孟丽君·双女洞房》（表）：“孟丽君到了新房里对新娘讲，伲不能共枕同衾。真是冷镬子爆出个热栗子，新娘娘随便哪哼想勿到格。”

买眼药走到石灰行里：比喻找错了对象。弹词《三笑·罚画观音》（表）：“太太要责打唐寅，叫秋香去拿家法板。唐寅对老太太看看，今朝俫买眼药走到石灰行里去哉。秋香俚关心我，顶多拿篾片来打我。勿晓得秋香去拿管红木戒尺来哟。”

千记榔头打勿过格实：形容无法否定的事实。弹词《描金凤·屈打认招》（表）：“徐惠兰想这个县官勿讲道理，明明凶手杀人格证据尚在，板说王廷兰是我杀格。千记榔头打勿过格实，快点让我说说明白。”

一跤跟斗跌到青云里：境遇出人意料地大为好转，弹词《珍珠塔·见姑娘》（表）：“陈夫人听方卿讲，做官人家救俚到京里，待俚好得勿得了，格穷阿姪倒是一跤跟斗跌到青云里哉。”

一张床浪勿出两样人：比喻夫妻终究一条心。弹词《珍珠塔·姑侄相争》（表）：“方卿唱道情羞辱姑娘，陈御史说方卿荒唐。方卿想，虽说俚笃老夫妻勿对，姑夫还是帮老家小，总关一张床浪勿出两样人。”

2. 双句式惯用语

双句式惯用语，按照每个单句字数的多少，胪列如下：

（1）三字+三字

咯落栖，一淘死：同归于尽。弹词《玉蜻蜓·君卿荣归》（表）：“兵库府里格大爷、二爷，听见三爷做了官转来哉。心想，前番伲害俚性命，今朝伲两家头要咯落栖，一淘死哉。”

十得咕，念四咕：自言自语，嘀嘀咕咕。弹词《珍珠塔·捉假方卿》（表）：“杜木堂关照童儿出去打扫，要迎接钦差大人。童儿掮了扫帚，嘴里向十得咕，念四咕，咕出来。”

一朝生，两朝熟：初见陌生，再见就熟悉了。弹词《白蛇传·露赃》老板（白）：“许相公！倷立在街上要脚酸格嗨，店堂里来坐歇，一朝生，两朝熟，进来嘘。”

坐个潭，立个靥：叫他坐着就坐着，叫他立着就立着，不会擅自行动。形容人品老实，守规矩。弹词《白蛇传·露赃》（表）：“陈彪想许仙真正是坐个潭，立个靥的人，叫俚哪哼俚就哪哼。”

（2）三字+五字

若要错，石狮子变渣：形容永不认错。有讥讽的口气。弹词《描金凤·汪宣败诉》四喜（白）：“二爷，官司已经输哉。倷也嫑气。说到底是钱玌笅这张贼铁嘴会讲勿过。俚真叫若要错，石狮子变渣，俚永远勿会错格。”

若要俏，常戴三分孝：指妇女穿着素淡或白色妆饰，能显得格外姣美。弹词《玉蜻蜓·三娘受屈》（表）：“二娘娘格张嘴实在丘，讲三娘娘生得实头标致，现在戴了点孝是加二标致哉，这叫若要俏，常戴三分孝啯。”

（3）四字+四字

熬倷勿得，咽倷勿落：形容既羡慕又妒忌的心情。弹词《西厢记·游殿》法聪（白）：“那末相公，勿是我和尚熬倷勿得，咽倷勿落，既然倷姓张是家传，我倒要盘倷一盘。”

初一一句，月半一句：形容说话慢条斯理。弹词《三笑·初会秋香》（表）：“唐寅想，太太刚正问我姓啥叫啥，现在问我哪里人氏，照什梗初一一句，月半一句，问勿完是讨厌煞哉。”

满饭好吃，满话难说：比喻说话不可说过头，要留有余地。弹词《三笑·兄妹相会》（表）：“唐伯虎想，当年表妹嫁到无锡龙亭镇，我想我在苏州，勿大会碰头。一个人真是满饭好吃，满话难说，想勿到今朝做了童儿，要去见俚哉。”

人人要脸，树树要皮：比喻做人要有尊严，要爱面子。弹词《白蛇传·留许》（表）："白娘娘对许仙看看，倷明明吃人家饭，倒说自家开店，这也难怪，叫人人要脸，树树要皮，俚要面子啊。"

人要衣装，佛要金装：谓讲究衣着等的打扮、装饰非常重要。弹词《描金凤·讨罚三桩》（表）："汪宣香汤沐浴，换仔一身新衣裳，干干净净，叫人要衣装，佛要金装，像换了一个人。"

说仔阿大，勿买阿二：形容脾气倔强、主观、任性。弹词《玉蜻蜓·打巷门》阿寿（白）："阿福啊，伲小姐金大娘娘勿管半夜三更，说走就走，俚是说仔阿大，勿买阿二，说出闲话从勿改变。"

说仔一声，撒仔一坑：一句话招来一番数落。弹词《描金凤·落许》钱刭笅（白）："许娘娘，我说仔声囡呒一个人在屋里，倷拿我一连串的埋怨，倷格人就是什梗说仔一声，撒仔一坑，闲话勿断的。"

有事有人，无事无人：谓有事时对人热情，无事时便对人冷淡。弹词《描金凤·玄都求雨》（表）："钱刭笅不当心撕下皇榜一角。他请几名经常向他借钱的差人帮忙，把皇榜重新贴好。差人说，不行，有事去和巡抚大人当面讲。钱刭笅想，呒笃吃衙门饭的朋友真是有事有人，无事无人。"

一搭一档，一吹一唱：谓二人配合默契。弹词《孟丽君·少华进京》（表）："孟丽君女扮男装，丫头荣兰扮个童儿，两家头一搭一档，一吹一唱。"

（4）四字+六字

带泥萝卜，吃一段汏一段：比喻得过且过。弹词《孟丽君·双女洞房》（表）："孟丽君看新娘娘答应夫妻勿同床，想总算一个难关过脱。我只好带泥萝卜，吃一段汏一段，顾了眼前再说。"

（5）五字+四字

摇仔半日船，缆也赠解："解"读去声。比喻原地踏步，没有进展。

弹词《描金凤·徐王相见》王廷兰（白）："惠兰兄，倷吃着嫖赌全勿欢喜，个末倷欢喜点啥？徐惠兰（白）：'小弟只喜琴棋书画。'王廷兰（白）：'啊呀！摇仔半日船，缆也𫇂解，原在老场化。'"

（6）五字+五字

吃仔灯草灰，撒格轻巧屁：比喻说话不知轻重。弹词《白蛇传·盗仙草》（表）："娘娘说现在只有昆仑山格返魂丹可以救活许仙。小青说，既然如此，倷去拿返魂丹吧。白娘娘想倷实头吃仔灯草灰，撒格轻巧屁，什梗便当格啊。"

船头浪相骂，船梢浪答话：形容前面吵架，后面立即和解，不和只是暂时的。弹词《白蛇传·释疑》（表）："许仙和白娘娘淘气，不肯上楼。店里两位先生劝许仙，说夫妻淘里叫船头浪相骂，船梢浪答话，看伲面上去吧。"

恶煞自家人，好煞外头人：亲属终究比外人好。弹词《玉蜻蜓·骗上辕门》童儿（白）："荷花，伲老大人关照格，凡是金家格人，一个也勿许放进去。不过我放倷进去。因为老大人搭金大娘娘是爷囡呒哟，叫恶煞自家人，好煞外头人，等大家火气一退，自家人总归自家人。"

脚脚踏生地，眼眼看生人：形容人生地疏，不熟悉当地情形。弹词《玉蜻蜓·恩结父子》（表）："船到常州，沈方上岸，真所谓脚脚踏生地，眼眼看生人，常州𫇂到过，现在叫我到啥场化去呢？"

老虎勿吃人，形状吓煞人：比喻人的状貌可怕，其实无用。弹词《大红袍·府堂夜审》冷五福（白）："大人，我哪哼会杀人呢？我就是脾气丘点，喉咙响点，看看我蛮凶，其实是老虎勿吃人，形状吓煞人，我格人呒用场格呀。"

老口勿脱手，脱手勿老口：老练的人不会轻易放手。弹词《玉蜻蜓·桐桥拾子》（表）："老佛婆抱了小人走到桐桥，听见豆腐店老板朱小溪格声音，要紧拿小人放在地上，人走开。倷好脱手格啊，叫老口勿脱手，脱手勿老口，今朝个小囡拨倷脱一脱手，一个圈子要兜十六年。”

留得青山在，勿怕呒柴烧：比喻保存了自己，将来总能达到目的。弹词《白蛇传·合钵》（表）：“白娘娘被金钵罩牢，叫小青快点走，小青不肯。娘娘说，留得青山在，勿怕呒柴烧，报仇雪恨全靠倷了。”

人有几等人，佛有几等佛：比喻人有各种脾性及好歹之分。弹词《玉蜻蜓·碧桃报信》（表）：“碧桃丫头一句闲话救两条性命。红云丫头一句闲话要害两条性命，真格叫人有几等人，佛有几等佛。”

人争一口气，佛争一枝香：比喻为人、做事要争气，不要自卑示弱。弹词《玉蜻蜓·夫妻相会》（表）：“沈家来接三娘娘，芳兰对三娘娘说，俚笃要末来接哉，嫑末静房里饿煞倷，人争一口气，佛争一枝香，随便哪哼倷嫑出去。”

三刀戳勿啮，四刀勿出血：形容冷漠无情，难以接近的人。弹词《玉蜻蜓·三娘受屈》（表）：“三娘娘直到房厅，只看见婆太太坐在当中。半边濮氏二娘娘，一只面孔毕毕板，三刀戳勿啮，四刀勿出血。”

生拉浪格相，遏拉浪格酱：谓生就的脾性难改。弹词《珍珠塔·婆媳相会》二师太（白）：“师父，今朝我是赠得罪小姐格，不过讲到我格脾气是，叫声倷师父，这叫生拉浪格相，遏拉浪格酱，改是改勿脱格哉。”

手心亦是肉，手背亦是肉：意为都是一样的，需要同样对待。弹词《珍珠塔·见姑娘》（表）：“陈夫人听见方卿说已经做官哉，要紧拍马屁。说阿侄啊，囡呒是我亲生养格，倷是我嫡嫡亲亲格阿侄，叫手心亦是肉，手背亦是肉，我哪哼会勿欢喜倷呢？”

乌龟爬门槛，但看此一番：一作“乌龟踣门槛，但看此一番”。“爬”，转音念陪。成败在此一举。弹词《玉蜻蜓·桐桥得子》（表）：“南货店里王先生借铜钿拨朱小溪做本钿，朱小溪想，这叫乌龟爬门槛，但看此一番，二千铜钿拿过来去买黄豆做豆腐干哉。”

一只碗勿响，两只碗叮当：比喻有二人才能争吵。弹词《珍珠塔·散家财》（表）："王本一看，再吵下去老夫妻要动手哉，快点拿俚笃划策（音擦）出去。叫一只碗勿响，两只碗叮当，喊脱一个好嬷吵哉。"

有福勿会享，坐仔等天亮：比喻不会利用有利条件，自找麻烦。弹词《孟丽君·洞房刺奸》（表）："刘奎璧听新娘说，勿吹隐花烛情愿坐等天亮格。想真格叫有福勿会享，坐仔等天亮。"

嘴唇薄嚣嚣，闲话呒多少：比喻能说会道。弹词《玉蜻蜓·智贞描容》（表）："三师太想，大爷哪哼会夭寿格呢？大概嘴唇皮生得太薄。其实嘴唇皮生得薄好格，伲苏州人有句闲话叫嘴唇薄嚣嚣，闲话呒多少，格张嘴会说会话格。"

（7）五字+六字

三日勿接客，接着个弯喇叭：比喻没遇到好顾客。弹词《大红袍·夜探辕门》店小二（白）："想勿到来的客人说，困十日八日也困勿醒，真是三日勿接客，接着个弯喇叭。"

看他勿像样，倒是格雕花匠：外貌不扬，却有真才实学。有时亦用来比喻琐小的物体，却颇珍贵。弹词《玉蜻蜓·三搜庵堂》（表）："金大娘娘在三师太云房里搜着一个木头人。听三师太说是一尊佛。娘娘想，看他勿像样，倒是格雕花匠，是尊佛。"

（8）六字+三字

算盘珠拨一拨，动一动：比喻呆头呆脑，要提醒督促之后才做。弹词《白蛇传·盗仙草》（表）："老寿星对白娘娘说，倷采个瓣仙草力道小，拿转去就是教活许仙，许仙个人呆木木，像算盘珠拨一拨，动一动。我搭倷调一瓣。"

（9）六字+六字

答应得嗅嗅应，忘记得干干净：形容人健忘食言。弹词《玉蜻蜓·主仆相会》（表）："沈君卿叫马公带沈方来见，关照不要难为他。马公答应得噢噢应，忘记得干干净，亏得关照一声，勿关照是命都要送脱。”

（10）六字+七字

一不做二不休，扳倒葫芦泼掉油：要么不干，要干，就豁出去干到底。弹词《玉蜻蜓·夫妻相会》（表）：“二娘娘听说要把三娘娘接回兵库府，想一不做二不休，扳倒葫芦泼掉油，嘴舌总关夹格哉，有心夹下去。”

（11）七字+六字

嘴里吐出莲花来，当倷多吃仔藕：比喻不管对方如何花言巧语，总是不轻信。弹词《白蛇传·上金山》（表）：“娘娘跪在法海面前，求俚发发慈悲放许仙下山。法海似听非听，凭倷嘴里吐出莲花来，当倷多吃仔藕，我总归勿放许仙。”

（12）七字+七字

鸭吃砻糠鸡吃谷，各人自有各人福：形容各有自己的前途，不必强求。弹词《三笑·点秋香》（表）：“唐伯虎拿几个丫头批得一无是处。有格丫头要去告诉相爷，有格气得去告诉太太，也有格说鸭吃砻糠鸡吃谷，各人自有各人福，勿见得除脱华安，好格男人呒不格哉。”

（13）八字+八字

暴学三年天下去得，再学三年寸步难行：比喻初学者往往自负，学深了才知艰难。弹词《孟丽君·宫中医病》（表）：“孟丽君说太医为太后开的药方不妥啊不妥。太医听了气得勿得了，想倷个毛头小伙子懂点啥？真叫暴学三年天下去得，再学三年寸步难行，倷还勿懂勒。”

3. 三句式惯用语

本书所及弹词，三句式惯用语暂见两例：

花对花，柳对柳，破畚箕相对齾笤帚：“齾”吴语作缺，跛，掰解。形容相互匹配。常指人的容貌，品性等，并用于贬义。弹词《玉蜻蜓·三娘受屈》（表）：“沈家二娘娘生得难看，人亦勿好，二少爷胸无点墨，非嫖即赌，倗笃真叫花对花，柳对柳，破畚箕相对骴笤帚。”

含拉嘴里怕烊，吐出来怕冷，咽下去怕哽：形容喜欢、宠爱得无以复加。弹词《白蛇传·赠银》（表）：“许仙一夜天觛转，许氏大娘急是急得来，这个兄弟倗宝贝格，真是含拉嘴里怕烊，吐出来怕冷，咽下去怕哽。”

三、评弹中的歇后语

歇后语具有幽默诙谐的语体色彩，常见于非正式交际的场合。早期的歇后语，类似于文人间的文字游戏，很难在市井流行。明清时期，市井文学的繁盛，大大推动了歇后语的发展。歇后语从早期的藏词式发展为前半提示部分和后边真意和盘托出的新式歇后语。这种新式歇后语，“一般都由前后两部分构成，前一部分是说者所说的，真意隐去却有一定的提示性，后一部分往往是留待听者去猜，去补足的，有‘抖包袱’之效”①。本节依据《评弹文化词典》② 和其他一些评弹曲目内容，择要辑录出评弹中的歇后语，以供读者欣赏。

我们这里参考周荐先生的观点，把歇后语分为谐音和喻义两类。

（一）评话中的歇后语

1. 谐音类

鼻头浪挂鲞鱼——嗅鲞（休想）：鲞鱼风干或腌腊后称鲞。谓不要妄想。评话《隋唐·打侍卫》（表）：“侍卫奉旨到李渊千岁府来抄家，听见老太君出来，想平常日脚我格身份要想去见俚，真是鼻头浪挂鲞鱼——嗅鲞（休想），今朝真叫有皇帝格旨意，俚会出来。”

① 周荐：《词汇论》，商务印书馆 2016 年版，第 347 页。

② 吴宗锡主编：《评弹文化词典》，汉语大词典出版社 1996 年版。

观音山轿子——人抬人（人待人）：一作“花花轿子——人抬人（人待人）”。指人与人之相待以礼。评话《英烈·兵进镇江》（表）：“胡大海说邓青是假投降。徐达元帅想观音山轿子——人抬人，只要我待俚好，俚勿会变心格。”

六月里格兰花——伏盆（服盆）：令人折服的意思。评话《隋唐·校场比武》（表）：“李元霸同宇文成都到校场比武，拿宇文成都打下马来，弄得成都叫六月里格兰花——伏盆（服盆）。”

丈二和尚——头颅亦摸勿着（头路亦摸勿着）：意为茫无头绪。评话《英烈·杀妻投明》（表）：“胡大海说，要拿下济宁城，只要与我门生平安公子商量。常遇春听得丈二和尚——头颅亦摸勿着（头路亦摸勿着）。胡大海解释，平安公子格未婚妻在城里，可以里应外合。”

2. 喻意类

吊杀鬼拍粉——死要面孔：比喻明明不行，却要装得很行，不肯丢面子。评话《英烈·兵进镇江》（表）：“李文忠要想活捉邓青，不过听见鸣金，就喊一声‘造化你了’，圈转马头就回营。邓青真是吊杀鬼拍粉——死要面孔，明明打勿过人家还要追上去。”

肚皮里吃萤火虫——锃亮：一作“肚里吃仔萤火虫——锃锃亮”。形容心里亮堂，明白。评话《包公·大闹金殿》（表）：“包公要求皇帝，查明白是啥人在假传圣旨害狄青。皇帝是肚皮里吃萤火虫——锃亮，晓得勿是别人，一定是庞妃所为。”

姜太公格坐骑——四勿像：指什么都不像。评话《隋唐·花园得锤马》闲人（白）：“老道士啊，倷到底啥格路道？看倷格样子，勿像卖拳头格，亦勿像是走江湖卖膏药格，真正俗言攀谈姜太公格坐骑——四不像。”

六指头帮忙——越帮越忙：比喻不仅于事无补，反而坏了事。评话《英烈·兵进泗洲》（表）：“泗洲城守关将张天佑，险险叫拨蒋忠捉牢。

副将杨飞龙赶来帮忙，真正六指头帮忙——越帮越忙，弄得自家拨蒋忠捉得去。”

弄堂里拔木头——直拔直：一作“弄堂里拔木头——直进直出”。形容说话直截了当，不转弯抹角。评话《隋唐·大闹合欢厅》（表）：“李渊要拿自家被害格事体，讲拨李元霸听。不过晓得自家讲起闲话来弄堂里拔木头——直拔直格，小伲子听见了稳要跳起来。”

消息子敲堂锣——音头亦勿起：竹制挖耳，一端有小毛球，称“消息子”。比喻作用太小，影响不大。评话《隋唐·金殿比武》（表）：“宇文成都看李元霸生得瘦小，想这种拳头，打到我身上赛过消息子敲堂锣——音头亦勿起，我觉也勿觉着。”

养媳妇做媒人——自身难保：自顾不暇。评话《英烈·兵进衢州》（表）：“常遇春带兵打衢州城，守关将方国英晓得红营在江西一定打胜仗，假使吃败仗，养媳妇做媒人——自身难保，勿会进兵衢州格。”

（二）弹词中的歇后语

1. 谐音类

大膀浪发痁子——腿牵（太谦）：患疟疾，吴语称“发痁子”。过分谦虚的意思。弹词《三笑·文祝参相》华太师（白）：“贤才，老朽年迈，不中用了。”祝枝山（白）：“老太师倷实头大膀浪发痁子——腿牵（太谦）哉。”

端午节格粽子——裹煞（估煞）：形容料得准。弹词《珍珠塔·见姑娘》（表）：“夫人听说方卿革了职又重新做官唎，面孔就此两样。方卿想，这叫端午节格粽子——裹煞（估煞）格，势利姑娘的脾气就是什梗格。”

喉咙头把脉——掐气（客气）：对人谦让。弹词《孟丽君·洞房刺奸》（表）：“刘奎璧说，夫人，倷说自家面孔难看，呒不学问，这真叫喉咙头把脉——掐气（客气）则啯。”

江西人钉碗——自顾自："自顾自"为象声词。指钉碗时牵动钻头的声音。意为只顾自己，不管别人。弹词《玉蜻蜓·主仆相会》（表）："沈君卿想，明朝我关照地方官为更夫申冤。真叫沈君卿心地善良，假使俚江西人钉碗——自顾自，主仆就永世勿能见面哉。"

空棺材出丧——木中无人（目中无人）：形容妄自尊大。弹词《林冲·柴庄比武》（表）："洪教头听见说柴大官人同一个配犯在一起谈谈说说，倒多心哉，想替配犯去比武，拨点颜色俚看看。洪教头真格叫空棺材出丧——木中无人（目中无人），自以为勿得了哉。"

癞痢头撑伞——无发无天（无法无天）：形容不受法制约束，为所欲为。弹词《大红袍·窃袍盗印》（表）："海洪想，应该快点捉贼，吊转金印。假使格方印落到奸贼手里，哪是俚笃要癞痢头撑伞——无发无天（无法无天）哉。"

老和尚敲磬子——不当，不当："不当"为象声词，此处意为不敢当。弹词《珍珠塔·捉假方卿》杜木堂（白）："啊方世兄，老朽有失远迎望勿见怪。"假方卿（白）："喔唷，老伯大人，做阿侄到来有劳老伯出接，真是老和尚敲磬子——不当，不当。"

六月里着棉鞋——热脚（日脚）：吴语"日脚"，意为日子，亦指幸运或得意的日子。弹词《描金凤·报到为官》四喜（白）："哈哈哈，二爷，倷嫚上吊哉，钱厾笺保举倷做六品通判，那是倷六月里着棉鞋——热脚（日脚）来哉。"

棉花店里死老板——勿弹（勿谈）：意即不必谈了。弹词《大红袍·海瑞作伐》（表）："老娘娘一看，啥个？我的囡呒攀拨这个青面孔橄榄头啊？个是勿肯格，只好棉花店里死老板——勿弹（勿谈）唎。"

婆媳妇戴重孝——呒公夫（呒工夫）：没有空闲时间。弹词《西厢记·惊艳》法聪（白）："相公啊！我搭倷讲，现在辰光我真叫婆媳妇戴重孝——呒公夫（呒工夫），倷有闲话等歇再说。"

肉骨头敲鼓——荤咚咚（昏懂懂）：形容脑子不清，痴心妄想。弹词《珍珠塔·见姑娘》秋珠（白）：“夫人啊，方穷鬼做仔道士还想来攀俚堂堂御史千金，真是肉骨头敲鼓——荤咚咚（昏懂懂），想俚格勿穿。”

三个铜白糖——一蘸就完（一赞就完）：意为称赞不得。弹词《林冲·柴庄比武》（表）：“洪教头听见别人称赞自家轻身功夫好，骨头轻哉，连下来两只脚正好踏在自己棍子上，一滑又是一跤。庄丁想俚是三个铜白糖——一蘸就完格。”

三个铜钿火腿——呒刽头（呒批头）：形容没有什么可批驳的。用刀斜切薄片曰“刽”。弹词《三笑·画扇当扇》（表）：“朝奉先生一看，扇面上格两笔画是三个铜钿火腿——呒刽头（呒批头）哉，一定是唐画。”

蒲鞋出胡须——一场呒结果：“胡须”吴语读“租苏”。形容白费心血，毫无成果。弹词《三笑·房厅选美》（表）：“唐伯虎点中秋香，石榴丫头想，我真是蒲鞋出胡须——一场呒结果，白费半年心思，所以想想要出眼泪。”

田鸡跳拉戥盘里——自秤自卖（自称自卖）：形容自我吹嘘。弹词《大红袍·海瑞收监》差役（白）：“伲老爷经常说，‘我做清官清到底，爱民如子志不移。白日为民伸冤枉，晚来喝酒再唱戏。’老客，这两句话叫田鸡跳拉戥盘里——自秤自卖（自称自卖），其实是讲讲而已。”

歪嘴吹喇叭——一团斜气（一团邪气）：形容作风不正。弹词《珍珠塔·牡丹台相会》（表）：“采苹对方卿望望，倷格小道士歪嘴吹喇叭——一团斜气（一团邪气）哉，倷老爷也勿问，就问小姐哪哼，我晓得倷是为了小姐而来格。”

外甥提灯笼——照舅（照旧）：按旧规，照原样的意思。弹词《描金凤·钦差茶访》伙计（白）：“老板，水亦滚哉，哪哼弄法？”洪魁良（白）：“笨得来，再拿开水拷到冷水里，冷水拷进汤罐里烧。格来叫外甥提灯笼——照舅（照旧）哉。”

温吞水打浆——面熟麦生（面熟陌生）：似曾相识之意。弹词《珍珠塔·小夫妻相会》（表）："紫薇堂上小夫妻碰头。陈夫人身边几个丫头说，小道士只面孔看看有点温吞水打浆——面熟麦生（面熟陌生），好像啥场化看见过格。"

烟囱管里荡勺钩——钓火（吊火）：勺，音"酌"，形容吊起了肝火。弹词《玉蜻蜓·打巷门》（表）："金大娘娘叫阿福阿寿去打开北濠巷门。阿福阿寿呒啥客气，先来烟囱管里荡勺钩——钓火（吊火），然后好动手打。"

羊妈妈千跟斗——角别（各别）：吴俗称羊为羊妈妈。"角别"指别断犄角。即与众不同。弹词《大红袍·海瑞茶访》老板（白）："今朝的两位茶客倒难得碰着格，一个要泡一壶'不论'，一个要泡一壶'随便'，真是羊妈妈千跟斗——角别（各别）格。"

一粒米牵仔二年半——久磨（久慕）：慕名已久。弹词《珍珠塔·毕府会亲》丫头（白）："喔，倷就是采苹阿姐?！伲毕府里全晓得倷，真叫一粒米牵仔二年半——久磨（久慕）哉。"

2. 喻意类

城头浪出棺材——远兜远转：形容不直截了当。弹词《西厢记·借厢》（表）："法本和尚想，这个读书人说了半日，原来是要借住在伲寺院里，俚说话欢喜城头浪出棺材——远兜远转格，倒叫我跟仔俚兜圈子。"

臭乳腐浪浇麻油——外香骨里臭：比喻外表完美，内里丑恶。弹词《玉蜻蜓·静房绝食》（表）："沈太太想三媳妇表面上看看大贤大德，想勿到竟然会主仆通奸，真正是臭乳腐浪浇麻油——外香骨里臭。"

大年夜看历本——呒好日：意为没有好日子了。弹词《玉蜻蜓·火烧豆腐店》（表）："朱小溪开的豆腐店烧脱之后，一日到夜呆头呆脑，想我朱小溪真是大年夜看历本——呒好日哉。"

戴仔箬帽亲嘴——远绷：形容相距太远。弹词《描金凤·钱笃笺求雨》钱玍笅（白）：“求勿落雨顶多打我三十记手心。阿对了。”小道士（白）：“仙人啊！三十记手心是真叫戴仔箬帽亲嘴——远绷，真也不止勒！”

顶仔石臼做戏——吃力勿讨好：形容劳而无功，白费力气。弹词《描金凤·汪宣送盘》来贵（白）：“好哉，四喜啊！我也难得做主格，吃吃力力送趟盘，弄得顶仔石臼做戏——吃力勿讨好，还要受呒笃埋怨。”

额角头浪格块——掇勿散：比喻难以解脱的关系。一般指骨肉关系。弹词《玉蜻蜓·骗上辕门》（表）：“张国勋想囡呃为了夺埠头，碰着恶蛇党是要吃亏哉，总究是自家囡呃，额角头浪格块——掇勿散格，看俚吃亏总勿是事体。”

隔年蚊子——老口：老于世故，说话审慎，善于应对。弹词《描金凤·地方踏勘》（表）：“洪奎良听马寿什梗一讲，就晓得俚是隔年蚊子——老口。因为俚勿说自家要我帮忙，只讲有个把弟兄打坏了人要我帮忙。”

狗咬吕洞宾——勿识好人心：比喻好歹不分。弹词《珍珠塔·婆媳相会》（表）：“方太太拨二师太骂仔几声心里气啊，我来提醒倷，让倷对出下联，想勿到倷反而骂我，真是狗咬吕洞宾——勿识好人心。”

关老爷卖豆腐——人硬货勿硬：形容人有地位实力，但所做的事不实在，有虚假或有弱点。弹词《描金凤·媒婆代嫁》（表）：“钱玍笅自家有数，明说嫁囡呃，实在是关老爷卖豆腐——人硬货勿硬呀，只好想个极法子，来格合龙门迎娶，孤孀妈妈好过门。”

关老爷面前使大刀——献丑：形容自己能力较差，却在能人面前卖弄。多作谦辞。弹词《文武香球·一马双驮》（表）：“看守后寨门格老老，晓得打勿过张桂英，呒不办法，只好关老爷面前使大刀——献丑哉，举起双刀对准马头上劈下来。”

棺材里伸手——死要：形容贪钱财或贪婪得很。弹词《大红袍·海瑞私访》差役（白）：“老客，倷阿晓得碰粮船可以罚款格哟，罚着银子同粮船上拆账，伲格老爷叫棺材里伸手——死要，只认铜钱勿认人格。”

黄连树底下操琴——苦中作乐：在困境或苦难中找乐趣，聊以自慰。弹词《大红袍·失落白雀寺》（表）：“海瑞被恶僧李达罩在一口大格铜钟里。想勿到胡美娘在铜钟上头格洞洞里掷下不少干点心，海瑞想身困囹圄吃还俚花色干点心，真是黄连树底下操琴——苦中作乐哉。”

黄鼠狼搭鸡拜年——勿安好心：形容不怀好意。弹词《大红袍·营救海瑞》（表）：“杜雀桥跟了小和尚一路进来。只看见前头一只厅，火光锃亮。啊呀勿好，小和尚说得好听，原来黄鼠狼搭鸡拜年——勿安好心，要拿我骗到恶和尚身边去。”

火烧眉毛——只图眼前：比喻情势危急，只能先解决目前之事。弹词《珍珠塔·母女备弄相会》（表）：“陈夫人问陈翠娥，既然方太太旧年就到襄阳，倷为啥要瞒我？采苹一时情急，说旧年来格是方太夫人派得来格老婆婆。采苹真叫火烧眉毛——只图眼前，等歇姑嫂碰头，鬼话险些弄穿绷。”

姜太公钓鱼——愿者上钩：意为自觉自愿。弹词《孟丽君·相府招亲》（表）：“家将看孟丽君勿肯进花园，想抛球招亲，是姜太公钓鱼——愿者上钩，倷回头呒工夫，我勿能扳要倷进去。”

叫花子吃死蟹——只只好：形容选择标准极低。弹词《珍珠塔·见姑娘》秋珠（白）：“方卿官𫞩做着，做仔道士哉，伲叫夫人拿采苹嫁拨俚，这种穷鬼，听见有家主婆勿会勿要格，叫叫花子吃死蟹——只只好。”

韭菜面孔——一拌就熟：意为人容易接近，容易相处。弹词《孟丽君·移花接木》（表）：“孟丽君听郦若山讲，要想认个亲眷。所以马上跪下来，说寄父大人在上，容孩儿叩请金安。丫头荣兰想伲小姐真是韭菜面孔——一拌就熟，刚刚碰头，已经寄爷认好哉。”

老孵鸡生疮——毛里有病：意为内中有问题。弹词《珍珠塔·方卿哭诉》（表）："采苹听方卿讲，三年前写过一封信，差一个童儿送二十颗明珠、五百两银子到太平庄去。这些说话，叫老孵鸡生疮——毛里有病，阿是走江湖格人，还用还俚童儿啦？"

老寿星吃砒霜——活得勿耐烦：犹言可以活下去却不要活。弹词《珍珠塔·小夫妻相会》（表）："采苹一听，方卿寻勿到娘要寻死路哉。想倷实头老寿星吃砒霜——活得勿耐烦哉，死得呒不名堂格。"

老太婆射箭——推板一线：形容一线之差。弹词《描金凤·玄都求雨》钱玏笑（白）："小道士，假使我求勿落雨，抚台大人要杀我头格?!"小道士（白）："仙人啊！倗末老太婆射箭——推板一线哉。"

六月里冻煞绵羊——说来话长：形容非三言两语能说清楚。弹词《珍珠塔·牡丹台相会》（表）："方卿听采苹在叹气，啥个原因末叫六月里冻煞绵羊——说来话长，勿是一句两句说得完格，勿知表姐哪哼啯？"

六指头搯卦——挨勿着：搯卦，用五个指头足够了，用不到第六指的，意为轮不到。弹词《孟丽君·比箭夺婚》孟士元（白）："贤侄请坐。"刘奎璧（白）："老伯大人在上头，做阿侄只好半边什梗立立，哪哼敢坐呢？真格叫六指头搯卦——挨勿着啯。"

砻糠搓绳——起头难：比喻凡事开头难。弹词《孟丽君·书房盘夫》（表）："皇甫少华到书房里见过主考大人，孟丽君想：叫我从何问起呢？真叫砻糠搓绳——起头难啊。"

老太婆吃海蜇——嘴里闹猛：形容只说不做地空敷衍。弹词《孟丽君·小奸搜楼》（表）："江三嫂独剩敷衍，壁橱勿肯开。刘奎璧想，倷嬷老太婆吃海蜇——嘴里闹猛。关照俚闲话少说，快点打开橱门。"

陌生人吊孝——死人肚里得知：一意为别人都不知晓。又意为，只有自己知道（语带讽刺）。弹词《描金凤·志节赖婚》（表）："钱玏笑走出典当，心里一笃定，想赖婚蛮顺利。勿晓得三才四喜追上来说，伲东家请倷转去。钱丢笺问有啥事体？四喜说陌生人吊孝——死人肚里得知，倷回转去就会晓得格。”

木渎鼓手——一套头：木渎的吹鼓手。过去只吹一套乐曲，此处指只有一套衣服。木渎，地名。在苏州市郊。弹词《玉蜻蜓·君卿荣归》（表）：“沈君卿看沈方着得破破烂烂，问俚阿有好点格衣裳？沈方说我是木渎鼓手——一套头，勿有第二套格。”

木匠戴枷——自作自受：犹言“作茧自缚”。弹词《白蛇传·许仙开店》王永昌（白）：“许仙啊许仙，当时我到驿站里拿倷保出来，倷在我店里，我待倷覅错嗝，想勿到倷非但跳出去，还要开药材店来抢我生意，我越想越气。”阿喜（白）：“员外，这个名堂叫木匠戴枷——自作自受。”

枇杷叶面孔——一面光，一面毛：比喻反覆无常，翻脸无情。弹词《林冲·柴庄比武》（表）：“林冲想我老兄鲁智深勒浪辰光，董超、薛霸两个差人出了笑脸，奉承我，现在老兄一走亦要凶哉，俚笃实头是枇杷叶面孔——一面光，一面毛。”

青竹头掏屎坑——越掏越臭：比喻丑闻不宜多提，越提越难听，越张扬越丑。弹词《玉蜻蜓·静房绝食》（表）：“沈太太想，让我拿三媳妇关起来，要俚绝食而亡，说起来三媳妇急病身亡，省得青竹头掏屎坑——越掏越臭哉。”

清官难断家务事：意为家务问题的是非较难判断。弹词《玉蜻蜓·沈方脱逃》（表）：“沈方想，我现在逃出去访清官，倒是清官难断家务事嗝，伲种事体勿知清官阿弄得明白。”

热石头浪蚂蚁——团团转：形容手足无措。弹词《孟丽君·陷害少华》（表）：“小奸刘奎璧，关照童儿进喜，今朝夜里三更天去放火烧杀皇甫少华。急得进喜赛过热石头浪蚂蚁——团团转，想哪哼弄法呢？”

三个指头拾田螺——稳格：稳当、有把握的意思。弹词《孟丽君·武场救夫》（表）：“武场上要比赛射箭哉。皇甫少华想，平时我可以射一百五十步远，现在只要射一百步，个是三个指头拾田螺——稳格。”

三婶婶嫁人——心勿定：形容心神不定。弹词《西厢记·酬韵》（表）：“琴童伽末明白哉，怪勿道张相公日里三婶婶嫁人——心勿定，夜里来爬高落低，原来是要看小姐。”

烧香望和尚——一事两够带：形容一得两便。弹词《珍珠塔·内堂报喜》（表）：“陈夫人想怪勿道，采苹一经到庵堂里去，原来是烧香望和尚——一事两够带，俚是去看我阿嫂格。”

寿星唱曲子——老调：老调，吴语为死亡之意。弹词《文武香球·月英刺姜青》（表）：“侯月英眼功真好，这一剑不偏不倚，在原洞洞里刺进去，姜青哪哼？寿星唱曲子——老调，而……腾！倒在血泊之中。”

四金刚戴刘海帽——勿对头寸：指尺寸悬殊，亦指身份不相配。弹词《三笑·文祝参相》祝枝山（白）：“哪哼好叫倷老太师跟在伲背后，倒叫晚辈走在前头，真所谓四金刚戴刘海帽——勿对头寸。”

四金刚腾云——悬空八只脚：比喻距离或差距甚远。弹词《玉蜻蜓·沈方哭更》（表）：“沈君卿做了巡按，船到常州文武官员都要送礼拍马屁，连驿官也要拍马屁，俚这种小官哪哼拍得上，真是四金刚腾云——悬空八只脚。”

四金刚拖鼻涕——越大越勿像人：形容越来越差的意思。弹词《大红袍·海瑞收监》（表）：“差役（白）：老客！说起伲格县太爷叫四金刚拖鼻涕——”海瑞（白）：“此话怎讲?”差役（白）：“——越大越勿像人哉。”

汤罐里焐鸭——独出张嘴：汤罐，是旧式灶头镬子旁的小水罐。形容只讲些不合实际的话或主意。弹词《大红袍·杜雀桥别师》（表）：“杜雀桥为了报杀父之仇，对师父讲，我本事学好了，一定要下山哉。师父说，倷嫑汤罐里焐鸭——独出张嘴，我要考考倷，考得出下山，考勿出休想。”

铁匠做官——独讲打：不讲理，只讲打。弹词《文武香球·追赶桂英》（表）："龙官宝对张桂英望望，倷格阿哥是铁匠做官——独讲打格哟，伲去等俚做啥，一脚落手逃，俚倒追勿着哉。"

王母娘娘放屁——神气：有气派，精神饱满或显豁，骄矜。弹词《三笑·载美回苏》（表）："阿大起来，对岸上一看，看见唐伯虎的穿着像是一个底下人，不过这个底下人真是王母娘娘放屁——神气格。"

乌龟掼石板——硬碰硬：意为不能有半点虚假。弹词《双按院·设计》李乙（白）："阿哥啊，炼印是乌龟掼石板——硬碰硬格事体，伲方印是黄蜡搭松香做的，当场炼是伲性命要勿保格啊。"

瞎子磨刀——快哉：意为有巴望了，快了。弹词《大红袍·私访吴县》差役（白）："苏州呒不好官，所以百姓都在盼望海大人，该两日是瞎子磨刀——快哉。老老要到松江去抢修海塘，板要路过苏州，阿是快哉。"

鸭吃砻糠——空欢喜：白高兴，失望。弹词《珍珠塔·戏弄姑娘》（表）："夫人听见方卿讲，俚中了状元，放了巡按，所以关照厨房办酒要款待新姑爷。后来又听方卿说，被奸臣陷害革了职，夫人真是鸭吃砻糠——空欢喜，马上赖婚。"

哑子吃黄连——说勿出格苦：指有苦难言。弹词《孟丽君·抛球招亲》（表）："孟丽君被彩球抛中，人人说俚运气好。丽君想，我是叫哑子吃黄连——说勿出格苦，万一拨人家看出我是格女，格是不得了的事体。"

夜明珠打呵欠——宝贝开口哉：终于开口说话了。弹词《孟丽君·洞房刺奸》（表）："送入洞房后，新娘子一经勿开口，现在刘奎璧听苏映雪要替自家讲张哉。总算夜明珠打呵欠——宝贝开口哉，开心啊！"

一粒米熓粥——米气亦呒不：形容相差悬殊，谈也不要谈。弹词《三笑·石榴候选》（表）："石榴丫头想着半年当中唐伯虎替自家在小厨房里讲讲说说蛮要好，觉着自家身价也高了，别格厨师替俚说笑话，偌俚面孔一板：‘呒笃搭我讲张，真所谓一粒米熓粥——米气亦呒不，我搭解元老爷谈得拢格。’”

一是一，二是二：实事求是，有条不紊。弹词《白蛇传·露赃》（表）：“陈彪关照许仙，等歇老爷坐堂问倷格事体，倷从头至尾一是一，二是二格讲，鬼话倷覅说。”

张公养鸟——越养越小：鸟，音“吊”。意为做不好事情，或指事物越来越小。弹词《西厢记·游殿》法聪（白）：“喔，相公姓张名公（珙），啊呀！倷格人呒不耐心，托倷事体做勿好格。叫张公养鸟——越养越小。”

灶家老爷上天——直奏：直言不讳；以实相告之意。弹词《白蛇传·上金山》毛先生（白）：“窦先生，老板许仙，看上去今朝勿转来哉。等歇青姐姐来问，伲只好灶家老爷上天——直奏，告诉俚，上金山去哉。”

砧墩板浪格肉——挺斩：谓任人宰割。弹词《林冲·野猪林》薛霸（白）：“伲拿林冲两只脚先烫坏俚，到野猪林动起手来，俚是砧墩板浪格肉——挺斩唲。”

第五章　昆曲与苏州方言

昆曲，原称昆腔，现称昆剧，是我国现存的一种古老剧种。据史料记载，昆曲源自于元末明初南戏昆山腔，流行于吴中一带。明代中期开始，昆曲兴盛，魏良辅、梁辰鱼等昆曲大家涌现，通过改良舞台声腔、演唱技法、乐队伴奏等方面，结束了平直无变、意致不深的南曲的统治地位，南曲由此逐渐退出历史舞台。明清之交，昆曲沿着水路北上、南下和西进，发展成为全国性的剧种，逐渐形成了北昆、苏昆和湘昆等流派。下文所言昆曲，除特别说明外，一般是指苏昆。"昆曲的鼎盛一直要延伸至清代中叶，在这又一个两百年的昆曲鼎盛史中，苏州一直是全国戏曲活动的中心：不仅是演唱中心、也是创作和学术理论的中心。"①

本章拟简单介绍昆曲及其与苏州方言音韵、词汇的关系。

一、昆曲及三种曲谱汇编简介

（一）昆曲与昆剧

吴新雷主编《中国昆剧大辞典》指出，昆曲，原称昆腔，现称昆剧。昆山腔属于南曲系统，魏良辅兼采北曲曲调，融会贯通，进行革新。魏氏花了十年工夫，悉心研究南北曲的声调旋律和发音吐字的方法。余怀

① 朱栋霖、周良、张澄国主编：《苏州艺术通史》（中册），江苏凤凰文艺出版社 2014 年版，第 638—639 页。

《寄畅园闻歌记》说："良辅初习北音，绌于北人王友山，退而缕心南曲，足迹不下楼十年。当是时，南曲率平直无意致，良辅转喉押调，度为新规。"当时昆山的剧作家梁辰鱼为魏氏新腔作了《浣纱记》，在舞台演出上取得了成功。雷琳《渔矶漫钞》"昆曲"条记载："昆有魏良辅者，造曲律，世所谓昆腔者，自良辅始。而梁伯龙独得其传，著《浣纱》传奇，梨园子弟喜歌之。"此后的昆腔剧本均为曲牌联套的体式，又称曲本，所以兼采南北曲的昆戏便称昆曲。昆曲的概念不仅指声腔，而且也指剧本并包括演出，成了剧种的名称。长期以来，出现了昆腔、昆曲、昆剧三个名称并用并存的同义局面。①

昆剧，又称"昆腔"或"昆曲"，是以昆山腔演唱南北曲剧本，并具有悠久历史和丰厚精深的表演艺术体系的民族戏曲古典剧种。它发源于元代末年的昆山地区，是宋元南戏的支脉之一。明代中叶经过戏曲音乐家魏良辅的革新，剧作家梁辰鱼创作《浣纱记》传奇相与配合，从而使这个民间的地方声腔以崭新的面貌获得了广大观众的欢迎。明代嘉靖、万历年间，昆曲以苏州为中心迅速传唱到南北各地，成为全国性的剧种，出现了"四方歌者皆宗吴门"的局面。在文学剧本方面，曾产生汤显祖《牡丹亭》、沈璟《义侠记》、李玉《清忠谱》、朱素臣《十五贯》、李渔《风筝误》、袁于令《西楼记》、洪昇《长生殿》和孔尚任《桃花扇》等名家名作，以及马伶、周铁墩、陈明智和朱莲芬等著名演员。明清之际，习惯上都把它叫作昆曲或昆腔戏（昆戏），清代中叶开始称为昆剧。嘉庆十一年（1806）众香主人写的《众香国》评二多班名伶朱素春"精于昆剧"。嘉庆十五年（1810）留春阁小史写的《听春新咏》评三庆班名伶郑三宝"工于昆剧"，又评四喜部名伶文林"名满京华，艺工昆剧"。此后，"昆腔"、"昆曲"和"昆剧"三个名词互相通用。1921年秋，苏州创办新型

① 吴新雷主编：《中国昆剧大辞典》，南京大学出版社2002年版，第3—4页。

的伶工学校，初名“昆曲传习所”，穆藕初接办后定名为“昆剧传习所”，1924年到上海公演时，《申报》报道中“昆剧”与“昆曲”两个冠名并用。新中国成立后，昆腔戏正式定名为昆剧，被文化界公认为中国民族戏曲最具代表性的传统剧种，是剧源戏祖，国之艺宝，周恩来总理生前曾誉之为艺术百花园中的“兰花”。①

（二）三种曲谱汇编简介

1.《白雪遗音》

据《中国曲艺志·北京卷》介绍，《白雪遗音》是清代嘉庆、道光年间俗曲总集。清华广生辑录。嘉庆九年（1804）编订，道光八年（1828）由玉庆堂刊刻。全书二十二万字，分四卷。

该书收入当时流行的十一种小曲的曲词七百一十篇（一般一篇一首，有些为一篇二或三首，最多者为一篇十二首）。卷一收〔马头调带把〕曲词一百八十二篇，〔岭儿调〕曲词三十二篇；卷二收〔马头调〕曲词二百五十七篇，〔满江红〕曲词二十一篇，〔银纽丝〕曲词八篇；卷三收〔剪靛花〕曲词三十五篇，〔起字呀呀哟〕曲词三十四篇，〔八角鼓〕曲词四十九篇，〔南词〕曲词六十五篇，〔九连环〕曲词一篇，〔小郎儿〕曲词四篇，〔七香车〕曲词一篇；卷四收〔南词〕曲词二十一篇，并弹词作品《玉蜻蜓》中“戏芳”、“游庵”、“显魂”、“问卜”、“追诉”、“访庵”、“露像”、“诘真”、“认母”等九个选回。书前有序文五篇，分别为高文德、常琴泉、陈燕、吴淳、华广生撰写。序之后附有〔马头调〕“黄昏卸得残妆罢”词与曲谱，未注板眼，仅以一炷香式录下工尺谱。

书中曲词内容极为广泛，叙事、抒情、写景俱全，有取材于戏曲故事的，有流传于街衢里巷的优美的情歌，也有描摹四时风景的兴怀之作。从华广生自序中可知，这些曲词是耗费三年生活之资，经多方搜罗、友人函

① 吴新雷主编：《中国昆剧大辞典》，南京大学出版社2002年版，第4页。

递，才汇辑而成。是书对于研究清代的曲艺史，探讨单弦八角鼓、时调小曲、弹词等曲种的演变与发展，有着重要的参考价值。①

2.《昆曲大全》

据《中国昆剧大辞典》顾聆森所撰《昆曲大全》条目介绍，《昆曲大全》系工尺谱，曲白俱全。由怡庵主人（张芬，字余荪）编辑，1925 年上海世界书局石印出版。卷首有编者自序，共四集，每集六册合一函，总计二十四册四函。

是书收入五十种传奇中的折子戏二百出，每部传奇均收四出，每出一图，标为《绘图精选昆曲大全》。编者在《凡例》中谈到编辑宗旨时说："从前坊间出版曲谱，大抵谬误百出，且于曲调妄加删节，本编力矫斯病。采曲则声文并茂为宗，订剧则以雅俗共赏为的。""曲白、板眼悉心订正，与梨园演唱无异。"《昆曲大全》的规模、体例，与张氏在 1922 年编订的《增辑六也曲谱》略同，但所选折子戏极少重复。②

目录如下：

第一集	《长生殿》	《絮阁》、《鹊桥》、《密誓》、《惊变》
	《渔家乐》	《题诗》、《喜从》、《相梁》、《刺梁》
	《占花魁》	《落娼》、《品花》、《赎身》、《寺会》
	《满床笏》	《郊射》、《龚寿》、《卸甲》、《封王》
	《风筝误》	《题鹞》、《鹞误》、《冒美》、《惊丑》
	《千金记》	《起霸》、《夜宴》、《楚歌》、《别姬》
	《八义记》	《评话》、《遣钼》、《付孤》、《盗孤》
	《牧羊记》	《焚香》、《花烛》、《告雁》、《望乡》
	《烂柯山》	《北樵》、《前逼》、《逼休》、《寄信》

① 中国曲艺志全国编辑委员会：《中国曲艺志·北京卷》，中国 ISBN 中心 1999 年版，第 569 页。

② 吴新雷主编：《中国昆剧大辞典》，南京大学出版社 2002 年版，第 902 页。

续表

第一集	《蜃中楼》	《听卜》、《训女》、《结蜃》、《双订》
	《伏虎韬》	《乔逼》、《卖身》、《选妾》、《伏吼》
	《金钱缘》	《荐馆》、《赠钱》、《夺钱》、《踏镜》
	《鸳鸯带》	《赏梅》、《义救》、《窃枕》、《盘秀》
第二集	《琵琶记》	《称庆》、《规奴》、《嘱别》、《南浦》
	《钗钏记》	《小审》、《大审》、《观风》、《赚钗》
	《十五贯》	《男监》、《女监》、《判斩》、《审豁》
	《一捧雪》	《卖画》、《豪宴》、《说杯》、《送杯》
	《邯郸梦》	《行田》、《赠枕》、《入梦》、《云法》
	《牡丹亭》	《学堂》、《游园》、《惊梦》、《寻梦》
	《翡翠园》	《预报》、《拜年》、《谋房》、《谏父》
	《白兔记》	《上路》、《窦送》、《麻地》、《相会》
	《奈何天》	《忧嫁》、《逃禅》、《误相》、《醉卺》
	《双玉燕》	《询闺》、《乔行》、《泄追》、《巧遇》
	《文星榜》	《怜才》、《露情》、《戏泄》、《失帕》
	《天缘合》	《试灯》、《乔扮》、《观灯》、《伴娇》
第三集	《荆钗记》	《讲书》、《闹钗》、《别祠》、《送亲》
	《双官诰》	《前借》、《后借》、《舟讶》、《三见》
	《寻亲记》	《借债》、《前索》、《遣青》、《杀德》
	《幽闺记》	《大话》、《上山》、《走雨》、《踏伞》
	《衣珠记》	《折梅》、《堕冰》、《饥荒》、《请粮》
	《蝴蝶梦》	《扇坟》、《归家》、《脱壳》、《劈棺》
	《西厢记》	《游殿》、《闹斋》、《佳期》、《拷红》
	《南楼记》	《听琴》、《园会》、《服毒》、《斩刁》
	《红菱艳》	《劣抗》、《采菱》、《私托》、《庵媾》
	《呆中福》	《作伐》、《代替》、《洞房》、《达旦》
	《折桂传》	《赏桂》、《窃婢》、《拷婢》、《产子》
	《双占魁》	《锡财》、《报金》、《遇虎》、《山叙》

续表

第四集	《金印记》	《言学》、《玩亭》、《蛋赋》、《封相》
	《浣纱记》	《回营》、《养马》、《思蠡》、《泛湖》
	《绣襦记》	《打子》、《收留》、《教歌》、《剔目》
	《双珠记》	《分珠》、《别友》、《中军》、《月下》
	《西楼记》	《督课》、《空泊》、《侠试》、《赠马》
	《连环记》	《赐环》、《拜月》、《梳妆》、《掷戟》
	《红梨记》	《赏灯》、《拘禁》、《草地》、《问情》
	《宵光剑》	《相面》、《报信》、《闹庄》、《救青》
	《白罗衫》	《揽磜》、《设计》、《杀舟》、《捞救》
	《水浒记》	《刘唐》、《前诱》、《后诱》、《情勾》
	《白蛇传》	《游湖》、《借伞》、《盗库》、《赠银》
	《梅花簪》	《抢亲》、《闻嫁》、《遣刺》、《舟误》
	《金雀记》	《觅花》、《庵会》、《乔醋》、《醉圆》

3.《集成曲谱》

据《中国昆剧大辞典》顾聆森所撰《集成曲谱》条目介绍，《集成曲谱》系工尺谱，王季烈、刘富梁编订，延竹南抄写缮底，民国十四年(1925)六月由商务印书馆石印出版，曾两次印行千余部。编者在《凡例》中说：“梨园脚本，别字连篇，且妄加删节，谬误百出”，为了“力矫是弊”，“所选戏剧则采曲律词章兼善，订宫谱则求古律俗耳之并宜。曲文曲牌，皆悉心订正”。因而《集成曲谱》在考订和修正词曲上有其独到之处，但与舞台演出有一定距离。

全书分金、声、玉、振四集。每集八卷八册，共三十二卷册。山阴魏铖，吴中俞粟庐、吴梅，天津严修分别写了序文。王季烈所撰曲学论著《螾庐曲谈》四章（《论度曲》、《论作曲》、《论谱曲》、《余论》）分录于各集之首。谱中详载宫谱科白，并有眉批，以考订字声、曲律为内容。收昆剧折子戏计四百一十六出，涉及传奇、杂剧达八十八种。目录如下：

金集	卷一	《风云会》（杂剧）	《访普》
		《不伏老》	《北诈》
		《东窗事犯》	《扫秦》
	卷二、三	《琵琶记》	《称庆》、《规奴》、《逼试》、《嘱别》、《南浦》、《训女》、《登程》、《梳妆》、《坠马》、《饥荒》、《议婚》、《愁配》、《辞朝》、《关粮》、《抢粮》、《请郎》、《花烛》、《吃饭》、《吃糠》、《赏荷》、《思乡》、《剪发》、《赏秋》、《描容》、《别坟》、《盘夫》、《谏父》、《回话》、《弥陀寺》、《遗像》、《廊会》、《题真》、《书馆》、《扫松》、《别丈》、《旌奖》
	卷四	《牧羊记》	《小逼》、《看羊》、《望乡》、《告雁》
		《红拂记》	《靖渡》、《私奔》
		《祝发记》	《祝发》、《渡江》
		《狮吼记》	《梳妆》、《游春》、《跪池》、《三怕》
	卷五	《金雀记》	《觅花》、《庵会》、《乔醋》、《醉圆》
		《双红记》	《摄盒》、《谒见》、《猜谜》、《击犬》、《盗绡》、《青门》
	卷六	《西楼记》	《督课》、《楼会》、《拆书》、《空泊》、《玩笺》、《错梦》、《打妓》、《侠试》、《赠马》、《邸合》
	卷七	《一捧雪》	《饯别》、《拜别》、《路遇》、《豪宴》、《露杯》、《换监》、《代戮》、《株连》、《审头》、《刺汤》、《祭姬》、《边信》、《坟遇》、《杯圆》
		《虎囊弹》	《山门》
	卷八	《风筝误》	《惊丑》、《梦骇》、《前亲》、《导淫》、《拒奸》、《逼婚》、《诧美》、《茶圆》
		《醉菩提》	《打坐》、《伏虎》、《醒妓》、《当酒》、《嗔救》、《佛圆》
		《钧天乐》	《诉庙》

续表

声集	卷一	《昊天塔》	《五台》
		《货郎旦》	《女弹》
		《马陵道》	《孙诈》
	卷二、三	《荆钗记》	《眉寿》、《议亲》、《绣房》、《别祠》、《送亲》、《迎请》、《回门》、《赴试》、《闺思》、《参相》、《改书》、《前拆》、《别任》、《大逼》、《投江》、《忆母》、《哭鞋》、《女祭》、《见娘》、《发书》、《梅岭》、《回书》、《夜香》、《男祭》、《开眼》、《上路》、《拜冬》、《女舟》
	卷四	《幽闺记》	《结盟》、《走雨》、《出关》、《踏伞》、《驿会》、《拜月》
		《白兔记》	《麻地》
		《杀狗记》	《雪救》
		《牡丹亭》	《训女》、《学堂》、《劝农》、《游园》、《惊梦》、《寻梦》
	卷五	《牡丹亭》	《写真》、《离魂》、《花判》、《拾画》、《叫画》、《魂游》、《前媾》、《后媾》、《回生》、《婚走》、《问路》、《急难》、《硬拷》、《圆驾》
	卷六	《紫钗记》	《述娇》、《议婚》、《就婚》、《折柳》、《阳关》、《陇吟》、《军宴》、《避暑》、《边愁》、《移参》、《裁诗》、《拒婚》、《哭钗》、《侠评》、《遇侠》、《钗圆》
	卷七	《西厢记》	《请宴》、《听琴》、《寄柬》、《跳墙》、《佳期》、《拷红》、《长亭》、《惊梦》
		《金锁记》	《私祭》、《斩娥》
		《钗钏记》	《相约》、《讲书》、《落园》、《谒师》
	卷八	《草庐记》	《花荡》
		《望湖亭》	《照镜》
		《眉山秀》	《衡文》、《婚试》
		《人兽关》	《演官》、《恶梦》
		《四弦秋》	《送客》
		《吟风阁》	《罢宴》
		《红楼梦》	《葬花》、《扇笑》、《听雨》、《补裘》
		《修箫谱》	《拥髻》、《访星》

续表

玉集	卷一	《单刀会》	《训子》、《刀会》
		《莲花宝筏》	《北饯》
		《十面埋伏》	《十面》
	卷二	《浣纱记》	《前访》、《越寿》、《行成》、《回营》、《离国》、《劝伍》、《养马》、《打围》、《后访》、《歌舞》、《寄子》、《别施》、《进美》、《采莲》、《储谏》
	卷三	《浣纱记》	《赐剑》、《思越》、《泛湖》
		《邯郸梦》	《扫花》、《三醉》、《授枕》、《入梦》、《骄宴》、《外补》、《凿陕》、《番儿》、《云阳》、《功白》、《生寤》、《仙圆》
	卷四	《南柯记》	《情著》、《就征》、《尚主》、《之郡》、《花报》、《瑶台》、《召还》、《芳陨》、《寻悟》、《情尽》
		《千金记》	《追信》、《拜将》、《虞探》、《别姬》
		《焚香记》	《勾证》、《回生》
	卷五	《宵光剑》	《扫殿》、《救青》、《功宴》
		《永团圆》	《会衅》、《逼离》、《击鼓》、《计代》、《堂配》
		《占花魁》	《劝妆》、《品花》、《卖油》、《湖楼》、《定愿》、《受吐》、《独占》
	卷六	《风云会》	《送京》
		《吉庆图》	《扯本》、《醉监》
		《艳云亭》	《痴诉》、《点香》
		《烂柯山》	《悔嫁》、《痴梦》、《泼水》
		《铁冠图》	《探山》、《别母》、《乱箭》、《守门》、《刺虎》
		《儿孙福》	《势僧》
	卷七	《长生殿》（上）	《定情》、《春睡》、《酒楼》、《闻乐》、《制谱》、《偷曲》、《舞盘》、《合围》、《夜怨》、《絮阁》、《侦报》、《窥浴》、《密誓》
	卷八	《长生殿》（下）	《惊变》、《埋玉》、《骂贼》、《闻铃》、《哭像》、《神诉》、《弹词》、《见月》、《雨梦》、《觅魂》、《补恨》、《重圆》
		《茂陵弦》	《买赋》

续表

振集	卷一	《渔樵记》	《北樵》
		《两世姻缘》	《离魂》
		《西游记》	《回回》
	卷二	《西游记》	《撇子》、《认子》、《胖姑》、《借扇》、《思春》
		《金印记》	《逼钗》、《背剑》
		《连环记》	《赐环》、《问探》、《拜月》、《小宴》、《大宴》、《梳妆》、《掷戟》
	卷三	《绣襦记》	《莲花》、《剔目》
		《鸣凤记》	《写本》
		《四声猿》	《骂曹》
		《义侠记》	《打虎》、《挑帘》、《裁衣》
		《一种情》	《冥勘》
		《红梅记》	《脱阱》、《鬼辩》
		《双珠记》	《投渊》
		《八义记》	《付孤》、《观画》
		《寻亲记》	《荣归》、《饭店》
	卷四	《红梨记》	《诗要》、《赏灯》、《拘禁》、《访素》、《赶车》、《草地》、《路叙》、《盘秋》、《托寄》、《窥醉》、《亭会》、《醉皂》、《咏梨》、《花婆》、《三错》
	卷五	《玉簪记》	《手谈》、《佛会》、《茶叙》、《琴挑》、《偷诗》、《阻约》
		《水浒记》	《刘唐》、《前诱》、《后诱》、《活捉》
		《惊鸿记》	《吟诗》
		《燕子笺》	《写像》、《拾笺》、《奸遁》、《诰圆》
	卷六	《跃鲤记》	《忆母》、《芦林》、《看谷》
		《疗妒羹》	《梨梦》、《题曲》
		《麒麟阁》	《三挡》
		《千钟禄》	《惨睹》、《搜山》、《打车》
		《渔家乐》	《逃宫》、《端阳》、《藏舟》、《侠代》、《刺梁》、《营会》

续表

<table>
<tr><td rowspan="8">振集</td><td rowspan="6">卷七</td><td>《十五贯》</td><td>《判斩》、《见都》</td></tr>
<tr><td>《双官诰》</td><td>《借贷》、《舟讶》</td></tr>
<tr><td>《桃花扇》</td><td>《访翠》、《寄扇》、《题画》</td></tr>
<tr><td>《蝴蝶梦》</td><td>《叹骷》、《扇坟》、《毁扇》、《吊奠》</td></tr>
<tr><td>《白蛇传》</td><td>《水斗》、《断桥》</td></tr>
<tr><td>《金不换》</td><td>《守岁》、《侍酒》</td></tr>
<tr><td rowspan="2">卷八</td><td>《白罗衫》</td><td>《井遇》、《游园》、《看状》</td></tr>
<tr><td>《满床笏》</td><td>《郊射》、《龚寿》、《醉荐》、《纳妾》、《跪门》、《求子》、《参谒》、《后纳》、《祭旗》、《卸甲》、《赐婚》、《笏圆》</td></tr>
</table>

二、昆曲韵白与苏州方音的关系

（一）几个基本术语

1. 中州音中州韵①

中州音中州韵，指昆曲咬字吐音的音韵。汉唐以来，洛阳音渐为天下尊。北宋一代，以汴梁为都，中州地区的语音遂成天下通语。元泰定元年（1324）周德清作《中原音韵》，元至正十年（1350）卓从之又编成《中州乐府音韵类编》，通称“中州韵”。昆曲兴起后，以苏州为根据地向南北各地传播，为了使全国的观众都能听得懂，其唱念口法并非只用吴音，而是采用了官话系统的中州音，押中州韵，说白念韵白。

魏良辅在《南词引正》中特别指出：“中州韵词意高古，音韵精绝，诸词之纲领。”魏氏在创造水磨调时，就把中州韵引为昆腔语音，要求习

① 吴新雷主编：《中国昆剧大辞典》，南京大学出版社 2002 年版，第 510 页。

曲者字字句句都要依据中州韵，所以明万历年间称昆腔为“官腔”，昆腔发展为全国性剧种。到了明代后期，范善溱为南曲作《中州全韵》，直接为昆曲界所遵奉。而清代乾隆时沈乘麐以《中州全韵》为底本编成南北曲通用的《韵学骊珠》以后，昆曲结合苏州音而用中州韵更进一步得以肯定。

2. 苏州音①

苏州音，系吴语语音，和昆曲音（即昆剧的舞台语音）关系极为密切。苏州语音平、上、去、入四声各分阴阳两类，即阴平、阳平、阴上、阳上、阴去、阳去、阴入、阳入，是为“阴阳八声”，对昆曲工尺谱有较大的影响。入声“短促收藏”，声调走向不明显。苏州语音中有读书音和口语音两类。读书音更接近于中州音，而昆剧中净、丑角色所用的苏白，系苏州音中的口语音。

3. 苏州—中州音②

昆剧的舞台语音。昆剧虽发祥于苏州，但它的舞台语音并非等同于苏州方言。这种语音在调值、尖团、归韵等方面与苏州、中州两地方言都有密切的联系。我国古代有好几个皇朝在中州地区建都。13 世纪，宋都从开封南迁杭州，中州音作为“官话”在南方流行。由于方言的掺和，逐渐形成了各地不尽相同的“南方官话”，总称“南方中州音”。“苏州—中州音”是其一支，兼有吴语的柔媚和北音的遒劲，曾为魏良辅研创昆曲（水磨腔）提供了刚柔相济的语音基础。昆曲中许多优美的腔格，如“哰腔”、“嚯腔”、“豁腔”等都能准确体现出“苏州—中州音”的字调特征。明代中叶以后，昆剧从苏州传播开去，成为全国性剧种，除了因为它在声腔、文学、表演等领域取得了卓越的成就外，“苏州—中州音”超越

① 吴新雷主编：《中国昆剧大辞典》，南京大学出版社 2002 年版，第 510 页。
② 吴新雷主编：《中国昆剧大辞典》，南京大学出版社 2002 年版，第 510 页。

了地域的界限，为南北观众都听得懂，也是一个重要原因。“苏州—中州音”的调类分为阴阳两系，有阴平、阳平、阴上、阳上、阴去、阳去、阴入、阳入八声。

4. “腔格”①

顾聆森在《昆曲与人文苏州》中介绍：历代艺人在昆曲演唱中创造了许多考究的腔格。“腔格”一词不见于《辞源》、《辞海》。最早使用这个术语的，也许是昆曲。

昆曲中的腔格，是指与唱字的声韵、声情有关的行腔规律。昆曲属曲牌体声腔，唱腔总是先于唱词而存在。因而，腔格的作用，主要是让填词家通过对它的识辨利用，来选择准确的字声。昆曲作家填曲的过程，实际上是“依腔（腔格）行字”的过程。

与“依腔行字”相反，昆曲演唱家把唱字化为乐声，则要“依字行腔”。一支曲牌，必须经历“依腔行字”和“依字行腔”。昆曲演唱家在长期的艺术实践中，积累了一整套昆曲特有的演唱口法。在“依字行腔”的过程中，这些口法显然带有某种规律和模式。近代昆曲界把这些行之有效的口法也称为“腔格”，是因为它们不仅仅专为博取美听，同时也体现了音符和字声之间的格律原则。

昆曲常用的腔格有与平声相配合的“叠腔”、“滑腔”，与上声相配合的“嗗腔”、“嚯腔”，与去声相配合的“豁腔”，与入声相配合的“断腔”。

（二）昆曲韵白音韵性质

这里关于昆曲韵白音韵性质的研究成果，引自游汝杰主编《地方戏曲音韵研究》② 第二章“昆曲音韵研究”。在该章中，徐蓉从概述、韵白

---

① 顾聆森：《昆曲与人文苏州》，春风文艺出版社2005年版，第21—26页。

② 游汝杰主编：《地方戏曲音韵研究》，商务印书馆2006年版，第16—133页。

的方言层次、音韵特点、字调与乐调、个案比较分析及语言学思考六个方面，对昆曲音韵进行了系统研究。

昆剧的语音一般分为韵白和土白两种。韵白指的是戏曲中整齐押韵的道白，一般正旦、小生等用的都是韵白；而土白则是净、丑角等在戏中插科打诨时使用的，它会根据流传地域的不同而存在差异，一般都使用原汁原味的本地方言，例如苏白、京白、湘白等等。韵白是相对固定的，也是戏曲语言中最重要的一部分；而土白则有较大的灵活性和多样性，起到辅助、补充的作用。① 这里，我们主要摘录了徐蓉对昆剧韵白和各地方言进行比较的结果，以展示昆剧韵白的音韵性质。

语种比较	比较结果
昆剧韵白与昆山方言比较	声母： 1. 昆剧韵白比昆山方言多了 tʂ、tʂʰ、dʐ、ʐ、ʂ 这组卷舌声母，除了苏州老派的读书音外，这一特点在其他吴语中亦不多见。 2. 古精组字中昆剧韵白比昆山方言多了浊塞擦音 dz。
	韵母： 1. 昆山音系中单元音较多，而昆剧韵白中双元音的比例较大，如 au、ɐi、ai 等。 2. 昆山方音中咸山韵尾脱落，而昆剧韵白中仍保留，如 an、ian 等。 3. 和 tʂ 组卷舌声母相配对，昆剧韵白中多了 ʅ 韵母。 4. 昆山方言中 ã 与 ɑ̃ 是区别意义的不同音位，而昆剧韵白中不区分意义。
	声调：两者古阳上都已归入阳去，但阳平的调形差别较大，前者是先降后扬，后者是先扬后降。
昆剧韵白与苏州方言比较	声母： 1. 昆剧韵白比苏州新派方言多了 tʂ、tʂʰ、dʐ、ʐ、ʂ 这组卷舌声母，但在苏州老派的读书音中，仍可见这一特点。 2. 都保留了浊塞音、浊擦音和浊塞擦音。但古精组字中昆剧韵白比苏州方言多了浊塞擦音 dz。 3. 都区分尖音和团音，即“精”［tsin］≠“经”［tɕin］，“星”［sin］≠“兴”［ɕin］。

① 游汝杰主编：《地方戏曲音韵研究》，商务印书馆 2006 年版，第 30—31 页。

续表

语种比较	比较结果
昆剧韵白与苏州方言比较	韵母： 1. 苏州音系中单元音较多，而昆剧韵白中双元音的比例较大，如 au、ai 等。 2. 苏州方音中咸山韵尾脱落，而昆剧韵白中仍保留，如 an、ian 等。 3. 昆剧韵白中 æ、ɤ、iʏ 等韵母与苏州话相同，而昆山话中没有。此外，“不南不北”的韵母 uøn 明显是融合了苏州话等吴语与北方官话而产生的。 4. 昆剧韵白中 əu 韵母似乎是从昆山方言中借过来的，苏州话中没有相关音位。 5. 苏州方言中 ã 与 ɑ̃ 是区别意义的不同音位，而昆剧韵白中不区分意义。
	声调：两者都是 7 个声调，古阳上都已归入阳去，除了阳平的调形略有差异（昆剧：213，苏州：23），其余调值与调形基本一致。
昆剧韵白与北京方言比较	声母： 1. 昆剧韵白比苏州新派方言多了 tʂ、tʂʰ、dʐ、ʐ、ʂ这组卷舌声母，这是与苏州新派方言、昆山方言等吴语不同的地方，也是昆剧韵白受到北方官话影响最显著的一点。 2. 昆剧韵白还保留了浊塞音、浊擦音和浊塞擦音，而在现代北京方言中浊音已经全部清化。其中昆剧韵白中的 v 声母在现代北京方言中，分化到 f 声母和零声母。 3. 昆剧韵白区分尖音和团音，即“精”［tsin］≠“经”［tɕin］，“星”［sin］≠“兴”［ɕin］。而现代北京方言中不再区分。 4. 昆剧韵白中 ŋ 可单独作为声母，如“岸”、“我”等，而现代北京方言不能单独作为声母。
	韵母： 1. 和现代北京方言一样，昆剧韵白中双元音的比例较大，如 au、ai 等，这也是昆剧韵白区别于苏州、昆山方言，受到官话影响的特点之一。 2. 和现代北京方言一样，昆剧韵白中仍保留咸山韵尾，如 an、ian 等。 3. 现代北京方言中前鼻音 in 与后鼻音 iŋ 是区别意义的不同音位，而昆剧韵白中不区分意义。 4. 昆剧韵白中 ø 组等韵母保留了吴语的特色，而区别于现代北京方言。
	声调：两者在声调上的差别很大。现代北京方言只有 4 个声调，没有入声，古入声分派到平、上、去三声，上声和去声都没有阳调；而昆剧韵白有 7 个声调，除了古阳上归入阳去外，保留中古的其他所有调类。

除了对比昆剧韵白与昆山方言、苏州方言和北京语音之外，徐蓉还比

较了昆剧韵白与清代曲学家沈乘麐于乾隆年间专为昆曲而编纂的曲韵书《韵学骊珠》。

综合比较的结果，徐蓉发现，昆剧虽然是建立在吴语基础上，但受昆山方言影响较小，而受苏州方言影响较大，同时昆剧韵白的音系在声母、韵母系统上受到官话的影响较大。经魏良辅改良之后的昆剧韵白音韵系统，已较好融合南北曲调，将北方的中州韵和南方吴语的苏州方音结合起来，成为一种特殊的曲音系统。

三、昆曲苏白例释

（一）《红菱艳》简介

本节摘录《绘图精选昆曲大全》第三集第三册《红菱艳》中的苏白词句，参考《简明吴方言词典》、《苏州方言词典》、《吴方言词典》、《明清吴语词典》等相关辞书略作注解，以见昆曲苏白的方言词汇研究价值。

《红菱艳》（又名《浑天球》），系近代昆班艺人俗创。其内容主要是明代兵部侍郎之子刘夜兰的逃难和爱情故事。此戏未见著录，清末曲师殷溎深藏有二十四出的传抄本（上海图书馆藏），北京师范大学图书馆也藏有抄本。《昆曲大全》第三集第三册收录《劣抗》、《采菱》、《私托》、《庵媾》四出。剧情梗概如下：

《劣抗》：鲍若虚的外甥强甲甲持刀追杀刘夜兰，被鲍若虚喝住。鲍甥对舅舅极为不满，从舅舅家窜出，准备向奸臣江彬告发舅父窝藏犯臣之子。女儿香云献计，劝父亲藏刘夜兰于乡下邬摇荡家。

《采菱》：邬摇荡到虎丘街上卖菱去了。他的女儿邬福姐在湖荡里采菱，正好遇到带刘夜兰到邬家来避难的鲍若虚。邬摇荡卖菱归来，在女儿的劝说下，答应了鲍若虚的托付。

《私托》：自刘夜兰在邬家住下后，邬福姐对刘夜兰日生情谊。一天，

邬摇荡出去吃茶，邬福姐便和刘夜兰私订终身。

《庵媾》：一天，刘夜兰一个人在湖荡里采菱，不幸跌到水里，被女贞庵众尼救起，庵主劝诱刘夜兰穿上尼装，扮作尼姑，在庵里住下。

（二）**《红菱艳》苏白词汇例释**①

为方便读者，这里采取摘录苏白并注释其中苏州方言词汇的形式，对《红菱艳》苏白词汇进行例释。

俺鲍若虚，向在京师，投军糊口，后来遭兵犯令，蒙兵部尚书刘大夏老爷，格外开松[1]，得以免死。继而还乡，入伍获盗有功，权为百户。（红菱艳·劣抗）

1. 开松：表示法外开恩，执法不严。

［旦］俚[1]一向呢，转牢[2]拉[3]眼睛前头，自从刘公子一到，勿[4]知碍子[5]俚啥个[6]肚肠心肺[7]了，满面勿心苗[8]。阿伯拉里[9]呢，还勉强伺候伺候，只要阿伯一出去，俚拔脚就走，勿知拉笃[10]干啥个事体[11]滑[12]。（红菱艳·劣抗）

1. 俚：代词。苏州方言的单数第三人称，他、她、它。

2. 牢：助词。作补语，表示动作正对着对象，住。如《文星榜》七出：“夫人，我即刻送茶出去，看见老爷觑牢拉抬子上……”

3. 拉：介词。在，到，往。表示动作的方向和终点，和名词结合，作补语。有时意义较虚。转牢拉眼睛前头，意思是说一直在眼睛面前转。

① 本小节蒙江苏大学人文学院倪永明先生审阅并指正16处，并请教复旦大学古籍所季忠平先生、杭州师范大学张薇副教授，在此一并致谢！文中注释错误，由作者负责。

4. 勿：副词。不。

5. 碍子：动词。妨碍。常用于疑问或否定句中。

6. 啥个：代词。什么。可以单用，也可以修饰名词。

7. 肚肠心肺：比喻心思，用心。

8. 勿心苗：没有心思，魂不守舍的样子。

9. 拉里：动词。在这里，在。里，表示处所的近指方位词，类似“这里”。

10. 拉笃：副词。正在，在。用在动词前，表示动作正在进行。

11. 事体：名词。事，事情。

12. 滑：语气词。啊。用在陈述句末尾。

［旦］原是滑，若讲起理来呢，就革脱[1]子[2]俚个名字，赶子俚出去，也无啥要紧。个歇[3]有刘公子拉里，倘触冒[4]子俚，到别场化[5]去出首[6]没[7]那处[8]。（红菱艳·劣抗）

1. 脱：动词。作补语，表示动作完成、结束。

2. 子：助词。表示完成，和“了$_1$”相当，常放在“动作＋脱”后面。

3. 个歇：代词。这时候、这会儿。

4. 触冒：动词。触怒。

5. 场化：名词。地方，场所。

6. 出首：出头，引申为去官府检举揭发。

7. 没：助词。附着在前一个成分后，表示句中的停顿，有强调的含义。

8. 那处：代词。怎么办。用来征询对某事的处理意见。

［付曲内介上］个个小中牲[1]，勿知阿[2]拉笃[3]，呔[4]，吓[5]倒安安逸逸[6]个拉里。（红菱艳·劣抗）

1. 中牲：名词。畜生，牲口。又作“众生”。乾隆《苏州府志》卷二：“六畜总曰众（作平声）生。”又作“中生”、“终生”。

2. 阿：副词。用在动词前，表示疑问。

3. 拉笃：动词。在。又作“拉覴”。覴，表示地点。

4. 呔：语气词。突然大声招呼，使人注意。

5. 吓：代词。你。

6. 安安逸逸：清闲、舒服。

［付］平常日脚[1]，原当吓一个大人，为啥窝庇[2]子外头人？欺瞒自家大细[3]？［外］依你便怎么？［付］依我极容易个，只要放个风出去，说刘大夏个儿子刘夜兰，我俚娘舅，窝庇拉笃屋里。个星[4]大大小小个官府落里[5]个勿要趋奉江彬？若晓得子个个[6]消息是……（红菱艳·劣抗）

1. 日脚：名词。日子。

2. 窝庇：动词。窝藏庇护。

3. 大细：名词。子女。特指儿子。

4. 个星：代词。那些。

5. 落里：哪里。落里个，意即哪一个。

6. 个个：代词。这个。指示代词“个”（这）和量词“个”的结合。

［付］吓也勿顾怜[1]我，我自然也勿顾怜吓哉。（红菱艳·劣抗）

1. 顾怜：动词。顾念，考虑（别人的得失）。

［付］个没[1]娘舅，起先介，呧气力大落[2]，怕呧。［外］如今呢？［付］阿是个歇[3]吓？个没得罪哉。去出首来。［推外介急下］［外］吖呦，气死我也。这畜生，忘却官辈[4]，公然抗拒。若去出首，我与公子大罪难逃，怎么处？（红菱艳·劣抗）

1. 个没：那么。又作“个末”、“个嘿”。
2. 落：语气词。喽。强调事实。
3. 个歇：代词。这时候、这会儿。
4. 官辈：辈分。

［旦］阿伯[1]，个个主意想差[2]哉。（红菱艳·劣抗）

1. 阿伯：爸爸，父亲。
2. 差：错。

［旦］好吓。我是因为呧笃[1]先老爷[2]救过歇[3]我俚阿伯个了，勿便看冷铺[4]，所以走得出来。呧勿要认子我无规矩来瞎插嘴介[5]。（红菱艳·劣抗）

1. 呧笃：代词。你，你们。这里是指单数。
2. 先老爷：已经去世的父亲。
3. 歇：助词。表示过去的经历。过。
4. 看冷铺：动词。别人出丑或闹笑话时袖手旁观。又作“看冷破”。
5. 介：语气词。语气比较缓和，相当于现在的句末语气词“哈”。

［小生］是，是，小姐乃闺阁英雄，卑人[1]有何避忌？就此奉揖。［旦］公子。［外］为父的，因畜生作对，无计可施，故尔弃此前程，逃遁他方。难道倒有些不是么？［旦］但是搭公子逃走，总使勿得个。［外］为父的，也是出于无奈。［旦］虽是出于无奈，倘或逃走勿脱，拨[2]俚笃[3]追子转来，愈加利害哉。［小生］是吓，待卑人一身受累的好。［旦］若肯让㕶到死路上去没，我俚也勿直个[4]急杀哉滑。［外］如此，你可有善策？［旦］我想个强甲甲起个毒心拉笃，总要去出首个哉。［小生］是吓。［旦］别无打算，只好拿公子，寄拉[5]妥当点个场化，过子个一年半载，我俚[6]洒脱[7]子干系，可以禀得上司，说强甲甲，要占我俚个家当了，生个星[8]花头[9]，若准子个句说话是。（红菱艳·劣抗）

1. 卑人：名词。鄙人。谦称。
2. 拨：介词。被，让。表被动，引进动作的发出者。
3. 俚笃：代词。他们。又作“俚丟”、“里丟”、“里笃”。
4. 直个：副词。一直。
5. 拉：介词。在，到，往。表示动作的方向和终点。
6. 我俚：代词。我们、我们这里。这里表示地点，即我们这里。
7. 洒脱：摆脱。
8. 个星：代词。那些。
9. 花头：名词。新的事情，名堂。

［外］是吓，这主见倒是个善策[1]。阿呀，这几家亲友，这小畜生都往来的，倘洩露风声，怎么处？［旦］别家是才晓得个哉。只有一家没。俚还勿得知来。［小生外］是那一家[2]呢？［旦］就是邬摇荡笃[3]哉呀。亦是老乡邻，亦住拉笃乡下，但凭落个[4]，寻勿着个。寄子

个答[5]去没？蛮太平个哉。[外]是吓，邬摇荡，为人粗直，或者[6]容留，但事关机密，着[7]那一个送去呢？[旦]交关[8]头上，差勿得别人去个。要自家去没，妥当得来。[外]此言甚是。不知公子，可肯去否？[小生]保命容身，即为万幸。只是那浑天球，乃西洋所进，先帝赐与父亲，传为至宝，今被强兄取去，不知轻重，拿去胡乱送人。求恩公打听个着落才好。[旦]只要保全吔个性命，就讨个粒[9]球转来，也容易得势[10]。阿伯，快点仝[11]公子，叫[12]一只船，到金家荡去罢。(红菱艳·劣抗)

1. 善策：好计策。

2. 那一家：哪一家。

3. 笃：语气词。呢。表示强调的语气。

4. 落个：哪一个，谁。又作"啰个"、"洛个"。

5. 个答：代词。那里。又作"个搭"、"个嗒"。

6. 或者：副词。也许。

7. 着：动词。让，派。

8. 交关：形容词。紧要、关键。

9. 个粒：代词。这个。粒，量词，相当于"个"。

10. 得势：助词。用在句末，表示程度很高，相当于"得很"、"极了"。得势是助词"得"和"势"的组合。又作"得世"。

11. 仝：连词。同。

12. 叫：动词。叫。

[仝小生下旦白]好哉，寄开子刘公子，就算出首下来也勿怕哉。勿是哈我小娘吔[1]，多嘴答舌[2]，因为俚笃个爷[3]，是个忠臣。拉京里个辰光[4]，勿是刘大老爷，救我俚阿伯个性命，我俚爷因吔[5]两

个，那有个样安逸？况且我俚阿伯，要拿我配拉[6]俚个来。若勿直个打算没，我个身体，那哼[7]好着落。咳，强甲甲吓，但凭呕阴谋暗算，有呕笃出色个妹子拉里[8]，呕总勿能够如意个哉。（红菱艳·劣抗）

1. 小娘呕：名词。姑娘。又作“小娘件”、“小娘鱼”。

2. 多嘴答舌：动词。多嘴。

3. 爷：代词。父亲。

4. 辰光：时候。

5. 囡呕：女儿。呕，记“儿”的口语音。又作“囡儿”。

6. 配拉：许配给。拉，介词，给。

7. 那哼：代词。怎么。怎样。询问方式、程度、状况等。

8. 拉里：动词。在这里。

我强甲甲推开子娘舅，要到城里去出首，一想勿好，倘然拨俚笃抗拢[1]子小刘，拉我身上，要起人来没那处。吖，有理哉。索性赶到京里去，拉江都督个答去，报穿[2]一声，未免讨点功劳。也是好个。拿定主意，借个十千鞭子钱[3]做盘缠，连夜动身，且干拉上[4]。［下占上］阿呀，今朝个东南风，啥[5]能个[6]大介[7]？（红菱艳·采菱）

1. 抗拢：动词。隐藏。抗，又写作“园”。拢，又写作“笼”。

2. 报穿：报信揭发。

3. 鞭子钱：名词。清末的一种民间高利贷，也叫印子钱。据王宗拭编《我说苏州》：“印子钱利息之重是骇人听闻的。例如放十千钱债，十天为期，本利清偿。当天先扣二成，八折付款，十千已经只剩了八千；再扣鞋袜钱二百——债主讨债，来往跑路所费的鞋袜，也得由债户负担开支——债户到手的实际值有七千八百文。第二天债主就光临了，债户得还钱一千，以后每天一千，十天还清。债主身边有个一寸见方写着姓名的小折子，债户每还一次钱，真像皮肉上给揍了一鞭子，一鞭一条血，所以又叫鞭子钱。”

4. 拉上：着。又作“拉浪”。

5. 啥：代词。为什么；怎么。

6. 能个：这样的。

7. 介：语气词。表示疑问。

我吀邬福姐，阿伯没[1]吀邬摇荡，就住拉间向[2]虎邱后头，金家荡里。靠菱荡[3]吃饭[4]个。近来费用脱[5]子点铜钱，拿个菱荡，押拉女贞观里子，采个菱，卖下来个铜钱，要送一半拉女贞观里去算利钱个。今朝[6]阿伯吃子饭，挑一担菱到山上去卖哉。我是当个菱职司[7]且采端正[8]子菱，好让阿伯挑出去赶早市。（红菱艳·采菱）

1. 没：助词。表示句中的停顿，有强调的含义。又作“末”。

2. 间向：代词。这边。

3. 荡：湖，池塘。

4. 吃饭：养家糊口。

5. 脱：动词。缺少，短缺。

6. 今朝：名词。今天。

7. 职司：名词。原指主管某职的官员。菱职司，这里指专门采菱的人。

8. 端正：形容词。妥帖，好。常作补语，表示动作完成或达到完善的程度。又作“端整”。

［外］这采菱女子，好像邬老的令爱福姐吓。［占］正是。呒是

鲍老爷滑，到乡下来啥正经[1]介？［外］有一要事，特来与你父亲商议，不知可在家么？［占］阿伯挑子菱到虎邱去卖哉。就要转来[2]个。鲍老爷，呒笃拿[3]个船摇拉我俚门前上岸罢。我先去泡茶哉。（红菱艳·采菱）

1. 正经：名词。重要的事情。
2. 转来：动词。回来。回家来。
3. 拿：介词。把。表示处置。

二老官明朝[1]会，明朝会，辰光[2]暗哉。且转去[3]罢。

1. 明朝：名词。明天。
2. 辰光：名词。天色。
3. 转去：动词。回去，回家。

吖，且放子担下来，歇歇看，我郎摇荡，我俚囡呒叫福姐，就住拉几里[1]虎邱背后金家荡里。过得一等好日脚。因为断子弦[2]，相与[3]子一个堂客，叫啥搅收拾[4]。个点破家当[5]，拨觉[6]襟怀爽[7]，俚一泡子[8]趱趱[9]得烁塔精光[10]，我也完结[11]。俚倒亦相与子一个叫啥随勿怕[12]。勿知啥来历，倒有几千银子，放放加一利[13]，轧轧衙门前朋友[14]。金家荡左右，倒算一霸。搅收拾，搭[15]俚轧子二三年，道是老来无收成了，靠子随勿怕个势头[16]，荐[17]拉女贞观里，做子师姑[18]，勿到一年，实授[19]子当家师太。我今年春里向[20]，缺少铜钱用，拿两亩菱荡，去押拉女贞观里，我认道[21]个个搅收拾，总勿肯答应个。落里晓得倒一口应承，押子五十千通[22]足白方[23]，个点点没，倒算老相与面上情分。闲话少说，今朝挑一担菱到山上去一转，竟才卖完哉，恐怕囡呒牵

记[24]，且转去罢。（红菱艳·采菱）

1. 几里：代词。这里。

2. 断子弦：断了弦，丧妻。

3. 相与：动词。相好。

4. 揽收拾：人名。

5. 家当：名词。家产。

6. 拨觉：拨，给，被；觉，发现。拨觉，被发现。

7. 襟怀爽：疑指心情愉悦。这里疑指肆意挥霍。

8. 一泡子：一阵子。

9. 趱：动词。趱，本义为赚。趱，这里疑指挥霍。

10. 烁塔精光：烁塔，拟声词，打击声。烁塔精光，比喻全弄光，一无所有。

11. 完结：动词。完蛋，没有。

12. 随勿怕：人名。

13. 加一利：一种民间借贷的方式。有的地方是借钱到期还不清本息者，利率加大一倍。有的地方是指利息为10%的借贷。此处具体所指不详。

14. 轧轧衙门前朋友：轧，动词，交往。这里指交往官府的朋友。

15. 搭：连词。和。

16. 势头：名词。权势。

17. 荐：动词。推荐。

18. 师姑：尼姑。

19. 实授：指正式担任。

20. 春里向：向，助词，用在名词后面，一般表示时间或地点。春天那时。

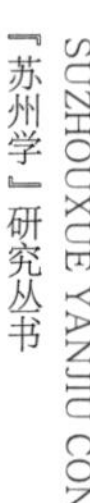

21. 认道：动词。以为。
22. 通：量词，这里用于银钱。
23. 白方：疑指铜钱。
24. 牵记：牵挂。

［占介上］阿伯居来[1]哉。［外小生上］若欲思安顿，来寻旧里邻。［占］鲍老爷来哉！［外］吓，邬老！［丑］鲍老爷，里向[2]请坐。［外］公子来吓。［丑］个位[3]是啥人？［外］是我故友之子，有事在身，特来惊动。［占介］方才勿曾细看得，倒是一位标致[4]小官人。［丑连］个没[5]勿必客套，也请里势[6]坐。［外］请吓。［丑］姐大[7]，啥看呆哉？快点泡茶出来。［占］是哉。［下外］吓，邬老！［丑］岂敢岂敢，鲍老爷！［外］我与你是旧邻，只该朋友相称，这客套言语，用他则甚[8]？［丑］前程[9]虽小，也是朝廷个命官，老爷是总要叫个。［外］今后不必叫了。［丑］是哉。啥正经到乡下来？［外］吖，今为这刘公子。［丑］刘公子没那[10]？［外］因父遭冤死，无处容留。［丑］拨一份粮俚吃吃没哉滑。［外］仇冤[11]甚多，岂堪露面？［丑］意欲[12]没那哼？（红菱艳·采菱）

1. 居来：动词。归来。回来。“居”为“归”的苏白读音。
2. 里向：里面。
3. 个位：代词。这位，那位。
4. 标致：形容词。英俊。
5. 个没：那么。又作“个末”、“个嘿”。
6. 里势：里面。
7. 姐大：大姐。
8. 则甚：作甚。干什么。

9. 前程：生监以上各种官名的通称。据顾张思《土风录》卷八：“生监以上通呼曰前程。按，《辍耕录》载‘院本名目’有《问前程》。当取冯道诗‘不用问前程’语。孟襄阳诗：‘访人留后信，策蹇赴前程。’杜诗：‘容易即前程。’盖本为路程，借为人身阶衔也。”①

10. 那：代词，询问原因。怎么，怎样。

11. 仇冤：仇家。

12. 意欲：想，打算。

［占介上］风炉没生好个哉。且出去看看介。［唱完丑白］吖，来意没，想住拉里。［外］因为进退两难，欲借此间[1]，暂避几时。望邬老看小弟薄面，伏乞允从。［丑］个没鲍老爷，别样事体[2]好商量，惟有个句说话[3]，难答应笃。［外］我与你是旧邻，有何不便？［丑］我俚没，就是爷囡呃两个，我若出去子，单剩姐大一干子[4]拉屋里。虽是小人家[5]，孤男寡女，到底[6]勿像样个。［占介］那说倒勿肯留介。［外］邬老，这句话讲差了。［丑］啥了我倒差哉？［外］这刘官人，身遭患难，就劳力[7]一二[8]，却也不妨，这推却之言，说他怎么[9]？（红菱艳·采菱）

1. 此间：代词。这里。

2. 事体：名词。事，事情。

3. 说话：名词。话。

4. 一干子：名词。一个（人）。

5. 小人家：小孩。这里指未出嫁的邬福姐。

① （清）顾张思撰：《历代笔记小说大观·土风录》，曾昭聪、刘玉红点校，上海古籍出版社 2015 年版，第 103 页。

6. 到底：毕竟、究竟。
7. 劳力：耗费气力。
8. 一二：少许。
9. 怎么：干什么，做什么。

［小生］是吓，卑人身遭患难[1]，只要暂避几时，那一件事情做不来。望邬老，看鲍公薄面，乞赐容留，感恩不尽。［占］好滑，个位官人，文质彬彬，勿像个轻薄小伙子。［丑介］吖，倒正经个。［占］况且鲍老爷，亲身下降[2]，为子无法落[3]，寄得来住两日，推出手[4]，阿觉道[5]勿像样，况且屋里向，无得人采菱、烧茶煮饭，才要我一干子，若有子个位官人是[6]。［丑介］有子个位官人没那介[7]？（红菱艳·采菱）

1. 患难：祸患。
2. 下降：动词。自降身份。
3. 落：语气词。喽。强调事实。
4. 推出手：动词。推卸。
5. 觉道：动词。感觉，觉得。
6. 是：助词。用在词或短语末，强调其前面的成分，后面可停顿，有对比的含义。
7. 那介：代词。怎么，怎样。询问方式、程度、状况、原因等。这里是询问状况。

［外］大姐之言说得有理。［丑］直个[1]说起来没，捉牢[2]子我要留个哉滑。［占］我是公道说话，留勿留没，但凭阿伯。［丑］个没留没哉滑？［外］如此甚好。［丑］但是个星家常事体，才[3]要做做[4]

个笃。[小生] 只要可以效劳，无不奉命。[占] 俚勿会做没，让我来教俚就是哉。[外] 吓，邬老，有五两银子，权为薪水，小弟有公事在身，不能耽搁，告辞了。[丑] 相邦做事体个，贴[5]啥饭钱。[外] 莫嫌轻[6]，望乞笑纳。[丑] 个没权领哉。[外] 吓，公子，那邬老、福姐，都是厚道之人，你在此，必然安逸，稍停几日，再来看你。[小生] 是。[丑] 用子点心拉[7]去。[外] 不消[8]了。（红菱艳·采菱）

1. 直个：实在。又作“直脚”。
2. 捉牢：认定，抓住。
3. 才：副词，全、都。
4. 做做：干活。
5. 贴：贴补。
6. 轻：数量少。
7. 拉：助词。着。用在动词后，表示动作的结果。
8. 不消：不用。

[下丑] 刘官人，呃个铺盖行李，拉笃[1]落里[2]。[小生] 急于下乡，不曾带得。[丑] 个没现成床铺，弄[3]子一夜罢。[小生] 多谢邬老！[占] 哙[4]，刘官人，要吃茶没，喊一声，我泡进来呀。[小生] 是、是。多谢大姐。[下占呆看介丑] 还要看拉[5]？搭呃说，平常间[6]有个把陌生人来，总说我无规矩，硬头硬脑[7]，挺胸凸肚[8]。今朝看见子一位刘官人，啥落[9]能个[10]软绵绵[11]介。[占] 鲍老爷才称俚公子得来[12]，我俚那哼勿要敬重俚？照呃个样式[13]是[14]，要遭人怪个嘘[15]。[丑] 个歇才依子呃哉。阿有啥勿称心来？[占] 关得我啥事？我倒要紧[16]去泡茶拨俚吃来。[下丑] 看俚个意思，愈加跷蹊[17]哉。咳，无

法，养子标致囡呸没，总要受点瞎[18]气个。闲话少说，且炒夜饭[19]吃。（红菱艳·采菱）

1. 拉笃：动词。在。
2. 落里：代词。哪里。
3. 弄：凑合。
4. 哙：助词。相当于“喂”。
5. 拉：语气词。呢。用在句尾，表示强调语气。
6. 平常间：平常时。
7. 硬头硬脑：莽撞，倔强。
8. 挺胸凸肚：神气活现的样子。
9. 啥落：怎么，为什么。落，本是提顿助词。又作“啥了”。
10. 能个：这样的。
11. 软绵绵：这里指说话不强势，语气不强硬。
12. 得来：助词。用在动词谓语句末尾，表示感叹语气。
13. 样式：样子。
14. 是：助词。用在词或短语末，强调其前面的成分，后面可停顿，有对比的含义。
15. 嘘：语气词。加强叙述的语气，强调事实。
16. 要紧：赶紧。
17. 跷蹊：形容词。可疑，奇怪。
18. 瞎：形容词。胡乱，没有目的。
19. 夜饭：晚饭。

［占上］咳，做子多时个快活人[1]，个歇倒上子心事[2]拉里[3]哉。我撺掇[4]阿伯留子个位官人拉屋里，看俚标致落[5]，存子一条[6]配亲[7]个念

头。落里[8]晓得[9]我俚阿伯是要俚做家常事体。我个心里，实在意勿过[10]。吖，个歇阿伯出去吃茶哉，且到俚房里去，安慰安慰，总要见见我个情没好嘘。（红菱艳·私托）

1. 快活人：名词。快乐的人。
2. 心事：名词。心中所思念或牵挂的事。
3. 拉里：在这里。
4. 撺掇：动词。怂恿。
5. 落：语气词。喽。强调事实。
6. 一条：一个。
7. 配亲：订婚、结亲。同“攀亲”。
8. 落里：代词。哪里。
9. 晓得：知道。
10. 意勿过：动词。过意不去。

［下小生上接］卑人提防出首，寄迹[1]邬家，喜得那福姐，善作调排[2]，但仇人咫尺，吉凶未知，鲍公那里，又不能通个信儿，好闷人[3]也。咳。想我刘夜兰，父遭冤害[4]，已受颠危。［占上听介小生连］岂堪复遇仇人，又添磨折[5]，好不忿恨也。［占介］吖，是刘兵部个公子，江彬答[6]俚作对落，逃走拉鲍老爷笃个，让我来唬唬[7]俚看。［占］哙，刘公子，勿要怨天恨地[8]，连间向[9]苦场化[10]才住勿牢哉。［小生］福姐，此话从何而起？［占］方才阿伯说，鲍老爷笃个强甲甲，到上司衙门里去出首哉，说呸是刘兵部个公子。鲍老爷，窝庇拉笃[11]屋里，即日要到间向来捉呸哉。［小生］住了，当真有这句话么？［占］连我才有分个。［小生］阿呀。（红菱艳·私托）

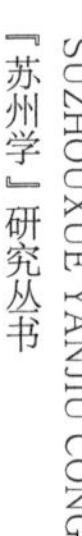

1. 寄迹：动词。暂时托身；借住。
2. 调排：动词。安排，筹划。
3. 闷人：使人烦闷。
4. 冤害：冤枉陷害。
5. 磨折：折磨。
6. 答：和。
7. 唬唬：吓唬。
8. 怨天恨地：犹怨天怨地。指埋怨不休。
9. 间向：代词。这边，这里。
10. 苦场化：名词。苦地方。
11. 拉笃：介词。在。又作“拉亖”。

［占］我是说说搂话[1]，啥落[2]直个[3]着急起来，真正撒屁[4]小伙子，无用个。［小生］福姐，下回切不可如此。［占］因为呸拉里叹气了，所以来唬唬呸呀。［小生］交关[5]重大，岂是当要的？［占］既晓得交关大，嘴里向，就该留神点。［小生］是、是，卑人为心绪不宁，故尔自叹。望福姐，秘密[6]其情，不要告诉令尊。［占］我年纪虽轻，斟酌是有点个落里[7]肯说破，就是鲍老爷没勿该应[8]。［小生］有何不是？［占］既然是老乡邻，勿该应瞒我俚。［小生］交关重大，不得不瞒，求福姐，俯鉴苦衷[9]我刘夜兰，倘有日出头呵。（红菱艳·私托）

1. 搂话：开玩笑的话。
2. 啥落：怎么，为什么。落，本是提顿助词。又作“啥了”。
3. 直个：真的。
4. 撒屁：放屁。
5. 交关：副词。非常，极其。

6. 秘密：保密。

7. 落里：哪里。

8. 该应：应该。

9. 苦衷：可怜。

［占］我是小娘家子[1]，别样[2]报答，倒才[3]勿配付[4]个笃。［小生］要怎样呢？［占］阿是[5]我个意思吓。［小生］呃。［占］个是[6]也勿消嘴里说得，我劝阿伯留呃拉屋里没总明白个哉？［小生］卑人实是不解，请福姐说个明白。［占］一个原生[7]书踱头[8]，那说[9]才勿晓得个介。［小生］实是不解。［占］吖哟，真正缠煞[10]哉嘘。［小生］吖，福姐的意思，敢是要私托终身么？［占］勿是啥我老面皮[11]，呃若依子我没，就算补报[12]哉。［小生］福姐吓，卑人为鲍公重义，欲将小姐配我为妻，以致他外甥，有祸生不测。岂可又要订姻[13]？断断[14]不能从命。（红菱艳・私托）

1. 小娘家子：姑娘。

2. 别样：别的。

3. 才：副词。全、都。

4. 配付：配得上。

5. 阿是：是不是。

6. 是：助词。用在词后，强调前面的成分，后面可停顿，有对比的含义。

7. 原生：完整的，保持原样的。

8. 书踱头：书呆子。

9. 那说：怎么说。疑问代词和动词的组合。

10. 缠煞：纠缠不清。

11. 老面皮：厚脸皮，不知羞耻。
12. 补报：补偿，报答。
13. 订姻：订亲。
14. 断断：绝对。用于否定式。

［占］个句说话，忒客气哉。只要个歇[1]先答应子，等哑有子好日[2]拉再联贯[3]。亦勿是养新妇[4]并亲[5]了，就来煞[6]个。［小生］倘误却福姐的终身，如何是好？［占］哑若依子我没，各色[7]才太平。［小生］倘不允呢？［占］哑若勿称子我个心，就拿哑个来历告诉子阿伯传扬[8]出去，哑就立勿够[9]哉。（红菱艳·私托）

1. 个歇：这会儿，这时候。
2. 好日：好的前景。
3. 联贯：联姻。
4. 养新妇：童养媳。
5. 并亲：圆房。童养媳和未婚夫正式成婚。
6. 煞：作动词的补语，表示立即进行。
7. 各色：各种各样。
8. 传扬：散播。
9. 立勿够：原意是站不够。这里比喻麻烦不断。

［占］好滑，有子个句说话没，哑就放心托胆[1]个住拉里。阿伯差哑做事体，我总[2]相帮[3]哑没哉。（红菱艳·私托）

1. 放心托胆：很放心，没有任何担心。
2. 总：表示较肯定的推测，大概，总归。

3. 相帮：帮助。

［丑上接］呸两家头[1]，一搭一党[2]拉里作啥？［占］说说闲话哉那，阿有啥[3]落。［丑］我交代过个，要住拉里没，全靠生活勤俭，吃饱子饭，说闲话过日脚，是勿能够[4]。［占］有啥生活[5]？叫俚做没哉滑。［丑］来子多时，菱吓勿曾[6]采歇[7]，阿该应效劳[8]效劳？［小生］别样事情，尽可效力，那水面上的事情，不曾做过，要邬老教导才好。［丑］呸文章才会做，个点粗生活[9]，倒勿会做哉。［占］水面上个生活，勿是搂白相[10]个，让我去子罢。［丑］勿要呸开口，呸若勿会，只要教子呸个诀窍，就明白哉。（红菱艳·私托）

1. 两家头：两个人。
2. 一搭一党：一唱一和。
3. 阿有啥：怎么。表示反问的语气。
4. 能够：可以。
5. 生活：工作，活儿。
6. 勿曾：不曾，没有。
7. 歇：助词。表示过去的经历。过。
8. 效劳：出力服务。
9. 粗生活：粗活。
10. 搂白相：开玩笑，闹着玩。

［连白］我拨拉个星小师姑一抄[1]，抄得随大爷无张罗[2]，拔脚就走，我想天关[3]个事体，总要办个，所以叫子木匠笃，来做天关，派齐[4]子众人个职司[5]，别样事体，统身[6]停当[7]，就少一个标致小师姑，倒算一桩心事。昨夜头，仔细一想，邬摇荡个囡呸，倒生得来雪白粉

嫩，若是划策[8]俚来，坐拉天关上子，勿要说施主笃肯开色[9]，就是看白相[10]个人，也高兴点笃，但是个个小娘呒[11]，性格古怪得极，那个[12]方法，弄俚得来没才好。吖有理哉。等俚采菱个时候，让我到后门头去，拿两句鲜甜蜜块[13]个说话，骗俚一骗，倘或肯钻到我个圈里来，也未可知。且到河滩头去，望望看。（红菱艳·庵嫌）

1. 抄：驱赶。

2. 张罗：安排。

3. 天关：本指天门，此指临时搭建的做法事的设施。

4. 派齐：全部安排好。

5. 职司：职责。

6. 统身：统统，全部。

7. 停当：妥当。

8. 划策：想办法弄到手。又作“画策”。

9. 开色：高兴。极有可能是从“心开色喜”缩略而来。《儿女英雄传》第十三回：“公子见老人家心开色喜，就便请示父亲：‘方才说到那十三妹，父亲说：得之矣，知之矣。敢是父亲倒猜着他些来历么？’”

10. 看白相：看热闹。

11. 小娘呒：姑娘。

12. 那个：哪个。

13. 鲜甜蜜块：甜蜜。

［旦上介］吖，且到楼上去望望看。［小生连白］好了，且喜[1]被我划到中间。［旦介］咦，看浴盆[2]里，啥坐一个标致官人拉化[3]？倒希奇[4]笃。［小生连白］阿呀，坐在盆内，尚且不稳，怎好动手吓。

1. 且喜：幸好。
2. 浴盆：洗澡盆。这里指用来采菱的椭圆形小船。
3. 拉化：在里面。又作“拉哈”、“拉喝”、“拉合”。
4. 希奇：稀奇，少见。

［旦介］阿呀勿好哉！看个位官人，即刻[1]要沉下去哉，倒可惜个。让我叫徒弟笃，开子后门，出去救俚。［下小生］我若用力，反觉不妥。菱儿断然[2]难采，这便怎么处[3]？

1. 即刻：马上。
2. 断然：必定。
3. 怎么处：怎么办？

［连白］唅，刘官人，阿呀，刘官人勿见哉滑。［丑］我方才看见俚，划到个首[1]去个，那哼一歇歇[2]就勿见哉。［占］我原说俚水面上个生活，做勿来个，呾是要俚去做个歇，影迹无踪，谅来翻拉河里沉杀[3]哉。阿呀，我个好官人吓！［丑］呸，亦勿是呾个阿哥[4]来兄弟[5]，啥了要呾哭？［占］蛮好个官人，沉杀子没，那说勿要哭介？［丑］就算沉杀子没，也挨呾勿着哭，况且人沉子下去，浴盆总要余[6]起来个，个歇连搭[7]浴盆才[8]勿见，只怕划子别场化去哉。［占］俚是胆小人，落里敢到别处去介？［丑］闲话少说，搭呾河边上寻得去。［占］有理个。

1. 个首：那里，那边。
2. 一歇歇：一会儿，很短的时间。
3. 沉杀：溺亡。

4. 阿哥：哥哥。
5. 兄弟：弟弟。
6. 氽：浮。
7. 连搭：连带。
8. 才：都。

［下旦内介］好好能[1]扶俚进来。［众］是哉。［众］看吤个样式[2]，像是好人家大细[3]，啥了性命才[4]勿顾[5]，做个样外行生活介？［小生］你们不知念[6]在下呵。［旦］吖，吤没是个读书人，为子有未完拉笃身上，借住邬摇荡笃屋里。邬摇荡勿让吤吃死饭[7]，教吤到荡里来采菱。［小生］便是。［众］个没个个邬摇荡，实脚[8]勿是人哉！［旦］为啥了？［众］个种小官人，出子银子才无买处，倘然沉杀子没，阿要[9]可惜。［旦］个样戆答答[10]个说话[11]，少说子声把[12]罢，吤到底姓啥？［小生］在下姓刘，排行第一。［旦］吖，姓刘，个没刘大官，吤呢，为子避难落，借住拉邬家里，偏偏邬摇荡，替[13]吤作对，拨个种苦头吤吃，幸亏得碰着子我俚，救子间向来，吤个歇心里，还是原[14]到邬家里去呢？还是到别场化去？［小生］除了邬家，并无立身之地，自然原到他家去。［旦］个没吤骨个人，实头[15]无志气笃。［小生］为何？［旦］间向[16]庵里，空得势[17]拉里[18]，难道勿比邬家里好点？［小生］哟，此处乃仙姑修行之所，男女授受，如何使得？况在下并非施主，又没有银钱，这是断不敢妄想的嘘。

1. 好好能：好好儿的。
2. 样式：样子。
3. 大细：子女。
4. 才：也。表示强调。

5. 勿顾：不管。

6. 念：说，谈论。

7. 吃死饭：指不赚钱，靠人白养活。

8. 实脚：实在。

9. 阿要：要不要。

10. 蠢答答：蠢笨。

11. 说话：话。

12. 声把：几句。

13. 替：和、跟。

14. 原：依旧。

15. 实头：实在，真的。

16. 间向：这里，这边。

17. 得势：助词。用在句末，表示程度很高，相当于“得很”、“极了”。得势是助词“得”和“势”的组合。又作“得世”。

18. 拉里：在这里。

［众］呸没，道是[1]男搭女[2]没，尴尬落，勿好借住拉里个。［小生］便是。［众］个没呸勿晓得我俚[3]间向[4]，倒常有男人住拉里个。［旦］勿要去告诉俚嘘。［众］倒说子出来哉滑。［旦］刘官人。［小生］仙姑。［旦］呸个说话呢，也算正理[5]，但是我一片好心，救子呸个性命，呸没原[6]到郐家里去。倘然郐摇荡再教[7]呸采菱，我俚倒无得多化[8]闲工夫[9]来救呸滑。［众］好吓。无啥工夫来救呸个哉。［旦］据我个主意，呸且住拉几里[10]小庵里，盘桓[11]两日，我搭呸是。

1. 道是：以为是。

2. 男搭女：男人勾搭女人。

3. 我俚：代词。我们。

4. 间向：这里，这边。

5. 正理：正当的道理。

6. 原：依旧。

7. 教：叫。

8. 多化：许多。又作“多花”、“多哈”、“多呵”、“多吪”。

9. 闲工夫：无事可做的空余时间。

10. 几里：这里。

11. 盘桓：逗留。

［小生］仙姑慈悲答救[1]，实叨[2]大德，但一无布施，这样垂情[3]，心有深意，是何缘故？［旦］我辈出家人，有啥深意？ 听若意勿过[4]没，有桩差使[5]拉里，替我应酬[6]应酬，非但报子我个恩，还要见 听个情[7]。 听想想看阿配付[8]？ ［小生］在下一身落魄，应酬什么来呢？［旦］无非要 听填填疏头[9]、写写榜对[10]，勿要去受郄家里个气哉呀。［众］好吓， 听若肯住拉几里是，还有几几化化[11]好处拉化[12]来。［小生］笔墨效劳，还可使得，待我想来。［旦］快点想想看。［小生］且住，我想那郄老，恁般[13]不谅[14]，岂可容留。何不趁此机会，躲避在此，再作道理？［众介］师父看个位官人，比子随大爷是，要好出十倍笃。［旦］勿要多说。刘官人，阿曾[15]想停当[16]来？［小生］仙姑有救命之恩，怎敢违拗[17]？但郄老家福姐，十分要好[18]，须要寄个信儿与他才是。［旦］个是蛮[19]容易个，单差[20]还有一桩事体，要替 听商量。［小生］还有何事？［旦］几里是十方[21]所在，倘有施主笃踱[22]得来，看见子勿像样个。［小生］是吓。［旦］我看 听个面孔，倒生得勿离景[23]，何勿[24]也扮子师姑，一则没，解子陌生人个疑，二来没， 听有未完拉笃身上，个星仇人，才摸勿着 听哉。 听想想看，阿是愈加

得法[25]？［小生］主见[26]虽好，卑人是堂堂男子，扮作道姑，可不惭愧。［旦］落难个辰光，还有啥羞丑[27]？走得来。［众］那哼？［旦］拿我个旧衣帽，搭俚扮好子，安顿拉里向，啥人去惹俚没，我要赶出山门[28]个。［众］吖哟，规矩倒大个，刘官人，跟我俚来。［小生］咳，惭愧吓惭愧。［下旦］好快活，做[29]子多时个揽收拾，今朝没，收子一个宝货[30]拉里哉。

1. 答救：搭救。
2. 叨：沾光。
3. 垂情：垂青。
4. 意勿过：动词。过意不去。
5. 差使：被派遣去做的事情。
6. 应酬：对付，完成。
7. 见……情：领情，领别人的好意。
8. 配付：配得上。
9. 疏头：为敬神佛而向人募捐的册子。亦指说明募捐原由的短文。
10. 榜对：匾额文字。
11. 几几化化：“几化”的重叠形式。许许多多。
12. 拉化：在这里。
13. 恁般：那样。
14. 不谅：不体谅。
15. 阿曾：表示疑问。有没有。
16. 停当：妥当。
17. 违拗：不依从；违背。
18. 要好：感情融洽。
19. 蛮：很。

20. 单差：就差，只是。

21. 十方：佛教谓东南西北及四维上下。这里指宗教场所。

22. 踱：慢慢走，散步。

23. 离景：差，离谱。又作“离经”。

24. 何勿：何不。

25. 得法：正确。

26. 主见：主意。

27. 羞丑：害羞，怕丑。

28. 山门：指代庙宇。

29. 做：以某人为交往对象。

30. 宝货：宝贝，珍宝。

参考文献

一、历代方志文献与古籍

［1］（宋）赵彦卫撰，傅根清点校：《云麓漫钞》，中华书局 1996 年版。

［2］（明）冯梦龙，（清）王廷绍、华广生编述：《明清民歌时调集》（上、下），上海古籍出版社 1987 年版。

［3］（明）沈德符撰，杨万里校点：《历代笔记小说大观 · 万历野获编》，上海古籍出版社 2012 年版。

［4］（明）王骥德撰，陈多、叶长海注译：《王骥德曲律》，湖南人民出版社 1983 年版。

［5］（清）费善庆纂，吴江区档案局、吴江区方志办整理，陈其弟点校，沈卫新主编：《垂虹识小录》，广陵书社 2014 年版。

［6］（清）顾张思撰，曾昭聪、刘玉红点校：《历代笔记小说大观 · 土风录》，上海古籍出版社 2015 年版。

［7］（清）华广生编：《白雪遗音》，中华书局 1959 年版。

［8］（清）钱谦益：《国初群雄事略》第 4 册，江苏广陵古籍刻印社 1981 年版。

［9］（清）钱思元、孙珮辑，王卫平主编，朱琴点校：《吴门补乘》，上海古籍出版社 2015 年版。

[10]（清）徐达源等撰，陈其弟点校：《黎里志（两种）》，广陵书社2011年版。

[11]（清）张镜寰修，丁祖荫、徐兆玮纂，常熟市地方志编纂委员会办公室标校：《重修常昭合志》，上海社会科学院出版社2002年版。

[12][日]波多野太郎编：《中国方志所录方言》第6编，日本横滨市立大学纪要1968年版。

[13]江苏古籍出版社编：《中国地方志集成·江苏府县志辑》（第7、11、13—18、21、22册），江苏古籍出版社1991年版。

[14]刘兆祐主编：《中国史学丛书三编·第四辑·弘治吴江志》，台湾学生书局1987年版。

[15]吴江区档案局、吴江区方志办编：《嘉靖吴江县志》，广陵书社2013年版。

[16]吴江市档案局：《盛湖志》（4种）上册，广陵书社2011年版。

[17]王季烈、刘富梁编订：《集成曲谱》，商务印书馆1925年版。

[18]吴相湘主编：《中国史学丛书·姑苏志（二册）》，台湾学生书局1986年版。

[19]张怡庵编订：《绘图精选昆曲大全》，上海世界书局1925年版。

二、学术著作

[1]《江苏语言资源资料汇编》编委会编：《江苏语言资源资料汇编·苏州卷》（第5册），凤凰出版社2015年版。

[2]曹培根、翟振业主编：《常熟文学史》，广陵书社2010年版。

[3]陈源源：《汉语史视角下的明清吴语方言字研究》，浙江大学出版社2017年版。

[4]高福民、金煦主编：《吴歌遗产集粹》，上海文艺出版社2003

年版。

［5］顾颉刚等辑，王煦华整理：《吴歌·吴歌小史》，江苏古籍出版社 1999 年版。

［6］过伟：《吴歌研究》，古吴轩出版社 2011 年版。

［7］江苏省常熟市文化局、江苏省常熟市文化馆等编：《中国·白茆山歌集》，上海文艺出版社 2002 年版。

［8］江苏省地方志编纂委员会编：《江苏省志·方言志》，南京大学出版社 1998 年版。

［9］江苏省上海市方言调查指导组编：《江苏省和上海市方言概况》，江苏人民出版社 1960 年版。

［10］李如龙、张双庆主编：《代词》，暨南大学出版社 1999 年版。

［11］李如龙、张双庆主编：《介词》，暨南大学出版社 2000 年版。

［12］林齐倩：《苏州郊区方言研究》，苏州大学出版社 2016 年版。

［13］刘瑞明：《刘瑞明文史述林》，甘肃人民出版社 2012 年版。

［14］陆阿妹等：《长篇叙事吴歌·五姑娘》，江苏人民出版社 1984 年版。

［15］吕叔湘：《汉语语法论文集》，商务印书馆 1984 年版。

［16］闵家骥等编：《简明吴方言词典》，上海辞书出版社 1986 年版。

［17］平悦铃等：《吴语声调的实验研究》，复旦大学出版社 2001 年版。

［18］钱乃荣：《当代吴语研究》，上海教育出版社 1992 年版。

［19］钱杏珍：《赵圣关》，中国民间文艺出版社 1986 年版。

［20］石汝杰、［日］宫田一郎主编：《明清吴语词典》，上海辞书出版社 2005 年版。

［21］石汝杰：《明清吴语和现代方言研究》，上海辞书出版社 2006 年版。

[22] 石汝杰：《吴语字和词的研究》，上海教育出版社 2018 年版。

[23] 苏州市地方志编纂委员会办公室：《苏州市方言志》，苏州市地方志编纂委员会办公室 1987 年版。

[24] 苏州市地方志编纂委员会编：《苏州市志》第 1 卷，江苏人民出版社 1995 年版。

[25] 苏州市文学艺术界联合会、江苏省民间文学工作者协会苏州市分会编：《吴歌》，中国民间文艺出版社 1984 年版。

[26] 苏州市文学艺术界联合会编：《吴歌新集》，内部出版物 1979 年版。

[27] 汪平：《苏州方言语音研究》，华中理工大学出版社 1996 年版。

[28] 汪平：《吴江市方言志》，上海社会科学院出版社 2010 年版。

[29] 汪平：《苏州方言研究》，中华书局 2011 年版。

[30] 吴连生等编：《吴方言词典》，汉语大词典出版社 1995 年版。

[31] 吴连生：《吴方言词考》，汉语大词典出版社 1998 年版。

[32] 吴新雷主编：《中国昆剧大辞典》，南京大学出版社 2002 年版。

[33] 吴宗锡主编：《评弹文化词典》，汉语大词典出版社 1996 年版。

[34] 叶祥苓：《苏州方言志》，江苏教育出版社 1988 年版。

[35] 叶祥苓编纂：《苏州方言词典》，江苏教育出版社 1993 年版。

[36] 叶祥苓、盛毓青：《苏州话音档》，上海教育出版社 1996 年版。

[37] 游汝杰主编：《地方戏曲音韵研究》，商务印书馆 2006 年版。

[38] 袁家骅等：《汉语方言概要》，语文出版社 2001 年版。

[39] 赵元任：《现代吴语的研究》，清华学校研究院 1928 年版，科学出版社 1956 年版。

[40] 张双庆主编：《动词的体》（《中国东南部方言比较研究丛书》第 2 辑），香港中文大学中国文化研究所吴多泰中国语文研究中心出版 1996 年版。

［41］郑乃臧、唐再兴：《文学理论词典》，光明日报出版社 1989 年版。

［42］郑伟：《吴语虚词及其语法化研究》，上海教育出版社 2017 年版。

［43］金煦主编：《中国·芦墟山歌集》，上海文艺出版社 2004 年版。

［44］中共张家港市委宣传部、张家港市文学艺术界联合会编：《中国·河阳山歌集》，华东师范大学出版社 2006 年版。

［45］中国民间文学集成全国编辑委员会、中国民间文学集成江苏卷编辑委员会：《中国歌谣集成·江苏卷》，中国 ISBN 中心 1998 年版。

［46］中国曲艺志全国编辑委员会：《中国曲艺志·北京卷》，中国 ISBN 中心 1999 年版。

［47］中国人民政治协商会议江苏省常熟市委员会文史委员会编：《常熟文史资料选辑》上册（《常熟文史》第四十辑），上海社会科学院出版社 2009 年版。

［48］周荐：《词汇论》，商务印书馆 2016 年版。

［49］周良：《苏州评弹》，苏州大学出版社 2000 年版。

［50］周志锋：《训诂探索与应用》，浙江大学出版社 2014 年版。

［51］朱栋霖、周良、张澄国主编：《苏州艺术通史》（中册），江苏凤凰文艺出版社 2014 年版。

三、期刊论文

［1］［日］小川环树：《苏州方言的指示代词》，《方言》1981 年第 4 期。

［2］蔡晓臻：《清代传本苏州弹词的方言语气助词与叹词的使用特点——以“吓”、“哙（噲）”为例》，《语言研究》2018 年第 2 期。

[3] 蔡晓臻：《苏州评弹中的语气词“个”》，《黑龙江社会科学》2013 年第 1 期。

[4] 巢宗祺：《苏州方言中“勒笃”等的构成》，《方言》1986 年第 4 期。

[5] 车玉茜：《昆山方言连读变调的处理及与上海、苏州的比较》，《内江师范学院学报》2008 年第 9 期。

[6] 陈忠敏：《论苏州话人称代词的语源》，黄正德主编：《中国语言学论丛》第 2 辑，北京语言文化大学出版社 1999 年版。

[7] 丁邦新：《〈苏州同音常用字汇〉之文白异读》，《中国语文》2002 年第 5 期。

[8] 胡方：《论宁波方言和苏州方言前高元音的区别特征——兼谈高元音继续高化现象》，《中国语文》2007 年第 5 期。

[9] 胡明扬：《三百五十年前苏州一带吴语一斑——〈山歌〉和〈挂枝儿〉所见的吴语》，《语文研究》1981 年第 2 期。

[10] 李军：《〈乡音字类〉所反映的十九世纪中叶苏州话读书音》，《方言》2008 年第 1 期。

[11] 李军：《苏州方言字书〈乡音字类〉简介及同音字汇》，《语言学论丛》2006 年第 34 辑。

[12] 李小凡：《苏州方言的体貌系统》，《方言》1998 年第 3 期。

[13] 李小凡：《苏州话的指示代词》，《语言学论丛》1984 年第 13 辑。

[14] 廖荣容：《苏州话单字调、双字调的实验研究》，《语言研究》1983 年第 2 期。

[15] 林齐倩：《苏州郊区（原吴县）的三身人称代词》，《语言研究》2014 年第 3 期。

[16] 凌锋：《共时系统语音实验中的历时音变——以苏州话元音系

统为例》,《东方语言学》2014 年第 1 期。

［17］凌锋:《语流中苏州话连调的声学模式》,《语言研究集刊》2014 年第 1 期。

［18］刘丹青:《苏州方言定中关系的表示方式》,《苏州大学学报》1986 年第 2 期。

［19］刘丹青:《苏州方言重叠式研究》,《语言研究》1986 年第 1 期。

［20］刘瑞明:《方言词语谐音理据研究——以〈明清吴语词典〉为例》,北京师范大学文学院:《励耘语言学刊》第 21 辑。

［21］刘瑞明:《吴语谐音趣难词初探——以苏州话为中心》,《常熟理工学院学报》2007 年第 11 期。

［22］梅祖麟:《苏州话的“唔笃”(你们)和汉代的“若属”》,《方言》2004 年第 3 期。

［23］彭静:《梁辰鱼〈浣纱记〉用韵考》,《北京师范大学学报(社会科学版)》2007 年第 5 期。

［24］彭静:《张凤翼戏曲用韵反映出的四百年前的苏州话语音特点》,《语言科学》2011 年第 2 期。

［25］彭静:《张凤翼戏曲用韵考》,《社会科学论坛》2007 年第 10 期(下)。

［26］平悦铃:《上海话中“辣~”格式的语法功能》,《语文研究》1997 年第 3 期。

［27］钱乃荣、石汝杰:《苏州方言连读变调讨论之二关于苏州方言连读变调的意见》,《方言》1983 年第 4 期。

［28］钱玄同:《苏州注音字母草案》,《国语周刊》1925 年第 28 期。

［29］石锋:《苏州话浊塞音的声学特征》,《语言研究》1983 年第 1 期。

[30] 石汝杰、刘丹青：《苏州方言量词的定指用法及其变调》，《语言研究》1985 年第 1 期。

[31] 石汝杰：《明末苏州方言音系资料研究》，《铁道师范学院学报》1991 年第 3 期。

[32] 史濛辉：《苏州方言第一人称代词复数“伲”[ȵi^{31}] 的来源及演变》，《语言学论丛》2015 年第 2 期。

[33] 史濛辉：《从“伲$_{我们}$”[ȵi^{31}] 到“像伲$_{像我们}$”[ʑiã^{31}ȵi^{21}]——苏州方言第一人称代词复数的一种新变化》，《汉语史学报》2016 年第 18 辑。

[34] 汪平：《苏州方言两字组的连调格式》，《方言》1983 年第 4 期。

[35] 汪平：《苏州方言的“仔、哉、勒”》，《语言研究》1984 年第 2 期。

[36] 汪平：《苏州方言的特殊词汇》，《方言》1987 年第 1 期。

[37] 汪平：《苏州方言语法引论》，《语言研究》1997 年第 1 期。

[38] 汪平：《苏州方言的“得”》，《语言研究》2001 年第 2 期。

[39] 汪平：《苏州方言的重叠式》，《汉语学报》2001 年第 2 期。

[40] 汪平：《苏州方言的话题结构》，《语言研究》2004 年第 4 期。

[41] 吴林娟：《〈山歌〉吴语词汇试释》，《安康师专学报》2005 年第 5 期。

[42] 五臺：《关于“连读变调”的再认识》，《语言研究》1986 年第 1 期。

[43] 谢荣娥、郑东珍：《〈射声小谱〉反映的清代常熟方言声母特点》，《西南民族大学学报（人文社会科学版）》2014 年第 3 期。

[44] 谢荣娥：《〈射声小谱〉反映的清代常熟方言韵母特点》，《广西民族大学学报（哲学社会科学版）》2015 年第 5 期。

[45] 谢自立:《苏州方言的五个合音字》,《方言》1980 年第 4 期。

[46] 谢自立:《苏州方言两字组的连读变调》,《方言》1982 年第 4 期。

[47] 谢自立:《二十年来苏州方言研究综述》,《方言》2001 年第 4 期。

[48] 谢自立、刘丹青、石汝杰、汪平、张家茂:《苏州方言里的语缀(一)》,《方言》1989 年第 2 期。

[49] 谢自立、刘丹青、石汝杰、汪平、张家茂:《苏州方言里的语缀(二)》,《方言》1989 年第 3 期。

[50] 谢自立、刘丹青:《苏州方言变形形容词研究》,《中国语言学报》1995 年第 5 期。

[51] 徐烈炯、邵敬敏:《上海方言"辣、辣辣、辣海"的比较研究》,《方言》1997 年第 2 期。

[52] 徐宇红:《〈明清民歌时调集·山歌〉中捉字句法特点》,《阜阳师范学院学报(社会科学版)》2007 年第 6 期。

[53] 叶祥苓:《苏州方言的连读变调》,《方言》1979 年第 1 期。

[54] 叶祥苓:《苏州方言形容词的"级"》,《方言》1982 年第 3 期。

[55] 袁丹:《从方式程度指示词到话题标记——吴语常熟方言"介"的功能及其演变》,《语言科学》2018 年第 3 期。

[56] 袁毓林、张琳莉:《苏州话反事实条件句的句法形式》,《常熟理工学院学报》2018 年第 3 期。

[57] 张惠英:《读〈明清吴语词典〉》,《辞书研究》2006 年第 3 期。

[58] 张家茂:《苏州方言上声和阴去的连读变调》,《方言》1979 年第 4 期。

[59] 张家茂:《〈三言〉中苏州方言词语汇释》,《方言》1981 年第

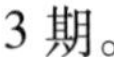

3 期。

［60］张家茂：《苏州方言中的“V 快哉”》，《语言研究》1985 年第 2 期。

［61］章一鸣：《〈山歌〉所见若干吴语语汇试释》，《语文研究》1986 年第 2 期。

［62］章一鸣：《从〈山歌〉所见明代吴语指代词》，《广播电视大学学报（哲学社会科学版）》2005 年第 1 期。

［63］赵元任：《北京、苏州、常州语助词的研究》，《清华学报》1926 年第 2 期。

［64］郑伟：《〈吴音奇字〉与明代常熟方音》，《常熟理工学院学报》2018 年第 3 期。

［65］周志锋：《明清吴语词汇的全景展示——评〈明清吴语词典〉》，《辞书研究》2006 年第 3 期。

［66］周志锋：《〈明清吴语词典〉释义探讨》，《中国训诂学报》2013 年第 2 期。

四、论文集或论文集析出论文

［1］陈忠敏主编：《吴语研究——第八届国际吴方言学术研讨会论文集》第 8 辑，上海教育出版社 2016 年版。

［2］陈忠敏主编：《吴语研究——第九届国际吴方言学术研讨会论文集》第 9 辑，上海教育出版社 2018 年版。

［3］复旦大学中国语言研究所编：《吴语论丛》，上海教育出版社 1988 年版。

［4］复旦大学中文系编：《卿云集——复旦大学中文系七十五周年纪念论文集》，上海古籍出版社 2002 年版。

［5］李小凡：《离散性连调和聚合性连调——再论苏州方言的连读变调》，《庆祝李荣先生八十华诞论文集》（未刊稿）。

［6］李小凡：《苏州方言的字调转移及其成因》，严家炎、袁行霈主编：《缀玉集——北京大学中文系研究生论文选编》，北京大学出版社1990年版。

［7］李小凡：《重叠构词法：语序规则、音韵规则、响度规则——以苏州话为例》，邵敬敏：《21世纪汉语方言语法新探索——第三届汉语方言语法国际研讨会论文集》，暨南大学出版社2008年版。

［8］凌锋：《“最大对立”还是“充足对立”——苏州话与宁波话、北京话和英语元音系统的比较》，中国语言学会语音学分会、中国声学学会语言、音乐和听觉专业委员会、中国中文信息学会语音信息专业委员会：《第九届中国语音学学术会议论文集》，2010年。

［9］凌锋：《三种元音规整方法在苏州话元音研究中的应用与比较》，中国社会科学院语言所、中国语言学会语音学分会：《第八届中国语音学学术会议暨庆贺吴宗济先生百岁华诞语音科学前沿问题国际研讨会论文集》，2008年。

［10］凌锋：《苏州话高元音分析及其成因初探》，全国汉语方言学会：《全国汉语方言学会第十三届年会暨汉语方言国际学术研讨会论文集》，2005年。

［11］全国汉语方言学会、上海语文学会、上海大学文学院：《汉语方言语法研究的新视角——第五届汉语方言语法国际学术研讨会论文集》，2010年。

［12］上海市语文学会、香港中国语文学会：《吴语研究——第二届国际吴方言学术研讨会论文集》，上海教育出版社2003年版。

［13］上海市语文学会、香港中国语文学会：《吴语研究——第三届国际吴方言学术研讨会论文集》，上海教育出版社2005年版。

［14］上海市语文学会：《吴语研究——第五届国际吴方言学术讨论会论文集》，上海教育出版社 2010 年版。

［15］汪平：《苏州方言的语气词》，全国汉语方言学会、华中师范大学语言和语言教育研究中心、黑龙江大学文学院：《汉语方言语法研究和探索——首届国际汉语方言语法学术研讨会论文集》，2002 年。

［16］王福堂主编：《吴语研究——第四届国际吴方言学术研讨会论文集》，上海教育出版社 2008 年版。

［17］王健：《苏州方言"叫啥"的词汇化和语法化》，《"语言的描写与解释"国际学术研讨会论文集》，2014 年。

［18］游汝杰：《吴语里的人称代词》，梅祖麟等著：《吴语和闽语的比较研究》第 1 辑，上海教育出版社 1995 年版。

［19］游汝杰主编：《吴语研究——第六届国际吴方言学术研讨会论文集》，上海教育出版社 2011 年版。

［20］游汝杰主编：《吴语研究——第七届国际吴方言学术研讨会论文集》，上海教育出版社 2014 年版。

五、学位论文

［1］蔡晓臻：《清代传本苏州弹词方言助词研究》，苏州大学 2014 年博士学位论文。

［2］车玉茜：《昆山方言研究》，苏州大学 2005 年硕士学位论文。

［3］林吟：《清代吴语弹词用韵研究》，福建师范大学 2009 年硕士学位论文。

［4］龙珑：《〈明清民歌时调集〉词汇研究》，华东师范大学 2016 年硕士学位论文。

［5］王文静：《〈明清民歌时调集〉方俗词语研究》，南京师范大学

2010 年硕士学位论文。

［6］闻婷：《苏州方言“XX 叫”研究——兼论类型学视野下的汉语方言“XXY”式状态词》，上海师范大学 2010 年硕士学位论文。

［7］吴林娟：《昆山方言研究》，西北师范大学 2006 年硕士学位论文。

责任编辑:郭　娜
装帧设计:周方亚

图书在版编目(CIP)数据

吴侬软语:苏州方言与非物质文化遗产/肖瑜,李少兵 著. —北京:人民出版社,
2020.4
ISBN 978-7-01-022105-2

Ⅰ.①吴…　Ⅱ.①肖… ②李…　Ⅲ.①吴语-方言研究-苏州　Ⅳ.①H173

中国版本图书馆 CIP 数据核字(2020)第 080994 号

吴侬软语:苏州方言与非物质文化遗产

WUNONGRUANYU SUZHOU FANGYAN YU FEIWUZHI WENHUA YICHAN

肖　瑜　李少兵　著

人民出版社 出版发行
(100706　北京市东城区隆福寺街 99 号)

中煤(北京)印务有限公司印刷　新华书店经销

2020 年 4 月第 1 版　2020 年 4 月北京第 1 次印刷
开本:710 毫米×1000 毫米 1/16　印张:25.5
字数:353 千字

ISBN 978-7-01-022105-2　定价:89.00 元

邮购地址 100706　北京市东城区隆福寺街 99 号
人民东方图书销售中心　电话 (010)65250042　65289539